引子：皇帝难当

第一章　初入仕途，站稳脚跟
　　一　牡丹花开动京城 / 2
　　二　跟郭威，学郭威 / 12

第二章　搭起班子，坚守忠诚
　　一　血战高平，一战而成名 / 26
　　二　编练新军，编练赵家军 / 36
　　三　从征淮南，武略与文韬 / 43
　　四　北伐幽蓟，最后的忠诚 / 60

第三章　陈桥惊变，黄袍加身
　　一　谁来管枪 / 74
　　二　箭在弦上 / 88
　　三　天命所归 / 96

第四章　重建秩序，巩固政权
　　一　安官惠民，共享大宋开国 / 118
　　二　逼反二李，立威赵氏天下 / 125
　　三　杯酒释兵，重立天下秩序 / 144
　　四　出征荆湖，初步整肃朝纲 / 156

第五章　外乱内争，重整山河
　　一　幕后的光义 / 174
　　二　台前的赵普 / 187
　　三　六十六天平蜀 / 198
　　四　竹篮打水一场空 / 208

第六章　大宋新政，帝国初稳
　　一　改革需要循序渐进 / 226
　　二　皇帝的反击 / 231
　　三　"双赵新政"进入稳定期 / 241
　　四　赵匡胤经济学 / 252

第七章　威震寰宇，如日中天
　　一　北汉还是南汉？/ 270
　　二　最后一次亲征 / 279
　　三　大宋皇威浩荡 / 294

第八章　卧榻之侧，烛影斧声
　　一　中书外，权相落马 / 318
　　二　卧榻侧，岂容他人 / 337
　　三　雪夜中，烛影斧声 / 361

尾声 / 379

后记 / 383

附录 / 387
　　赵匡胤与中外的帝王 / 388
　　古今地名对照表 / 392

引子：皇帝难当

后唐同光四年（926）二月初的一个夜晚，刚刚重现光辉的月牙依旧显得单薄。贝州城内外，除了点点灯火，四下里一片阴沉。偶尔有火光摇曳，照映在守城士兵的脸上，似鬼煞般的表情更为这样的黑夜平添了几分阴霾。[1]

守城士兵皇甫晖所属的部队戍卫期满，本当回乡休息；但因遭到皇帝猜忌，被迫继续屯戍贝州。皇甫晖心情抑郁，在营中赌钱又欠了一屁股债，遂利用士兵的不满，煽动叛乱。贝州的士卒一呼百应，胁迫效节指挥使赵在礼为帅，抄掠贝州，然后黑压压地杀向后唐陪都、河北重镇、皇甫晖的老家——邺都兴唐府。

邺都被叛军的喊杀声所吞没时，后唐的国都洛阳却仍然沉浸在咿咿呀呀的戏文里。后唐的前身乃割据河东地区的晋国，李存勖为晋王时，以励精图治、用兵如神而著称。他曾击破契丹、桀燕（卢龙军），威压河北三镇，吞并后梁、前蜀，缔造了五代诸朝的最大版图。只是，自从"晋"变成了"唐"，晋王变成了唐帝（唐庄宗），李存勖也变成了"李天下"。他宠信伶人，整日在听戏与唱戏中醉生梦死，朝政荒芜。

混乱中，李存勖起用了备受自己猜忌的宗室名将李嗣源。可当李嗣源率领后唐的精锐之师到达邺都前线时，戏剧性的一幕发生了。为了邀功请赏，后唐的士卒竟然与叛军里应外合，参加了叛乱；更具戏剧性的是，叛军新拥立的首领，竟然就是前来平叛的李嗣源！

然而，这样的荒诞剧在当时不过是家常便饭。魏州兵变（邺都原名魏州），也不过是唐末五代以来，数不清的地方兵变之一。

五代十国，是一个四分五裂、烽火不断的时代。而酿成这个混乱时代的始作俑者，就是大名鼎鼎的唐明皇李隆基。

距离此时的一百五十余年前，李隆基开创了"开元盛世"，也一手缔造了"安史之乱"。唐朝末年，内有士人党争、宦官乱政，外有军阀割据、藩镇兵祸，其中又尤以藩镇闹得最凶。老百姓被逼得走投无路，只好揭竿而起，最后出了一个"满城尽带黄金甲"的黄巢，横扫一切牛鬼蛇神，将大唐皇帝都赶出了长安城。

一直韬光养晦的新老藩镇这才踊跃起来，打着"保家卫国"的旗号，趁机扩

---

[1] 笔者加入了一些描写，包括人物的肖像、表情、穿戴，希望能与读者一起身临历史之境。个别地方还模拟了人物对话，为了与史书记载的对话相区分，大多数模拟的对话都没有加引号。

大自己的地盘。天祐四年（907）四月，黄巢降将、割据河南的梁王朱温（朱温曾被唐朝赐名朱全忠，称帝后改名朱晃）终于废掉唐哀帝自立，改国号梁，史称后梁。割据河东的沙陀族人晋王李克用，则与朱温连年征战成为世仇。最后，李克用的儿子李存勖战胜了朱温的儿子，以恢复唐室的名义，重建"唐国"，史称后唐。

后梁与后唐，都是五代时期的"正统"王朝。

所谓五代，说的是当时黄河流域的五个小朝廷，分别是后梁（907—923）、后唐（923—936）、后晋（936—946）、后汉（947—950）、后周（951—960）。其中疆域最大者为后唐，一度将势力扩展到辽东、四川，但这个版图很快就崩溃了；最小者为后梁，辖区不出传统的"中原"之地。而以时间论，享国最久的后梁不到十六年，最短的后汉更是只有区区三年多——为中国正统王朝短命之最。它们不过是一个个大型藩镇，根本没人拿它们当"朝廷"。但它们毕竟代表着中华正统，因而被修史者合称为"五代"。

五代之外，还有"十国"，包括江淮地区的吴（又称南吴、杨吴）和南唐（后改国号江南），江浙地区的吴越，福建地区的闽，荆湖地区的荆南（又称南平、北楚）和楚（又称南楚、马楚），川蜀地区的前蜀（曾以汉为国号）和后蜀，岭南地区的南汉（曾以越为国号），以及山西中部的北汉。这十个割据政权有的自立为帝，与五代小朝廷分庭抗礼；有的接受五代朝廷节制，名义上向"中央"称臣纳贡，接受"中央"册封，但实际上，他们都是各自为政、世袭罔替的割据政权。

至于十国之外，割据者更是多如牛毛。它们称霸一方，忽起忽灭，令人眼花缭乱。整个中国版图，支离破碎。从普通士兵，到藩镇节度使，再到禁军大将，叛乱此起彼伏。

"王政不纲，权反在下，下凌上替，祸乱相寻，藩镇既蔑视朝廷，军士亦挟制主帅，古来僭乱之极，未有如五代者。"清人赵翼可谓一语中的。正是由于"王政不纲"，由于秩序的破灭，由于"权反在下，下凌上替"，皇甫晖才能劫持赵在礼造反，邺都内外的叛军才能劫持李嗣源叛变。

同光四年四月初一，洛阳被浓浓的黑烟吞噬。绛霄殿下，旧主人李存勖的尸骨，早已在火光中化为灰烬。在李嗣源开进洛阳的最后时刻，李存勖昔日宠信的伶人背叛了他，杀死了他。那时，留在李存勖身边忠心耿耿抵抗叛军的，不过李彦卿、王全斌等十余人。

叛乱结束了，但乱世远远没有终止。无论是发起叛乱的小卒皇甫晖，还是抵抗叛军的将校李彦卿、王全斌，他们并不知道，在这样的乱世，究竟要打杀到何日，未来会如何？

当然更不知道，后来会是一个名叫赵匡胤的人改变了这一切。

而冥冥中，魏州兵变的最大"受益"者——李嗣源首先和赵匡胤扯上了关系。

李嗣源（称帝后改名李亶）在废墟中继承了后唐，因为统御有方，去世后得到"明宗"的庙号，被后世称为五代第二明君，仅次于那位名垂青史的改革家周世宗。

李嗣源本是个斗字不识的文盲，四方奏章都要委托心腹重臣、枢密使安重诲来诵读。但安重诲的水平也不高，李嗣源只好另设端明殿学士的职位，让儒士冯道、赵凤担任此职，给自己当顾问。

但李嗣源与冯道们的努力，并没有使后唐的局势发生根本性转变。其中有三股势力叫他头疼不已。

一股势力是彪悍武夫。自唐朝均田制度崩溃后，兵源枯竭，中央政府一蹶不振。各地集行政、财政、司法、军事等大权于一身的节度使们不断招募职业士兵，拥兵自重，甚至自立为帝。高高在上的皇帝老子，一夜之间尽人可做。悍将安重荣曾大言不惭地发出过这样的豪言壮语："天子，兵强马壮者当为之，宁有种耶！"

另一股势力是老兵油子。节度使赖以割据的职业军人也不是吃素的，他们最拿手的绝技是逼迫老板给自己发奖金。老板若不同意，轻则被炒，重则丢命。然后他们再拥立一个肯出钱的老板。李嗣源就是这样被士兵拥上皇位的。唐末以来，"兵骄则逐帅，帅强则叛上"的局势愈演愈烈。

还有一股势力是贪忍文吏。与武人相对的是文人。生在武夫当国的时代，宣讲"礼义廉耻"的士大夫只好收起自己的长篇大论，秀才遇见兵，活命才是硬道理。文化人想明哲保身，刀笔吏却想大捞一把。大多数刀笔吏受教育不多，执政后热衷于党同伐异和搜刮民脂民膏。

如果不能将这三股势力摆平，朝廷将永无宁日，更别提什么江山一统、天下太平。不仅社会最底层的老百姓的生命与财产毫无保证，就连皇帝一天到晚也只能战战兢兢。面对从原版大唐到山寨后唐丢下的烂摊子，自己缺乏才识又无智囊相辅的李嗣源特别无助。显然，要收拾这个经由一百五十余年层层堆摞起来的烂摊子，仅靠一腔热血，难以胜任。

　　有心治乱，无力回天。李嗣源累了，甚至不愿继续做皇帝。这天夜里，他屏退左右，在宫中默默点燃三炷香，虔诚地向上天祷告："苍天在上，臣本异族之人，哪里有能力可以治理好天下呢？可是这世间的战乱实在太久，愿苍天早日降下一位圣人来拯救苍生吧！"

　　上天未负嗣源。就在第二年春天，后唐的都城里，一个被称为"香孩儿"的婴儿呱呱落地。

第一章 初入仕途,站稳脚跟

一　牡丹花开动京城

香孩儿出世

上东门城楼上，李嗣源正在俯瞰洛阳这座千年古都。凭楼眺望，城外绿染青山，城内熙熙人影。这是他即位后的第一个春天，一场春雨洗尽前朝尘垢，初绽的牡丹香浸洛京，让人说不出的轻松愉快。

无意中，李嗣源将目光投向上东大街的远处，镇国桥下，瀍渠水静静流淌着。春风拂过，一片淡淡的牡丹花瓣轻轻飘落在瀍渠的水面上，泛起涟漪。花香满盈，竟也惊动了河畔夹马营的人家。

这户人家的男主人赵弘殷，现任飞捷指挥使，为禁军低级军官；其糟糠之妻杜氏，出身大户。在后世的史书里，赵弘殷成了宋宣祖昭武皇帝，杜氏成了宋昭宪太后，只因为他们的孩子——大宋开国皇帝赵匡胤。

赵氏一家祖籍涿郡，说起来，那位同样生逢乱世、白手起家却又开创帝业的楼桑皇孙刘备也算是赵氏的异朝老乡。

涿郡赵家原本称不上名门望族，但也算得书香门第。赵匡胤的高祖赵眺和曾祖赵珽都以儒学为业，一个做了卢龙军治所的县令，一个做了卢龙军节度使的从事并成为其心腹（赵珽最后虽然兼有御史中丞的官衔。但这只是一种荣誉性虚职，属于"兼宪衔"，并非朝中御史台的次长）。

赵匡胤的祖父赵敬在卢龙军节度使刘仁恭手下，先后担任营州、蓟州、涿州的刺史，已是卢龙军方面的大员。在那个河朔三镇（即卢龙军、成德军、魏博军）气焰嚣张的年代，赵家也因此成为涿州大户。

但再粗壮的大腿，也有抽筋的时候。

卢龙军因内乱而衰落，被新崛起的晋王李存勖灭掉。此前，赵氏宗族已然南迁，为了生存，不得不弃笔从戎。在赵敬的刻意培养下，他的儿子赵弘殷勇猛强悍，擅长骑射，甚至让人忘了他出身书香门第。赵弘殷最初跟随赵王王镕，后来在支援李存勖时，因作战勇猛被李存勖看中，留在帐下。李存勖建立后唐，赵弘殷担任飞捷指挥使，掌管约五百名骑兵，从地方杂牌军武将，变成了中央禁军将领。

在南迁的路上，赵弘殷遭风雪阻路，却因此结识了十五岁的杜氏，喜结连理。一晃数年过去，天成二年二月十六日（927年3月21日），夫妻俩沉浸在弄璋之喜中，他们的第二个儿子出世了！

据说孩子诞生的那个夜晚，赵家屋内被光芒照得跟白天一样，小孩儿的胞衣好像荷花花瓣，扑鼻的香气弥漫在整个夹马营里，三天都不曾散去。于是，这个孩子被取了一个非常温馨的名字——香孩儿。

那扑鼻的香气，可能只是因为花香满城而已。但这却被人们越传越神，甚至传说他出生时遍体鎏金，乃定光佛转世。所有这些不同寻常的传说，只因为他是赵匡胤。

皇帝出生时，被冠以各种奇异现象，这在二十四史中可谓司空见惯。但细查之下，与此前历代皇帝的出生传说相比，赵匡胤的传说要接地气得多。近如唐太宗李世民出生时，有两条龙戏于门外；远如汉太祖刘邦，更是赤龙播种，生出来都是一副龙像。相对而言，赵匡胤是正儿八经的人间天子。

不管龙种还是跳蚤，通通来自人间，尊贵的血统不再是主导社会的主流价值。五代民风淳朴，于此可见一斑。如此淳朴之风，却埋没于武夫杀戮之间，岂不可惜？

赵府之外，那朵带来奇香的牡丹花瓣，随着瀍渠漂入洛水，飞入大河。它将驾着桀骜不驯的滚滚黄浪，奔腾东去，直捣开封。

唯有牡丹真国色，花开时节动京城！

读书观大略

夹马营，位于洛阳城的东北部。后世的夹马营以烧烤闻名于世，而在五代时却是个军队大院。沿着夹马营坊门前的大道一路向西，可直通尚书省等朝廷部门。

自从追随李存勖后，赵弘殷便被安排在这座大院中。但接下来的二十余年里，赵弘殷的生活淡得跟水一样。他先后换上唐、晋、汉三朝军装，却没有升过一官半职。他想沙场立功，却只能随着一批批乱臣贼子徒劳奔命；他想匡济天下，却只能面对着那些可能连名字还没被记住，就已被赶下台的皇帝们。

他的命运就像《我这一辈子》里的福海，在时代的浪潮中随波逐流。但赵弘殷不是福海，他更不能让孩子也跟着随波逐流。于是，他把赵匡胤送进了学馆。这是一个被夹马营的同僚视为奇葩的决定。

在五代乱世中，尽管贡举依旧未断，文人寒窗苦读后可以考取功名，佼佼者甚至可以做到宰相。然而这年头宰相无权，不过是朝廷的点缀。至于武人，前途全靠杀敌立功，读书就更没用了。

赵弘殷却不这么认为。他反而觉得，越是天下大乱，读书越能够改变命运。因为书本上浓缩了前人的经验教训，能够在毫无希望的乱世，为人指明方向。

赵弘殷的父亲赵敬素怀大志却未酬。如今，赵弘殷对未来不敢有过于非分的想法，但情系天下的胸怀却在不经意间流露出来。在赵匡胤之前，赵弘殷有一个早夭的长子赵匡济。匡济什么？当然是匡济天下！在那个动不动就把名字取为"继勋""重威"的年代，"匡济"显得特别不合时宜，又特别耀眼夺目。

可惜赵匡济夭折，赵弘殷便将次子的名字取为"匡胤"，希望他能平安长大，光宗耀祖。令赵弘殷没想到的是，这个儿子不仅完成了"匡胤"的使命，更一举圆了赵氏三代人"匡济"的梦想！

当然，幼年的赵匡胤还不理解父亲的一番苦心，他只知道陈学究相当讨厌。

在陈学究的悉心调教下，赵匡胤对读书愈加深恶痛绝。他不知道每天摇头晃脑背这些"之乎者也"有什么用。再加上他在夹马营养成了武人习气，据说是"时尤嫉恶，不容人过"，其实就是横行霸道的含蓄说法。结果，一心要改造武夫习气的陈学究，对赵匡胤也深恶痛绝。

在陈学究眼里，赵匡胤就是"不求甚解"，朽木不可雕也！赵匡胤被劝退了。

而在另一位年轻的夫子辛文悦眼里，赵匡胤这是"观其大略"，孺子可教也！赵匡胤被其收入门下。

东汉末年，司马徽门下弟子读书大多"务于精纯"，只有诸葛亮"观其大略"。最后，诸葛亮名垂青史，而大多数"学霸"连名字都没留下来。

辛文悦向赵匡胤传授的，仍然不出儒家"五经"范围。也许是教学方法得当，赵匡胤与辛文悦的关系不错。待到他登上大宝，便马上把辛文悦找来授以官职。

辛文悦成功将厌学的赵匡胤带上读书正途。那些"子曰"的智慧与道理，逐渐滋润了赵匡胤心中的沃土，史称赵匡胤"为万世开太平"的治国之道与儒家

"六经"之义不谋而合，恐怕绝非偶然。

白骨堆积的国都

　　洛阳城的小巷子里，十一岁的韩令坤正耀武扬威地走着。身后，一群小伙伴有条不紊地排着队，簇拥着一个八岁小孩儿前行。这个昂首挺胸摆着谱儿的孩子，正是赵匡胤。附近的人都知道，"孩子王"赵匡胤放学了。

　　这会儿，赵匡胤还沉浸在辛先生所讲的课里。据先生说，在"唐"之前，还有一个唐朝。那时文治兴隆，武功昌盛，四夷来朝，八方入拜。那是一个皇帝威严、大臣雍容的年代，那是一个文官不贪、武将不叛的年代，那是一个"稻米流脂粟米白，公私仓廪俱丰实"的年代，那是一个人人饱读书、人人会作诗的年代……

　　哇……一个被吓哭的小伙伴，把赵匡胤从美梦中拉回了现实。

　　大街上，朝廷派来的官吏正用鞭子狠狠地抽打老百姓。不远处，凶神恶煞般的衙役正扛着一袋大米，从坊门跨步而出。身后的老翁抱着他的大腿，跪在地上苦苦哀求。那官吏"咣"地一脚，把老翁踹翻在地。老翁顿时趴在了地上。

　　光天化日之下，竟然会发生这种事！这超出了一个八岁孩子的理解范围。

　　赵匡胤虽然不明白发生了什么，但知道一定不是好事，赶紧招呼小伙伴们回家，他自己也一溜烟儿钻回了夹马营。

　　院墙外，鸡鸣声、狗吠声、斥骂声、咆哮声，一片狼藉。

　　院墙内，脸色苍白的赵匡胤躲在母亲杜氏的怀里，眼睁睁地看着父亲把家里值点钱的东西，通通交给了门口那几个穷凶极恶的衙役。

　　许多年以后，赵匡胤才明白，那一年，潞王李从珂发动兵变，攻入洛阳，逼死了唐明宗的继承人唐闵帝李从厚，自己登基为帝。李从珂曾许诺重赏军士，可入洛阳后才发现国库已空。为了安抚将士，他只好命三司使竭泽而渔，百般搜刮，连皇宫里的太后、太妃也没能躲过这场浩劫。

　　五代以来，骄兵悍将为请赏而拥立皇帝，这是为祸最甚的一次。

　　八岁的赵匡胤赶上了这场悲剧。

　　更为悲剧的是，十二年后，悲剧重演。

唐末帝李从珂做了两年皇帝，就被李嗣源的女婿石敬瑭赶下了龙椅。石敬瑭以割让边防重镇幽蓟十六州和自称"儿皇帝"为代价，获得契丹的支持，建晋代唐，迁都开封。自此，中原王朝的北方屏障全失，游牧民族的铁蹄可以沿着广袤的华北平原直下中原腹地。

石敬瑭的继任者石重贵不甘心做傀儡，扛起了反抗契丹的大旗。恼羞成怒的契丹人发兵南下，晋军统帅杜威临阵倒戈。开运三年十二月（947年1月），契丹人在倒戈晋军的带领下攻入开封，灭掉后晋。初来中原的大辽皇帝耶律德光得意忘形，放任契丹人恣意烧杀抢掠，作为国都的开封首当其冲。这座唐末以来北方最为繁荣的商业都会，须臾间变作尸臭熏天的死城。

作为禁军将领，赵弘殷早已举家迁居开封。所以，这场五代以来最大的浩劫，赵匡胤又赶上了。

不同的是，洛阳兵变时，躲在母亲怀里瑟瑟发抖的赵匡胤，如今已经长成雄伟健硕的青年。八岁的弟弟赵匡义，早已把二哥当作乱世中的依靠。

辽人的倒行逆施，终于激起民愤。放眼中原，到处是揭竿而起的民众。耶律德光被迫于次年四月惆怅地离开了中原。两个月后，已经称帝的刘知远（称帝后改名刘暠）打着驱逐鞑虏的名号（其实他自己是沙陀人，按照汉人的传统观点，也算是"鞑虏"），乘乱取得天下，建立五代的第四个王朝——后汉。

大乱平息，赵匡胤终于走出赵府的大门。出门无所见，白骨蔽平原。从八岁到二十一岁，赵匡胤从白骨堆积的洛阳来到白骨堆积的开封。他觉得，自己和家人迟早也会成为这堆堆白骨中的一具。

当相同的悲剧一再发生时，有人逆来顺受，有人奋起反抗。

赵弘殷选择了前者，而赵匡胤选择了后者。

荀子说："不闻不若闻之，闻之不若见之，见之不若知之，知之不若行之。""闻之""见之""知之"已久的赵匡胤，终于下了"行之"的决心。

事实上，赵府的生活日益艰难，也由不得赵匡胤不去"行"了。

父亲赵弘殷整日在外奔波，仕途却原地踏步。三弟赵匡义和妹妹（即后来的燕国长公主）尚年幼，四弟赵匡美更是刚刚降生。全家上下，全靠母亲杜氏与妻子贺氏惨淡经营，正冠绝缨，捉襟见肘。已过弱冠之年的赵匡胤没有理由不去讨个一官半职为家里分忧。

路漫漫其修远兮，吾将上下而求索。

前提是，要有路可求索。

落魄江湖行

黄河北岸，一道红褐色的火链正逆着河水汹涌的方向奔腾。

这匹骏马还是赵匡胤儿时在夹马营收服的。

那日，赵匡胤初见烈马，也不上缰绳马鞍，硬生生跃上马背。烈马不服，"嘶溜溜"一声长鸣，四蹄生云而起，直奔一座石门。赵匡胤一脑袋撞在门上，跌落下来。围观的小伙伴们都惊呆了，以为赵二哥必会脑浆迸飞。没想到命大的赵匡胤不但一点儿伤也没有，还三步并作两步，一跃而起，再度飞身上马。烈马终于拜服，老老实实地听从赵匡胤的摆布。

十余年过去了，烈马的主人倔强依旧。赵弘殷本可以在禁军中给赵匡胤安排个位置，但父亲二十余年未曾升迁的经历，让赵匡胤不得不放弃近水楼台的想法。渴望脱颖而出的赵匡胤，只能义无反顾地闯出一条自己的路。千里马常有，而伯乐不常有，这不过是郁郁不得志者的自我安慰。真正的凤鸟唯有主动择梧桐而栖，才能唤得百鸟来朝！

赵匡胤看中的第一棵梧桐树是河东节度使刘崇。

五代承袭唐制，地方上实行道、州、县三级行政体制。"道"原本是监察区或军事防御区，"安史之乱"后，二者逐渐合一，成为地方的一级行政实体。此后，道逐渐分化演变成诸多节度使辖区，称为"方镇""藩镇"。长官身兼节度使、观察使和会府（节度使辖区的治所）所在州的刺史等职，但通常只简称节度使。他们总管境内一切行政、军事、司法、财政、监察等事务，是割据一方的土皇帝。节度使又设有专门的番号，除个别地区（如河东、淮南等），均称为某某军节度使。

不过，理论上，节度使属于临时派遣性质的使职，并非正规职官；因此，道并不是正式的地方行政机构。

朝廷之下，真正的地方行政机构是"州"。然而，绝大部分州实际由节度使管辖，称为节度使的"支郡"。州的行政长官是刺史，军事重镇的州长官会兼任防御使或团练使，兼管一州军事。团练使的官阶要高于刺史，防御使高于团练使。

州级行政机构还有府和军。一般首都、陪都和军事、经济中心设府，边关军事要塞设军（此军与节度使的番号不是一回事，虽然读起来都是"某某军"，但其实际级别或为州级；或略低于州，可称准州级；亦有县级的军）。府的最高行政长官为尹（国都和陪都的最高行政长官为牧，但一般不置，实际主持政务的还是尹），军的最高长官为军使。

河东节度使的辖区大抵相当于如今的山西中部。会府太原府是汉国的陪都北京，后唐、后晋和后汉三个沙陀族王朝皆自此而起，可谓龙兴之地。

太原府衙内，赵匡胤远远望着河东最高长官刘崇，领首低眉。他虽然在京城里早就见惯了达官显贵，可如此直面一位封疆大吏，还是第一次。

赵匡胤小心翼翼地抬了抬眼皮，在一团紫袍的映衬下，长长的美髯勾入眼帘。可惜，美髯的主人并无关云长的傲骨，唯有糜子方的愁眉。在他的脸上，一行青黑色的字迹还依稀可见，那是昔日卑微的痕迹。唐末以来，为了防止士兵逃亡，士兵的脸上会被刻上字。于是，这也成为身份卑微的象征。

但如今的刘崇早已咸鱼翻身，他头上挂着一大串响亮的官衔：河东节度使、特进、检校太师、兼侍中、行太原尹、北京留守。这些令人眼花缭乱的官衔，只为告诉世人：刘崇的权力很大，地位很尊贵。他是当时势力最大的藩镇首领之一。

不过刘崇还有一个更尊贵的身份——刘知远的亲弟弟。刘知远无福享受，当了几个月的皇帝就挂了。他那不满十八岁的儿子刘承祐继承了皇位，朝政由四位托孤重臣主持。刘崇与其中之一的郭威向来不和，郭威的上台令他十分不安。

五代时期，位尊权重、野心勃勃与备受猜忌，三者得一，可举天下计。今刘崇三者皆得，顿时变得奇货可居。红紫夺朱，指日可待！

赵匡胤正是看中这一点，投奔了刘崇。

皇帝由谁来做，对赵匡胤而言并无所谓。反正自打他记事以来，皇帝都换了五六个了。要是日后刘崇成为天子，自己就是从龙功臣，前途无量。

但皇帝由谁来做，其实又很有所谓。在赵匡胤心中，始终有个"大唐梦"。他可不希望刘崇入汴之时，自己被派去逼税劫财。

赵匡胤的梦想如环肥，刘崇所给予的现实却似燕瘦。

刘崇打量着眼前这个年轻人。他束发冲冠，剑眉浓厚，稍带矜持的面容掩盖不住如炬的目光。略黝的肌肤，与手中那根黑得发亮的铁棍极为相称，状如小牛。这真是天生当兵的料！

但事与愿违，刘崇让赵匡胤去做太原府下面的镇将。当时，镇是县的同级行政单位，一般隶属于州。顾名思义，镇将就是统率一镇的武将，其职责原本是维持治安；但唐末以来，武夫当道，镇将的权力愈发扩张，在一些地区，甚至凌驾于县的长官县令之上。

太原府的镇将比较特殊，因辖区为会府要地，而直接隶属于河东节度使刘崇，从诉讼审判到抓捕盗贼，其职责范围几乎囊括了所有人命关天的事情。但其最重要的职责却是收税，以支撑节度使的巨额军费。

赵匡胤投奔刘崇不久，就被授予镇将之职，看起来颇受刘崇重视。可现在看来，刘崇重视的不是赵匡胤的才能，而是他长得英俊雄武，令人望而生畏。收税之事想来也会容易些。

河东贫瘠，物产匮乏。要对抗中央，刘崇缺钱。但己所不欲，勿施于人。赵匡胤不愿抢钱，自然无法交差。于是，两个不爽的人一拍两散。

赵匡胤为河东镇将，载于宋人陈师道的笔记《后山谈丛》；《曲洧旧闻》也说到他喜欢河东的酒。看来赵匡胤年轻游历时应该到过河东。明代拟话本小说《警世通言》将"千里送京娘"的故事设定在河东，恐非无本。不过他在河东的时间似乎不长，留下的事迹也不多；更何况以当时赵匡胤身份之卑微，是否真的能当上镇将，也颇令人起疑。这只是宋人的一面之词而已。

今天看来，赵匡胤之所以离开河东，很可能是在那里不好混前途。对于青年赵匡胤而言，首先要保证自己能吃饱饭，然后是一展宏图的机遇。

可接下来的经历，差点让他连饭都没得吃。离开河东，赵匡胤前往关中寻找机会，然而在临近泾水尽头的渭州潘原县，他又狠狠摔了一跤。

赵匡胤自幼好赌。这日，赌瘾大发的他大获全胜。结果赌徒们欺他孤身在外，遂群起围殴，把他身上的钱抢得精光。乱世不息，人心不古。饥肠辘辘的赵匡胤被迫跑到寺院的菜园子里偷菜吃，却被抓了个现行。好在寺院的僧人善良，不但没有把他送到官府去，还请他饱餐一顿。

丢人丢到家的赵匡胤恨透了潘原县，以至于当了皇帝以后还要废掉这个县。

关于赵匡胤这段灰头土脸的经历，史书上还有另外一种记载。根据宋朝官方史料编撰而成的官修正史《宋史》所言，赵匡胤闯荡江湖时直下江汉，随后因为碰壁，转而回到北方，投靠了在晋南和关中地区平叛的郭威。然而，南宋人王称的《东都事略》却说，直到郭威平叛成功转而出镇邺都时，赵匡胤才去投靠。

关于这个问题，张家驹先生说，《宋史》载赵匡胤"汉初漫游无所遇"，而郭威西征的乾祐元年离汉初只有一年，加之宋人笔记记载赵匡胤漫游的事很多，所以《东都事略》更为接近事实。笔者以为，当时随郭威西征，随军立功者皆封官职（比如王审琦），赵匡胤若随军出征，以他的心态与能力，必当以军功封官，但实际上直到郭威称帝后，他也仅是基层军官。由此可见，《宋史》对此记载并不靠谱。

路在北方

北方和西部都无所遇，赵匡胤改道南行，来到大汉南端的边防重镇复州。

这是赵匡胤第一次走后门。他要找的人名叫王彦超，复州的一把手，赵弘殷的老朋友。

一个好汉三个帮。经过河东与关中之行，赵匡胤渐渐觉悟，孤身独行，步履艰难。他终于肯放弃自己的骄傲，前来投靠父亲的故人。没想到的是，这有生以来的第一次，就给了赵匡胤当头一棒。王彦超连见都没见他，只是派人给了他一把零花钱，就把他打发了。

赵匡胤大受打击，直到称帝后，他仍对这事耿耿于怀。建隆二年（961）的一次宴会上，酒过三巡，赵匡胤借着酒劲，终于把这纠结十余年的老账翻出来，质问王彦超："朕当年风尘仆仆地跑去复州投奔你，你干吗不接纳朕？"

赵官家的一句话把王彦超的酒全吓醒了。您老当年投奔过我？好像是有这么回事。那我说当年压根儿就没看上官家您？这不是找死么！

好在王彦超说话比打仗还在行，他不慌不忙地降阶叩拜，诚恳地说道："臣当年不过是一个小小的刺史，这小小的一勺池水，哪能容得下您这样一条神龙呢？要是臣当年真的接纳了官家，官家还能有今天吗？"

赵匡胤闻言，龙颜大悦。

王彦超的话也没错：大腿要抱粗的，靠山要找硬的。所以您当年就不该来找我。不过，王彦超始终没对赵匡胤说实话。他拒绝赵匡胤，多半是觉得这位故人之子浮躁不踏实，终究是个麻烦。

好在随州刺史董宗本不嫌麻烦。

董宗本是赵弘殷的老乡,听说老乡的儿子来投奔,高兴得顾不上整理衣衫,急忙赶到府门迎接。

俗话说,老乡见老乡,两眼泪汪汪。可老乡的儿子却偏偏彼此不对眼。董宗本虽然给了赵匡胤一份差事,但他儿子董遵诲却十分看不起赵匡胤。这位从小生活在辽国,才随父亲回到中原不久的小将,对赵匡胤有着一种天生的优越感。平时出门打猎,稍有不如意,董遵诲就会对他破口大骂。人在矮檐下不得不低头,靠人情进来又寸功未立,赵匡胤只好吃哑巴亏。

直到有一天,两人讨论起兵战大事来,董遵诲说不过赵匡胤,拂袖走人。赵匡胤当年何等霸道,强忍的怒火终于爆发了!自尊心严重受创的赵匡胤,拎棍上马,谢绝了董宗本的一再挽留,仰天大笑出门去。

可出了随州,他就再也笑不起来了。

木落雁南渡,北风江上寒。天际处,孤雁呷呷,无鸿来和。广袤无垠的蓝天中,落单的大雁,依旧艰难地振动翅膀,顽强地朝着南方飞去。

世界那么大,我想去看看,可偏偏越看越窝心,我该往哪里去呢?

离家两年,差事换了一个又一个,却仍旧一事无成。身后的随州城黑压压地砸断归途,眼前算不上宽阔的涢水又拦住了去路。

或许应该回开封,多多再怎么说也是禁军军官,把自己弄进禁军很容易。虽说升迁的机会少了些,但至少稳定。慢慢积累经验和资历,总有出人头地的机会。可这种生活太安逸了,安逸得会磨灭自己的雄心,怎能就此甘心!

或许应该留在这里,可留下能做什么呢?这里远离朝廷,哪有接近大人物的机会?这里的各位官员不求有功,但求无过,哪有发挥所长的机会?这里虽然是边境,可是接壤的南唐、后蜀、荆南境内稳定,朝廷既无心也无力征讨,哪有建功立业的机会?

或许可以投奔唐、蜀、荆南等国,但它们通通不成气候。

又或许继续漫无目的地漂泊。不远处就是江汉重镇襄阳,就算襄阳不行,也还有齐鲁兖冀……可谁又能保证那里的际遇会比此前更好?

落寞的赵匡胤来到一座小村,四处讨酒,喝得昏天黑地。据《方舆胜览》记载，赵匡胤曾在西湖村向当地老妇讨酒喝。今日湖北孝感市的"西湖酒馆"，据说就是赵匡胤喝酒处。

一醉本可忘浮生，但彻骨的寒风，却残忍地将他刺醒。

落魄的赵匡胤趴在马背上，晃晃悠悠地来到襄阳城下，借宿在一座寺庙中。

慈祥的老僧端详着赵匡胤，这个一口正宗洛阳官话的年轻人，衣衫褴褛，满面风尘，凝眉不展，分明是一份怀才不遇的落魄。

老僧双手合十，淡然说道："不如北归。"

北归？赵匡胤哭笑不得。我就是从北方来的，难道还真回开封，让爹爹给谋个一官半职？

老僧继续说道："再向北。"

那些被后人称为未卜先知的预言家，虽不乏江湖骗子，但也有时局洞察者。襄阳老僧很可能已经敏锐地观察到，有个英雄善交俊杰，善待士卒，劝恶扬善，与其他武夫颇为不同。他即将前往河北招兵买马。

这位英雄，将改变无数年轻人的生命轨迹，包括赵匡胤。

谁能有这么大本事？

郭威。大汉国的枢密使郭威。

二　跟郭威，学郭威

攻心的秘密

在那个允许草根儿逆袭的时代，郭威是一颗明星。

郭威，字文仲，邢州人。因脖子上有一只飞雀的刺青，人称郭雀儿。这个倒霉孩子不到八岁就成了孤儿，后来由姨妈抚养，生活贫苦。他十八岁参加地方叛军；四年后，叛军被唐庄宗扫平，部队被收编，他也摇身一变成了正规军。

由于郭威识字，算术又说得过去，因此还兼任军队文职人员。一个偶然的机会，郭威成为大将石敬瑭的属下。石敬瑭乃唐明宗的驸马，骁勇善战，谋略过人。郭威敏锐地意识到：贵人，就在眼前。

但石敬瑭位子太高，郭威根本够不着。就在郭威愁眉不展之际，柴氏出现了。

柴氏曾是唐庄宗的侍妾。唐庄宗崩殂，她被唐明宗遣返回乡。在一个暴风骤雨的夜晚，柴氏在黄河水畔偶遇郭威，一眼认定这个气场强大的汉子是个大英雄，便以身相许，并带来大批嫁妆作为郭威的事业资金。郭威在柴氏的劝导下，博览群书，才智顿开；又在她的指点下，投靠石敬瑭的心腹、牙门都校刘知远，从此飞黄腾达，直到成为汉高祖刘知远的托孤重臣。

可惜，柴氏耗尽心力，也未能亲眼看到郭威逆袭的那天……

乾祐元年（948）上半年，大汉西部的护国军节度使李守贞、永兴军节度使赵思绾、凤翔节度使王景崇三镇相继叛乱，朝廷派去镇压的军队屡战不胜，形势危急。

如今的郭威已是大汉枢密使，专掌征伐，同宰相兼枢密使杨邠、三司使王章、侍卫亲军都指挥使史弘肇共秉朝政。然而，这个决策群体的成员不是胥吏就是武人，将制度建设弃之一旁，政局昏暗，前途不明。

首席顾命大臣宰相苏逢吉不学无术，品德欠佳，固然被排挤在外；名高望重的文人领袖冯道也只能在太师府坐冷板凳。这是唐灭以来，文人最不得志的时代。

到刘承祐即位为止，冯道先后在燕、唐、晋、辽、汉五个朝廷里做过官，侍奉过十位皇帝，而且最近二十年，基本不是做宰相，就是做名望最高的三公、三师，位子比皇帝坐得都稳。可这样的荣耀，却成为人们诟病他朝秦暮楚的铁证。

冯道对这些诟病颇不以为意，他是个干实事的人，对虚名倒是无所谓。可偏偏他现在身居高位，却无半点实权，门可罗雀，空有虚尊。

不过，郭威倒不认为冯道已成明日黄花。郭威知道，冯道的力量，并不在于朝廷给他多大权力。冯道一句话，往往能够扭转天下颓势。

李存勖为晋王时，因赌气而要"退位让贤"。冯道力谏"若让敌人知道，以为我们君臣不和"，浇灭了李存勖的肝火。

李嗣源自恃谷物丰收，冯道只用一首诗，就敲醒了盲目喜悦的明宗皇帝。

辽太宗耶律德光入主中原，冯道一句"此时百姓，就算佛祖也救不了，只有皇帝能救"，保住了中原百姓未受夷灭之祸。

曲言达意，文士冯道以自己的方式，四两拨千斤，默默影响着武夫执掌的国家。

也许正是知道冯道这四两的重要，即将率军西征的郭威专门跑来向他请教平定三镇之策——这与杨邠等人相比是多么不同。

冯道只是淡淡说道："李守贞自恃老将，军心归附。文仲你不要爱惜朝廷的财物，多多赏赐给士卒，这样士卒自会归心于你，李守贞之势也就不攻自破了。"

花重钱，让士兵为自己效力，这不是五代时期的"优良传统"吗？冯老儿果然又在敷衍应酬，明哲保身。

可郭威已知晓冯道的意图。冯道什么都没说，却也什么都说了——攻心为上。

赵匡胤终得令主

正午时分，西京洛阳。

长寿寺内，来往的香客如云，时不时会有人谈起国家大事。虽然西征已经结束一段时间了，但郭威仍然是人们离不开的话题。

赵匡胤正在大佛殿西南角，枕着柱础歇息。他听从襄阳老僧的指点，一路北上。沿途坊间乡里，全在谈论郭威西征。赵匡胤心里不免怏怏：自己又没赶上。

旁边的香客可顾不上赵匡胤的郁闷，正跟身边的人兴致勃勃地聊着郭威。

从香客那里，赵匡胤听说：郭枢密待人以礼，虚怀若谷，对士兵不吝赏赐，人人愿为他效死力，西征大军迅速平定了三镇之叛。

他还听说，从辽西迁来洛阳的王审琦随军立了功，被郭枢密任命为厅直左番副将。虽然只是掌管二十人的芝麻小官，这说明普通百姓建功立业也是有可能的，而他赵匡胤作为"军二代"，现在还是布衣一个……

他又听说，父亲赵弘殷随军西征，一马当先，勇往直前，虽然被射中了一只眼，却如夏侯惇再世、李克用重生，带着飞捷营的五百壮士直接杀入中军，把叛军杀得溃不成形，好不威风！

如今赵弘殷还在前线未归，朝廷已升他为护圣都指挥使，统辖着约五个指挥共两千五百人，成为可以加带刺史衔的中级军官。赵弘殷坐了二十几年的冷板凳，托郭枢密的福，这次终于高升了。

他更听说，郭枢密为了朝廷的安危日夜操劳，才平定三镇，又去河北抵御契丹了。人们都在传言，不知道这次又有多少人会跟着他高升呢。

襄阳老僧诚不吾欺也,看来我的转机也在这位郭枢密身上了!赵匡胤就此决定,既然父亲未归,索性直接北上去投奔郭威。

九曲黄河万里沙,浪淘风簸自天涯。

一个骑着小毛驴的孤独身影,正缓缓朝河北而行。这头驴子是长寿寺藏经院的主僧相赠的。得益于长寿寺的资助,在阔别三年后,赵匡胤终于回到黄河之畔。

远处,一轮红日正冉冉升起,那灿灿的曙光,正以迅雷之势,驱走无边的黑暗。赵匡胤心头一动,用蹩脚的文辞,随口吟出他那首唯一传诵至今的诗篇:

欲出未出光辣挞,千山万山如火发。
须臾走向天上来,赶却残星赶却月!

读匡胤之诗,一扫阴霾、拨乱反正之心已经昭然。然而,要扛起这个重担,赵匡胤要学的还有很多。

朝廷乃是非之地

欲治之主不世出,大名之下难久居。

乾祐三年(950),久居大名的郭威匆匆赶往大名府(天雄军会府,就是后唐时期爆发魏州兵变的兴唐府,五代时期此地多次改名)。就在这年二月,辽人退兵,郭威也从河北回师开封。到了四月,朝廷又想派郭威去镇守大名,统御河北,防范契丹。

自后晋割让幽州后,此地成为河北第一重镇,向北可收揽整个河北,向南能控锁开封咽喉。现在朝廷派系林立,文武失和,相对于这个是非之地,去大名反而更能施展拳脚。所以郭威再没推托,当即决定率兵赴镇。

在史弘肇等人的支持下,郭威破例以枢密使、检校太师、兼侍中,兼任天雄军节度使、邺都留守,整个河北均奉其令行事;养子郭荣被授以贵州刺史、天雄军牙内都指挥使。举国之内,权势无人望其项背。

然而就在郭威临走,史弘肇与苏逢吉、杨邠、王章等人在一次和解宴上闹到几乎掀桌的程度。武人对文人和胥吏的鄙夷与仇视,终于将大汉的枢臣逼向分崩离析。

风紧，扯呼！

郭威将京城的事务安排妥当，急忙带兵去河北避风头。临走前，他特意向刘承祐进言，极力称赞苏逢吉、杨邠、史弘肇三人。稳定皇帝的不满情绪，告诫朝臣要和睦共处，这是郭威所能做的最后贡献。

河北平原，一马平川，不见河东危山环伺，不见关陇黄沙弥天，也不见江汉恶水围城。

路，越走越宽。

赵匡胤一人一骑，在辽阔的平原间驰骋。这片饱经沧桑的土地，依旧夏绿浓郁，生机盎然，并未因契丹铁骑的蹂躏而稍有枯萎。硝烟弥漫处，竟是不见烽火。

"帝至邺，尽去烦弊之事，不数月，阃政有序，一方晏然。"大半个中原里，河东人面有菜色，关陇人彪悍无矩，江汉人哀鸿遍野，偏偏在这兵祸不断的河北，人们反倒活得最幸福。

看来，郭威不仅会打仗，还懂理政。

赵匡胤策马扬鞭，一颗投奔邺都的雄心，直入大名府。

赵匡胤如何进入郭威大军，史书上并无详细记载，但入营不久，他就受到郭威养子郭荣的青睐。

郭荣本来姓柴，是郭威原配夫人柴氏的侄子，由于精明干练，甚受郭威喜爱，并被收做了养子。

现在一般称郭荣为柴荣，但五代时期可能并非如此。柴荣终身以元舅之礼待自己的生父柴守礼；柴守礼也因为这层关系，居于西京洛阳，一辈子未入东京开封一步，以免尴尬。《资治通鉴》等史书在谈及柴荣时，也均以"郭荣"相称，可见在他活着时并未认祖归宗。《宋史·礼志》曾载司马光、王安石关于周祀姓郭姓柴的争论，将柴荣一系回归柴氏，应是宋朝所为。

郭荣在城外招兵买马，风生水起；郭威却在府内苦思冥想，愁眉不开。自从到邺都以来，郭威一直韬光养晦。现在他手握重兵，即使世道生变也无所畏惧，只是家人还在开封。而京城里的苏逢吉、史弘肇和王章已彻底闹翻，各成一党，杨邠一面防范苏逢吉，一面在史弘肇和王章之间打圆场。朝廷中枢已经走到崩溃边缘。

屋漏偏逢连夜雨。就在这个节骨眼儿上，国舅李业与权知开封府的刘铢，因不满杨邠等人执政，鼓动汉帝刘承祐发难。十一月十三日晨，杨邠、史弘肇和王章被伏于宫中的甲士剁成肉泥。刘承祐又急忙遣人带密诏去澶州和邺都，命太后的弟弟李洪义杀掉驻守澶州的王殷，又令邺都行营的郭崇威、曹威杀郭威和监军王峻；同时急诏藩镇入朝，护卫京师。

杀红了眼的刘承祐索性将杨邠、史弘肇、王章、郭威、王峻留在开封城里的家眷全部处死，只有王殷的家人幸免于难。血光笼罩着整个开封城！

刘承祐没想到的是，外戚李洪义并不看好他。接到处死王殷的密旨后，李洪义不但没有动手，反而把密旨交给王殷。王殷闻讯大惊，命人火速通报郭威。

得到密报的郭威气得浑身发抖，杨邠与史弘肇被灭门了，那我的家人呢！

但事态紧急，不是儿女情长的时候。郭威急召魏仁浦，愤愤不平地说道："朝廷要杀我，我不怕死，但难道一点儿也不顾念将士们么？"

魏仁浦仔细看了看密旨，说道："主上听信谗言，侍中您没别的办法了，现在只能把将士们激怒。这不仅是为您自己免祸，更为杨、史诸公昭雪冤情！"

郭威会意，连忙让魏仁浦重写一份密诏，内容是朝廷要诛杀全体将校，又把留守印倒过来盖在上面，假冒玉玺，并将其示于全部高级将领。郭崇威、曹威等人果然激愤，一个个跃跃欲试，请郭威拥兵南向，为自己讨回公道。

决议已定，郭威召集邺都兵马，声泪俱下地说道："郭某与杨、史诸公追随先帝，平定天下。后来受托孤重任，每天殚精竭虑，废寝忘食，头发都熬白了啊！现在诸公已死，我怎能独生！主上想要郭某的人头，你们不妨拿去，交给主上。郭某，绝不连累诸位！"

将士们一听，立刻喧哗成一片。已经有人大喊："我们跟郭公杀回东京，找朝廷问个明白！"此声一出，群起响应。"杀回东京！杀回东京！"

时机已经成熟。郭威缓缓举起手中的令旗，朝着南方猛然一挥：出师！

军事家打政治仗

十一月十八日，郭威渡过黄河，进驻滑州。为了保证手下将士誓死效忠，郭威向他们承诺：待攻克京城，任凭剽掠十日！

重赏一出，举营欢呼！

冷月照寒，夜凉如水。赵匡胤万万没想到，令人景仰的郭威，竟做出自己最不能容忍的决策。洛阳被鞭打的百姓，开封被砍倒的民众，一幕幕悲剧时不时在眼前闪过。赵匡胤无法相信，自己即将成为下一场悲剧的制造者。

为了在战场上互相有个照应，赵匡胤曾与李继勋、石守信、王审琦、韩重赟、刘光义、杨光义、刘庆义、刘守忠、王政忠等人义结金兰。他们共同的偶像郭威，也曾有九位结义兄弟，号称"十军主"；于是，他们也模仿偶像，起了个"义社十兄弟"的名号，希望能像郭威那样，伸张大义。

可事到如今，"大义"安在？

二十日，开封北郊刘子陂，郭威与刘承祐的大军终于相遇。两天后，刘承祐死于乱军，苏逢吉自杀。

郭威终于回家了。

残阳的余晖扫过院墙，干涸的血迹重新泛起鲜亮的颜色，仿佛以诡异的惨笑，迎接郭威的"凯旋"。侍中府里，空无一人，连条狗都没剩下。郭威孤零零地站在院内，犹如寒风摧折的枯枝。

娇妻爱子走了，老战友杨邠、史弘肇走了，连老对手苏逢吉也走了。这是赢了，还是输了？

郭威感到空前的孤寂，可是侍中府外，鬼魅们已经开始狂欢。

当民心与军心严重冲突时，郭威选择了后者。

赵匡胤愤懑地离开杀场。他知道，自己根本无力阻止暴行，能够做的，只有保护家人。他本以为，跟着郭威，可以一遂英雄之志；现在看来，一切只能靠自己。

郭威也有自己的无奈。当时身处险境，不许诺剽掠京城，无以稳住军心。何况在五代军人的潜意识里，打仗就应该有回报，又哪是郭威说改就能改的？

但也并非没有特例。刘知远进京时，就禁止军队剽掠。在看似无奈的背后，郭威有自己的小算盘，收买军心自不必说，同时也给开封城里的达官显贵一个下马威：我郭威又回来了，你们最好服服帖帖的！

只是下马威倘若太过火，那该下马的就是他郭威了。

按照王峻的意思，将士在开封剽掠十日，可是刚到第二天，王殷和郭崇威就看不下去了："再这么抢下去，开封就要变成空城了！"郭威也意识到问题的严重性，慌忙下令，再有抢劫者一并斩首。即便如此，这场有组织的抢劫行动直到黄昏才被控制住。

战后的开封尸横遍野，侍中府却已被打扫得一尘不染。郭威稳坐厅堂，他在等一个人。

此人一出，差点搅黄郭威的千秋大梦。

以"威"战"道"

一位精神矍铄的老人，身着紫色官服，迈着方步，朝侍中府走来。他身后跟着的，全是朝廷大员。

报！太师率百官谒见！

看茶！郭威胸有成竹地站起身来，他知道冯道一定会来。这种事冯道不是第一次做了，当年李从珂叛乱，皇帝李从厚外逃，冯道的第一反应不是营救皇帝，而是率百官拜谒李从珂。李从厚活着，冯道尚且如此；现在刘承祐死了，他哪有不来拜自己的道理？

等到拜谒结束，就该劝进了。

冯道率领百官进府，郭威起身相迎，按惯例朝冯道一拜。但他只是微微躬身，并没有真的拜下去。他料想冯道一定会把自己扶起，然后朝自己还拜，拥戴自己成为新帝。现在，郭威满脑子琢磨的是，自己应当如何假意推托。

没想到冯道却像一棵斗寒古柏，傲然挺立，岿然不动。郭威半弯着腰，僵在那里，再拜也不是，起身也不是。

冯道斜眼瞅了瞅满脸尴尬的郭威，缓缓说道："侍中此行，真不容易！"他没有喝郭威的茶，也面无惧色，拂袖而去。

老奸巨猾的冯道，怎么敢如此强硬？

仔细想想，现在的情形与后唐稍有不同。当年李从珂造反，李从厚必败无疑；何况二人虽无血缘关系（李从珂是李嗣源养子），但毕竟都是后唐宗室，不管谁当皇帝，也是换人不换姓。郭威则不同，他要当皇帝，那就是改朝换代；更重要的是，大汉中枢虽然已现颓势，但形势尚未彻底崩毁。

首先，拱卫之势尚存。刘承祐虽死，可开封周围大汉的军事力量尚存。离开封最近的是南边忠武军的刘信，其次是东面武宁军的刘赟，最远的则是西北河东的刘崇。这三大藩镇都由宗室出镇，随时可以"讨贼"之名，联合围剿郭威。

其次，河北之势不明。河北向来兵变不断，而郭威经营时间极短，后方根据地并不牢固。如今大军进驻开封，河北出现权力真空，天知道会不会蹦出个"黄雀在后"的李威、王威？

再次，舆论之势可为。对于郭威的兵变，地方藩镇还在观望。因此，冯道必须表现出强势，制造有利于朝廷的局面，用舆论来压倒郭威。

最后，郭威之势松散。郭威兵变能够成功，纯粹是因为将士被逼上绝路，抱着横竖是死不如拼一把的心态。这些亡命之徒为了活命，可以成为战友；为了夺权，也同样可以成为敌人。郭威的军心并不是牢不可破的。

有此"四势"倚持，冯道当然敢跟郭威叫板！

一场武人之"威"与文人之"道"的斗争，悄然拉开序幕。第一回合，冯道小胜。

郭威吃了瘪，郁郁寡欢。然而时机尚未成熟，他只好暂缓称帝，见招拆招。

二十四日，郭威主动上书李太后，要求早立嗣君，最终决定迎立武宁军节度使刘赟。刘赟是刘崇的亲子、刘知远的养子。迎立刘赟，一则可将刘赟在徐州的军事力量化为无形，二则可蒙蔽蠢蠢欲动的刘崇。

《六韬》云："善胜敌者，胜于无形。"

在郭威的"推荐"下，冯道赶往徐州，接刘赟入京即位。

冯道曾问郭威："侍中是真心迎立天子吗？"郭威当场举手发誓，冯道并不为所动："不要让老夫成为言而无信之人。"

离开东京时，冯道恋恋不舍地看了看都城，喃喃自语："平生从不妄言，这次却要失信于天下了……"

第二回合，郭威小胜。

冯道一走，开封城里的拥汉派就再也没有主心骨了。二十九日，李太后被郭威请出来临朝听政，可满朝文武除了打酱油的宰相窦贞固等人外，全是郭威的心腹。郭威正式接管了开封，掌控了朝廷。

但令人费解的是，十二月一日，边关镇州、邢州突然来报，辽人数万铁骑入寇河北。郭威将朝中大事交给王峻和王殷后，自己带着主力部队回河北了。

李太后长叹了一口气，祸是儿子和弟弟闯下的，郭威没废黜自己，真是不幸中的万幸。

刘赟兴高采烈地向开封赶来。郭威总算走了，又有冯道担保，自己白捡一个皇帝当，运气不错。

赵匡胤有点沉不住气。郭威怎么突然主动离京？刘赟一旦进京，万事休矣！

只有冯道忧心忡忡。契丹入寇真假难辨，而郭威慢吞吞的行军速度已经暴露了其司马昭之心。他催促刘赟加快行程，只要抢在郭威之前进入开封，郭威就弄巧成拙了！

慢吞吞的郭威望着东南方向，脸上露出狡黠的笑容。冯太师，我们就来比比，究竟谁跑得更快！

秀要一直作下去

郭威到底慢吞吞地干吗去了？

冯道不是有四势吗？现在他出迎刘赟，舆论之势已无可为；宗室三镇，稳住其二，拱卫之势也不复存在；河北闻听郭威回师，即便有人蠢蠢欲动也绝不敢轻易发难。四势已去三，剩下的，就要看郭威如何把松散的人心凝聚成势。

郭威对此最在行。

十二月四日，郭威的大军再次来到滑州，又在这里驻扎不前。已经提前进入皇帝角色的刘赟，派使臣前来慰问，诸将闻听，心中不安，私底下谈论道："我们屠戮京师，这是死罪。如果刘氏复立，我们还有命在吗！"

闻听此议论，郭威表面上诚惶诚恐，心中却大喜：你们终于又知道害怕了。不过火候还不够，我要让你们自己发酵！郭威下令，起营拔寨，继续北进。

十六日，大军终于到了黄河边上的澶州。十九日渡河，二十日，继续北上。包括赵匡胤在内的将士们再也按捺不住，因为再往北就真的去河北了；而刘赟进京的日子已经屈指可数，再拖延下去就彻底没机会了。数千将士吵闹着，朝着帅府拥来。

郭威当然知道他们要做什么，可是秀还得作，他把院门死死锁住。将士们干脆翻墙而入，请愿道："侍中您不能再往北了，我们杀了皇帝又抢了京城，跟姓刘的已是血海深仇，新皇帝即位能有我们好果子吃吗？请侍中来做皇帝！"

赵匡胤见这架势，知道郭威称帝已是大势所趋，不如积极表态，加入劝进的大潮。大家多半是真心希望郭威做皇帝，道理很简单：跟着郭威有肉吃，跟着刘赟没命活。只是郭威对兵变的时间地点，拿捏得如此准确，究竟是他看透了人心，还是早就安插了"托儿"？

但绝大多数将士并没多想。郭威还在假意推托，将士们哪容他再多说，直接把黄色的旗子扯下来，披在他身上，权当龙袍，然后纷纷下拜，山呼万岁。

澶州兵变，赵匡胤可真开了眼。他眼睁睁地看着一个野心勃勃的郭威，如何一步步把自己装扮成受害者，最后被"逼"为帝。郭威不仅赢得了当时舆论的认可，更令后世史官无法给他贯以"篡位"的骂名。

只是赵匡胤想不到，自己这位群众演员，十年后将取代郭威，成为另一部"黄袍加身"的导演兼主演。

郭威见人心重新凝结成势，再无顾虑，当天下令急返京师。时不我待！

从开封到渡河，郭威用了二十天；从河北回东京，郭威仅用了六天。

朱雀门外，一辆小车摇摇晃晃，形单影只地朝城门驶来。远远望去，憔悴的冯道端坐车上，眼中充满落寞与不甘，仿佛一夜间衰老了百岁。

与开封只有一步之遥的刘赟被囚禁在宋州，废为湘阴公；镇守许州的刘信被逼自杀；河东的刘崇鞭长莫及。李太后正式任命郭威为监国，全权掌握了整个国家。

第三回合，冯道惨败，郭威全胜。

赵匡胤不免对冯道有些惋惜。作为一个文臣，手中无兵无将，形势危急如此，无力扭转败局。但他能够左支右绌这么久，甚至逼得郭威铤而走险。假以时日，以冯道为代表的文人，必会成为掣肘武人的重要力量。

用武制文，以快制慢，以救千钧一发；用文治武，以慢治快，以图长治久安。赵匡胤若有所悟。

第二章　搭起班子，坚守忠诚

一　血战高平，一战而成名

权力是场赌局

广顺元年正月初一（951年2月9日），处心积虑的郭威终于正式登基，改国号为周，大赦天下。

赵匡胤如愿以偿，因从龙有功，补官东西班行首。东西班是禁军的一支部队，行首是这支部队的小领班。虽然只是基层军官，但芝麻官也是官。混迹江湖好多年，赵匡胤终于做官了。

然而做了官，不等于官运亨通。当了皇帝的郭威虽然仍要出兵讨伐不臣，但主要精力已经转移到治理国家方面。赵匡胤除了当值之时，几乎很难再见到他。

不甘寂寞的赵匡胤怎肯坐冷板凳。郭威够不到石敬瑭，就去够刘知远；赵匡胤够不到郭威，那不是还有郭荣么？

郭威家破人亡，已无亲生子嗣。论名分，郭荣是郭威唯一的"儿子"；论感情，在郭荣身上，郭威寄托了太多对柴氏的感怀；论能力，郭荣更没的说；论地位，郭荣是郭威最亲密的心腹。明眼人都知道，不出意外，郭荣早晚会入继大统。

可偏偏就出了意外。不知出于什么心理，升任枢密使的王峻三番五次地阻挠郭荣进京。五代时期，枢密使位高权重，皇帝往往也拿他们无可奈何。郭荣无法进京，赵匡胤与郭荣的旧交就全然派不上用场。赵匡胤很郁闷。

郭荣比赵匡胤还郁闷，因为朝中有两个人，正对储君的位子虎视眈眈。一个是郭威的外甥李重进，现任殿前都指挥使，领泗州防御使；一个是郭威的女婿、驸马都尉张永德，现任殿前都虞候，领恩州团练使。

郭荣身为镇宁军节度使、检校太傅、同平章事，虽然贵为使相（同平章事、侍中、中书令皆为宰相头衔，以节度使加宰相衔，称为使相，这是武官的最高荣誉），官阶比李重进、张永德高了不止一级。但论血缘，李、张二人比郭荣更亲近；论距离，二人居官朝中，郭荣外放藩镇；最重要的是，论权力，二人是殿前军的主副手，这支部队近年来发展迅猛，前途无量，而郭荣对禁军毫无染指。兵荒马乱的年代，手中没有兵权，就算顶着皇帝的冠冕，也早晚会被拉下马。

所以，明知道有阻挠，郭荣还是不断请求入朝。不能入朝不要紧，至少要让郭威意识到自己的存在。

郭荣的用心没有白费，郭威并没有忘记这个养子。广顺三年（953）闰正月十五日，趁着王峻外出视察水患，郭威赶紧批准了郭荣的入朝申请。这个团圆之夜，让赵匡胤看到了希望。

但希望越大，失望越大。

在开封待了半个月，郭荣不得不返回澶州。因为王峻回来了，而且回来得很高调！身兼枢密使与宰相的王峻，又逼迫郭威让他兼任节度使，并撤换其他宰相。

这简直是对皇帝威严的挑衅！郭威内心咆哮不已。

而此刻的赵匡胤也是又怒又愁，他刚刚得到消息，自己被"升"任滑州兴顺副指挥使，外放地方了。

与赵匡胤相反，久未出面的冯道倒是悠闲地晒着太阳。"日中则昃，月盈则食。"又有人要倒霉咯。年过七旬的冯道总能一眼看穿朝廷的动态，相比之下，二十出头的赵匡胤太稚嫩了。

没过两天，宫里传出王峻被贬的消息，据说郭威还专门把冯道找去，一把鼻涕一把泪地哭了半天，痛诉王峻如何欺负自己。

王峻被贬，也就意味着郭荣进京。滑州是不能去了，赵匡胤宁可冒着延误赴任的风险，也一定要等郭荣回来。

权力的追逐就是赌博，除了高超的赌技，大多数时候也需要运气。所以在乱世中飞黄腾达的，大多是赌徒。

赵匡胤的运气不算太差，不到二十天，郭荣果然进京了，而且被封为开封府尹、晋王，以亲王尹国都，已基本是名正言顺的储君。

郭荣没有辜负赵匡胤的一片忠心，当即把他调入开封府做马直军使。这个负责首都骑兵支队的职位，虽然比副指挥使要低一级，但赵匡胤仍愿往。

从这一天起，赵匡胤就正式进入郭荣的潜邸。谁也没有想到，他从此沿着郭威的老路，挖了大周的江山。

就在这年，周太祖郭威一病不起，显德元年（954）正月十七，驾崩于滋德殿，享年五十一岁。四天后，三十四岁的晋王郭荣正式继位。

大周境内，举国陷入深深的悲痛之中。惨白的纸钱在阴沉的天空中散落，宛如皑皑白雪，缅怀着这位传奇的草根儿皇帝。

伴随着一阵急促的马蹄声，大周的纸钱被送入了太原府。简陋的宫殿里，一位花甲老人随手将纸钱扔入身边的炭火，熊熊燃烧的烈火，映红了他那惨淡的笑容：就让这纸钱送你们郭家上路吧！儿啊，爹这就为你报仇雪恨！

世仇北汉

这个被仇恨吞噬的老人，正是后汉高祖刘知远的亲弟弟、湘阴公刘赟的亲爹刘崇。不过，他现在已经改叫刘旻了。

郭威刚入开封，准备迎立刘赟时，刘崇还傻乎乎地高兴呢。结果，郭威称帝了，刘赟被杀了，刘崇追悔莫及。从此，中原大周与河东刘崇结下了不共戴天之仇。

就在郭威建周后的第十天，刘崇决定继承汉统。然而郭威称帝，张灯结彩；刘崇践祚，拖麻拽布。

登基大典上，刘崇一脸戚容地说："由于高祖皇帝的大业一朝坠落，朕不得不称九五之尊。可是你们看看，我是什么天子，你们又是什么节度使！"在一片哀歌中，刘崇于太原府即皇帝位，仍用汉为国号，沿用年号乾祐，只是将名字改为刘旻，史称北汉。

开国大典如此凄凉，似已注定了北汉的国运。

北汉之疆皆在山西中部，土地贫瘠，将寡兵少。为了生存，刘旻豁出这张老脸，学起老领导石敬瑭，向契丹人称臣，做起辽国的"侄皇帝"。只要能够换取辽国的支持，血洗周室，刘旻什么都肯干。

但刘旻也知道，自己的小朝廷先天不足，支撑不了多久，必须速战速决。登基以来，他一直没有放弃袭扰周国，但每次都被郭威揍得落花流水。天可怜见的，郭威终于死了！郭荣刚刚即位，政局不振，军心不稳，这正是复仇的绝佳机会！

机会稍纵即逝。周显德元年、汉乾祐七年二月，刘旻亲率三万倾国之军，以义成军节度使白从晖为行军都部署，武宁军节度使张元徽为前锋都指挥使，联合辽国武定军节度使、政事令杨衮所将万余骑，自太原府出团柏谷，沿太行山一路南下，兵锋直捣周国边陲要塞潞州，企图一举打通大路，直扑开封。驻守潞州的宿将、昭义军节度使李筠出城迎敌失利，灰头土脸地逃回潞州城死守。

郭荣得知李筠败北的消息，异常决绝地宣布："朕要亲征！"

大臣们没想到，这个才坐了一个月龙椅的皇帝竟然如此玩命，纷纷进谏劝止。

有人说，刘旻前几年曾是先帝的手下败将，不敢亲征而来，陛下您用不着大惊小怪。

有人说，陛下您刚即位，人心不稳，政局动摇，还是别亲征了。

满朝文武，除了宰相王溥，再没第二个人支持郭荣。

这些话，郭荣一句也没听进去，他还在据理力争："先帝驾崩，朕又刚刚即位。刘旻想乘此时机，吞并天下！他肯定亲自来战，朕不能不亲征！"

朝堂之上争吵之声不绝。

"咳！"一声咳嗽，终于使大殿恢复了宁静。上朝以来，太师、中书令冯道一直稳居朝班之首，一言不发。这会儿他双手持象牙笏板，微微躬身，缓缓奏道："陛下贵为天子，不宜出征。"

郭荣冷哼一声，提高嗓门说："当年唐太宗平定天下，也常常亲征，如今朕怎么敢苟且偷安？"

"不知道陛下能不能当唐太宗！"冯道一反谨小慎微的常态，冷冷回了郭荣一句。

嘿！这不是公然鄙视朕吗！年轻气盛的郭荣咽不下这口气，大嚷："以我军兵力之强，破刘旻就如泰山压卵！"

"不知道陛下能不能安坐泰山！"冯道又回了一句。

郭荣忽地站起身来，指着冯道的手恨不得戳到他的老脸上，恨恨说道："老家伙少看不起人！"

冯道抬了抬眼皮，静静地看着气得发抖的郭荣。老夫亲眼所见临阵倒戈的禁军将领，比开封城里的蚂蚁还多！年逾古稀的冯道索性把话挑明："陛下，您所谓的泰山，不过是那些禁军宿将。他们个个久处贵位，骄恣蛮横。陛下刚刚即位,龙椅尚未坐热,要指挥这帮骄兵悍将,恐怕不容易。"

朝堂内,气氛冷凝。

冯道的话句句确凿。郭荣未得军心,这是不争的事实。郭荣虽然在河北担任过郭威的副手,可不过短短数月;郭威在位三年,郭荣却一直在澶州。所以,禁军将领对这位没有军队背景的皇帝极不服气。郭威病危期间,就有禁军将领鼓动士兵闹事,被郭威的铁腕强压下去了。指望这帮人保护郭荣御驾亲征,能放心吗?

但在赵匡胤看来,郭荣也有非亲征不可的理由,同样是因为禁军。不能有效控制禁军,这是郭荣最大的短板。而御驾亲征,正是掌控禁军的绝好机会。如果败了,结果都是一败涂地;但若胜了,影响却有天壤之别。按照五代的"惯例",前方大将有可能会倒戈,甚至来场兵变。退一万步讲,就算前方大将没有野心,打了胜仗,得胜还朝,声望、军心归之于一身,到头来还是会威胁到皇位,郭威西征三镇就是最好的例子。但若郭荣打赢了,就能在军中迅速树立威望。郭荣刚刚即位,各地藩镇都在观望,只有亲自打赢这一仗,对内控制了禁军,对外才能压服各路藩镇,才能真正在全国行使皇权。

所有这一切,迫使郭荣不得不置之死地而后生。

小人物力挽狂澜

黄昏,天倾西南。血色的夕阳染红了山岩,森森的阴风在山谷间肆意号叫。不远处,骷髅王庙屹立在白骨堆砌而成的山头之上,黑色的幡旆仿佛招魂的旌铭。此地名叫高平,千年前,它以长平之名成为四十万赵军将士的埋骨处。

刘旻不禁打了个寒战,下令汉军立即通过这个鬼地方,在高平以南驻扎。出师以来,汉军急行五百里,舍弃坚城潞州不攻,直下黄河沿岸;再有一天,就能到达泽州,距离开封越来越近。

同样急行的还有郭荣,在调兵遣将安排妥当后,他亲率大军急向河东赶来。三月十九日,周军的先锋击退了汉军的先锋。首战告捷,年轻皇帝的信心倍增。

直到此时,刘旻才知道,郭荣竟然以身犯险。他亲率中军结阵于巴公原,命张元徽驻扎在中军东侧,辽将杨衮驻军于西,严阵以待。

郭荣的部队也一分为三,以义成军节度使白重赞与侍卫马步军都虞候李重进将左军居西，侍卫马军都指挥使樊爱能与侍卫步军都指挥使何徽将右军居东，宣徽使向训统率精锐骑兵居中，殿前都指挥使张永德统率殿前军保护亲自督战的郭荣。

如今的赵匡胤早已调入殿前军，负责皇帝的警卫工作，因而就在张永德的军中。六年了，他没想到以这样的方式重遇"老东家"。他不过一介小人物，也许刘旻早已不记得他了。但赵匡胤忘不了，囊者孰对错，今朝一战定是非。

对赵匡胤而言，这场战争必须取胜，不仅仅是为了大周的江山。

他端坐马上，远远望去，汉军黑甲如山，刀戟如峰，红色的战旗好似煮沸的鲜血在军阵中翻滚。敌阵最高处，一面火红的大旗迎风张扬，旗杆顶端的牦牛尾与缀于旗下的五彩析羽嚣张地扭动着，肆无忌惮地挑战着大周战士的神经。大旗之下，正是汉主刘旻的所在。

赵匡胤一心想要杀敌建功，像一匹蓄势待发的野狼，随时准备发起致命一击。

只是并非每一个人都愿意以生命做赌注，来参加这场胜负难料的赌局。

周军右厢，樊爱能与何徽的战马不住地前后挪踏着，发出凌乱的"嘚嘚"声。两位大将不时地回过头，观望着手下士兵们的表情。那是一张张沉浸在温柔乡中的脸，那是一张张沉浸在金软玉中的脸，那是一张张害怕失去荣华与安定的脸。

负责袭击北汉后路的周军还在途中，河阳三城节度使刘词的主力部队也还没赶到。孤军深入，敌众我寡，在这决定生死存亡的一刻，周军上下已被胆怯包围。

刘旻站在土丘上，俯视着兵力明显不足的周军，心中也不免懊悔。早知对手渺小如此，何必向辽国请求支援？借了辽人的兵，且不说欠了人情要加倍奉还，仅仅是犒劳辽军的军饷，就是一笔不小的开支。更何况，不是逼不得已，谁愿意去背负这勾结辽人、屈节辱国的骂名？

不甘心一辈子做"侄皇帝"的刘旻，决定利用这场战役重新赢回中原天子的尊严。他自负地对身边将领说："我用汉军就足以击败郭荣，何必再借契丹兵！今天我不仅要攻破周人，更要让契丹人对我心服口服！"受尽辽国欺压的汉军将领闻言，纷纷跃跃欲试。

但辽帅杨衮并没有在意汉军将士复杂的眼神，他遥望周军阵营。但见周军右厢看来略有动摇，但军阵并未紊乱；中军与左厢更是军威鼓振。

"周军真乃劲敌也！我军不可轻率冒进！"杨衮连忙向狂傲的刘旻说道。

刘旻捋着美髯，眯起眼睛，不屑地说道："机不可失，失不再来。杨公且莫再言，且在此观我破敌吧！"

杨衮转身刚要离去，身旁的战旗却正正打在他的脸上。杨衮心中一惊：方才还是东北风，我军居北朝南，顺风作战，尚需谨慎；现在风向逆转，要逆风出击，对我军更为不利。

可是杨衮心怀不满，因此并未出言相告。

心浮气躁的汉将正在鼓动汉主出击；也有精明的谋臣进谏风向不对，切莫草率。然而，刘旻仍然自负地拒绝臣下的提醒，不顾臣下劝阻，贸然挥起幡麾，命张元徽率领千余骑士，逆着南风，全力进攻周军的薄弱环节——右厢。

"杀！——"河东战马脱缰，踏起黑风般的沙土，直冲敌阵！

周军右厢，统帅樊爱能与何徽"践行"了冯道的预言，没几下，只稍作抵抗，就扔下兵器撒丫子跑了！骑兵有马，四条腿跑得快，只有两条腿的千余步兵一看跑不了，直接丢盔弃甲，朝着北边大喊"万岁"，临阵倒戈。

看似坚不可摧的堤坝，瞬间土崩瓦解，汉军犹如滔滔巨浪，席卷着大周的残兵败将，朝着大周皇帝的御帐吞噬而来。

周军上下瞠目结舌。谁也没想到，宿将统领的精锐，顷刻间溃败。首次亲征的郭荣气得紧握剑柄的右手隐隐发抖。他望了望左厢，白重赞和李重进稳如泰山，看来万无一失。既然没有后顾之忧，右边的窟窿就当尽快补上。在枢密副使魏仁浦的鼓励下，郭荣拔出宝剑，锋指北汉，亲自率领着殿前军奔赴右翼前线督战。

但恐惧正以排山倒海之势，在周军中迅速蔓延。在投降声的包围下，大多数将士仍像被催眠一样，面对突如其来的溃败不知所措。

赵匡胤也追随着部队向前方挺进，压抑的气氛憋得人喘不过气来。他需要释放，他也相信每一个人都需要释放。人人都在恐惧与激奋这两端间摇摆，哪一端出手拉一把，他们就会倒向哪一端。

于是，他突然扯开嗓子，扬臂大吼："主上危险，我等怎能不拼死一战！"

这一吼，犹如振聋发聩的木铎，刺穿恐怖的阴霾，直击每个人的鼓膜，连殿前都指挥使张永德都听得热血澎湃。

可是作为殿前军总负责人的张永德犹豫了，这支精锐部队的任务是保护皇帝，孤注一掷投入战场，万一失败，皇帝可就连亲军都不剩了。他不怕死，但他担心皇帝出事，因为那是殿前军最大的失职。

然而作为一员低级军官，赵匡胤没有张永德那么多顾虑，只想打赢这场仗。他连忙驱马向前，向张永德建议："贼寇气势傲慢，我们全力一搏必然能够破敌！您手下有很多善于左手射箭的士兵，请您率领他们登上高处作为左翼出击，我率领士兵从右翼出击。国家安危，在此一举！"

好个在此一举！生性豪爽的张永德终于被这个黝黑汉子的血性感染，抛开顾虑，也不管什么官位高低，当下分兵给赵匡胤，两人各率两千士兵，冲向敌阵。

一般人射箭都是左手持弓、右手射箭，这种射箭姿势只适合朝左前方发箭，若朝右射就要扭腰曲臂，极不方便。而右手持弓、左手射箭，就能照顾到这个盲点。由这些"左右开弓"的射手组队，就能形成一个扇形的攻击面，在战术上占据优势。因而，赵匡胤对张永德特别强调了"左手射箭的士兵"。

赵匡胤则率领两千士兵，跃马扬刀，从右翼杀入敌营。他自己一马当先，锐不可当。在他的带领下，士兵们无不拼死相战，以一当百。

樊爱能与何徽在右军挖开的窟窿，被赵匡胤与张永德迅速补好，这大大振奋了人心。内殿直马仁瑀带着将士杀将出来，他跃马拉弓，大呼着："使陛下受敌，安用我辈！"弦声响落，汉军接连倒下数十人。

左厢，迟迟未动的白重赞与李重进也做好了冲锋的准备。尤其是李重进，作为善战的年轻禁军将领，眼看着右翼溃败，却必须保持冷静。如果张永德的殿前军顶不住了，他当然要发兵救援。然而不到万不得已，他只能坐镇左厢。贸然进军，会使左翼出现破绽，引得汉军来攻，造成周军左右挨打的被动局面。

右厢，殿前军还在玩命地厮杀。在赵匡胤等人的带领下，周军浑厚的冲锋声第一次压过降军凌乱的哀鸣。大周殿前军犹如蓄势已久的岩浆，一股喷发冲天，那沸腾的赤流逆着涛浪涌来的方向，一头扎进汹涌的洪水，左突右撞。

汉将张元徽一心要擒拿郭荣邀功请赏。突然，眼前的汉军士兵一个接一个地倒下，张元徽还没反应过来，马腿上已重重挨了一枪，连人带马倒了下来，死于非命。

周军的士气大增，郭荣、张永德、李重进三路并发，乘着南风一路向北杀来。汉军顷刻兵败如山倒，拦都拦不住。到了下午，刘词的援军也及时赶到。刘旻见状拔马而逃，杨衮的辽兵也不战而退。北汉出师草草，最终只是仓皇南顾。

赵匡胤火了，冯道死了

赵匡胤火了。

五代时期，几乎每位名将都有一场成名战，而以赵匡胤这一战最为离奇，因为赵匡胤所在的殿前军根本不是对敌的主力。只因赵匡胤振臂一呼，警卫部队竟抢了作战部队的彩头。

危急时刻，赵匡胤不顾生死，激起全军抗战，完全是他素质的反映。守职责、不服输、不认命、敢豪赌，这一切，早就在他的骨子里潜移默化。

一场血肉恶战，大周起死回生。郭荣大喜过望，论功行赏。在张永德的盛赞与保举下，赵匡胤连升三级，直升殿前散员都虞候，领严州刺史。

这是怎样的一个官职？当时朝廷的禁军主力叫作侍卫亲军，主要负责军事征伐。殿前军相对独立，负责保卫皇帝安全。殿前散员是殿前军下辖的一支部队，都虞候是其副官。

至于严州远在岭南地区的南汉国境内，刺史当然不是实授，只是遥领。五代时期军官往往遥领节度使、防御使、团练使、刺史，以示官阶高低（类似于今天的军衔），其中刺史资历较浅，官阶较低，但毕竟算是有"军衔"的中级军官了。

关于赵匡胤这次加官，《资治通鉴》《宋史》《东都事略》均载有他被提拔为殿前都虞候。但据张其凡先生考证，赵匡胤任殿前都虞候最早也只能是在这年十月，三月时，其所任为殿前散员都虞候。

赵匡胤加官晋爵，樊爱能、何徽等七十余名"长腿将军"却自食其果。郭荣听从张永德建议，怒斩樊爱能等人。从这一刻起，那些骄横的悍将、懒惰的庸兵，终于知道了皇帝的厉害，终于知道了军法的厉害。一支真正听命于大周皇帝的军队即将诞生。

附：五代、宋初部队编制和级别

	部队级别	正副指挥官	武官阶
高级军官			节度使
中级军官	诸番号军	诸军都指挥使	防御使/刺史
		诸军都虞候	
	诸番号军左右厢	诸厢都指挥使	防御使/刺史
		诸厢都虞候	团练使/刺史
	军	军都指挥使	刺史
		军都虞候	
低级军官	指挥（营） 【1指挥=5都=500人】	指挥使	
		副指挥使	
	都 【1都=5将=100人】	军使（马军） 都头（步军）	也有以军使、都头领刺史者
		副兵马使（马军） 副都头（步军）	
基层军官	将（队） 【1将=4伍=20人】	十将	
		副将	
	伍 【1伍=5人】	伍长	

注：五代两宋军级以上的部队，理论上也有确定的人数，但实际上并未严格按照规定配置。一般其规模，都以拥有多少指挥计算。另外，周宋之际，高级军官由于时常有职位增裁和官阶调整，故未列。

河东，郭荣一路高唱凯歌，直逼北汉国都太原城下，火烧城门，扬长而去。

河南，太师冯道病倒了。皇帝打了大胜仗，他不知道是该高兴还是悔恨。

冯道一生在武夫的缝隙间小心翼翼，他一面寻找一切机会节制武夫乱政，一面尽己所能地实施贡举考试、刻印"九经"等有限的文治政治。在那个武夫占据

35

绝对优势的时代，他倾尽心力为乱世打着补丁，却也未能找到出路。如今，唐庄宗、唐明宗、晋高祖、辽太宗、汉高祖、周太祖，那些曾经叱咤风云的赳赳武夫，早已魂赴九泉。武夫皇帝既已不在，冯道的使命也将完成。

显德元年（954）四月十七日，一代名相冯道与世长辞，享年七十三岁。郭荣辍朝三日，册赠尚书令（大臣的最高官职，几乎不授人），追封瀛王，谥文懿。

冯道，字可道。道可道，非常道。冯道之道既非永恒之道，那么，它终会随着历史车轮的前进，成为令人回味的余音。

冯道的道，结束了；赵匡胤的道，才刚刚开始。

二　编练新军，编练赵家军

扩建殿前军

显德元年六月，郭荣率领大军回到东京开封府。高平一战已经过去三个多月了，这一仗虽然助他巩固了皇权，树立了皇威，但也令他心有余悸。在征讨北汉的路途中，郭荣初步有了统一天下的念头，可是靠这样的队伍连保家卫国都做不到。当前的第一要务，就是想办法整顿禁军，建立一支精锐的中央部队。

四个月后，归德军节度使、侍卫亲军都指挥使、同平章事李重进，与义成军节度使、殿前都指挥使、检校太傅张永德奉命入宫。

李重进颧骨高兀，浓眉鹰目，黑面黝堂，一身孤傲之气。若仅从职权来看，李重进是当今军界第一人，他所统率的这支部队叫侍卫亲军，是五代以来中原王朝的军事主力，是禁军中的元老。

唐末，节度使招募职业军人，充作牙兵，以保护自己。后来，牙兵飞扬跋扈，经常更换主帅。为自身安全计，节度使们又另设亲军。这支用于防范警卫部队的警卫部队，随着节度使的称王称帝，逐渐演变成王朝的禁军——侍卫亲军，成为国家的军事支柱。当年郭威西征平定三镇、澶州发动兵变，靠的就是这支军队。

管理侍卫亲军事务的机构叫侍卫亲军司，最高长官为侍卫亲军马步军都指挥使，副官为侍卫亲军马步军都虞候，其下分为马军（军队番号龙捷）和步军（军队番号虎捷）两个系统，分别以侍卫马军都指挥使、侍卫步军都指挥使为长官。这些军官均领节度使衔，属于禁军中的高级将领。

侍卫亲军军力强大，实战经验丰富，为朝廷所倚重。也正因如此，大将骄恣，士兵慵懒，队伍极不好带。郭威以悍将出身，称帝后仍要以悍将王殷、郭崇（即郭崇威）、曹英（即曹威，二人因避郭威名讳而改名）分领马步军、马军、步军都指挥使。但为了让郭荣顺利接班，郭威不惜冤死王殷，将郭崇、曹英调居藩镇，而以樊爱能、何徽分掌马军与步军，不再任命总领侍卫亲军的长官。

郭荣即位后，为加强对侍卫亲军的控制，又将殿前都指挥使李重进调往侍卫司，担任侍卫亲军都虞候（高平之战后，以军功升任侍卫亲军都指挥使），作为侍卫司的最高将领。

李重进的地位很微妙。他在军中的威望远压郭荣，作为具备储君资格的人，他曾对郭荣多有不服。为此，郭威在病逝前专门把他叫来，让他对郭荣行君臣之礼。

郭荣对李重进颇为忌惮，但又想利用他的军威来维持禁军稳定，于是就把他派去侍卫司，与樊爱能、何徽互相牵制。没想到，樊、何二人竟敢置国家命运于不顾，临阵脱逃，可见这支军队已经不堪到何等程度。

此外，侍卫亲军的士兵来源杂芜，其素质良莠不齐。能征善战者固然有之，老弱病残者也不少，这样的军队就算是让白起、韩信直接带上阵，也照样一溃千里。

而且，侍卫亲军内军法不严，号令不行，赏罚不分。樊爱能和何徽带头逃跑也就算了，听说仗打赢了，居然还敢大摇大摆地回来。犯了军法根本不怕掉脑袋！侍卫亲军，不整顿无以平国愤！

看着骄横的李重进，又想起侍卫亲军的所作所为，郭荣十分恼火。他转头又看了看另一边的张永德，低首躬身，平平地唤声：圣躬万福。

嗯，这个张永德就顺眼多了。郭荣长出一口气。

张永德统率的殿前军是禁军中的新贵。殿前军始建于后晋，当时只是一支普通的禁军部队，但经过历朝发展，到后周时，已经初步成为侍卫亲军以外的准独立力量。

不过，殿前军人数不多，以至于连独立的办公机构都没有。其长官殿前都指挥使、副官殿前都虞候的官阶也较低，分别领防御使和团练使衔，是厢一级的中级军官。现任殿前都指挥使张永德，也是因为在高平立了大功，才刚刚晋升为节度使。

相对于侍卫亲军，殿前军更像是清晨的朝阳，潜力无限。高平之战，在半数侍卫亲军溃退的情况下，几乎全靠殿前军力挽狂澜。

想到这里，郭荣将手中的玉斧[1]一挥，青绿的玉柄前，一道尘尾破空而起，犹若令旗，重重打在李重进与张永德面前：赵匡胤，你进来吧。

李重进与张永德一头雾水。高层议事，为何叫来这个中级将官？

郭荣起身，低头看着御阶下的三人，郑重地说道："侍卫亲军的士兵，历朝以来，有老有少，以至强弱不分。大概因为禁军的待遇不错，很多人托关系走后门进来当兵，结果造成无法选拔训练。今年春天，朕在高平与刘旻和契丹军队相遇，居然有大敌当前却不听指挥者！要不是朕亲自披挂上阵，大军几乎要溃败！"说完瞥了李重进一眼。李重进微微低下头，默不作声。

郭荣继续道："何况一百户农夫，未必养得起一个士兵。兵在精，不在众。朕准备对侍卫亲军和殿前军一一点选，以精锐的将士组建殿前诸班，任由老弱病残者退伍回家。这样的军队才不会白白浪费军饷。"

李重进与张永德都是一震，整顿军队，这是拿那些骄兵悍将开刀！没想到，毫无军旅背景的主上，竟有如此魄力！

郭荣好像早就料到二人的反应，他略带兴奋地说道：赵匡胤，朕擢你为殿前都虞候。选练殿前诸事，由你全权负责！

"啊？！——"

皇命一出，举堂皆惊。

"钦差"不好当

短短七个月，赵匡胤又升官了。别看只去掉了"散员"二字，他却从一个支队负责人成了禁军第二大系统的副手。虽然目前只是以殿前都虞候的身份练兵，

---

[1] 关于玉斧究竟是什么，历来争论不休。玉斧有两种：一种是仪仗队所用的长柄斧；另一种则是郭荣、赵匡胤等人手中时常拿着的物件。关于后者，朱熹认为是水晶小斧，钱杭认为是手杖，王瑞来认为类似拂尘，还有一种说法认为是镇纸，此外宋朝文物中也确有小斧头形状的玉器。笔者认为，王瑞来的考证更有说服力，今暂从其说。

还没有得到正式任命，但没人敢小看这个钦定的练兵官。

而郭荣也清楚，超脱于侍卫亲军与殿前军之外，编练殿前诸班，没有足够的职权和威望绝对不行——朕都给你！

即位不到一年，郭荣首先选用资历中上、能力又佳，同时又是皇室宗亲的李重进、张永德取代禁军将领，采用从上至下的方式，将禁军控制在自己的手里。但他对这两个昔日的竞争对手也不放心，现在要趁着整顿禁军的机会，大力扶植自己的亲信，甚至必要时，取二人而代之。

扶植谁呢？对昔日潜邸的随从，郭荣逐个"上查三代，下查己身"，查来查去，确定赵匡胤是"第三梯队"的不二首选。

赵匡胤虽是将门之后，但其父赵弘殷在军队根基不深。赵匡胤从军时间不长，也没有盘根错节的势力。背景简单，这种人只能依附于朕。赵匡胤是朕一手带起来的，他心里也颇为自知。高平一战，他的忠诚与能力都经住了考验，德才兼备，朕对他放心。

对赵匡胤而言，加官晋爵，成为皇帝心腹，喜悦无边，压力山大。

压力首先来自张永德。

现在的殿前军终于有了自己的独立机构——殿前司——也是选练殿前诸班的最高机构。

李重进担任殿前都指挥使不到两年，虽然尚未在殿前军形成势力，但影响力不容小觑。

如今张永德接管殿前军，正急于树立威信，寻找亲信。高平战后，他在郭荣面前盛赞赵匡胤智勇，不仅因为深爱其才，更意在将其纳入麾下，壮大自己的势力。赵匡胤自然也乐意向张永德靠拢。虽然有郭荣这座大靠山，毕竟直属领导是张永德。没有张永德的支持，自己根本无法在殿前军立足。而且张永德的一张嘴，足能影响到赵匡胤的起落沉浮。高平之战，赵匡胤与张永德建立了"革命友谊"，这正好成为他寻找第二座靠山的资本。

然而现在赵匡胤虽然成了张永德的副手，但殿前军的第一负责人仍然是张永德。按理说，练兵这么大的事，应该以部门对部门的方式交给殿前军；可郭荣却以人对人的方式，直接让赵匡胤负责练军。

问题复杂了。赵匡胤夹在郭荣和张永德之间，如何自处？尤其是，如何面对堂堂殿帅、对自己有举荐之恩的张永德？

张永德也在琢磨，自己要怎么和赵匡胤相处：郭荣明显对我心存顾忌，既防着自己乘练兵收买人心，又防着赵匡胤和自己走得太近。练兵的事，自己不便插手，更不能插手。只要笼络住赵匡胤，殿前诸班就还是我殿前军的力量。可是这个赵匡胤，真的不会取代我吗？

张永德陷入了沉思，赵匡胤如履薄冰。郭荣的安排，不免让二人心生芥蒂。

而更大的麻烦，来自侍卫亲军司。

侍卫亲军都指挥使李重进的心情极差，郭荣选练殿前诸班，却要动侍卫亲军的兵，这意图再明显不过：在壮大殿前军的同时，削弱侍卫亲军。

赵匡胤在侍卫司门口踟躇不进。他想过，不如把烫手的山芋扔给韩令坤和李继勋。韩令坤是赵匡胤从小玩儿到大的发小儿，两人当年一起赌钱，差点被坍塌的房子给埋了；而李继勋为义社十兄弟之一，是赵匡胤的干哥哥。两人现在分掌侍卫司的马军和步军，都是过命的交情。把选练侍卫亲军的事交给他俩来办，如何？

不妥！

事关重大，赵匡胤却不跟李重进直接打交道，李重进一定会认为，这是赵匡胤对他蔑视，又或者是恐惧。何况韩令坤与李继勋是李重进的下属，李重进如果让他俩抵制选练，他们就不得不执行。到头来，赵匡胤还得亲自去求李重进。

赵匡胤怀疑，让殿前司的官来选练侍卫司的兵，是主上故意让侍卫司与殿前司不和，从而达到相互制衡的目的。

两司可以不和，赵匡胤却不能跟李重进闹得太僵——因为赵弘殷正在侍卫亲军任职，担任铁骑第一军都指挥使。惹恼了李重进，父亲的日子一定难熬。但皇命难违。

最后郭荣大笔一挥，不但把侍卫亲军中军力不强的散都头和控鹤军划给了殿前诸班，更将内殿直和铁骑军这两支铁军改隶殿前军。后两支部队，一个负责宿卫宫室，一个负责外出征战，战斗力极强；更重要的是，李重进曾是这两支部队的指挥官。

郭荣这是釜底抽薪！李重进怒了。然而他无法找皇帝发火，只能迁怒于赵匡胤，迁怒于张永德，迁怒于殿前司。

赵匡胤彻夜难眠，自己小心翼翼，还是没有躲过这劫。

郭荣安卧龙榻，两司彼此制衡，自己可以高枕无忧了。

编练赵家军

军中暗流涌动，朝廷也不清净。皇帝和宰相为了一桩县令贪污案吵架了。

皇帝郭荣认为，贪污就要严惩："身为亲民之官，竟贪污到如此地步，应当依法处死。"

宰相范质回奏说："监守自盗，固然有罪，但即使贪墨数额再大，依法也是罪不至死。"

郭荣大怒，厉声问道："法律自古为帝王所定，本就用来防止奸邪之辈。现在朕立法，杀个贪官，这不算酷刑！"

范质摇摇头，义正词严地说："以陛下的名义杀他，当然可以。但若交给朝廷，以律法之名处死，臣不敢签署。"

赵匡胤也听闻了此事。当今天子励精图治，明察秋毫，看来国家由乱入治已经不再遥远，这真是再好不过。只是什么事都要亲力亲为，陛下是否太过事必躬亲？

当年七月，河南府（治洛阳）推官（主管当地司法事务）高锡就曾劝谏郭荣，应该让百官各司其职，皇帝垂拱而治，并一针见血地指出：主上您事必躬亲，这是对谁都不信任。可是郭荣根本不听。

郭荣也有自己的苦衷。大周建立以来，他在开封城一共才待了一年多，满朝文武没有一个亲信故吏；尤其是他未曾染指的军界，骄兵悍将更是跃跃欲试。

郭荣害怕，怕自己压不服群臣。毕竟天下刚刚转危为安，"天子轮流做"的习俗还远未消除，这时候自己去"垂拱"，天知道会发生什么事。

所以，郭荣自从即位以来就表现得极为强势，甚至咄咄逼人。硬仗要亲自打，政务要亲自理，当然，亲信更要培养。

而且，郭荣对百官略显刻薄，稍有不顺，即用峻法。乱世用重典，这本是治国之道。但对于群众基础相对薄弱的郭荣，这似乎不是最好的道路。

有时，外表越强势，内心就越脆弱。

赵匡胤似乎看到了郭荣的弱点，于是反其道而行之，对郭荣，对张永德，对李重进，处处示弱。一个人的强弱，并不取决于表象。天下至柔，驰骋至坚。

郭荣也绝对没想到，从这一刻起，背景单薄的赵匡胤，被自己一步步扶持为实力雄厚的军事强人。

按照郭荣的安排，除了从侍卫亲军抽掉兵力补入殿前军以外，殿前诸班的兵力全部从各地选拔。郭荣要通过这次选兵，将地方豪杰全部纳入朝廷，这样不仅壮大了禁军，更削弱了藩镇。

选练士兵，招募新兵，绝对是扩张势力的好时机，这对赵匡胤来说十分有利。

但是如何练兵，这就有讲究了。

为了摈除军队恶习，赵匡胤决定，恩威并施，情法并重，刚柔并济。

刚的一面，赵匡胤采用了最朴实的办法：吃苦。

吃苦的方式有很多，比如要求将士不能穿华丽的衣服，不能穿长过膝盖的衣服，不能在军营中吃鱼喝酒。发兵粮时，军营在城东的，要跑到城西的仓库去取米；在城西的，要跑去城东取米。而且不许雇人或者推车，必须自己把粮食扛回营地。甚至对于战马，赵匡胤都非常苛刻。骑兵一早出城训练，等到晚上回来才能喂马，却又不让马吃饱。

凡此种种，就是不让将士们过舒服，就是要让将士们吃苦。这是训练士兵、增强士兵战斗力的需要，更是维持军纪的需要。

不过刚则易折，军法可以维持秩序，但要想让这些新兵效忠自己，赵匡胤还必须动以真情。于是，柔的一面，他仿效郭威，亲自练兵，与将士们同甘共苦。他还把自己发明的进攻套路亲自传授给将士们，据说这门功夫，后来被少林寺整理成著名的太祖长拳。武功冠以帝王之名，在中国历史上似乎绝无仅有。

殿前诸班招募的都是年轻人，他们渴望出人头地，甚至可能盲目崇拜。显然，一战成名的赵匡胤对他们有十足的吸引力。加之赵匡胤豪爽大方，骨子中透着一股侠气，到哪儿都能打成一片。

在赵匡胤的努力下，殿前诸班选练完成。郭荣披上戎装，亲自来到校场检阅。

但见万马奔腾，动如烈火；甲胄凛凛，不动如山。随从史官提笔记下："诸军士伍，无不精当。兵甲之盛，近代无比！"

郭荣冷峻的脸上，露出罕见的微笑：朕终于拥有了自己的亲军！

张永德也兴奋异常：我殿前司雄兵如此，何惧侍卫亲军！

李重进看了郭荣与张永德一眼，并未作声。

没人注意到，将台上，发号施令的赵匡胤是如此轻车熟路，挥洒自如。

因练兵之功，赵匡胤被正式任命为殿前都虞候，领永州防御使。

三　从征淮南，武略与文韬

王朴：文士的力量

显德二年（955）春节，皇宫里青帐素火，不见灯红酒绿。崇元殿大门紧闭，一把巨大的铁锁，将初生的春意拒于宫外。依据三年守丧的礼法，郭荣没有接受朝贺。郭威去世的余哀，仍然弥漫在大周的疆土。

郭荣登基已一年有余。这一年里，他击退北汉，选练精兵，整顿吏治，规范贡举，奖励农桑，治理黄河。现在国家初定，满眼血丝的郭荣却仍然睡不着。

万岁殿里，郭荣披上御袍，点起灯烛，来到一幅地图前。

这幅地图名叫《十道图》，底本绘于唐朝，后唐时做过详订。如今，山河支离，寰宇破碎，盛唐的版图早已不在，浩浩神州，蚁聚鹰扬。

郭荣将灯烛移向地图底端，幽蓟仍然深陷契丹，北汉依旧苟延残喘。幽蓟十六州，是中原人永远的痛（当时地图上的方向，多为"上南下北，左东右西"）。他又将灯烛照向地图顶端，南唐的渔船纵横江淮，后蜀的樵夫翻越两川。这是可与中原一争高下的两大强国。郭荣直起身来，俯瞰全图，陕北的定难、江左的吴越、闽南的清源、两湖的荆南与湖南、岭南的南汉、交趾的静海……它们就像一群蟹蚌螺蛳，栖居在大国之间，时不时翻个身，把四海搅得涟漪圈圈。

卧榻之侧，十余人正在酣睡，这让卧榻的主人如何安眠？

四月的开封略显燥热，比部郎中王朴展纸研墨，顾不得拭去额头的汗水。任过开封府推官的他，曾是郭荣的主要副手之一，乃潜邸之臣。现在他和二十余名文学之士奉旨，要立即交上两篇"申论"，其中一篇为《平边策》——也就是大周统一天下的战略。

王朴略作思考，持笔疾书，落纸如神："中原王朝失去吴（指江淮的南吴、南唐）、蜀（指巴蜀的前蜀、后蜀）、幽（指辽国占据的幽蓟十六州）、并（指北汉）等地，皆因治国无道。只要我们知道其治国失败的缘由，然后反其道而行之，就能收复这些失地。"

紧接着，他又分析了唐末五代天下分崩的原因，并由此提出改革内政的方案。此刻，王朴深感万岁殿里，一口山河利剑已然高高举起，唯不知欲先刺向何方。

王朴把一统山河分为四步。

第一步，轻兵拖垮两江。

"欲廓清宇内，必先从容易的地方攻破。南唐与我朝接壤，有近两千里的国界，最易袭扰。选择其国不设防备的地方出兵：若唐军戒备东部，我们就袭扰西部；唐军戒备西部，我们就袭扰东部。这样，他们必然东奔西跑，到处救援。在唐军奔走之际，我们可乘机窥探其虚实，然后避实击虚，避强击弱。

"此外，我们无须大举出兵，只以轻兵袭扰。南方人胆小，边界有些许警报，也必然会发大军来救。大军连连出动，必然劳民伤财；而只要有一次不出动大军，我们就可乘虚取之。这样，江北诸州将全部为我们所有。

"夺取江北以后，我军就地补给，挥师南下，江南不愁不平。"

第二步，和平解放蜀桂。"平定江南后，以其声威足以使岭南、两湖俯首称臣。至于后蜀，投降最好；如果不降，我们四面攻伐，将其灭掉。"

第三步，威压收复幽蓟。"将南方全部纳入版图后，控制幽蓟十六州的辽人就会望风而逃。"

最后一步，武力扫灭北汉。"天下诸侯，只有北汉和我们是世仇，无法招降，必须用重兵扫荡。不过自高平一战之后，其实力大损，士气低落。所以这场硬仗还是留到最后，等待时机成熟，可以一战而定天下！"

"好！"读了王朴的文章，郭荣拍案叫绝，激动地从御座上站了起来。此次献策，绝大多数文士都在空谈"修文德，来远人"的大道理，只有陶榖、窦仪、杨昭俭和王朴谈到用兵江淮。尤其是王朴，制定了先南后北、先易后难、以势压境、不战而屈人之兵的大计，以寥寥数语而定天下大势，真乃当代之萧酂侯、韩淮阴、邓仲华与诸葛孔明也!

郭荣摩拳擦掌,已经迫不及待。他急召王朴,商议用兵事宜。王朴入宫对策,神气劲峻,声如洪钟:"如今我们兵强马壮,军备齐全,军令如山,将士效命。一年之后,即可出师。今年夏秋时节,就应在边镇积蓄粮食,以备军需。"这就是一张近期对外作战的时间表。

不久,王朴迁官左谏议大夫、知开封府事;十二月,再拜左散骑常侍,充端明殿学士,仍兼知开封府事,正式成为郭荣的高级顾问。

自召王朴,郭荣自觉宏图将展,唯一害怕的就是天不假年。这天,郭荣突然问王朴:"听说你精通术数?"

王朴回答说:"臣略知一二。"

郭荣继续问:"那依你看,朕还能活多少年?"

王朴深沉片刻,伸出三个手指头:"三十年以后的事,臣就不知道了。"

郭荣闻言大喜,憋在心里许久的雄心壮志,终于一吐为快:"若如卿言,朕以十年开拓天下,十年养百姓,十年致太平,足够了!"

天下残破八十年,这是唯一一个明确的国家宏观发展战略。正所谓:一策平天下,三句定乾坤。

王朴的光芒分外夺目,太夺目,就会刺眼。

赵匡胤一度很自负,他年纪轻轻就代天子训练天下雄兵。可就在自己因练兵而威风八面时,王朴这个手无缚鸡之力的文士,已经放眼九州,经略天下了。赵匡胤惊讶于王朴的眼界,更羡慕王朴的韬略:我何时才能有这等眼界与韬略?

赵匡胤独立团

北国白雪犹凝,江南绿荏已遍山。悠长的古钟,静静弹吹着青翠的薄雾,掸起几缕炊烟,萦耳不鸣。初春清晨,暖鸭未呷,郁郁葱葱,最是养心。

只是清凉山上,却难清凉。

南唐皇帝李璟敬罢禅香,匆匆离开清凉道场。他眼窝深陷,目光无神,两道法令纹犹如铁索,深锁笑颜,不见春暖,唯觉余寒。"一钩初月临妆镜,蝉鬓凤钗慵不整。重帘静,层楼迥,惆怅落花风不定。"已过"不惑"的李璟,却像一位闺中愁春的女子，不闻阁外春音，却思一派春意。

李璟是个不甘寂寞的人。

他的王朝，已是李渊以来第三个以"唐"为国号的国家。自安史兵变，北方战乱不断，水患不绝，经济遭到致命打击；相反，江北淮南，经济代之而为全国之冠。这里广袤千里，土地肥沃，成为天下粮仓；这里盐茶盛产，商贾不绝，成为天下都会。

唐末，淮南节度使杨行密割据江淮，于唐天复二年（902）受封为吴王，建立吴国，史称杨吴或南吴，后以江都府为都。这是一个自建立伊始，就与中原王朝分庭抗礼的国家，也是当时唯一能够独立叫板中原的南方政权。

杨行密死后，随他起兵的谋臣徐温逐渐掌握了实权。这期间，南吴夺取江西全境，随即将国策转为扬文制武、休养生息、睦邻友好。唐末曾遭战火毁坏的淮南经济迅速恢复，南吴的国势越发强大。

徐温之后，执掌南吴命运的是其养子徐知诰。吴天祚三年（937），徐知诰废黜吴帝，登上皇位，以齐为国号。不久，他又恢复本姓，改名李昇，自称唐室后裔，改国号唐，以江宁府金陵城为西都，史称南唐；李昇则被称为南唐先主。

南吴本来就以匡复唐朝作为自己存在的合法依据，如今李昇连国号都改了，进取中原、"恢复旧土"更成为南唐招揽人才、对抗五代朝廷的政治旗帜。

然而李昇却放慢了统一的脚步。在他眼里，与南唐相邻的吴越、闽、楚三国征讨起来耗时费财，得不偿失，不如与他们息兵安境，争取战略时间增强国力。南唐真正的敌人是北方朝廷，中原兵祸不断，早晚还会生变，那时南唐再发兵北上。待平定了中原，南方诸国自可传檄而定。

李昇的统一方略，与王朴的有异曲同工之妙。王朴要拿南唐开刀，李昇欲用中原试剑。王朴要取江南后，尺书招降天下；李昇欲夺中原时，传檄收复河山。可是李昇的方略，要比王朴早了十余年。李昇缺少的，只是中原大乱的机遇。

李昇能等，但他的儿子李璟等不了。

李璟继承皇位后，进一步削弱武将的力量，全力扶持文人。在他的朝廷中，除了老臣宋齐丘，陈觉、魏岑、查文徽、冯延巳、冯延鲁等人皆文学之士。宋齐丘曾是李昇最重要的谋士，但如今早已蜕变成玩权弄势的老官僚；至于陈觉等五人，素有"五鬼"之称，他们虽然文采华丽，却无治国之能，并联合宋齐丘党同伐异，将孙晟、韩熙载等有志之士排斥在外，还鼓动李璟对外招讨，以建功立业。

正是在这样的仓皇之下，李璟乘着福建、湖南内乱之际，南并闽，西灭楚，交后蜀，结北汉，联契丹，居然也将南唐的版图扩张到史上最大，隐然有席卷江表之心、并吞八荒之势。

李璟自鸣得意，于是建千春阁，起百尺楼，云衣霓裳，临江赋和，好似千里江山，万里雍容，早随二月春风，尽入他文华锦袖。

然而阁有千春，难留一温；楼高百尺，柱陷沼沚。南唐的金碧辉煌，不过乱世浮华。李璟沉迷风月，不能自拔；将相醉生梦死，文恬武嬉；百姓衣不遮体，食不果腹。征讨闽、楚两国，更是择帅非人，兵骄无纪，又在当地横征暴掠，大失民心。最终，闽中七州，南唐只占其四，湘潭诸镇更是得而复失。

两次军事行动，唐军损兵折将，元气大伤。更重要的是，诚如李昪所料，这时的中原再度生乱，发生了契丹灭晋的"开运之祸"。面对千载难逢的机遇，李璟的主力却深陷南方泥沼，根本无力北向。待到后周初建、内有叛兵之时，李璟才派出军队企图浑水摸鱼，结果鱼没摸着，反弄了一身腥。

缥缈十三年，李璟不过赢得"惆怅落花风不定"，他发誓此生再也不对外用兵——他错过了最后一次统一天下的机会。

"柳堤芳草径，梦断辘轳金井。昨夜更阑酒醒，春愁过却病。"淮水边的一声大喝，终于惊得李璟夜阑酒醒。

按照王朴的计划，周显德二年、唐保大十三年（955）十一月，郭荣以宰相李穀为淮南道前军行营都部署（前线军事最高长官）兼知庐、寿等行府事（前线最高行政长官），南征淮南。

淮水在冬季是枯水期，水位下降，使这道本就不可靠的"天险"更加脆弱。因此，唐军每年冬天都会专门增兵防守淮水一线，称为"把浅"。可是如今，南唐竟以"疆场无事，坐费资粮"为由，将"把浅"废止了。周军突袭而来，最初竟如入无人之境。

然而，周军在寿州城下遭到南唐清淮军节度使刘仁赡的顽强抵抗，月余不克。李璟以神武统军刘彦贞为北面行营都部署，领兵两万增援寿州；以奉化军节度使、同平章事皇甫晖，常州团练使姚凤统兵三万进屯定远，遥为策应。

次年正月，郭荣得到军报，命李重进火速增援，随即以宣徽南院使向训、端明殿学士王朴、彰信军节度使韩通分掌京师文武大政，自己亲率大军征讨寿州。

亲征，意味着郭荣调整了王朴的计划，他将王朴的袭扰之策，变成了一场大规模的战略决战。性急的郭荣太希望能尽快打垮南唐，尽快完成第一个"十年"。

两个月前，郭荣已成功击败蜀军，收复了秦、凤、成、阶四州。那次战役颇为艰苦，要不是视察了前线的赵匡胤一再坚持，他可能已经半途而废了。

想到此，郭荣回首，看了看身后的赵匡胤。如今的赵匡胤气宇轩昂，早已不是高平之战时的小保镖了。临阵肉搏、训练士兵、参赞军事，短短两年，赵匡胤成长飞速，该是尝试让他独当一面的时候了。

寿州城下，唐军前线的最高统帅刘彦贞败死沙场，增援的皇甫晖被迫退保清流关。但刘仁赡却依然神情自若，淡定地望着泚水北岸的周军大营。

寿州城自古就是东南第一屏障，依托坚固的城墙和有利的地形，成为拦截北方侵潮的大堤。纵使郭荣亲征又怎样？五百多年前，晋将谢玄以八万精锐，在泚水上痛击秦主苻坚近九十万大军，不仅破灭了苻坚不可战胜的神话，更使得一统北方的前秦顷刻间土崩瓦解。

就让郭荣变成第二个苻坚吧！

二月，泚水北岸，郭荣眉头不展。据谍者来报，万余南唐水军进驻寿州东北的涂山，与退往清流关的皇甫晖部形成掎角之势。周军一旦疲态稍露，两路唐军就可联合寿州守军里应外合，把数万雄师包圆了。尤其是涂山水军，从水路可迅速到达寿州，将淮水两岸的周军截为两段。而周军以骑兵和步兵为主，根本无法与之抗衡。

形势越来越不利，郭荣必须派出一支奇兵，打破唐军的反包围，彻底孤立寿州，重新获得主动。包围寿州的主力军队不能调动，只能找一名智勇双全的大将，率领数千敢死之士，将南唐的外围援军清理干净。

几乎没有任何考虑，郭荣便直接把重任交给了赵匡胤。

青青河畔草，香风花影摇。淮水两岸，鸡犬绝迹，却无碍春意盎然。蛙声雀语，鱼跃鸢飞，仿佛狼云尚远，战火未漫。可惜好景不长，一阵地动山摇，惊得万籁悚起。眼见一团黑烟，沿淮水滚滚而来。

赵匡胤无意欣赏春景，正率领数千精骑狂奔。蛰伏一年，他终于再度登上耀眼的舞台。二月二十六日，赵匡胤饮马涡水，要一举解决涂山的南唐水军。

无论是兵力还是兵种，赵匡胤的"独立团"均占劣势，如果跟南唐水军正面交锋，几无胜算。虽说这数千士兵都是敢死之士，可包括赵匡胤在内，没有人真的想死，尤其是死得毫无价值。

赵匡胤观察地形，立即决定让主力部队埋伏在涡口（涡水入淮水处），然后派遣一百多名羸弱的骑兵，到涂山唐军大营附近诱敌。唐军一出营，这一百多名骑兵假装战败，丢盔弃甲玩儿命往西跑。唐军都监何延锡一路狂追，直接将一万多南唐水军送入了赵匡胤的包围圈。轰的一声炮响，周军伏兵尽起，唐军溃败，何延锡被斩，五十余艘战舰也从此改姓了郭。

这是赵匡胤从军以来，独立指挥的第一场战斗，打了一个开门红。

钟鸣清流关

皇甫晖接到涂山败报，面如土色，下令紧锁关门，任何人不得擅自出关。

这位皇甫晖不是别人，正是赵匡胤出生前一年魏州兵变的始作俑者。那场兵变最终逼死了唐庄宗，把唐明宗送上了皇帝宝座。从此，皇甫晖的名字被载入史册。

皇甫晖是典型的骄兵悍将，但却很有气节。契丹灭晋后，已经升任刺史的皇甫晖不愿仕辽，于是投奔南唐，逐渐成为江南大将。他为人持重，颇得军心，周人对他很是忌惮。

只是皇甫晖虽然名声显于外，仕唐以来却未建功勋。他手中有精兵数万，号称十五万，但自从撤至清流关，就再没上过前线。

以逸待劳？畏周如虎？答案已经不重要了，因为昼夜兼程的赵匡胤"独立团"业已杀到清流关外的曲亭山。

滁州城扼守江宁西北门户，城北的清流关更是地势险要。清流关外，曲亭之山，群峰逶迤，沟壑纵横，石陡林密；雄关两侧，更是悬崖峭壁，山高谷深，仅有一条小路从关下通过。一夫当关，万夫莫开，端的是"金陵锁钥"。

面对金汤之池，大周数千勇士都在心里打鼓，毕竟敌我过于悬殊。

赵匡胤却很淡定，命令军队借着夜色，安营扎寨。他向勇士们拍着胸脯保证："别担心！明日正午，我带你们破敌！"

次日一早，皇甫晖听说关前有人叫阵，急忙登关眺望，只见关前的周兵稀松，人人面带苦色。就凭这也来攻关？你们也忒瞧不起我大唐的将帅！

门轴转动的巨响中，皇甫晖披挂上马，率军出关。他信心满满地在曲亭山下布好阵，忽听身后一阵骚动；回头望去，清流关上一片混乱，赵匡胤神兵天降，从关后掩杀出来。原来赵匡胤早就暗访周围村民，发现了一条绕到清流关背后的小路。他留下部分兵力在关前诱敌，自己则暗中绕过雄关，只待皇甫晖出阵，便一声令下，杀上关来。

皇甫晖方寸大乱，他忘了清流关还未完全沦陷，甚至忘了自己手里有数倍于敌人的兵力，急忙率军向后方撤退。

号称固若金汤的清流关，就这样拱手让人了。

皇甫晖恨不得飞马踏隼，逃回了滁州城。只是滁州刺史王绍颜跑得更快，听说清流关破，早已弃城而逃。城中人心惶惶，一片狼藉，根本无法组织战斗。

气急败坏的皇甫晖下令毁掉吊桥以自守，可是来不及了，因为紧随其后的赵匡胤已经率领精骑杀过护城河，直抵滁州城下。

糟糕的是，惊慌失措的皇甫晖仍然没有搞清赵匡胤有多少人；更糟的是，他现在连自己有多少人也搞不清了。

无奈之下，皇甫晖登上城楼，朝着咄咄逼人的赵匡胤喊道："喂！你我不过是各为其主！你让我列好队伍再跟你决一生死！"

赵匡胤听了大笑着同意了，皇甫晖喜出望外。只见他三步并作一步，从城关上飞奔而下，整饬队伍，来迎战赵匡胤。

实诚的皇甫晖又被骗了。赵匡胤哪会真给他留时间。眼见皇甫晖和唐兵松懈下来，赵匡胤突然抱住马脖子，两腿用力一夹，那骏马立刻跃阵而出，犹如一支飞箭，瞬间突入皇甫晖的军阵。

"我只取皇甫晖，其他人都不是我的敌人！"雷罄未绝，长剑已落。还没缓过神儿的皇甫晖，脑袋上重重挨了一记，眼前一黑，当即被赵匡胤夹下马来。

唐军见主帅被擒，全无斗志，齐刷刷扔了兵器。和皇甫晖双双支援寿州又双双逃回滁州的姚凤，也跟他一起做了阶下囚。

皇甫晖再度醒来，已经作为战利品，被送往郭荣的行营。面对郭荣，受了重创的皇甫晖毫无惧色，欲坐则坐，欲卧则卧。最后，他躺在御帐里，从容地说道:"我并非不尽力国事,只是北人骁勇,南人胆怯。我在晋国戍边的时候,常与辽人作战,从没见过这样精锐的部队。"说罢,皇甫晖闭上双目,拒绝疗伤,数日而逝。有赵匡胤这样的对手,他败得心服口服。

相传皇甫晖的灵魂化作山神,继续守护滁州。曲亭山也改称皇甫山,后世再未易名。只是活皇甫尚不能守住国门,死山神就更无能为力了。

滁州风云际会

滁州城内,战火的创伤渐渐平复。前几日还不敢出门的老百姓,最近又恢复了正常生活。

正在城中巡视的赵匡胤知道,百姓最怕的是遭到军队劫掠甚至屠城。己所不欲,勿施于人。赵匡胤最痛恨武夫洗城,他当年不能阻止郭威洗劫开封,现在终于可以约束部下不让悲剧重演。不过,跟着自己玩儿命的兄弟也不能亏待。赵匡胤叫来小吏,命他到滁州府库里拿点儿丝绢,准备犒劳浴血奋战的勇士们。

没过多一会儿,小吏却空手而归。

赵匡胤目瞪口呆:怎么,府库给人抢了?

小吏摇摇头,哭丧着脸说:没有,是窦学士不让拿!

窦学士?哦,就是主上派来登记府库物资的翰林学士窦仪啊。虽说他是皇帝身边负责起草诏书的重臣,不过他只是一介文人,还能拦得住我这个先锋大将?刚打了胜仗的赵匡胤不以为然,决定亲自走一趟。他带着几个亲信来到府库,却发现窦仪早就等在那里了。

窦仪儒雅如兰,却不怒自威又凛然不可犯。

赵匡胤愣在那里,仿佛手握长剑的是儒士窦仪,手无缚鸡之力的反而是自己。在浩然正气的窦仪面前,赵匡胤根本不知如何开口。

倒是窦仪先打破沉默:"明公您刚攻克滁州时,就算把府库里的钱财拿光也无妨。现在,既然府库里的财物已经登记在册,那就是国家的财物了。没有圣上的诏书,您是拿不走的。"窦仪的话铿锵有力,不容辩驳。赵匡胤顿生敬重之心,朝着窦仪深深一揖。

有匪君子,瑟兮僴兮,赫兮咺兮,这大概说的就是窦仪吧!

从府库回来的路上,赵匡胤一直在想:窦仪,一个文人,都敢在这乱世里主持公道；我赵匡胤堂堂武将，还能比窦仪差了？当务之急，是赶紧维护滁州的治安。兵荒马乱之际，不少人乘机作乱。赵匡胤通过约束将士好不容易取得的成果，可不想被盗贼毁于一旦。一阵搜捕，抓了一百来号。

赵匡胤看也不看，大手一挥，全部问斩。

"且慢！"顺着声音望去，但见一个年纪和赵匡胤相仿的人，正站在府衙大门处。那人面颊消瘦，眉峭如崖，目光如炬，一看就是个倔强主儿。

赵匡接过他递上的敕牒，方知这人名叫赵普，是朝廷派来协助自己的滁州军事判官。

"为何阻止行刑？"

"人命关天，恐其受冤。"

在赵匡胤看来，这些人罪有应得，但在赵普的强烈要求下，赵匡胤只好对这一百多个嫌疑犯一一审讯，结果正如赵普所料，有十七八个人是无罪的。

第一次治理地方的赵匡胤大为惊讶，要不是赵普来得及时，自己得冤杀多少人啊！看来这理政的门道，远没有那么简单，怪不得一帮军人治国，把国家治得乱七八糟。赵匡胤大喜之下，与赵普彻夜长谈。

赵普今年三十五岁，大赵匡胤四岁；祖籍幽州蓟县，和赵匡胤的老家涿州很近。赵普出身小吏世家，曾是刘词的幕僚。刘词去世前，上遗表推荐才干出众的赵普，可惜没有得到朝廷重视。直到滁州攻克，在宰相范质的一再举荐下，朝廷才任命赵普为滁州军事判官。

长谈之下，赵匡胤更为惊讶，赵普的见识与谋略非一般小吏可比。从王朴的眼界与韬略，到窦仪的神采与正气，再到赵普的耿直与干练，赵匡胤渐渐觉得，文人并非都像陈学究那样，只知道之乎者也掉书袋；甚至也不像恩师辛文悦那样，只负责传道授业。在这个乱世，有更多的事情，恐怕只有他们才能够完成。

从这时起，赵匡胤开始对文人另眼相看。

或许后人觉得，二赵的这次滁州风云际会太过平淡，它本应该像"三顾茅庐"一样，以不世的传奇为后人所仰慕。

于是，有关赵匡胤与赵普初见的各种传说，不胫而走。

有人说，赵匡胤在清流关下曾为皇甫晖所败，后来夜访村民而得赵普。赵普为赵匡胤出谋划策，让他另走小路，攻破了清流关。由此成就了一番明主访贤逸的佳话。

有人说，赵普与赵匡胤是旧识，曾和陈学究一起做赵匡胤的老师。

有人说，在赵匡胤参军之前，曾与赵普、弟弟赵匡义在长安的集市闲逛，偶遇陈抟老祖。陈抟预言赵匡胤兄弟荣登大宝，赵普位列宰相。

甚至官方史料上都载有，赵匡胤发迹前，赵普曾追随他游历。

但赵匡胤和赵普都是务实的人，都是以天下为己任的人，都是探索变乱为治的人，而他们的相遇，根本用不着传奇故事来画蛇添足。

有了赵普的协助，赵匡胤在滁州的善后工作更加得心应手，滁州城的善政悄然在淮南流传开来。这天夜里，赵匡胤忽然接到牙校报告：行营马军副都指挥使正在城下，传呼开门。

爹？！

来者正是赵匡胤的父亲赵弘殷。如今的赵弘殷，已任龙捷右厢都指挥使，领岳州防御使，统领侍卫亲军的精锐骑兵，与赵匡胤官阶相同。此次出征，他又担任前线骑兵的副总指挥，真可谓"打仗亲兄弟，上阵父子兵"。

赵匡胤怎么也没想到，老父亲会在这个时候来滁州。他乐得一跃而起，急忙奔出府衙，准备出迎。就在迈出府门的一刻，他的脚步却停了下来。依律，半夜没有特殊情况，城门不能打开。作为禁军将领、滁州统帅，赵匡胤怎能带头犯法？

潮冷的寒风不断钻入盔甲缝隙。城楼上，赵匡胤见到了久别的父亲赵弘殷，他孤零零地伏在马背上，缩成一团，剧烈的咳嗽声敲打着赵匡胤的心。

赵弘殷本来受命随韩令坤进袭扬州，但因染病，被迫北返。他路过滁州，听说儿子刚刚打了胜仗，特意赶来看看。

"爹！"赵匡胤咬了咬牙，鼓足勇气说道，"爹，父子虽是至亲，但城门开闭是国家大事，儿不敢奉父亲大人之命……"说罢，赵匡胤朝着赵弘殷深深一拜，头也不回地走下了城楼。他怕再多看父亲一眼，自己就会忍不住去打开城门。

鸡鸣外欲曙。彻夜未眠、一直等着鸡叫的赵匡胤，终于熬到清晨。赵弘殷已经冻得说不出话了，赵匡胤心如刀割，迅速将老父亲抬入府衙，悉心照料。

但寿州吃紧，郭荣一刻也离不开赵匡胤。滁州城的善后工作已经差不多了，郭荣派左金吾卫将军马崇祚前来交接，催促赵匡胤即刻返回寿州。望着病痛中强打精神微笑的父亲，赵匡胤再度落下泪水。他握了握父亲那长满老茧的手，恋恋不舍地离开了滁州城。

三十岁的节度使

金陵城内，勤政殿的殿檐遮住了正午的阳光，文武大臣皆垂首不语。龙椅上的李璟看着前方的战报，瑟瑟发抖。他早已放弃了统一天下的雄心，可现如今，难道自己连大唐的江山社稷都保不住了？

短短一个月，江北十四州沦陷近半，吴越国趁火打劫，金陵三面受敌；湖南的藩镇政权也受了大周诏命，叩击鄂州。李璟吃不消了，他命人携带蜡丸密信向契丹求援，却被大周的静安军使何继筠俘获。他又不断派使臣渡江，向郭荣递上议和书信，没想到郭荣却蛮横地将书信扔在地上。

李璟吓得一哆嗦。他明白，郭荣要的是整个江北，可江北若失，江南再无屏障，国将不国。被逼无奈，李璟只好硬着头皮，继续争夺江北这块战略要地。

淝水对岸，郭荣满脸泥污，亲自搬起石头，给抛石机装"弹药"。城下周军巨石抛空，城上唐军万弩齐发，寿州内外尸横遍野，淮水上下化为血河。

赵匡胤也没闲着。他冒着比雨点还密的箭矢，乘着皮船，攻入寿州城的护城河，准备找到敌军的薄弱环节，从那里杀进去。但他没有发现，刘仁赡的连弩早就瞄准了他的脑袋，"嗖嗖嗖"，赵匡胤预感不妙，猛然回头，但见一支房椽粗的铁箭已欺到自己面前，心中大叫一声"不好"，却突然被人推倒，唯听得"啊"的一声惨叫，鲜血四溅。

待到赵匡胤缓过神来，一员昏死的牙将正倒在自己身上。

牙将名叫张琼，编练殿前诸班时，投入赵匡胤帐下。就在赵匡胤生死一线之际，张琼飞身而出，用自己的身躯生生挡下那支致命弩箭。弩箭深深射入张琼的大腿，箭头扎在骨头里拔不出来。张琼疼得当场昏死过去。

张琼被抬回营帐后，喝了一大碗酒，让人破骨将箭头取了出来，鲜血流了数升。如果这支弩箭真的射中赵匡胤的脑袋，那么后果可想而知。

赵匡胤倒吸一口凉气。大难不死，必有后福！

寿州城依然牵制着周军主力，郭荣派出抄掠江北州县的兵力严重不足。李璟新一轮援军一旦渡江，江北沿线的周军压力倍增。此外，吴越与湖南的军队已被击退，南唐既无后顾之忧，一举收复扬州、泰州、舒州等江北重镇。李璟的精锐部队，卷土重来。

四月初二，面对南唐的疯狂反扑，郭荣及时调整部署，并命殿前都指挥使张永德支援侍卫马军都指挥使韩令坤夺回扬、泰二州。

与此同时，两万唐军主力在齐王李景达和监军使陈觉的统率下，火速渡江。对于大周而言，只有阻止这支队伍继续前进，才能真正解两州危局，继续孤立寿州。这个艰巨的任务，毫无悬念地又落在赵匡胤头上。

这次赵匡胤带的人更少，还不到两千人，屯驻在唐军北上和周军北返的必经之路六合。

让赵匡胤想不到的是，在六合遭遇的第一股军人并非李景达的主力，而是来自扬州的周兵。韩令坤在张永德的协助下，刚刚回到扬州，但人心不稳，不少士兵向北溃逃。赵匡胤大怒，下令道："扬州兵有敢过六合者，一律砍了双脚！"韩令坤太了解这个说到做到的发小儿了，就算自己跑过六合，也照样难逃剁脚的命运。一直在弃城与守城间摇摆的韩令坤终于下定决心：人在城在，城亡人亡！

扬、泰二州暂时稳住了，但能否维护战果，关键还在于能否击退李景达。

赵匡胤想了个邪法子，他把自己的战马打扮得花枝招展，把自己的铠甲擦得锃明瓦亮，大摇大摆地带着士兵在六合的地盘上耀武扬威。

将士们异常紧张，有人终于忍不住道："您这也太张扬了，敌人一眼就能认出来……"

赵匡胤开怀大笑：我就是要让人知道，我赵匡胤来六合了！

没过两天，李景达也赶到了六合。果如赵匡胤所料，李景达和陈觉一看赵匡胤驻兵六合，立时气就短了，只得下令在距六合二十余里的地方安营扎寨，不敢越雷池半步。

当时，赵匡胤的义兄弟、铁骑左右都校石守信也在军中。这些英勇善战的将士早就坐不住了，执意要出阵把李景达赶走。赵匡胤摆摆手说道："他们设栅自固，这是怕我。我们还不到两千人，如果主动攻击，必然会暴露虚实。不如守株待兔，但他李景达要是敢来挑衅，我们定要把他打跑！"

两军对峙，赵匡胤依然每天骑着骏马，披着亮甲，跑出来"显摆"一圈。沉不住气的李、陈二人终于倾营而出，结果近五千唐军却做了周军的刀下鬼；剩下逃命的被天堑长江阻拦，无数唐人坠江淹死。至此，两万唐军主力被两千周军杀得片甲不留。

李璟的精锐损失殆尽，再也无法与大周抗衡。

仗打赢了，宋军将士人人欢呼，只有赵匡胤面含愠色。他命所有参战的将士把自己的皮帽摘下来，只要有被赵匡胤的长剑砍过痕迹的，就通通拖出去砍头。原来，当天赵匡胤亲自督战，对于偷奸耍滑甚至企图逃跑者，都暗中在他们的皮帽上做了记号。

此举令全军将士对他既敬且畏。直到此刻，赵匡胤才放下心来，与这群出生入死的弟兄们共庆凯旋。

五月，雨季将至。郭荣留李重进继续围攻寿州，自己率领主力部队北返，做暂时的战略收缩。赵匡胤也奉命自六合北返，与已经回到寿州的父亲赵弘殷匆匆相聚，随即跟随郭荣的大军返京。

回到开封的赵匡胤来不及请功，急忙派人到寿州打探父亲的病情，这一等就是两个月，等来的，却是一口棺材……

七月二十六日，赵弘殷病逝于返京途中。

赵匡胤闻讯号啕大哭，悔恨交加。如果那一晚在滁州他早早开门，父亲的病情也许不会加重。泪眼中，他仿佛看到父亲正骑着高头大马，率领着凯旋的队伍，缓缓步入开封大门；然而，擦去眼泪，城门外停着的，只有那冷冰冰的棺材和护灵的队伍。

赵弘殷的病逝，在赵匡胤的心中蒙上了一层难以抹去的阴霾。但淮南硝烟未散，时间不等人。十月，守丧未满的赵匡胤被郭荣强行起复，晋升为匡国军节度使、殿前都指挥使；两个月后，原殿前都指挥使张永德晋升殿前都点检，继续做他的上司。

不过，这次任命还有点暂时性质。按照制度，任命高级官员应该在"正衙"宣制——也就是在皇帝上早朝的端明殿正式宣读任命诏书。而郭荣对赵匡胤的这次任命，仅仅是"宣授"——只有委任的文件，却没有在正衙宣读。这与赵匡胤以殿前都虞候身份练兵、事后再正式任命颇为相似。究其原因，可能是郭荣觉得赵匡胤太年轻，资历不够，骤然高升会引起不必要的舆论压力。

尽管如此，刚刚年满三十岁的赵匡胤，仍旧获得了许多武将奋斗一辈子都未曾得到的节度使称号，并跻身大将之列，地位和名望大大提高。

赵匡胤升官后的第一件事，就是向郭荣请命，把已经派往渭州担任军事判官的赵普招回，担任自己的节度判官。

这颇似当年郭荣进京，收揽赵匡胤。

自从赵匡胤离开滁州，赵普就一直替代他照顾赵弘殷。赵普不分昼夜，悉心照料，亲自给赵弘殷喂药。几个月下来，赵弘殷颇为感激，赵弘殷的夫人杜氏和小女儿、赵匡义、赵匡美等人都将赵普视为一家人。

赵普的加入，令赵匡胤不但得到"诸葛亮"，更将自己的武夫集团成功改造为文武并重的幕府：吕余庆、沈义伦长于吏干，楚昭辅善于理财，李处耘、王仁赡优于兵戎筹谋，更有可比作王朴的赵普，真可谓人才济济。

从义社结兄弟，到殿前司练兵，再到滁州收赵普，赵匡胤的班子搭得有声有色。他要靠着这个班子，让自己的节度使尽快"转正"。这个机会并不遥远，因为郭荣决定第二次亲征淮南。

赵匡胤的不忍

第一次亲征结束后，郭荣虽然率大军北返，但李重进、张永德等仍统军围困寿州。李璟急命齐王李景达挂帅、陈觉监军，率边镐、朱元等军数万人，浩浩荡荡而来，屯兵紫金山，并修筑了通往寿州的甬道（两面筑墙的通道）以运输粮草，支援镇守寿州的刘仁赡。

苦守寿州一年有余的唐军见了援军，士气大振。刘仁赡提出：边镐守城，自己出城决战。可李景达不允，刘仁赡积愤成疾。

原来李景达只是名义上的唐军元帅，但实际上做不了主。真正的前敌总指挥，是那个"五鬼"之首、不懂军事、当年把征闽之战搞砸了的陈觉。上次在六合，陈觉已经被赵匡胤吓破了胆，加上他与朱元等人不和，怕无法节制诸将，就更不敢放手与周军一战。

一来二去，郭荣亲征，南唐失去了战机。

显德四年（957）三月，郭荣再度到达寿州城下，将首战的任务交给赵匡胤。紫金山一役，赵匡胤痛击唐军先锋，斩敌三千余，切断甬道，彻底断绝了寿州与外部的联系。不久，朱元叛唐降周，郭荣水路并进，李景达的援军连死带降四万余。寿州城弹尽粮绝，刘仁赡一病不起。十九日，在刘仁赡不省人事的情况下，寿州城降。五天后，刘仁赡病逝。

五月，赵匡胤成功转正，正式出任殿前都指挥使，领义成军节度使。

但转正的喜悦并没有维持多长时间，一件相当残暴的事，让赵匡胤对这位皇帝大哥不得不"刮目相看"。

显德四年十月，郭荣发动第三次南征，这是吞并淮南的最后一役。

在攻拔濠州、泗州的战役里，赵匡胤的骑兵部队所向披靡。随后，郭荣命赵匡胤率马步军，与自己分别自淮水的北、南两岸进击楚州。

然而，在楚州，周军遇到了刘仁赡式的人物。在防御使张彦卿的带领下，唐军死守楚州，郭荣前后费时一个半月，才最终将这座淮东重镇攻克。但张彦卿仍不放弃，直到最后矢刃皆尽，他还举起绳床（类似于今天的椅子）与周军拼命。他手下的千余人全部战死，无一人投降。

愤怒的郭荣一反常态竟下令屠城！寿州投降时，他曾立刻开仓济粮，如今却对手无寸铁的老百姓举刀屠杀！

但却没有人出来劝阻郭荣，包括赵匡胤。大家太了解这位皇帝了，虽然胸中有雄才大略，但是一旦脾气上来了，谁也拽不回来。

在楚州的一片血泊中，一位妇女已经身首分离，在她身下，尚不知事的小婴儿仍然咬着母亲的乳头，拼命吸吮。也许他心中还在疑惑，为什么今天妈妈没有用温暖的手轻抚自己。

唉……赵匡胤叹了一口气，轻轻抱起了小婴儿，为他擦了擦脸上的血水与奶水。他甚至不敢去看那婴儿，仿佛那双纯真无知的眼睛，更突显出自己这些"王师"的残暴。赵匡胤急命手下在巷子中为孩子找了一位奶妈，让她好生收养。而巷子里的男女老少也因此而免遭屠戮。后来，幸存的人们将巷子改名为"因子巷"；再后来，名字被讹传为"金子巷"。

赵匡胤缓缓走出巷子，五味杂陈。当年高平之战后，王师北伐太原，当地老百姓深受北汉苛政，以为是仁义之师来解救他们，纷纷箪食壶浆；结果周军烧杀掠夺，顿失民心。一征淮南，南唐老百姓最初也是心向王师的，结果周军视民为草芥，挖坟掘墓，甚至杀人杀到"里鼓绝响，殆无炊烟"的地步，逼得占领区的老百姓纷纷以纸做成盔甲，号称"白甲军"，跟王师打游击战。

主上对此也有所警醒，他在收复的淮南土地上颁行减免赋税的政策，以安定民心。特别是这次南下，他对士兵进行了约束，严禁扰民，效果显著。可是没想到，在楚州，我们的皇帝陛下冲冠一怒，自食其言。我们南征南唐时，一个公开的理由是李璟不施仁政，刻薄百姓，可我们这算施的什么仁政？加之唐军南撤，焚城毁郭，驱民南渡，破坏更甚。再者说，按照王朴的《平边策》，收复淮南时要最大限度地减少对淮南经济的破坏，然后就地补给支援渡江。可现在的淮南满目疮痍，别说就地补给，数十年内乃至百年间恐怕都难以恢复昔日繁荣。

要太平，必统一；要统一，必用兵；要用兵，必死人。但问题是，像楚州城里的那些老百姓，他们明明可以不死，明明可以与君王将相共享兵火之后的人间太平。

赵匡胤摇摇头，他现在理解了冯道的艰难。借别人之手，完成自己的心愿，有时顺风顺水，但有时却跟自己的理想大相径庭。

不爽归不爽，仗还得继续打，早打完，老百姓就早脱离战火的苦海。楚州既下，江北已无大战。李璟为了讨个吉利，这一年里连续改元"中兴""交泰"，可是南唐既没有中兴，也没有交泰。周军一直打到了长江边上，郭荣亲自坐镇迎銮镇，一副即将渡江的架势。赵匡胤更是率领水军直抵长江南岸，火烧唐军营寨，扬长而去。

这几年，"赵匡胤"已经成为李璟的梦魇。李璟害怕他真的打过来，黔驴技穷之际，派人给赵匡胤送了三千两白金，以此来离间他与郭荣的关系。可是李璟打错了牌，赵匡胤不是一般的碌碌武夫，清廉的他根本不吃这一套，三千两白金全部上缴国库。

李璟彻底崩溃了，他对江北的局势已经无能为力。显德五年（958）三月，李璟像一只被捏瘪的柿子，遣使求和，自去帝号，改称国主，臣服大周，割让江北十四州所有领土，每年供奉物资十万，甚至为了避大周的国讳，把名字也改作

"李景"，以换得苟延残喘。

郭荣三次南征，吞并淮南，威震南北诸国。而南方第一大国南唐却丧失了经济中心、战略要地和近一半领土，沦为一个苟延残喘的小国。

赵匡胤以军功再迁忠武军节度使，加检校太保，如今就连李重进和张永德也不敢小觑他了。

只是在暗处，一双眼睛，却紧紧地盯住了赵匡胤。

四　北伐幽蓟，最后的忠诚

赵匡胤被监视了

赵府的书房内，赵匡胤手执《烈祖开基录》，聚精潜读。这是南唐滁州刺史王颜所撰的史书。书房外，仆人们正将一个个沉甸甸的竹箱抬进屋内。箱子里装的并非金银珠宝，而是满满的几千卷书。

这些年来，赵匡胤重新捡起读书的习惯，即便在军中也手不释卷。三次讨伐淮南，在征战之余，他还特意令人收集当地的书籍，《烈祖开基录》就是其中一部。

烈祖，乃南唐开国皇帝李昪的庙号。这部史书记述了整个吴国和南唐建国初年的历史。从南吴到南唐，从杨行密到徐温再到李昪，江南地区由武人立国到扬文抑武，其恢复秩序、遏制叛乱的经验，其矫枉过正导致南唐武力不振的教训，在那个时代真可谓发人深省。

赵匡胤从小对咬文嚼字毫无兴趣，但从辛文悦、王朴、窦仪、赵普身上，他似乎明白了书的另一种读法。以史为鉴，可以知兴替。随着阅历的积累，对乱世治平的思考，对救世良方的寻觅，迫使他重新回到书丛中。他希望从前人的轨迹里，寻找到国家的出路和前途。

赵匡胤正看得津津有味，忽听书房外一阵吵闹。他赶紧起身而出，只见几名宫中使臣正欲强行打开箱子。

赵匡胤心头一紧，看来自己低调运回的几车箱子，早就被人盯上，向主上打了小报告。使臣蛮横地掀开一个个竹箱，可里面除了书，连半个铜子儿都没找到。大失所望的使臣恶狠狠地瞪了赵匡胤一眼，怏怏而去。

万岁殿里，郭荣听完使臣的报告，十分惊讶。从千里之外费这么大力气，就运回几大车书？！他将赵匡胤召入宫中，大惑不解地问道："卿是朕的禁军将帅，又是封疆大吏，当务之急乃是整备坚甲，训练利兵，运这些书回来做什么！"

赵匡胤咧嘴一笑："臣没有奇谋良策来辅佐陛下，却担当如此重任，所以臣总是怕把事情搞砸了。这次特地运了一堆书回来，就是想开阔一下眼界，长长见识。"

听了回答，郭荣若有所思，看似赞许地点点头，说了一个字："善。"

郭荣虽然费尽心思扶持毫无背景的赵匡胤，以制衡禁军诸位大佬；但还是怕终有一天，他会起来造反。这并不是郭荣小心眼儿，而是在"权反在下，下凌上替"的年代，每位皇帝不得不防范的问题。

现在赵匡胤要读书，太好了！秀才造反，十年不成！赵匡胤早晚会被书本里的忠义道德所羁绊。这样他就不会造反了吧……

郭荣长长地松了一口气。

出了宫城正门明德门的赵匡胤，却在一边走一边擦汗。

幸好运回来的是书，要是别的东西，搞不好这会儿脑袋都搬家了。伴君如伴虎！赵匡胤本来感激郭荣的知遇之恩，如果没有郭荣，自己还不知在哪里混饭吃。可一切温情都被吓醒了。赵匡胤又想到编练殿前诸班时，自己上下其手扶植势力，越想越后怕，擦汗的手都在隐隐发抖。

突然有人重重地拍了赵匡胤的肩膀一下。赵匡胤吓得一个激灵，赶忙回头。来者不是别人，正是自己现在最想见的人——节度推官赵普。

关于赵匡胤称帝前，赵普为其出谋划策的细节，史书并无记载。但宋太宗赵光义亲自撰写的《赵中令公普神道碑》中说道："其在幕府也，恭敬畏慎，尽竭赤诚，夜思昼行，勿矜勿伐，可谓龙吟虎啸，云起风从，如怀万顷之陂，遭遇承平之运。"赵普作为赵匡胤幕府中最为足智多谋者，其在运筹帷幄方面，应起了重要作用。

"表忠。"回到赵府的赵普，蘸着茶水，在赵匡胤的书桌上写了这两个大字。

赵普的道理很明白：高平一战，您忠心耿耿，才干出众，所以得到主上的信任和重用。这几年，您编练殿前诸班，从征淮南江北，才干倒是日益显露，可是忠心呢？对主上而言，如果不够忠诚，才干越出色反而威胁越大。

赵匡胤默默地点了点头。确实，这两年自己统兵在外，威风八面，可是真正在郭荣面前表忠的机会反倒越来越少。如今该怎么办？

赵普微微一笑，用手向东北方向指去。

各怀鬼胎的婚姻

开封东北方，正是郭威当年起兵称帝的河北第一重镇——大名府。如今，大名已不再有邺都的称号，但随着北汉的独立，其作为中原屏障的重要地位反而更突出。

镇守大名府的是抗辽名将符彦卿，就是当年魏州兵变时，最后仍坚守在李存勖身边的那十余名将校之首。那时他还姓李，因为他的父亲秦王李存审是李克用的养子，所以他还算是宗室，后晋时恢复符姓。此后，符彦卿被辽人视为天煞克星，以至于当年辽太宗耶律德光未将他带回北国，辽国太后认为这是重大失策。

如今，年逾花甲的符彦卿官拜大名府尹、天雄军节度使、太傅，受封魏王。他还有一个更尊贵的身份——当今皇帝郭荣的老丈人。

曾经有个相面的说符彦卿之女贵不可言。当时李守贞心有异志，于是为儿子讨了符氏做媳妇儿。没想到河中一叛，李守贞全家一命呜呼。只有符氏据堂门而坐，呵斥诸军。乱兵竟被符氏的气势镇住，怏怏而退。

郭威对符氏大加赞赏，于是派女使将她送回符彦卿府上，后来干脆收为养女。再后来，又将符氏许配给郭荣做继室，以此来笼络符彦卿。

郭荣即位，便将符氏立为皇后。一年后，符氏病逝，郭荣再未立皇后，又将符彦卿的另一个女儿纳入宫中。符老国丈的地位依然无损，并享受帝王不呼其名的礼遇，天下武臣最尊贵者莫过于此。

所以赵普这一指，赵匡胤立马会意：妻子贺氏离世，赵府女主人之位待补，而符彦卿还有个闺中待嫁的小女儿。自己虽然资历尚浅，但毕竟是主上身边的红人儿，两家也算门当户对。只要跟符彦卿有了姻亲，就算跟皇帝攀了亲。主上虽心有疑虑，可又必须有能依靠的人。血亲不足倚，就只好依靠姻亲。我要是成了皇帝的姻亲，也可以松口气，至少能活舒服点。而且我虽已是排名第四的禁军将领，但两司禁军的高级将领都比自己资历老。张永德与李重进自不必说，与自己同级的侍卫亲军都虞候韩通，跟主上关系更亲近。自己的副手殿前副都指挥使慕容延钊是禁军老将，发小儿侍卫马军都指挥使韩令坤曾是自己的上司。甚至连上任不久的侍卫步军都指挥使袁彦，当年在潜邸时，职权也比自己大。地方各大藩镇的节度使资望也几乎都在我之上。更何况，先帝改朝换代、今上稳定局势，符彦卿都功不可没。因而，如果能与符彦卿结亲，我赵匡胤的身价儿就会立刻倍增。

然而这个女婿又实在做不得！自古帝王都忌讳重臣联姻，何况是疑心重重的郭荣？一个新晋的禁军高级将领和势力最强的地方藩镇联姻，多半会偷鸡不成蚀把米。

因此，女婿应由三弟赵匡义来做。刚刚年满二十的赵匡义妻子早丧，他担任的供奉官都知又是个侍从皇帝的小官，让他迎娶符氏，既可结交符彦卿又可令主上放心，此计甚妙！

听说二哥要给自己娶媳妇儿，赵匡义很不好意思，抓耳挠腮的；听说要娶符彦卿的女儿，赵匡义的嘴张得能一口吞下个鸡蛋。

"哥，咱拿什么下聘？"

赵府上下并不富裕。赵匡胤为官清廉，俸禄以外几乎就没钱进账。那几个俸钱打点完府中老小，剩下的不是打赏子弟兵，就是请兄弟们去喝酒，再余下的钱还有一部分用来买书，致使堂堂殿前司的二把手，连一具新马鞍和一件新衣服都舍不得买。幸好大大咧咧的张永德出手大方，靠着张永德的接济，赵府的日子倒也过得去。

可是要给符彦卿这种大户人家下聘，赵匡义心虚了。

赵匡胤胸有成竹地说："没事儿，你找驸马要去。"

"驸、驸马？"赵匡义嘴一撇，"这么大的数，他能给吗？"

"去就是了。"赵匡胤拍拍三弟的肩膀，交给他一封书信。

赵匡胤之所以让赵匡义去找张永德要钱，除了这些年与张永德同舟共济，感情非比寻常，而张永德又义薄云天，在关键时刻肯为兄弟两肋插刀以外，他还料定张永德一定愿意帮忙。

因为，赵匡胤此举不光是为了赵家，也是为了殿前司，为了张永德；因为，殿前司张永德与侍卫司李重进的明争暗斗已经进入白热化阶段。

果然，张永德二话没说，爽快地拍着胸脯保证：匡义你放心，这个聘礼我全包了。我张永德就算倾家荡产，也要让你风风光光地把符王的闺女娶回来！

据史书记载，张永德曾找人算命，那人预言如果他遇到两个属猪的人就一定会走好运。后来张永德发现赵匡胤兄弟都属猪，自以为是福星来了，于是"倾身亲附，相得甚欢。凡己之所玩好、资用、子女、玉帛，必先恣帝择取，有余乃以自奉"。这段记载里，前边算命之事多半是赵匡胤称帝后，张永德为了拍马屁编出来的鬼话。但是后半段可能属实。当时赵匡胤的身份比较敏感，加之张永德需要扩充党羽，花钱收买赵匡胤不是没有可能。

有郭荣和张永德做媒，符彦卿当然乐得与禁军将领联姻。

自从郭荣即位，赵府的人除了从军远征，就是丧丁亡口。人们期盼，赵匡义的喜事能够冲走晦气，为赵府带来平安。

可凡事都是双刃剑。如今，赵匡胤暂时有了"免死金牌"，地位和声望也被生生抬高一大截。可随着势力的膨胀以及与各大势力的交结，他已经不可避免地卷入残酷的政治斗争。看似平静的大周，实则激流暗涌，好似海溢前宁谧的大洋。

赵匡胤，现在唯有一往直前，他已无退路。

绕不过的王朴

一队导从（仪仗队）正持着斧钺，护卫着赵匡胤，昂首阔步走过东京的大道。

不过赵匡胤的兴致并不高。运书事件以来，生性豁达如他，如今也难免心乱如麻。正烦闷间，导从突然停了下来。

禀太保，一个乘马的殿直（殿前司低级军官），误撞了我们的队伍。一名导从回报。

浑蛋！赵匡胤"噌"的一下火冒三丈：好啊，你一个小小的殿直也来找碴儿！憋了一肚子火儿的赵匡胤当即下令：把这个无礼的殿直收押，改道去枢密院，我要讨个公道！

导从明知赵匡胤小题大做，可见他盛怒，哪敢再说什么。可怜的殿直又是磕头又是求饶，偏偏赵匡胤全然不为所动。他怒气冲冲地闯入枢密院，一副兴师问罪的架势。

枢密使魏仁浦恰好在正堂，赶忙迎上去，好声问道：哟，这不是太保吗？这是怎么了，气成这个样子？

见魏仁浦话软，赵匡胤更有恃无恐了，厉声说道：一个小小的殿直，敢撞老子的导从，这成何体统！必须严惩！

魏仁浦一听，也不是什么大事嘛。本着息事宁人的原则，魏仁浦一面请赵匡胤坐下消消气，一面差人去审问殿直。

赵匡胤兀自生气，却听堂门口突然有人说道：审问？我看就不必了吧！

来者不是别人，正是皇帝面前的第一红人王朴。如今他已贵为枢密使。谈起这个人，赵匡胤有点怕——也不只是他，满朝文武都怕。王朴智略过人，但性格刚强，每次大臣们讨论问题，王朴一定正色高谈，说到满座不敢吱声为止。

魏仁浦正要上前说话，王朴一摆手，径直走到赵匡胤面前，淡淡地说："太保您现在位子是挺高，不过，也还没高到加使相的地步吧？"

王朴从容落座，继续说道："殿直虽然卑微，但也是朝廷的臣子，与太保您一样，都是为朝廷办事的。何况您还身带军职，太保，您，不该这样。"

身带军职，指的是赵匡胤担任的殿前都指挥使，这似乎是在提醒赵匡胤应该安心办差，又似乎是在讥讽赵匡胤以大欺小。

王朴的语气不容置疑。赵匡胤自知理亏，只好狼狈地离开了枢密院。

王朴看看已经坐下的魏仁浦，又看看离去的赵匡胤，冷哼一声：有我王朴在，武夫休得猖狂！

永远的保镖

显德六年（959）三月十五日，郭荣伏在一具棺材前撕肝裂胆地痛哭。手中的玉斧不断地重重戳在地上，由于太用力，玉斧被磕掉了一块，碎裂的玉晶宛如泪水，凌乱地散了一地。

王朴死了，大周的玉，碎了。

自《平边策》以来，王朴辅佐郭荣整整四年。这四年里，郭荣修礼乐，崇文治，变官制，严司法，兴水利，均田租；西取秦岭之险峻，南夺江淮之富庶。大周统治下的中原地区，出现了几十年来前所未有的太平景象。这一切的背后，都有王朴的影子。

王朴太累了，年仅四十五岁（此为《旧五代史》之说，《新五代史》记为五十四岁），便耗尽心血，仓促离世。王朴死了，那朕呢？朕是不是也快死了？

不到三十九岁的郭荣，在昼夜不停的咳嗽中，凄凉地想象着自己的前景。

自即位以来，朕亲征北汉、淮南，人不卸甲，马不离鞍，政务繁杂，事必躬亲，国家蒸蒸日上，龙体每况愈下。朕身边的大臣可信者寥寥无几，可如今，朕最信任的人走了。王朴，你让朕如何孤零零地完成我们君臣共定的"三十年"大计！

四天后，郭荣一反常态，突然宣布：视察沧州！

沧州，位于通往幽州的大运河永济渠之侧，是大周东北部最前线的军事重镇，距离幽州不到六百里。

幽蓟十六州，后世又称幽云十六州、燕云十六州，包括幽州、云州附近的十六座军事重镇。此地依太行山北支余脉，居高临下，兼有长城之固，易守难攻，为历代北疆边防重地。

然而，如今的幽蓟十六州却成了契丹人南下中原的战略基地。

契丹本是来自东北的渔猎民族，是鲜卑的一个部落。就在唐朝灭亡的那年（907），迭剌部首领耶律阿保机统一契丹各部，并于神册元年（916）正式建国，国号契丹（后改为辽），对中原虎视眈眈。二十年后，石敬瑭为了称帝，将幽蓟十六州割让给契丹人；又过了十余年，北汉做了契丹人的傀儡。从此，黄河以北，门户洞开。晋、汉、周三朝的百姓和帝王将相都在契丹铁骑的威胁下，提心吊胆地过日子。

特别是郭荣三次南征后国力大增，而契丹联合北汉犯边侵扰的举动也让他动了修改统一方略的念头。

仓促间得到命令的赵匡胤一时有点慌神。按照王朴的计划，要把南方平定后，才来解决幽蓟问题，如今南方仅夺淮南，现在就北伐，会不会过于草率？

当然，郭荣北伐也并非没有道理。大周三征淮南，辽与北汉屡屡在北方袭扰。何况，辽人在他们的领袖耶律璟的带领下，正横卧在阴山之侧酣睡。耶律璟虽然荒政，却缺少历代昏君对于美色的执念——甚至讨厌女色，以至于快三十的人了，连个孩子都没有。耶律璟的情人只有酒。他经常通宵达旦畅饮狂欢，待到东方泛白，才昏昏睡去，一觉睡到午后，被辽人称为"睡王"。睡王除了睡觉，最大的爱好就是杀人和打猎。所以大臣们既不愿见他一直睡下去，又害怕他醒来。

去年夏天，郭荣命张永德率部到北边御敌，又派成德军节度使郭崇攻拔辽国的束城县作为试探，结果睡王对此的反应是上山打猎，两个月不理国家大事。

在耶律璟乱七八糟的统治下，辽国的实力有所削弱。郭荣正是看准这个时机，发兵北上，准备与契丹人一决雌雄。

四月十六日，数万周军在郭荣的率领下，如幽灵一般，入驻沧州。除了大军路过的州县，整个河北的人民竟然对如此浩大的行动一无所知。十三天前，提前到达的韩通已将附近河道疏浚完毕。郭荣到达沧州后，顾不上军旅之劳，当天就率军挺进百里外的乾宁军（辽国占领后在此设宁州）。次日，辽国宁州刺史王洪举城降。

二十日，郭荣大治水军，并以他最为信任的两员虎将赵匡胤、韩通分别为水路、陆路都部署，分率诸军水陆俱下。数万周军沿着河流直抵益津关，守备薄弱的辽人纷纷望风而降。

益津关再往西，河道渐窄，大船无法行驶，大周的骑士步军便在此登陆，可刚上岸的赵匡胤却带着骑兵疾驰出关，他得到一个密报——主上不见了！

马背上的赵匡胤，心里七上八下的。这次北伐，看来早有准备，行军神速也符合兵法。但作为三军统帅的郭荣，犯不着连等待大军上岸的耐心都没有，就急匆匆地带着几百名随从去关外刺探敌情。自王朴死后，郭荣一直闷闷不乐，以这样的心情去以身试险，万一有个三长两短怎么办！

将近十年的交情，他们既恩以君臣，又情同手足。作为郭荣曾经的贴身侍卫，赵匡胤亲眼看着郭荣为实现宏图伟略，一步步艰难走来。虽然被郭荣猜忌，但他也不希望郭荣有个闪失。

益津关外，大周皇帝郭荣正在不到五百名侍卫的保护下巡视敌情。这是他即位以来第五次亲征，他有些累了。他的身体越来越差，虽然大病没有，小毛病却一直未断。王朴的死让他在伤心之余，也多了一分忧虑：王朴说朕还能活三十年。可是，朕真的还能活那么久吗？

也许，郭荣有了某种恐怖的预感，所以他才不顾一切，冲上前线。

夜幕迟迟而落，野狼的孤嚎弥漫在青纱迷雾中。胆小的侍卫已经开始发抖，不远处，马蹄声掺着嘈杂的胡语，正在逼近。

郭荣与侍卫们紧紧握住刀柄，弓箭手搭弓上箭，在颤抖的大地上，强自镇定地准备迎接生死考验……

近了……近了，更近了！嗯？远远望去，只见朝周军杀来的那队辽国骑兵突然停下来，惊慌失措地说着什么，然后迅速消失在大雾之中。

郭荣下意识地回过头，却见身后万火齐明！侍卫们忘乎所以地欢呼起来。赵匡胤已经飞身下马，大步奔来。郭荣抑制不住心中的激动与喜悦，一把将赵匡胤搂住，竟无语凝噎。

鹬蚌相争

四月二十八日，瓦桥关守将姚内斌降；二十九日，莫州刺史刘楚信降；五月一日，瀛州刺史高彦晖降……

距下诏亲征仅四十一天，距出沧州仅十四天，郭荣兵不血刃，将辽国边地三关（益津关、瓦桥关、淤口关）、三州（宁州、莫州、瀛州）尽收囊中。意气风发的郭荣大宴诸将：直捣燕京，光复幽蓟，宝剑不出，更待何时！

可是御帐内突然冷场了。出乎郭荣的意料，将士们竟无一人高呼附议。

因为诸将都已听说，耶律璟睡醒了。契丹精锐正在幽州以北集结，再往北打，就没有望风而逃的辽人，唯有彪悍勇猛的狄兵。

而每个人都还记得，显德元年，乘着高平之胜北伐太原的周军，是如何被耶律挞烈所率领的契丹精锐打得狼狈而归的。

一位将领道："陛下离京四十二日，兵不血刃，取燕南之地，这是不世之功！现在辽军聚集幽州之北，不宜深入。"其他将领也随声附和。

郭荣"唰"地把脸拉下来。怎么？你们不支持朕？

御帐内再度冷场。赵匡胤与诸位大将一样，垂首不语。主上执意如此，又何必再逞口舌之利？何况主上天性冲动，亲征高平，北征太原，屠城楚州，甚至此次北伐幽蓟，哪一次不是冲动使然？

冲动就像熊熊烈火，燃烧着郭荣的青春，火焰雄武张扬。只是，火若太过，生命就会因过度燃烧而化为灰烬。

宴会未罢，郭荣急急派遣先锋都指挥使刘重进北据固安，自己亲自到安阳水，指挥部队搭桥。

细心的将士已经发现，一整天，郭荣虚汗如雨，面色泛白。

是时候了。——暗处，一员黑面大将捻着胡须，默默自语。

黄昏，疲惫不堪的郭荣回到了瓦桥关。一进城，却见一群士兵正在围观什么。原来是士兵们从地里挖出一块大木头，足有两三尺长，形状就像是人手举着东西。借着夕阳的余晖，郭荣清清楚楚地看到，木头上的符号图案，全部是"点检做"三个字。

郭荣冷哼一声，命人毁掉木头，不屑地返回御帐。

尚不知情的张永德中箭了。点检，毫无疑问，就是殿前都点检张永德。"点检做"，做什么？做天子么？

这样的政治谶语，历朝历代屡见不鲜。郭荣虽然防范张永德，但料想只要自己活着一天，张永德就算吃了豹子胆，也不敢对皇位有半点觊觎之心。这种栽赃张永德的事，只有一个人干得出来——侍卫亲军都指挥使李重进。

事情还要从编练殿前诸班说起。当年，因为拣选侍卫亲军补充殿前诸班，禁军两司结了梁子。吃了哑巴亏的李重进却也不敢去找殿前司的碴儿，他虽然蛮横，但并不愚蠢。

近年殿前司实力不断上升，张永德终于扬眉吐气了。但郭荣始终不给张永德升官，以至于时任殿前都指挥使的张永德，比侍卫亲军都指挥使李重进低了两三级。张永德好生不爽，仗着是天子郎舅，仗着比李重进受宠信，仗着殿前诸班实力雄厚，不断找李重进的麻烦。

显德三年（956）十月，事情终于闹大了。

当时郭荣已从淮南前线返回开封，张永德和李重进，一个驻军下蔡，一个继续围困寿州。张永德见郭荣已走，李重进成了前线总指挥，多年积蓄的妒恨终于爆发了。每次宴请诸将，他都要从李家祖宗骂到李重进的儿子；骂完了，又借酒劲儿说李重进心怀叵测！各位包大胆的将军们，被他一句话吓得脸色煞白。

一不做二不休，张永德干脆派亲信给郭荣上书，密奏李重进谋反。郭荣当然知道，张永德的密奏纯属胡说。不干预，不过问，不裁断，只要别闹得太过分，郭荣就会一直淡定地围观下去。

然而，寿州久攻不下，淮南战事吃紧，坐拥重兵的两司大帅却在闹内讧，将士心中多忧虑恐惧。

在这关键时刻，作为淮南前线总司令的李重进，表现得极为汉子。李重进知道，张永德这是借酒撒泼无理取闹，但三军人心惶惶，极有可能被唐军乘机攻破。作为前线统帅，李重进责无旁贷，必须主动解决问题。

在一个阳光明媚的正午，李重进独自一人轻装来到下蔡大营。

正在吃饭的张永德听说李重进来了，有点吃惊。兴师问罪来了？那怎么就一个人？哼，我又不怕他。

李重进走进营帐，张永德连身都没有起，埋头吃饭。李重进坐在一旁，慢条斯理地说：怎么，兄弟，也不给我备一份？

李重进既已开口，张永德也不好太无礼，于是命人备好餐具。

李重进亲自为张永德斟满一杯酒，步入正题：你我都是国家的肺腑，本应戮力同心，共为朝廷出力。你怎么对我有这么深的成见呢？

张永德本来准备跟李重进耍混，可没想到李重进来得从容，说得得体，如果再僵持下去，反倒是自己因私废公了。张永德只好嘿嘿一笑：误会误会，我这也是轻信他人挑唆，您可千万别往心里去。

这件事影响之恶劣，以至于南唐要给李重进写蜡丸密信，诱以厚利。李重进二话不说，差人将密信送给了郭荣。

前线暂时转危为安，郭荣也认识到事态严重。张永德对李重进积怨太深，说不定哪天就会引起内乱，毁掉自己的统一大业；李重进为人持重，又位高权重，而官位上矮他一头的张永德似乎也制衡不住这样的人物……

十二月，郭荣终于下定决心，设置殿前都点检的新职位，苦等多年的张永德终于高升，可以与李重进平起平坐了；而殿前都指挥使则由自己的心腹赵匡胤补上。为平衡两司，安抚李重进，郭荣又将另一位心腹韩通升任侍卫亲军都虞候，作为李重进的副手。

李重进明白，主上这是抬张永德，制衡自己。而韩通站在哪边，还未可知。

李重进不得不暗中防备韩通，张永德却一定要公开收买赵匡胤。殿前司在他的率领下风生水起，侍卫司更显黯然失色。张永德很过瘾，李重进很生气。

不过，张永德动静越大，主上就会越不高兴。李重进心里盘算着，准备出手翻盘了……

瓦桥关的行宫中,郭荣正在听张永德汇报军情。只见张永德面色发白,豆大的汗水正从额头上淌下。显然,他也听说了"点检做"的事情。

郭荣站起身来,拍拍他的肩膀,什么也没说。处理这件事情的最好办法,依旧是不闻不问,一如往日处理张永德告李重进谋反的密报一样。

郭荣要让两司制衡下去,同时又要控制好这火候。

张永德擦着汗,颤巍巍地退了出去。郭荣吹灭烛火,躺下身来。外斗敌帅,内斗悍将,郭荣累了,他深深地坠入了梦乡。

梦里,一把郁金宝伞下,郭荣手执《道经》,正襟危坐。远处,一位鹤发童颜的老神仙笑眯眯地朝他走来。那老神仙似曾相识,却又不知是何许人也。他双手轻轻一拍,郭荣手中的《道经》和身后的宝伞瞬间化作一缕青烟,消逝在风中。

"啊!"大汗淋漓的郭荣惊叫着坐起,随即又昏死过去……

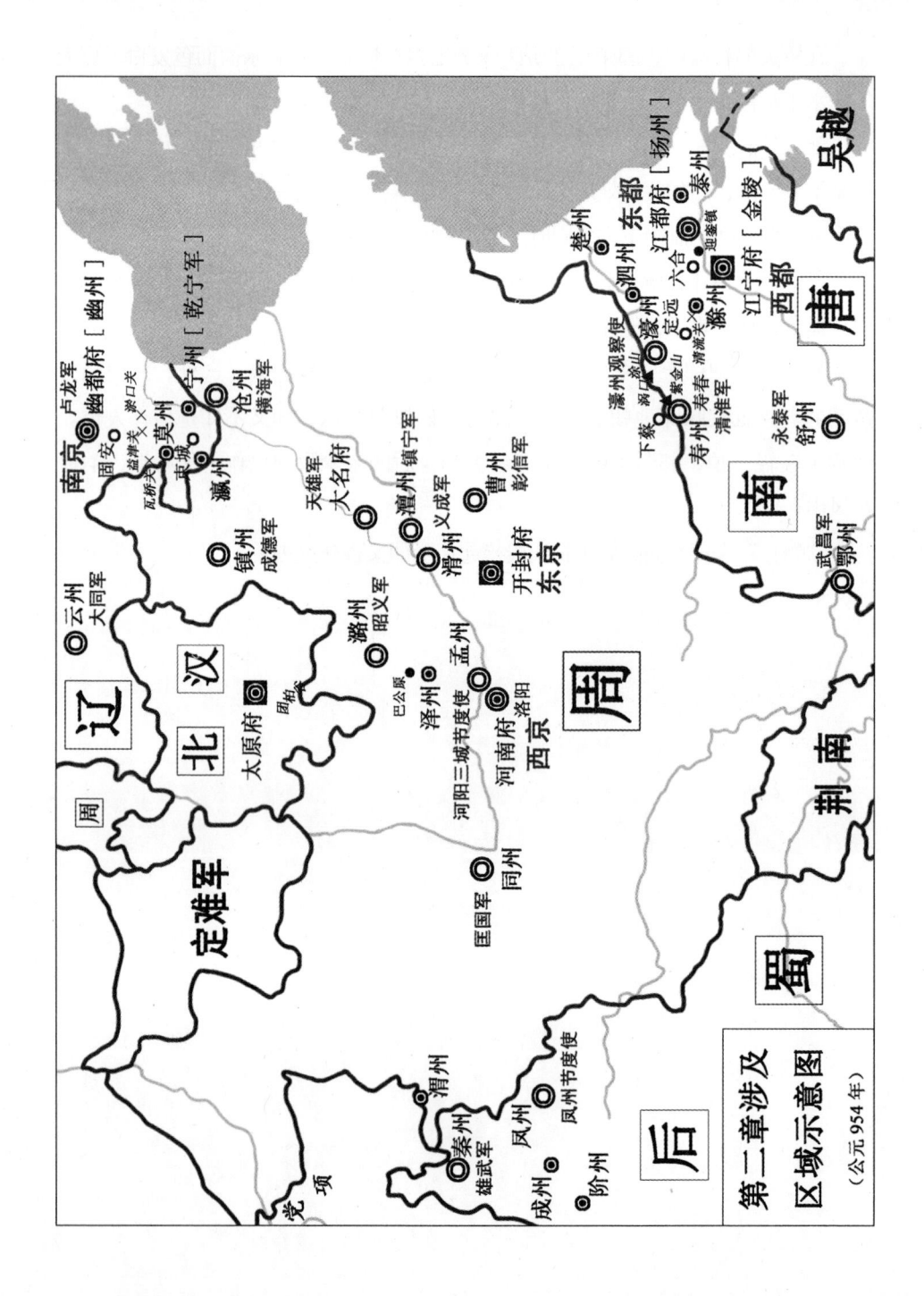

第二章涉及区域示意图
（公元954年）

第三章 陈桥惊变，黄袍加身

一　谁来管枪

李重进、张永德交枪

五月的河北，艳阳高照，热浪滚滚，柳树无力地耷拉着脑袋。

郭荣已经醒了，但觉浑身潮冷，酸软无力，就像被抽掉了筋骨。他终于想起梦中的老神仙为何如此眼熟。多年前，也是在梦中，老神仙亲手将金伞和《道经》交给郭荣，后来郭荣便荣登大宝；如今，金伞和《道经》已被收回，难道是大限将至？想到此，他不禁又剧烈咳嗽起来。

郭荣强支病体，宣入诸将。眼见大周天子面色枯黄，神情憔悴，赵匡胤等人心中俱是一酸，就连桀骜不驯的李重进也面生戚容。诸将当即恳请郭荣回銮，郭荣却不置可否，只管询问战报。诸将回报，偏师又取易州，先锋也攻下固安。耶律璟已飞书北汉，命其出兵袭扰大周侧翼。郭荣点点头，看了看站在最前面的李重进，仿佛想起了什么，随即命李重进、张永德、赵匡胤各回营寨，于瓦桥关中待命，只令韩通赶往益津关，加强城防，以备辽人来战。

四将领命而退，郭荣闭上眼睛，又躺了下来。这些曾和自己征伐天下的大将们，现在反而成了最重的负担。朕龙体欠安，还能驾驭得住他们吗？万一朕不行了，七岁的儿子拿他们怎么办？郭荣猛然睁开眼，一道寒光从他眼中闪过。

五月六日，李重进奉命出兵北汉，率部离开了瓦桥关。望着默默离去的李重进，城关上的张永德趾高气扬：李重进，这个时候你既然出去了，恐怕就再也回不来了。张永德不会想到，自己也快滚出朝廷了，而且比李重进滚得更远。

郭荣下诏，以瓦桥关为雄州，以益津关为霸州，命侍卫马军都指挥使韩令坤、义成军节度留后陈思让分别领兵戍守。他终于决定回京，王峻、刘旻、孟昶、李景、耶律璟，他战胜过那么多劲敌，却战胜不了自己的身体。

临行前，郭荣在侍从的搀扶下最后一次登上城关。看着身旁舞动的大周旗帜，遥望广袤的平原，郭荣不禁潸然泪下：此去，恐再不能临阵讨虏矣！

五月七日，大周雄师，黯然离开雄州瓦桥关。

大军行至澶州，突然不走了。

这是大周发迹的地方，也是郭荣发迹的地方。

六年前，郭荣意气风发，从这里进京，接过养父的玉玺，拉开显德新政的序幕；现在，郭荣病魔缠身，从这里进京，仿佛看到政治生涯的落幕。

抑郁的皇帝把自己关在内堂，谁也不见。也许，他还在惦念北伐幽蓟；也许，他已经开始考虑如何安排身后事了。

宰相范质急得团团转，他和几位大臣早就到了军营。天子不豫，久未还都，朝廷上下，人心惶惶。主上是否安好，后继者如何安排？这绝不是范质一个人的疑问，而是天下人的担忧。

行宫的大门依旧紧闭。如今能进去问安的，就只有郭荣的郎舅张永德。大臣们找到张永德，让他见了郭荣，如此这般地说一番。张永德亦觉得言之有理，拍着胸脯就进了行宫。张永德也想知道，郭荣到底是怎么想的。他更想表现，这是关键时刻，尤其是令人讨厌的李重进已经被支走了。

张永德见了郭荣，按照大臣们嘱咐的，说道："天下尚未平定，朝廷根本空虚，四方诸侯都在观望。澶州距离东京不远，陛下不赶紧回京以安定人心，却在此殚精竭虑，万一不可讳，国家该怎么办？"

好一个不可讳！不可讳，那是死的婉辞说法。这是拐弯抹角地问朕：主上您要是死了，朝廷人事怎么安排？朕还没断气呢！等等，这不像是张永德的风格啊……郭荣强压怒火，淡淡地问道："谁让你这么说的？"

张永德倒也老实，不敢掠"美"，老实答道："这是众人的意思。"

"我就知道，是有人教你这样说的。"郭荣沉默了许久，才有气无力地说了这么一句话。张永德愣了，他以为这番美意主上会接纳，不想主上却说了这么句不疼不痒的话。

看着愣在一旁的张永德，郭荣恨铁不成钢地数落道："驸马，我的意思你难道还不知道吗！可我看你资质太差，根本担不起这份责任！"堂堂殿前司的统帅，如此头脑简单。群臣教你问你就问，你就那么愿意给人当枪使？张永德啊张永德，你如此没有城府，让朕怎么放心托孤于你！

张永德神情木讷地离开行宫，任大臣们围上来询问，也只管摇头，不答一语。赵匡胤也迎了上去，张永德拍了拍他的肩，长叹一声，默默离开了。张永德已经明白，自己也要步李重进的后尘，离开了。

好在张永德的劝告还是起了作用，郭荣当天就宣布回京。万岁殿里，击退汉军的捷报接踵而至，郭荣却无心理会，因为他的女儿在几天前去世了。

最后一根稻草终于压垮了郭荣，他累了，身心俱疲……

河东山谷间，信使终于从开封回到行营。北汉已经撤军，战事可以结束了。李重进送上捷报，等待郭荣召回的命令；没想到，等来的只是宣徽北院使昝居润判开封府事（以宣徽北院使，管理开封府的行政事务）的消息！

以重臣昝居润兼判国都，这意味着，郭荣的身体即将枯竭，朝廷的形势极为严峻，而军界第一人、战功卓越的李重进却被公然排挤在外！李重进觉得憋屈，从郭威到郭荣，父子俩利用自己统兵作战，却从不给予自己应有的信任。他确实飞扬，但并不跋扈，更没有不臣之心。为什么？为什么自己委曲求全，一心征战，却仍然被猜忌、被怀疑？"啊！——"李重进拔剑砍石，碎岩飞溅。

对于武人，这是最好的时代，也是最坏的时代。

一盘很大的棋

大名府。魏王符彦卿正捻着白髯，面如南山。派驻在开封的小使已经传回消息，主上要立小符氏为皇后。对此，符彦卿并不意外。广顺三年（953），先帝杀死王殷，任命自己为大名尹。从那一刻起，符家就与大周皇室的命运绑在了一起。

郭家皇帝相继立符家两女为后，无非希望符彦卿兢业忠挚，外御辽汉，内监国贼。在生命的最后一刻，郭荣最相信的，仍然是亲人。

显德六年（959）六月九日，朝廷有诏曰：立符氏为皇后，立四皇子郭宗训为梁王。（郭荣之前的三个儿子，在后汉夷灭郭威家族时。七岁的郭宗训是当时他最年长的儿子。）这等于是册立郭宗训为皇位承人。

再一次坐稳国丈之位的符彦卿眼前一亮，问小使道：我的另一位女婿，可还安好？符彦卿关心的当然不是他的女婿赵匡义，而是赵匡义的二哥赵匡胤。

赵匡胤可能不大好，他正与朝廷一班重臣跪在端明殿外，等候皇帝郭荣的诏命。皇位继承人已经确定，朝廷班子必然也有变化。有人上位，就有人出局。未来总是未知的，所以人对未来本能地充满恐惧。郭荣如是，赵匡胤亦如是。

万岁殿里，病榻上的天子已经无力到端明殿去宣制，甚至无力亲自接见重臣，他只派一名文臣到殿外宣读旨意，命首相范质与亚相王溥参知枢密院事，以宰相身份兼管枢密院工作，枢密使魏仁浦则兼任宰相；另以吴廷祚为专职枢密使。

建立起以范质、王溥、魏仁浦为核心的决策集体，郭荣用心良苦。

枢密使，既"枢"且"密"，仅仅望文生义就足以令人不敢轻视。这一职位，曾有着其他官职无可匹敌的辉煌。

枢密使最早出现于唐朝后期，当时尚由宦官充任，负责出纳皇帝之命，其所执掌的枢密院逐渐成为新的决策机构。到了五代，绝大多数枢密使（后梁称崇政使）均由皇帝亲信的士人担任，枢密院（后梁称崇政院）则从内廷逐渐走向外朝，成为最高决策机关。出于加强集权、维护皇权的需要，枢密使被授予巨大的权力，居宫则传达诏对，临朝则治政选吏；监官则谏劝参劾，察民则刑询谳狱；入朝则计赋算缗，出征则杀伐决断。凡有权力存在的地方，枢密使几乎无孔不入，甚至连皇帝也不敢望其项背。后汉时让皇帝闭嘴的杨邠、发动兵变的郭威，后周时阻止准皇储郭荣进京的王峻，全部为枢密使。而名义上的政府首脑宰相，权力不断被枢密使侵夺。

鉴于枢密使权力太重，自郭威开始，起用文人与武人共任此职，以削弱其力量。郭荣即位后，更是特意以文人王朴、魏仁浦充任其职，负责国家的行政与军事事务。仅从军事体制的角度看，以文人来掌管调兵权，制约武将统领下的军队，郭荣堪称是后世军事体制的先导之一。

理解了这一点，郭荣的意图也就水落石出了。

将处理朝政与调兵遣将之权，统一收归朝廷，由三个宰相会同未来的小皇帝做决策。不过宰相都是文人，不与军队直接联系，既能够制约武人领导下的军队，防止其叛变；又能够保证宰相无法依靠军队篡夺周室江山。

但是，缺乏军队支撑的宰、枢势单力薄，有权无军是其最大的破绽。为此，郭荣让范质、王溥、魏仁浦三人互相兼掌宰相、枢密的职权，组成领导核心，防止不必要的内讧，加强朝廷向心力；同时，由于是三人领导，又可防止一人专权。

范质，字文素，今年四十九岁，货真价实的才子，这在乱哄哄的五代政坛上绝对是凤毛麟角。范质贡举时，考官翰林学士、典贡部和凝特别欣赏他的文章，本来应该给他个状元，可是和凝却因自己当年以第十三名登第，也给了范质一个十三名。从此，世人皆称范质这是得和凝"传衣钵"，他也因此名声大噪。

范质从后唐开始入仕，历经唐、晋、汉、周四朝，生逢乱世，赶上了好几次大屠杀，每次都狼狈躲过。最让他刻骨铭心的一次莫过于十年前的郭威兵变。

当时郭威攻入东京城，烧杀劫掠，后汉皇帝刘承祐身死，朝臣一哄而散，范质只好东躲西藏。因范质诏书拟写得当、办事能掌分寸，郭威非常欣赏范质的才华，早就有心让他做自己未来的宰相，于是派人东寻西觅，最后竟然在一个犄角旮旯里，找到了冻得瑟瑟发抖的范质。郭威急忙把自己的大衣脱下来给范质披上。"岂曰无衣？与子同袍！"就这样，范质被包进了大周的袍子里，并且成了宰相，受到两代皇帝的尊崇。

范质最善道德文章，慎名重节，廉正奉公，在乱世里，拥有难能可贵的传统读书人品格。当然，范质也有读书人的通病，性格急躁，喜欢当面批评人。他曾说："鼻子里能吸三斗醋，才能当得了宰相。"可见，容人之过、经得住呛对范质而言是多么痛苦的事。这样一个人，既难生异心，又不会结党营私，而且资历又老，以他为核心来组织朝廷，郭荣甚为放心。

但是，只有道德不足以解决问题，尤其是在改朝换代如同家常便饭的五代时期。朝廷的领导班子里，必须有几个智谋之士，以随时应对棘手问题。

王溥与魏仁浦，正当其任。

王溥，字齐物，三十八岁，进士甲科出身。早年追随郭威西征，成为主要谋士。王溥有毒眼，往往在千钧一发之际，能够一针见血。三十余岁即拜亚相，可见朝廷对其之倚重。

当年郭威西征，得到朝臣私通叛党的书信，王溥劝郭威将书信烧掉，以收人心。

刘旻寇边，满朝文武也只有王溥一个人，公开支持郭荣亲征。

有传言后汉宰相李崧用蜡丸封好密信，私通契丹，图谋不轨。郭荣曾问王溥，此事真假。王溥从容应对道："李崧乃朝廷重臣，要真有吃里爬外的心思，怎么能让外人知道？此事不足为信，多半是苏逢吉诬陷他。"郭荣这才恍然大悟。

显德二年，郭荣准备西取后蜀四州，王溥推荐向训为帅，战事终获成功。大军凯旋后，郭荣设宴赐酒，并对王溥说："为我选择将帅，扬威边境，全是卿的功劳！"

与范质的急躁比起来，王溥沉着冷静，善于分析形势。显然，在日后主少国疑的朝廷里，最需要的就是王溥这样的善断宰相。

不过王溥也有个致命弱点——好财吝啬。王溥的父亲是个土财主，做买卖连抢带骗，攒下万贯家财。这样财迷的人，似乎也不可能到处花钱结交朝臣，郭荣又可以放心了。

再说魏仁浦，字道济，与范质同岁。魏仁浦不是科举及第，他小时候家里很穷，甚至连穿的衣服都要母亲借钱买。十三岁时，魏仁浦泣别母亲，到洛阳谋生，过黄河时曾将衣服沉入河中，发誓"不显达，不再渡黄河"！

魏仁浦有急智。刘承祐大诛辅臣时，魏仁浦为郭威出计，将杀他的密诏改为杀全体将士，然后倒盖留守印，从而成就了一代帝业；高平之战，樊爱能、何徽溃逃，也是魏仁浦献策让郭荣亲自出阵死战，才使周军反败为胜。

魏仁浦还有过目不忘的本事。郭威曾让魏仁浦查查各州的屯兵数目和将校姓名，结果魏仁浦当场手书于纸，一字不差。

相比于范质的急躁，王溥的吝啬，魏仁浦就宽心大度多了，而且善于和稀泥——这又是一种让郭荣放心的性格。所以，当有人说魏仁浦不是科第出身，不能拜相时，郭荣根本不予采纳。

以一德，携两智，不党不争，内制两司，外压藩镇，这样的安排近乎圆满。美中不足，这支队伍里，没有高瞻远瞩的战略人物，要是王朴还活着……但郭荣不会想到，后来，急躁蜕变成武断，吝啬蜕变成精明，宽心蜕变成沉默……

后来，大周，蜕变成大宋。

这一切蜕变，仅仅因为一个人。

枪杆子交给谁？

该不该让这个人上台？郭荣有些犹豫。他想起右拾遗杨徽之的话：赵匡胤在军中颇有人望，不能再让他继续掌管禁军了。

枪杆子交给谁，这是全盘的棋眼，一眼可决生，一眼能定死。

赵匡胤眼前的石板，早已湿了一片，额头的汗珠串成了雨线，不停地滴落下来。距离拜相白麻（文书的一种，拜除将相时使用白麻）的宣读，已经有一段时间了，但拜将的文书却迟迟未出。

赵匡胤小心翼翼地抬起头，眼看张永德神闲气定，吞吐纳息，倒真是一派"张道人"的仙风道骨。看来张永德已经自认出局，反而如释重负。

赵匡胤有时候很羡慕张永德，换个角度看，局中人未必比局外人更舒坦。正想着，突然在余光处，感受到一股不善的目光。赵匡胤倏然扭头，韩通瞪大了牛眼，正横眉冷对！

端明殿外，硝烟弥漫。

韩通二十岁从军，先后追随刘知远、郭威。郭威出镇邺都时，他以天雄军马步军都校的身份，与郭荣同为郭威的左膀右臂，算是大周的老人。

韩通进可攻，退可守，北汉、后蜀、契丹，通通吃过他的老拳。他疏浚和筑城的功夫更是一流，从疏通水道、抢险筑堤、布防河北，再到扩建开封，到处都有他的身影。而且韩通修筑的城池坚固抗毁，效率也极高。扩建开封的工程原计划三年，韩通半年就干完了；在河北，韩通更是仅用十天就筑好了一座坚不可摧的堡垒，而且还一口气修了八九个，能力直逼筑长城的蒙恬。

韩通对郭氏父子忠心耿耿，鞠躬尽瘁，成绩斐然。可他手下的士兵就惨了，干活儿开小差的，打仗不拼死卖命的，都曾受过严惩，否则就难以长期保持这惊人的效率。韩通发起火来，眼珠子瞪得像个鹌鹑蛋，人们私底下都叫他"韩瞠眼"。

食君之禄，分君之忧。韩通的想法很直接，职责所在，不能有半点马虎。人都喜欢把自己的价值观推而广之，韩通也是如此，所以他觉得人人都应该肩负使命。

韩通的人缘很差，但其实内心很善良。

在他整修汴河时，一位名叫边光范的官员正好到宋州均定租税。这是郭荣的一项德政，旨在清查臣民们所拥有的土地，以此来确定每个人应该承担的赋税。而均定租税能否公平，直接关系到日后百姓的生活。因此，韩通对这件事也格外重视。他亲自下乡调查民意，当听说老百姓都在夸边光范时，真心对这位文官敬佩，于是上书郭荣，力陈边光范政绩卓著。在那个武夫看不起文人的时代，韩通却主动为一位自己并不熟悉的文官汇报业绩，可见他的见识也不简单。

显德二年（955），韩通受命修整河北防线。当时因常年战争，尸横遍野。韩通特意把这些尸体收聚起来，安土下葬，并修了一座万人冢。入土为安，人心乃安。对死者尚且尊重，遑论活人。

可惜韩通不会表现自己的内心。

至少赵匡胤感觉不到韩通的善意，在他眼里，韩通就是个好使蛮力、脾气暴戾的老匹夫。然而偏偏这个韩通深得皇帝信任，且资历很老。眼看殿前都点检的位子空出来了，这样的位子，主上不会从外藩调任，只会从两司提拔，但提拔谁就不好说了。无论从官职、资历还是能力来看，赵匡胤与韩通均是最好的人选。

侍卫司的长官李重进正带兵在外，赵匡胤猜想，主上不会在此时罢免他的军职，侍卫亲军都指挥使的位子不会空出。也就是说，自己与韩通，有一个人会晋升都点检，一个继续在老位子上待着。赵匡胤不得不做最坏的打算。

郭荣还在犹豫。权力交接之际，最容易出乱子。这几十年来，随着朝廷禁军越来越强，地方的藩镇虽然割据有余，但已不足以颠覆朝廷。如今有威胁的也只有禁军的高级将领。眼下，张永德罢落军职，李重进不在京城，未来能够威胁郭宗训皇位的，就只有两司实权人物的候选人——赵匡胤与韩通。

韩通是个直肠子，城府不深，倒是一眼就能看出无不轨之心。不过他太爱得罪人，把唐末以来最精锐的殿前军交给他，会不会捅出娄子？

至于赵匡胤，郭荣对他有知遇之恩，外戚符氏与他又是姻亲，他对郭荣也多次舍命相护。而且赵匡胤满腹韬略，幕府中人才济济，在军中颇得人心，又懂得文武并重，以综合能力论，他比韩通更适合执掌天下最为精锐的殿前军。然而这样的人，不是忠臣就是枭雄。

郭荣现在才觉得，让殿前司坐大是自己的失策。他以为只要自己活着，一切就都在掌控之中。但前提是，他活着。

既然无法从个人身上制衡韩、赵，那就只好从机构设置上制衡两司。让精锐部队无权，让掌权部队不精，是时候让殿前司和侍卫司的权力互调了。

既不能大权旁落，又不能影响军力，现在看来，这似乎是一场零和博弈。

端明殿，拜授两司的白麻终于宣出，以韩通为侍卫亲军副都指挥使，加兼使相；张永德罢落军职，出镇澶州；赵匡胤充殿前都点检，正式接管殿前司。

侍卫亲军副都指挥使？对于这个新设官职，韩通还有点不适应，不知所为。

张永德深深一拜，果不其然，自己从殿前司滚蛋了，看来李重进的日子也不好过。侍卫亲军副都指挥使，这是生生在侍卫司副官马步军都虞候与长官马步军都指挥使之间，造了个新官啊。主上已下定决心让韩通主持侍卫司，李重进怕是真的回不来了。

尘埃落定，赵匡胤擦了擦汗。是的，张永德罢职了，李重进也回不来了。这两个人钩心斗角好多年，一朝回到显德前。因为，殿前司已然崛起，侍卫司业已肃清，他们两人的使命既已完成，官运也就走到了尽头。我和韩通的使命呢？大周的皇帝准备什么时候让我们出局呢？

把首相拉上船

首相范质与殿前都点检赵匡胤被急召万岁殿，御榻上的郭荣，骨瘦面黄，如柴如枯，一只手臂空悬床外，五根微微叉开的手指颤颤发抖，好似严冬腊月光秃无叶的枝杈，在瑟瑟寒风中，祈求上苍的眷顾。

这还是那个雄姿英发、胸怀大志的郭荣吗？天妒英才，何以摧残至此！

赵匡胤的眼泪夺眶而出：大名校场畅论天下，开封府衙诚恳相邀，巴公原上一鼓作气，寿州城下视死如归，殿前司前威风凛凛，益津关外拥抱凝噎……

一路风雨，铿锵而行，他们本来是生死与共的兄弟，是志同道合的知己，可又为什么彼此猜忌，心生隔膜？

郭荣拼着最后一口气，断断续续地说道：王著……曹翰……藩邸故人……朕若不起……当以著为……宰相……翰为……宣……徽……使……

说完，郭荣的双眼不甘愿地闭上了。

四十不惑，三十九岁的郭荣不再挣扎。最后一子落定，天下这盘棋局，他已经布完；接下来会怎样，也由不得他了。

"王著整天醉游梦乡，哪能当宰相！曹翰专断，又怎么做得了宣徽使！千万别把这话说出去。"离开万岁殿，这是范质对赵匡胤说的唯一一句话。

范质眼肿得像条金鱼，可比眼睛还要肿的是他的神经——郭荣的遗命，惊动了他的敏感神经。

王著，字成象，汉隐帝（刘承祐）时举进士。郭荣随郭威出镇大名时，听说王著很有才，就召到自己门下。显德三年，王著升任翰林学士，成为皇帝近臣。郭荣非常欣赏王著，曾让皇子出拜，而且从不称呼他的名字，只是叫他"学士"。郭荣屡次想以王著为宰相，没想到每次王著都喝得烂醉如泥，郭荣只好作罢。

郭荣即将大行，依旧执念地惦记着王著这位藩邸故人。幕府旧僚的典范，当属王朴。如果王朴还活着，现在站在万岁殿外的，就绝不会是范质了。王朴辅佐郭荣四年，这四年范质过得小心翼翼，生怕得罪这个性格刚毅的红人儿。好不容易枢密使王朴死了，难道如今还要再来个宰相王著？

何况王著真的好酒吗？作为昔日的幕府同僚，王著肯定深知王朴的性格。自己堂堂首相元老，王朴尚不放在眼里；王著与王朴俱是潜邸故吏，他要是当了宰相，王朴能服气？王著好酒，恐怕是要避开王朴的锋芒吧？现在王朴不在了，王著如果真当了宰相，还能嗜酒如命？范质不信。

文人，乃文德之人。这是《尚书孔传》对文人的解释。十三岁就开始研读《尚书》的范质，却渐渐偏离了文人的信念。

文人相轻——赵匡胤抓住了范质的弱点。王著豁达耿直，才华横溢，又好交际。这样的人可能与范质惺惺相惜，也可能与范质势同水火。范质做了七年首相，任他道德文章做得再好，也不会任由威胁在眼前滋生。只要自己点头，王著的宰相立马泡汤——范质这是有求于我。

赵匡胤看透了范质的心思，更看破了郭荣的布局。朝廷、两司、藩镇三方彼此牵制，三大势力，三足鼎立，看起来非常稳定。朝廷以德驭才，两司积怨已久，藩镇犬牙交错，也都不足以颠覆朝廷。不过，朝廷有权无军，势力最弱，作为中枢，必会拉拢两司、藩镇作为政治盟友。范质早晚要寻找靠山，与其到时候和韩通、符彦卿来争夺他，不如乘机在此时解决此事。

至于曹翰，则是典型"杀人不眨眼"的五代军人。他也是郭荣旧属，大周建立后随郭荣去了澶州，担任牙将。一次，郭荣在便厅处理公务，突然房子的大梁折了，当时的公职人员全跑了，只有曹翰抱起郭荣，一把将他抛到石阶之下。虽然后来房子没有塌，但曹翰的忠心颇受郭荣赏识。

后来，郭荣入尹开封，曹翰被留在澶州。就在郭威病危时，曹翰私自到开封面见郭荣。郭荣正要责备他，曹翰却让郭荣屏退左右，密告曰："大王是国家的储君，现在主上寝疾，您应该到主上身边亲自服侍，怎么能还在外面处理公事呢？"在权力交接的节骨眼儿上，郭荣应该时刻守在郭威身边，以免生变。郭荣恍然大悟，当即入宫侍奉。

从此，曹翰备受重视。郭荣即位后，先后晋升他为供奉官、枢密承旨，在征高平、征淮南、征契丹的战役中，都有曹翰的身影。

然而曹翰有两大人格缺陷：一是好杀戮，在征淮南时，因为怕降卒叛变，就将八百俘虏全部杀掉，惹得郭荣大为不满；二是性贪侈，袜子是用锦织的，鞋是用金线缝的。当时的朝臣做了首诗嘲笑他："不作锦衣裳，裁为十指仓。千金包汗脚，惭愧络丝娘。"此人如进京辅政，搞不好比后汉那个史弘肇还糟。何况，也实在没必要再给自己找一个对手。

赵匡胤朝着范质笑了笑，天知地知，你知我知陛下知。陛下行将就木，天地不会言语。你懂的。

从两位顾命大臣踏出万岁殿那一刻起，托孤便已失去了意义。终于放下心来的范质还没意识到，自己已被绑上赵匡胤的船，再也下不来了。

显德六年（959）六月十九日，顾命当日，一代英主郭荣，带着他未竟的理想，永远地离开了他牵挂的大周。

搅混侍卫司的水

新主即位，范质忙着去主持新皇登基和先帝治丧事务，另一位顾命大臣赵匡胤却无事可做。赵匡胤这才发现，当年被他视若珍宝的殿前都点检，原来只是个空架子，管辖范围仍然出不了殿前司的大院。禁军的权力，由当初的两司均分、殿前司略占优势，渐渐地重新向侍卫司集中。

击败辽、汉的捷报，仍然断断续续地送入朝廷。不过这些事情跟赵匡胤关系不大，因为军政的最高决策权在韩通手里。

更糟糕的是京城防务，几乎全部为韩通所控制。早在郭荣亲征淮南时，就以韩通为在京内外都巡检，管理京防、扩建开封。开封城分为外城、内城、皇城三层，如今韩通身兼在京巡检，除了护卫皇帝的皇城，其余两层皆由侍卫司把控。如此一来，殿前司的势力越发缩水。

赵匡胤明白了，郭荣暗中将实权交给了韩通；而都点检的位子，不过是一顶高帽，用于牵制韩通而已。郭荣至死都对自己不放心，赵匡胤伤心，恼怒！

赵匡胤眼前有三条路可走。其一是接受事实，任由韩通掌权。以韩通的直厚，也绝不会为难赵匡胤。平淡度日而已。其二是与韩通争权，免不了一场血雨腥风，最后不是东风压倒西风，就是西风压倒东风。但无论是平淡度日还是争权，待到小皇帝长大，赵匡胤的使命完成，都免不了步张永德、李重进的后尘，搞不好还会成为下一个史弘肇。

生逢乱世，主少国疑，大丈夫当提三尺长剑，立不世之功！既然身居要职，军心所向，与其做史弘肇，何不做郭威？

赵匡胤若有所思。多年前，他还未参军时，曾去过宋州的高辛庙。当时香案上有一对用于占卜的竹杯珓。占卜时，当事人只需要将这对杯珓抛起即可，如果落下的杯珓一俯一仰，就称为圣珓，也就是卜中了。赵匡胤心里默念军职，从小校到节度使，一次次抛出杯珓占卜，结果全部不应。垂头丧气的他自嘲地说道："难道老天爷是想让我做天子吗？"没想到说完再抛，竟然得了个圣珓！现在想想，那次占卜似有所验，难道天命真的在我？

然而赵匡胤仍在踌躇不决。改朝换代，让他如何面对死去的郭荣，如何面对天下人，如何面对史官？只是皇位太诱人。君临天下，掌控一切，更能够亲自实现廓清宇内的抱负。赵匡胤还在挣扎。

小吏突然来报：王相公来了。

王溥？来得好！

王溥送来一份地契，那是一座位于淮南的豪宅花园。一毛不拔的铁公鸡突然拔光了毛，赵匡胤甚是惊诧。后来的事实证明，王溥的"毒眼"果然名不虚传！

王溥主动示好，魏仁浦与自己的关系还算不错，范质又有所求，朝廷三大宰相，已尽入赵匡胤彀中矣。

按照惯例，新皇登基，要给文武百官加官晋爵，以示恩惠。赵匡胤既为顾命大臣，那么两司人员安排，范质觉得还是应当征求一下他的意见。而且有个棘手问题，对辽、汉战事已经结束，按理说李重进应当还朝。对此，范质也拿不定主意。

对赵匡胤来说，赐官是个绝好时机，可以借此把侍卫司的水搅浑，扩张自己的权势。而且顾命大臣的身份虽然显赫，但日子久了，这虚名终究抵不过韩通的实权。

只是李重进要是回来，侍卫司的水就再也搅和不动了。而且朝中大概无人希望他回来。郭荣活着时，尚能勉强压住李重进的气焰；现在郭荣死了，谁还压得住他？至少范质不行，王溥、魏仁浦也不行。赵匡胤想起了王溥送的园子，他之前一直不明白为什么要选在淮南。现在看来，王溥似乎有所指。

使臣们只记录了这次迁官的结果，而其中的决策过程后人不得而知。以理推论，当时的范质在征求赵匡胤意见时，很可能收到过一份名单：李重进顶着侍卫亲军马步军都指挥使的空衔，出任淮南节度使；韩通则继续以副都指挥使的军职留京。

范质看了，心里格外踏实。这不仅维持了韩通掌权侍卫司的现状，更将李重进从河北支到扬州去，距离京城更远了，任凭他曾在侍卫司有天大的势力，如今也是鞭长莫及。

然而，接下来的名单，就让范质踏实不下去了。

侍卫司：马军都指挥使韩令坤升任马步军都虞候，龙捷左厢都指挥使高怀德充马军都指挥使，虎捷左厢都指挥使张令铎充步军都指挥使；而原步军都指挥使袁彦罢落军职，出镇保义军。

殿前司：除赵匡胤继续留任都点检外，副都指挥使慕容延钊升任副都点检，殿前都虞候石守信升任殿前都指挥使，铁骑右厢都指挥使王审琦升任殿前都虞候。

范质看了名单，气得浑身发抖。赵匡胤！你要把禁军两司变成赵家司吗！

按照赵匡胤的安排，侍卫司排名第三位的韩令坤是赵匡胤的发小儿；掌管马军的高怀德曾常年在殿前司的铁骑军任职，与赵匡胤的关系也非同一般；掌管步军的张令铎与赵匡胤、韩令坤关系密切，而且是出了名的老好人。

而侍卫司的长官李重进已经名存实亡，副官韩通则被架空，与赵匡胤关系疏远的袁彦干脆被罢免军职，外居藩镇。

至于殿前司，早就是赵家的了。慕容延钊被赵匡胤视为老大哥，石守信和王审琦更是他的结义兄弟。

这是赤裸裸的结党营私！大行皇帝尸骨未寒，竖子敢尔！范质义愤填膺地捶着桌子，作为大周首相，他绝不允许这个名单成为事实。然而愤怒过后，范质最终还是屈服了。让他就范的只有十个字：同中书门下平章事，王著。

史未明载赵匡胤以王著要挟范质，但在显德六年下半年，赵匡胤于禁军系统疯狂扩张势力时，即便范质书生意气，也不会对赵匡胤的野心毫无察觉。以范质为人之耿直，按照常理应出面阻挠，结果范质却不管不问。因此，对于这个问题，只可能有一种解释：赵匡胤抓住了范质的把柄。

七月十九日，郭荣去世整整一个月，这份"恩赐"名单终于公布了。诚如赵匡胤所料，范质一个字儿都没改。

侍卫司有人忍不住了。一个背后像长了驼峰的青年，正在韩通身边嘀咕着什么。这个青年名叫韩微，是韩通的儿子，小时候得病，落了个驼背的后遗症，人称"韩橐驼"。

韩橐驼背驼心不驼。他弓着背，一再提醒韩通要小心提防赵匡胤，万不得已，可行非常之事。韩瞠眼却不以为然。赵匡胤是先帝一手提拔的，又是顾命重臣，怎么会反？

范质也收到殿中侍御史郑起的密信，信中说，都点检统辖禁军多年，又深得将领之心，恐怕早晚要改朝换代。

几经思考，范质还是没有答复郑起。

被人胁持的滋味儿不好受，一向刚正果断的范质现在变得瞻前顾后。赵匡胤究竟想做什么？如果想谋朝篡位，就算他真把王著搬出来，自己也要诛灭他。可如果不是呢？主少国疑之际，最重要的就是枢臣一心、文武团结。

他是顾命大臣啊！也许，也许只是在与韩通争权……范质极力为赵匡胤的行为找理由，只是理由总是很苍白……

十一月一日，在兼任山陵使的首相范质主持下，大行皇帝郭荣安葬庆陵，谥号睿武孝文皇帝，庙号世宗。

一个时代，落幕了。

二　箭在弦上

布局河北

五代时期，门阀崩溃，人心不古。有点能耐的人，都想当皇帝。

当然，皇帝不是那么容易就能当上，朝廷、禁军、藩镇，三方势力必须全部摆平，少了一方，即使坐上龙椅，也一样被轰下来。

赵匡胤要登上皇位，还差最后一大势力没有搞定——藩镇。

唐朝末年、五代初期，藩镇曾拥有雄厚的武装力量。五代的后梁、后唐以及当时大江南北并立的其他政权，莫不脱胎于藩镇。然而，随着朝廷禁军的日益强大，藩镇力量大为削弱。诸地大藩想只靠自己的力量称王称帝已不大可能，但他们却能阻止别人做皇帝。

不想当皇帝的韩通，势力遍布驻京部队，却难出开封；拥护大周的藩镇虽然不少，却是一盘散沙。

至于亲赵匡胤的第一雄藩，无疑是大名府的天雄军节度使、魏王符彦卿。但这位自己弟弟的岳父，同时也是大周皇帝的姥爷。能寄予他多大厚望，赵匡胤心里实在没谱儿。如果他倒向周室，对自己将是毁灭一击。

所以，赵匡胤首先将驻扎河北邢州的安国军节度使王仁镐调走，改派自己的老大哥李继勋出镇。这样，李继勋与符彦卿横卧河北中部，既可彼此照应，构筑防线；又可让李继勋牵制符彦卿，使其投鼠忌器，至少在发生非常之事时，符彦卿能够保持中立。

另一个部署，是将镇守澶州的驸马都尉张永德调往许州。自从在澶州被郭荣痛批以来，张永德一直保持低调。他既已离开禁军，知道现今赵匡胤为刀俎，自己是鱼肉，最好的选择，莫过于站在关系密切的赵匡胤一边。

但与符彦卿一样，张永德与周宗室也有姻亲关系，为确保万无一失，赵匡胤只好将他从开封北大门调离到次要防线许州。如此，一方面张永德可以继续作为东京的外援，防范东南地区，尤其是他的老对头李重进发难；另一方面，又使他不会对开封构成过大的威胁。

当然，赵匡胤的对手也不是傻子。就在他暗于藩镇间卡位时，朝廷也在不断加强自己的力量。山南东道节度使（治襄州）向拱（即向训，避郭宗训讳改名）移镇洛阳，担任西京留守，震慑国都的西大门。而河北、河东、青徐，更有郭崇、孙行友、李筠、杨廷璋、郭从义等一大批或拥护周室，或不肯依附赵匡胤的强藩重镇。

针对这一形势，赵匡胤对藩镇发动了第二攻势，矛头仍指向河北。当年郭威被迫在河北与都城间狼狈奔波，战略时间徒耗，士兵疲惫不堪，与他不能稳定控制河北有重要关系。李继勋和符彦卿的防线拱卫东京有余，震慑强藩尚显不足。

因此，这年冬天，赵匡胤通过朝廷，命韩令坤率领所部，到镇州、定州等北方边境巡视，直接钳制郭崇、孙行友等人，防止生变；同时，侍卫亲军大量北调，韩通在京城中的势力又有所削弱。意图如此明显，但大多数人却没有觉察。毕竟，郭荣北伐时，韩令坤曾驻守雄州，如果巡视北境真的是为防范契丹的话，两司大将也没有人比他更合适了。

仅仅六个月，郭荣临终前辛辛苦苦布下的棋局，就被赵匡胤搅和得面目全非。宝剑出鞘，是时候了。

点检亮剑

周显德七年大年初一（960年1月31日），东京城内一派肃杀之气。宽阔的大街上偶尔还能看见雨后的积水，映照着天空中那低沉阴霾的滚滚乌云。这场暴雨整整下了四天，直把白天泼涂得与黑夜无异，好在三天前，雨终于停了。

宰相范质肚子里的那条船，正被雨水噼噼啪啪地乱砸着。他正顶着凛冽的寒风，匆匆赶往皇城。这是新皇帝登基以来的第一个新年。自半年前这位七岁的小皇帝即位，首席顾命大臣范质就再没睡过一个安稳觉：在这样一个以下克上、国家命短、人们对改朝换代习以为常的年代里，主少国疑无疑是一个王朝的致命弱点。我们还有多少时间，能够等待少年天子慢慢成长为一代明君？

范质忧虑地望着北方。国防线太安静了，安静得让人有些害怕。契丹与北汉，不知何时会再度饮马黄河，失去幽蓟十六州的中原竟然一下子变得这么脆弱不堪。

可是更让范质头疼的症结却在萧墙之内。

这些日子，范质每天都会拿起郑起的信读上几遍。他希望自己所做的一切，终能感化赵匡胤，将相同心，继续完成周世宗未竟之业。

如果那位都点检是位当世廉颇，则足以成就范质"大周蔺相如"的美名，两人必将一起名垂青史。可惜，这位都点检的名字不叫廉颇，而叫赵匡胤。

与范质一样的是，赵匡胤也在赶往皇城的路上；还与范质一样的是，赵匡胤的心里也被雨水砸翻了船。只不过，与范质不同，范质正在忧虑国家的前途，而赵匡胤正在担忧自己的命运。

端明殿左侧的东上阁门外，三位宰相已经早早等在这里。由于周世宗郭荣丧期未过，皇帝郭宗训未在崇元殿举行大朝，文武百官依礼到东上阁门进奉贺表。时辰一到，百官将贺表跪奉首相范质，再由范质将贺表跪授阁门使，最后由阁门使进奉居住在紫宸殿（就是原来的万岁殿，显德六年十二月更名）里的小皇帝郭宗训。

没人注意到范质与赵匡胤各怀心事，朝臣早已被喜气洋洋的笑容所融化，仿佛逼人的寒气，已经被其乐融融的新年喜气驱走。

突然一道急报，竟将喜气打得灰飞烟灭。

镇州、定州急报：契丹大军来犯！汉军也经土门东下，准备与契丹合兵，直奔东京杀来！

什么！东上阁门立马炸开了锅。范质面如土色，手脚都不知道放在哪里好；群臣汹汹，不知所措。

只有一个人保持着冷静，他冷冷地侧目赵匡胤，嘴角突然翘了一下，便不再有任何表情——在亚相王溥的"毒眼"里，这份急报很有问题。

契丹和北汉趁着幼主莅位、元旦庆贺之际，认为朝廷疏于防备，搞一把偷袭，倒也说得过去。可是联系到这半年里，赵匡胤在朝中与河北上下其手，王溥凭直觉认为，这事和赵匡胤有关。

情报会不会是伪造的？也不是没有可能。虽然镇州、定州的守将郭崇、孙行友都不是赵匡胤的人，想让他们从二州发回契丹、北汉入侵的假情报根本不可能；但韩令坤也在北疆，如果赵匡胤想要做假，还是有机会的。

如果这份情报真的是赵匡胤授意为之，那他究竟想干什么？最合理的解释是，他想率兵出征！虽然韩令坤带走了部分侍卫司的精锐部队，但之于韩通在京城的势力，不过皮毛。倘若赵匡胤确有非分之想，那么要避免与韩通直接冲突，唯一的办法就是将军队调出东京，然后像本朝太祖皇帝一样，杀个回马枪。

当然，如果朝廷收到急报后要彻查军报的真伪，那么这个谎言也很容易被戳穿，只是需要点儿时日。而一旦戳穿，赵匡胤就会成为众矢之的，搞不好要抄家灭门。

要不要与郭崇和孙行友核实一下？王溥还没有拿定主意。

但并非所有人都像他这样深思熟虑。紫宸殿里的符太后与小皇帝郭宗训，已经吓得快说不出话来。首相范质则急得团团转，这位文臣领袖因兼理了枢密院，手中拥有对一切事务最终拍板的权力——包括调动军队。然而范质显然不能胜任此职。他虽然刚正耿直，但是武人、军人是他无法逃避的软肋，郭威杀入开封时的情景，直到现在他还心有余悸！

中原刚刚呈现的中兴气象，难道就交给这三个人做决策？想到这里，王溥没有再向范质提议核实情报，他反而提出另一项建议：让赵匡胤挂帅出征。

赵匡胤？！范质的脑袋"嗡"的一声。好你个王溥，你给赵匡胤又送房子又送地，以为我不知道？你跟赵匡胤早就穿一条裤子了吧！这个时候推荐赵匡胤，万一有个闪失怎么办？

范质虽对军事一窍不通，可也知道，除了赵匡胤，出征的人选还有韩通，还有李重进、张永德，甚至还有向拱。这半年来，赵匡胤虽然低眉顺眼，处处表现得一派君子作风，除了要挟自己来扩大权势外，似乎并没有不臣之心，但总是让人不放心。

然而王溥的话又不得不重视。从力主先帝亲征高平，到力荐向拱出征四州，在千钧一发之际，王溥之言重如泰山。他既然提名赵匡胤，显然赵匡胤最合适。换别人上阵能否凯旋？我哪知道，我不会打仗啊……

也许是以小人之心度君子之腹了。病急乱投医的范质已经乱了方寸，既然王溥说赵匡胤行，那就赵匡胤吧！

魏仁浦叹了口气，悄悄走出了厅堂。

赵匡胤，你终于亮剑了！

困兽犹斗

水能载舟，亦能煮粥。开封城里的老百姓，乱成了一锅粥。

正月初二，慕容延钊以殿前副都点检的军职，担任北面行营马步军都虞候，率领殿前军作为"北伐"的先锋，先期开道。

"北面行营"是一个临时编制。受命外出征讨的部队，皆设"行营"作为战时组织。行营的长官叫行营都部署，副官叫行营马步军都虞候，其下还设有行营马军、步军都指挥使等。

慕容延钊比赵匡胤大十三岁，是随从刘知远、郭威创建后汉的老兵，作战经验丰富，又与赵匡胤关系密切。这几年，慕容延钊一直在殿前司任职，赵匡胤像对亲哥哥一样待他，见面更是直呼"兄长"。

思前想后，赵匡胤决定，将构筑河北第三道防线的重任交给这位老哥哥。与前两道横向防线不同，这是一条"纵深防线"。慕容延钊北上，军队从开封一路开到边境定州，巡视河北诸镇，震慑燕朔强藩，像一把拽着钢丝的铁针，将整个河北死死缝在赵匡胤的铠甲下。有了这道防线，无论是符彦卿，还是郭崇、孙行友，绝不敢轻举妄动。

然而慕容延钊即将出兵的消息，却惊动了整个开封的老百姓。

晨钟初鸣，天色尚暗，一座大户宅院的主人满脸惊容，匆忙指挥仆役，把家里的金镶玉软，成箱成柜地搬往后门的马车上。满城都在说，出军之日，要立都点检当天子。皇帝换完，当兵的又得打家劫舍。唉……走吧走吧，快逃命吧……一车一车的箱子，就像另外一支大军，浩浩荡荡开出了开封城……

八字就差这一捺，怎么偏偏这时谣言四起？难道自己的密谋已经被发现了？在外人看来镇静的赵匡胤，此刻内心早已七上八下。他不断劝自己要淡定，只要率兵出城，大事便成矣！然而，他突然想起了郭威，想起了郭威全家横死的惨剧。不行，得回家看看！

"坏了坏了！出大事了！"赵匡胤一路奔回赵府，一进门就喘着粗气说道。

"嚷什么嚷！"只见一位少妇面如铁色，从厨房探出头来，没好气儿地朝着赵匡胤吼道。

关于这位少妇是谁，司马光说是赵匡胤的姐姐或者后来的魏国长公主。可是赵匡胤的姐姐早已夭折，魏国长公主是赵匡胤的女儿。因此司马光说的恐怕有误，这少妇当是赵匡胤丧夫寡居的妹妹、未来的燕国长公主。

赵匡胤跑上前去，一把拉住这位赵小妹的胳膊，咽了口吐沫说："现在外面全在传言要立我为天子，人心惶惶的，这可怎么办？"

没想到赵小妹一撇嘴，一把摔开赵匡胤，回厨房抄起擀面杖夺门而出，照着赵匡胤的脑袋一顿乱抡。

赵匡胤眼快，抱着脑袋转头就跑，边跑边问："你这是干吗！"

"干吗？"赵小妹摇着手里的擀面杖，一通冷笑，"大丈夫遇见事了，能不能自己想办法？你跑回家里吓唬我一个妇道人家，你说你这是要干吗！"

本来是想提醒家人小心，结果差点挨顿打，赵匡胤心里怪委屈的。不过赵家人彪悍如此，这倒让他多少放了点儿心。

他不放心的，是那些大权在握、随时可能要了他脑袋的人。

已经有人传来口信儿，对宫里封锁了消息，小皇帝与太后都不知道流言飞起的事。范质那边也没有动静，看来尚未反应过来。还有一个人，赵匡胤很担心他对流言做何反应。

这个人，当然是韩通。

这倒给赵匡胤提了个醒，怎么一夜之间就流言四起，把开封城搅得天翻地覆？老百姓自己瞎咋呼？也不是没有可能，十年前那场浩劫，像一道伤疤，深深地烙在这座城市的心里。

但也不排除某些人别有用心，煽动民乱，好引起太后、主上与宰相的注意。别有用心的当然不是韩瞠眼，他没这个脑子。可他那个驼背的儿子却不是善茬儿，虽然没有任何证据表明，韩微策划了这场谣言战。

得稳住韩通。

每次来侍卫司，赵匡胤总是带着一件棘手的事，见李重进如是，见韩通亦如是。

听说赵匡胤前来拜会，驼背的韩微乐得像一把弯背满弦的弓，弦响处，他要让赵匡胤一箭毙命。要不要杀赵匡胤？韩通拿不定主意。立点检当天子的流言他当然也听说了，他又想起了去年瓦桥关"点检做"的谶语。可仅凭这些妖言鬼语就斩杀朝廷一员大将？杀错了怎么办？自己与赵匡胤是有一些不快，但那不过是私愤，为一己之私而枉杀大将，韩通不为也！

在韩通的迎接下，赵匡胤缓缓地迈进侍卫司的门槛。

今天的天气格外冷，墙壁的影子昏沉沉地压降下来，不透一丝阳光。侍卫司里阴森森的，到处渗着一股逼人的寒气。赵匡胤的鼻尖儿冰凉，耳根生疼。他强作镇定，却忍不住环视四周。他只觉得，每一片屋瓦都暗藏机栝，每一扇窗后都磨刀霍霍。

两人穿过门廊，突闻"咣当"一声，赵匡胤迅速将手搭在腰间的剑柄上，警觉地回头侧目。但见西北风怒吼而过，一扇房门被刮坏，在风中摇摆不定，吱吱作响。门后黑洞洞的，隐约闪着银光。

赵匡胤没有带石守信、王审琦前来守护。如果韩通要杀自己，带上两人，不过再赔上两条命，不如单身赴会，坦坦荡荡。

赌徒这次又赌赢了。

赵匡胤的坦荡，反倒让韩通心生惭愧。两人落座正堂，觥筹交错。在一旁陪酒的韩微数次想命埋伏的甲士奔出，把赵匡胤做掉，但都被韩通的牛眼瞪了回去。赵匡胤呢，则在一旁自说自话，假装看不见。

虽然尴尬，但韩通却觉得，这是一个好的开始。如果两人能够尽释前嫌，携手共保大周，世宗皇帝的遗愿，何愁不能实现？

可惜，这些都只是韩通的一厢情愿。

韩微的弓被韩通压下来了，赵匡胤的弓却没人压得住。

箭既在弦，不得不发。

史书"遗忘"的密谋

星沉蓝野，暮色如寒。回到殿前司，赵匡胤一面擦着冷汗，一面摸着自己的宝贝脑袋。自己活着回来，这是一个奇迹！

在他身边，幕僚赵普、李处耘，禁军大将石守信、王审琦、高怀德、张令铎，还有弟弟赵匡义，早已等候多时。

这是赵匡胤集团最核心的领导班子，该到的，今晚都到齐了。

赵普自不必说，这位智多星亦亲友亦僚属，如今业已升任归德军掌书记，是幕府之中如假包换的谋主与幕僚长。

潞州人李处耘则是赵匡胤的"警卫队长"。他生自将门，自幼习武，勇略过人。二十七岁时，恰逢辽人洗劫开封。当乱兵寇略他所居住的闾里时，李处耘挺身而出，独当里门，当场射杀数十人，次日又杀数人，闾里因此而免遭兵祸。

此后，李处耘跟随节度使折从阮，折从阮去世前力荐其才可用，李处耘因此被派往李继勋的幕府做幕僚。最初，李继勋很看不起他。直到一次宴会上，李处耘连射四箭皆中，惊得李继勋改容相待，升堂拜母，义同金兰。

再后来，李继勋将驻地的政务和黄河渡口的防务都交给李处耘。在李处耘的协助下，李继勋破获一起契丹谍者勾结后蜀、南唐的谍战大案。

李继勋罢镇后，李处耘被郭荣派给赵匡胤，担任都押衙，管理仪仗侍卫，成为归德军幕府警卫部队的最高军事首脑。

石守信与王审琦都是赵匡胤的结义兄弟，他们从投奔郭威开始成为一名职业军人，此后在讨伐高平、淮南、幽蓟的战争中屡立战功。石守信曾以陆路副都部署作为韩通的副官，从征幽蓟；王审琦则在淮南以数次率领敢死队冲锋陷阵而闻名。二人都是难得的虎将，如今分别以殿前都指挥使、都虞候的军职，把控殿前司。

高怀德，名将、齐王高行周之子，甫一成年，就随父北征契丹。开运之祸时，他便以坚壁清野、抗拒乱贼而出名了。大周建立后，几乎每场重要战役都有他的身影。尤其是征淮南时，郭荣曾亲见他追击唐军，夺槊而还。其勇猛可见一斑。

张令铎本名张铎，因与别人重名而被皇帝赐改了名字。他入伍较早，后唐时已是一名小校，此后屡立战功。如今，他与高怀德分别掌握着侍卫亲军司的步军和马军大权。二人表面上与赵匡胤并无交集，暗地里却与他关系密切，是赵匡胤在侍卫司中的重要心腹。

此次出征，石守信与王审琦奉命留京，而高怀德与张令铎则分别为北面行营马军、步军都指挥使，统领马军、步军（张令铎在陈桥之变时的活动，史籍失载。但据史料分析，可能出任了行营步军都指挥使）。

赵匡胤看了看屏息凝气的赵普等人，又看了看几案上那方殿前司的官印。明天就是出征的日子，下次回到京城，所用的就不是印，而是玉玺了。玉刻好了是方玺，刻不好，那就是块废石头。

为了这场兵变，他们日夜殚精竭虑，担惊受怕。计划一次次制订，又一次次推翻；军事部署推演了无数次，只为确保万无一失。

赵匡胤费尽心思，不仅要夺取皇位，而且要夺得干净利落，夺得"光明磊落"，要夺得让后人看不出蛛丝马迹。

也许在另一个世界，伟大的导师、大周的缔造者郭威，正在哭笑不得。

由于兵变太干净利落，太"光明磊落"，以致没人看出蛛丝马迹。后来，宋朝官方史书与民间笔记极力将赵匡胤打扮成被胁持称帝的形象，人们再也找不到相关的原始史料。读史者只能根据自己的理解，去还原自己读出的史料以外的"真相"。

就这样，这个夜晚，终于被史书遗忘。

史书没有遗忘的，只有一个地名：陈桥驿。

三　天命所归

醉卧陈桥

正月初三，又是一个寒冷的清晨。殿前散员右第一直散指挥使苗训，右手搭在脑门儿前，顶着寒风，仰望万里苍穹。这勾起了归德军门吏楚昭辅的极大兴趣：大冷天，马上就要出征了，天上有什么好看的，难道能看见俩太阳？

苗训摆摆手，示意楚昭辅不要说话，然后朝着天上的太阳微微一指。只见微薄的卷云，在冰蓝的天空中散开，颇有几分传说中那"天子气"的模样。七绚的日晕仿佛天光，罩住那一轮气紫神灿的朝阳……

等等！一轮？怎么、怎么是两轮？楚昭辅这才发现，在一个太阳下面，真的还有另一个太阳！

在后世，这叫"假日虚像"，不过是由于云层折射导致的一种奇特天象。在古代，这叫"二日同辉"，人人都知道：天无二日，国无二主，这是要有非常之变。

苗训诡异地翘起嘴角，神秘兮兮地说了三个字："天命也！"

接到慕容延钊渡过黄河的军报，殿前都点检、北面行营都部署赵匡胤策马横剑，立刻率军出征。数万将士雄赳气昂，从开封城东北方向的爱景门，有条不紊地开赴"前线"。

随着时间的流逝，一千多年后，"爱景门"三个字早已在人们的脑海中风化。唯独它的俗称——陈桥门，却因陈桥驿的名字而流传至今。

陈桥驿，始设于后晋，在东京陈桥门外东北三十里处，距离开封不过半天光景。这里曾多次屯集大兵，有现成的营地设施，驻扎于此既方便，又不会引起朝廷猜忌。而且，如今河北形势已定，赵匡胤再也不用像郭威那样，慢吞吞地跑到黄河边，再以迅雷不及掩耳之势跑步进入开封城了。今天晚上，赵匡胤可以安安心心地等待昔日澶州一幕的重现。

与澶州兵变不同的是，这一次，他从台下走到了幕后。

夜幕降临，北面行营的将士安营扎寨，吃起了大鱼大肉。士兵们都不明白，今晚的伙食怎么如此丰盛；他们更不明白，主帅的兴致怎么这样高。大战在即，赵匡胤居然破例，在大营里公开喝起了酒。

士兵们边吃边侃，有人开始交头接耳，聊起早上有两个太阳的奇闻。

这些私语早就入了赵匡胤的耳朵，他一面眯着眼睛，满口醉话；一面暗中观察着士兵们的情态。玩放流言、打舆论战，韩橐驼，你还嫩得很！流言，不是闹得大就是最好。该听见的人一定要听见，不该听见的人，就没必要告诉了。说我赵匡胤要造反，主上听不见，全开封的老百姓听见又有什么用？说天上有两个太阳，只要我的子弟兵们相信，别人不信又有什么关系？

赵匡胤晃晃悠悠地起身，在赵普和李处耘的搀扶下，迈着八字线走到驿站内堂。三个人极为默契，相视一笑。

此后，北面行营的历史记载一片空白。但是根据当时各营将帅的部署，读史者不难想见当日的情景。

报！铁骑军反了！

反了？北面行营马军都指挥使高怀德"大惊"。他统管下的骑兵部队，主要由殿前司的铁骑军和侍卫司的龙捷军组成。主管龙捷军的将领未曾一起出征，随军的龙捷军部队只能唯高怀德马首是瞻。铁骑军则不同，铁骑都指挥使杨光义、铁骑右厢都指挥使刘光义是赵匡胤的结义兄弟，铁骑都虞候党进是坚决拥护赵匡胤的悍将，这是挺赵派最集中的一支部队。

无论是事先得到密令，还是因为酒后一时兴起，抑或是受了他人刻意鼓动，人们有理由相信，杨光义等人，打响了陈桥兵变的第一炮。

铁骑军像一颗彗星，划破了寂静的天际。龙捷军还没反应过来，已经埋没在"造反"的呼声中，竟然丧失了"伸张正义"的勇气。高怀德心满意足，"无辜"地向将士们表示：唉，这都是逼的，我会把你们的意见告诉都点检的。

北面行营步军都指挥使张令铎也接到消息，辖下的殿前司控鹤军都指挥使韩重赟——赵匡胤的另一位结义兄弟，也带着控鹤军造反了。

然而，侍卫司虎捷军的营寨里仍然漆黑一片，毫无动静。

虎捷左厢都指挥使张光翰与右厢都指挥使赵彦徽早就收到军中有人"造反"的消息，按理说他们应该率军平叛。可眼见变兵势大，他俩反而举棋不定了。张光翰与赵匡胤不过点头之交；赵彦徽呢，赵匡胤尊称他一声"大哥"，可是这个大哥，既没法跟李继勋比，更没法跟慕容延钊比。为这样一个人造反，事成了，自己的地位仍然无法和那些赵匡胤的死党相提并论；不成，脑袋掉得冤不冤？

可是不造反，不但地位没了，脑袋现在就得搬家。张令铎已经拎着大剑，站在虎捷军的将营外"恭候佳音"了。

好汉不吃眼前亏，识时务者为俊杰，张光翰与赵彦徽别无选择。

以上不过是笔者的推测，史书中并无明载。但根据当时禁军军职来看，铁骑、控鹤皆被赵匡胤心腹控制，尤其铁骑军有杨光义、刘光义、党进等人在，势力似乎更大。据此推理，兵变必从此二营起。

至于虎捷军，从张光翰、赵彦徽后来的履历看，他们与赵匡胤关系相对疏远，即便不反对赵匡胤做皇帝，但似乎也不会主动为之，而被殿前军挟持的可能性更大。至于龙捷军，其统帅史无记载，估计因为与赵匡胤更为疏远，而未随军出征。

高怀德与张令铎各自安排成守后，带上几名大将——尤其要带上张光翰与赵彦徽，朝着都部署的厅堂走来。随着乱兵要挟主帅称帝的传统大戏即将开场，史书再度出现了文字记载。

都押衙李处耘亲自守在厅堂外，见诸将气势汹汹地走来，忙板起脸，像对暗号一样，一本正经地讯问道："天色已晚，诸位将军还不入睡，跑来这里做什么！"

诸将马上也板起脸，同样一本正经地回复"暗号"："主上幼弱，不能亲政。现在我们出生入死，为国家破贼，有谁能知道？不如立都点检为天子，然后再北征，为时未晚。"

李处耘一脸吓破胆的样子：你们这是造反！他命令负责警卫的将士，"保护"好醉酒不醒的赵匡胤，然后去找掌书记赵普"商议"。

诸将哪里肯给李处耘时间，跟着他一股脑儿冲进赵普的屋子。众人这才发现，散员都指挥使王彦昇、内殿直都虞候马仁瑀、殿前指挥使都虞候李汉超等殿前司诸班直的将领也都赶来了。很好很好，看来大家是同道中人，共同拥护点检做天子。

不等高怀德等人说话，那些中级将校就抢着嚷开了，生怕声音小了，别人不知道自己有拥戴之功。

从始至终，赵普都绷着脸，瘦削的两颊像被斧子劈过似的，刚劲峻冷。将校们犹自纷纭不断，赵普声音高亢道："好了！太尉对朝廷忠心耿耿，要知道你们如此大逆不道，肯定不会轻饶！"

赵普一言，穿云裂石，把诸将都震住了。赵普既要做戏，又要试探：现在军队里还有多少人不服。果然，有的将校开始默默往屋外走，张光翰与赵彦徽相望一眼，也有退意。

坏了，戏是不是演得太真了？赵普心道不妙，暗中看了一眼诸将。

一位将领马上会意。参加兵变的诸将，并非各个都知道内情，事情闹到这步，要是人心就此散了，不但点检做不成天子，大家的脑袋也得搬家。一不做二不休，这个将领拔剑对准赵普的脖子，大吼道："在军中私自聚众议论，罪当灭族。我们已经商定，太尉要是不同意做天子，我们又岂能退回去等死！"

以身份论，这位拔剑者很有可能是高怀德或张令铎。

刚刚还要退出的将校们听了此话，当即止步。这话说得没错，不管自己愿不愿意，现在退出，只有抄家灭族！

一句话就抓住了这些人的命脉，赵普暗暗称赞。形势已经掌控住了，戏再演得足点儿也无妨。赵普假意发怒，大声呵斥道："策立天子，这是天大的事，本当精密筹划，尔等怎能如此草率从事，狂妄悖逆！"

诸将一听，看来赵书记这是要出谋划策？那我们愿闻其详。于是一个个落座屋中，等着赵普发话。

赵普也放低了嗓音，沉沉地说："现在外寇压境，不如先出兵把敌人赶走，等回来再议此事……"

啊？您这玩儿我们哪？"不行！"有的将领已经愤怒难耐，粗臂一挥，瞪着眼睛蹿了起来，"当今朝廷政出多门，要是等到打退敌人再回来，谁知道会发生什么事！现在就应该命大军入京城，立太尉为皇帝，然后再出兵北上，破贼简直易如反掌！太尉要是执意不肯接受拥戴，那大军也绝对不会再向前走半步！"

"啧——"赵普"无奈"地嘬着牙花子，心里却很得意：看来这下将士们是铁了心要造反了。赵普又道："好吧，事情既然已经这样，那军队就要早点儿约束。"然后板起脸，对诸将说道，"兴王易姓，虽说是天命，但也决定于人心向背。大家知道，副点检率领前军，于昨日已经渡过黄河……"赵普特意提高嗓门儿，又顿了顿，继续道，"节度使各据一方，京城一旦发生动乱，不仅外寇会长驱直入，四方的藩镇也一定会叛变。如果各位能够严肃军纪，禁止部下劫掠，京城的人心就不会动摇，四方也自然不会发生变乱。那么诸位将军，当然就能长保富贵。否则……"

没有否则！众将见赵普已经答应要求，当即起身允诺，并在高怀德、张令铎、李处耘的带领下，分头到各部队行动去了。

赵普的屋里好不热闹，内堂里假装醉酒的赵匡胤听得一清二楚。

好个赵普，为了制住大军，把慕容延钊都搬出来了。现在慕容延钊军屯河北，石守信等军守河南，大军夹在其中，受南北胁迫，这些将士绝不敢造次。赵普点破这一点，就是要让将士们老老实实，不要重蹈澶州兵变后洗劫开封的覆辙。

赵匡胤很满意。当皇帝是我一个人的事，犯不着让开封城的老百姓给我做供品；当皇帝又不是我一个人的事，因为这关系到全天下人的生死存亡。要开创一个大唐般的文明盛世，一洗武夫治国的残暴贪忍，从建国伊始，我就要改变乱世法则。

所以，赵匡胤费尽心思，要把这部战争片导演成文艺片，比郭威的更文艺。

当然，倡导文明，这并非赵匡胤导演陈桥兵变的全部心思。他更大的心思，是怎样洗去自己篡逆的污点。既当婊子又要立牌坊，古往今来，篡位者从来都乐此不疲，十年前的郭威不能免俗，如今的赵匡胤也难脱窠臼。主帅被士兵胁迫，不得已而成为皇帝，这在唐末以来再平常不过了。只要把这个谎圆好，没人会发现这是一场惊心策划的兵变。

赵匡胤当然不会想到，这场公元10世纪中叶的历史大剧，后来被装潢得面目全非。如果泉下有知，千百年后，即便他阅读流传下来的史籍，也照样分辨不出，哪个才是当年真实的自己。

不过，这个谎毕竟与众不同，它虽然刀光剑影，却没有血流成河。在乱世与治世之交，比起赤裸裸地抢夺皇位，撒谎，竟也成为一种有限的进步。至少说明，想当皇帝并非只靠兵强马壮，还要顾及舆论如何评价自己，顾及史书如何记载自己。就好像后世贿选的军阀总统，毕竟还是看到了选票的重要。这是武夫当国向政治文明的让步，也是乱世向治世的回归。

当然，这个"进步"与"回归"有点曲折，甚至有点扭曲。

此刻，赵匡胤曲卧正堂，彻夜未眠。将士们环立驿站，通宵达旦。

三十里外，一骑飞骏已驰入开封，衙队军使郭延赟敲开了石守信的府门。

黄袍加身

正月初四黎明，天尚未亮，四下灰蒙蒙的，寒气彻骨。昨日一整天的余温，经这一宿，业已散发殆尽。

赵匡胤在榻上翻了个身。将士们折腾一晚，也都精疲力竭了吧。是该出个太阳，给他们晒晒了。

驿站周围，突然又喊声四起。赵普已经入了内堂，胸有成竹地向赵匡胤汇报"变况"。有一大波将士披甲执兵，聚集在驿站门口狠命敲门，声嘶力竭地嚷着："诸军无主，愿奉太尉为天子！"

时机已经成熟。赵匡胤穿好衣服，走出堂门，一副睡眼惺忪的样子。还没等他说话，早有人上来，把一件黄袍披在赵匡胤身上。赵匡胤一惊之下，正要推辞。将士们哪里肯听，齐刷刷地在院子里跪拜，大呼："万岁！万岁！万岁！"

在这些跪拜的将士中，有许多人就像当年的赵匡胤一样，莫名地热血沸腾。尤其是殿前司的部队，很多士兵都是显德元年练兵时参军入伍的。六年来，他们追随赵匡胤南征北战，就是为了建功立业。一夜之间，自己成了从龙之臣，仿佛整个人生，都随着"万岁"两字攀上顶峰。

赵匡胤还在推辞，这些年轻将士急了，好好的皇帝干吗不当？早有人牵来马匹，一拥而上，把赵匡胤扶了上去，声言要拥护着赵匡胤，回开封去当皇帝。

他们以为自己拥立了一个皇帝，却不知道他们"被"拥立了一个皇帝。"黄袍不是寻常物，谁信军中偶得之？"当年郭威临时披上的黄旗，变成了今天赵匡胤早就准备好的黄袍。没人注意到，他虽然对拥戴推来推去，但就是不肯脱下黄袍。

黄袍加身的赵匡胤高坐马上，眼见得数万将士跪拜马下，不由得霸气横生。如此多的人对自己俯首称臣，这样的感觉太奇妙了，难怪从古至今，有那么多人甘冒诛九族的危险，也要过把皇帝瘾。人生故当死，岂不一日为帝乎！

但有些人的"万岁"喊得虽响，情绪却早挂在了脸上。殿前司和侍卫司的老兵们正在打自己的小算盘。三军将士拥立皇帝，这是唐末以来的老把戏，图的就是发财，可是昨晚掌书记却说什么不可剽掠。不剽掠，没财发，我们把脑袋别在裤腰带上，结果立了个鸟皇帝？

赵匡胤当然不是鸟皇帝，这些老兵在盘算什么，他心知肚明。但他也不想只当"一日天子"，他要开创万世基业。既然大事将成，也就没必要再遮遮掩掩了。赵匡胤一改半年里恭谦下士、低眉顺目的神态，一手拉住缰绳，一手挥起马鞭，以一种凛然不可犯的口吻，命令全军："你们自己贪图富贵，立我为天子，就必须听从我的命令。否则，我绝不做你们的主上。"

威严所在，数万将士不得不齐声应道："唯命是听！"

赵匡胤用苍劲的声音，接着下命道："主上和太后，我平常北面而事；公卿大臣，都是我的同僚。所以，你们不得伤害他们。当今之世，帝王举兵进京，总是放纵士兵，大肆掠夺，称为'夯市'。你们随我入京后，不得夯市，不得抢劫府库。待到局势稳定，我自会厚赏你们；不然，族诛不殆！"这台词他早已滚瓜烂熟，可是从来没有像今天这样，背得如此气势恢宏。

当皇帝是一桩买卖，肯出钱，才有人效力。钱不用抢，我给你们发。我赵匡胤说到做到，当年在滁州城的作为，你们难道不清楚吗？

这次，数万将士终于同心，再度叩拜，齐声道："诺！"

赵匡胤必须再度感谢郭威、郭荣父子，没有他们的努力，自己可能会像李从珂那样，面对一个空空如也的国库，发不出赏赐。到那时，"一遂黄袍便罢兵"又从何说起呢？

"呜——""咚——咚——咚——"军号与战鼓声在陈桥门上空猝然响起。

驻守城关的部队，番号东第三班，是禁卫部队东西班承旨的一个支队，隶属侍卫司。赵匡胤熟知这支部队的背景，他自己就是从东西班承旨走出来的。这些晚生见了前辈做皇帝，还不五体投地乖乖称臣？赵匡胤得意扬扬，他坚信，留在东京城里的石守信和王审琦此刻已经拿下陈桥门。

一路上，赵匡胤都在想象陈桥门守军丢盔弃甲、迎龙出渊的壮丽场面。结果，他迎来的却是壮丽的箭如雨下。

原来，千弓万弩早就搭驻城头，骑兵部队也已在城门口待命。统帅守军的乔卒长和陆卒长一声令下，万箭齐发，北面行营的大军寸步难进。

一早晨的好心情全被射没了。赵匡胤心中恼火，恨不得亲自上前线指挥攻城；愤怒转而又变成了忧虑。怎么？守信和仲宝（王审琦表字）还是没拿下陈桥门？昨天夜里不是派人送信儿了，他们没收到？陈桥门看样子早有防备，难道他们暴露了？

赵匡胤越想越着急，急忙环视周围。好在四下里一马平川，没有可用于伏兵的地形。四野平阔，看来韩通并未派兵出城。这说明，韩通还没有做好部署来对付自己，石守信、王审琦也应该还藏在暗处。开封城里有大戏看了！

赵匡胤可没时间看戏，早入城一刻，朝中准备就少一刻，自己的胜算也就多一分。开封城门那么多，我还吊死在陈桥门不成？强忍怒火，赵匡胤下令，撤离陈桥门，全军西进。我就不信，开封的城门，座座都是硬骨头！

的确，陈桥门西不远处的封丘门守军，就是一群软骨头，看见大军遮天蔽日地压过来，守城将吏望风而降，早早把城门打开恭候大驾。而陈桥门乔、陆两位卒长，闻讯后尽管得到赵匡胤"解衣折箭誓不杀"的承诺，还是上吊自缢，宁死不降。

陈桥门，不过是一个小小的插曲。一座小城门，如何抵挡赵匡胤的帝业雄心？但这也给赵匡胤敲响了警钟：骄兵必败。

皇城内，钟声也从钟楼响起。只不过不是警钟，而是丧钟。

别了，韩通

万春殿里，赵匡胤攻入外城的消息已然飞报御前。范质一筹莫展，王溥、魏仁浦一言不发，临朝听政的小符太后急得天旋地转，还没习惯皇帝身份的郭宗训吓得结舌；至于瞠目，就留给韩通吧。

太后早早散了朝，让大臣们赶紧拿出个办法。

出了万春殿，范质一把抓住王溥的手，咬牙切齿地说："匆匆忙忙就派遣大将出征，这是我们的罪过！"现在，范质对整个事情全明白了，再也抑制不住心中的悔恨。他后悔，居然被一道假情报吓得手足无措；他后悔，竟会主观地认为赵匡胤不会造反；他更后悔，为了一己之私，一念之差，就被赵匡胤抓住把柄，上了贼船。好好一个顾命忠臣，把一座大好江山拱手送人，晚节不保，晚节不保啊！

范质的手像一把铁钳，死死咬住王溥的双手。王溥！王溥！原来你早就看清了赵匡胤的嘴脸，不但不想办法阻止，反而助纣为虐！你把我范质卖了无所谓，怎么能把大周的江山卖了！一失足成千古恨啊！范质的手劲越来越大，指甲刺入皮肤，几乎刺出血来。作为首相，这也许是他能为大周所做的最后贡献了。

王溥忍着疼痛，还是一言不发。也许在他心里，只是觉得赵匡胤比一个七岁孩子更能继承世宗皇帝的遗志，让国家走得更远更好；可是真要改朝换代了，他却无法回避对世宗的愧疚。

掐人有个屁用！武人韩通拔出佩剑，带上几名随从朝东南方向跑去。这帮舞文弄墨的宰相已经不灵了，平定叛军，还是看我韩通的吧。

王溥倒吸一口冷气，如果当年站在刘承祐身边的是韩通，恐怕郭威根本进不了东京，自己多半已是冢中枯骨。可惜，韩通整整晚了十年，就算他是天王老子，现在也无力回天了。

左掖门内，看着人去楼空的殿前司，韩通有一种大难临头的感觉。赵匡胤早有准备，自己却一直像个傻子，拒绝韩微杀他的提议。韩通叫上所有的亲卫，气势汹汹地朝左掖门而去。突然，一支利箭擦脸而过，身后的侍卫应声倒地，一道血柱从喉咙处直喷而起。

韩通大惊，只见左掖门外，石守信亲自扣动弩机。原来在得到拥立成功的消息后，石守信便秘密埋伏于此，封锁皇城，控制朝廷内外交通，尤其是控制韩通！

韩通怒吼一声，举剑跃起，侍卫司的亲卫们也纷纷义无反顾地冲上前去。弩箭飞梭，不断有亲卫倒地，不断有亲卫补上。谁说侍卫司是草包，谁说韩通不得军心！

经过一番浴血奋战，韩通总算冲出左掖门。他知道，石守信害怕皇城失守，不会追来，当即宽了宽心。检视随从，死伤大半，靠着他们去平定赵匡胤，根本不可能。韩通定了定神，亲自到城内大营去调兵遣将；另外派出一支队伍，务必捕到赵匡胤的家人。

命悬一线，时间决定一切。

亲卫们抽刀拔剑，直扑赵府，没想到却扑了个空，连个耗子都没扑到。他们这才知道，赵匡胤的家人昨天就已经到汴河外的定力院"烧香"了。竟然什么都算在了前头！愤恨的亲卫们扭头便走，沿着御街南来，疾驰定力院。

定力院的阁楼里，赵匡义握着剑柄的手微微颤抖，随时准备拼上一命，保护一家老小。

无论什么时候，保护家人都是男人的第一责任。十年前郭威发动兵变而贵为天子，可是家人被杀得一个不留……成大事者不拘小节，但不等于不爱家人。

赵匡胤要复制郭威的成功，但绝不复制他的悔恨。于是，他便告诉赵匡义，自己一出城，赵匡义就把全家护送到定力院去。因为一旦兵变，韩通肯定要抄检赵府，那里太危险了。定力院乃佛门净地，多少能拖延住韩通，争取时间。

寺院的主僧探得亲卫朝这里而来，急命赵氏一家躲上阁楼。赵匡义的嫂子王氏已花容失色。她是彰德军节度使王饶的第三女，显德五年（958）下嫁赵匡胤。比起这位嫁入赵家不过一年有余的小媳妇儿，老夫人杜氏就镇定多了，她谈笑自若道："我这个儿子向来特别，别人都说当有大富大贵。你们怕什么呀？"

赵匡义也想如母亲一般淡然，可当他透过阁窗偷偷观望时，却淡然不起来。

定力院内，为首的亲卫官正在和主僧争执。主僧双手合十，低眉顺目，心平气和地说："施主要找的人，早都走了，贫僧也不知他们去了哪里。"

亲卫官绕着主僧走了一圈，从这个老和尚身上，倒看不出破绽。事关重大，拿住赵匡胤的亲属，就可以逼迫赵匡胤投降，这是大功一件；即便赵匡胤六亲不认，多抓几个人陪葬也是好的。亲卫官一声令下，甲士们持着大刀闯入寺院深处，东翻西蹈，哪管什么佛门净地，就是搜山检海，也要把赵匡胤的家人搜出来。

据说，后来甲士登上阁楼，并打开了阁门，却发现阁楼里尘埃满布，到处是蜘蛛网，一看就是八百年不来一次人的地方。于是下楼报告说："这破地方怎么会有人？"然后草草收兵。

如果这是真的，那赵家一门各个是能飞檐走壁的大侠，仓促间能够从阁楼的窗户翻进去，而不必走阁楼的正门。事实上，有关释门保护赵匡胤、助其取天下的传说特别多。佛教需要皇室的保护，皇室需要佛教给自己披上神圣的外衣，于是，心照不宣的神话传说便不胫而走。

读史者已经无法分辨这件事的真伪，唯一可以确凿的是，亲卫们没有搜到赵匡胤的家人，匆忙离开了定力院。

因为，赵匡胤进内城了。

赵匡胤进入封丘门后，舍弃距离自己最近的内城北墙诸门，率领军队一路狂奔，几乎绕了小半个开封城，才来到内城东南的仁和门。

起初，将士们搞不明白，干吗放着最近的大门不走，非要绕远。徒耗体力不说，这浪费的时间，足够朝廷调兵遣将了。到时候我们岂不是要被朝廷包了圆？

直到他们看到仁和门的城门洞开，王审琦亲自率兵相迎，才恍然大悟：原来赵匡胤早有安排，一切都在他的掌握之中。

任何时候，攻城都不是最划算的做法。有王审琦做内应，既能少死人，更能节省时间；何况定力院距离仁和门也不算太远，真撑不住了，王审琦还可以率军照应。

这样精细的谋划布局，韩通自然参不透。但只要韩通还活着，他的影响和实力还在，赵匡胤就随时可能功败垂成。

此刻，韩通还在赶往军营的路上。高怀德和张令铎借职务之便，带走了不少侍卫司的精锐，最大限度地削弱了韩通。但守城的兵马也不少，只要韩通撑过一时，赵匡胤拿不下东京城，各地观望的部队就会纷起"勤王"，形势便会逆转。

可惜，这一切早就在赵匡胤的算计里。在去往军营的必经之路上，韩通迎面遭遇散员都指挥使王彦昇。赵匡胤一进内城，就派王彦昇飞奔皇城，截击韩通。素有"王剑儿"之称的王彦昇将一把宝剑舞得滴水不漏，筋疲力尽的韩通招架不住，扭头就往回跑。去往大营的道路已被封死，我该去哪儿呢？对，回家！靠着宅院，调集亲卫和家丁，能抵抗一阵是一阵。

可惜，他一阵也抵抗不下去了。王彦昇催马而过，一剑将韩通砍翻。韩通倒下时，一双眼睛依旧瞪得像两只铜铃。

一代忠贞名将，尚未与对手堂堂正正对阵沙场，就孤零零地惨死剑下，韩通死不瞑目，死得憋屈！更憋屈的是，素以残忍著称的王彦昇提着血淋淋的宝剑，一路杀入韩府，见人就砍。韩通的妻子、长子韩微、次子、三子全部遇难。

但奇迹发生了！韩通的小儿子韩守谅和四个女儿，居然逃过了王彦昇的魔掌，活了下来。也许只能有一种解释，这根本不是一时兴起的杀戮，而是早有预谋。哪些人该杀，哪些人不能杀，王彦昇早在出发前，就已接到了密令。

韩通为人忠义，不可能屈服于新朝；而以他在军中的威望，又足以撼动国家根本。这样的政敌，只要有一口气在，就一定要将反抗大业进行到底。所以，不杀韩通，赵匡胤不能定天下。不过，赵匡胤手下留了情，将毫无抵抗能力的韩守谅和他的四个姐妹留了活口，算是给一代名将留了香火，也算是在残酷的政治斗争中，留下一丝不斩尽杀绝的温存。

韩通死了，赵匡胤心里的石头彻底落地了，但是表面文章还得做。闻听韩通被杀，赵匡胤大为"光火"，把王彦昇劈头盖脸地骂了一顿：浑蛋！我不是说了，满朝文武都是我的比肩同僚，谁让你杀的！说着，赵匡胤就要把王彦昇拉出去砍了。

当然，这就是做样子给百官看的。最后，赵匡胤以"受命之初，不忍杀戮"为由，免了王彦昇的"死罪"。的确，王彦昇不该杀，这个时候除了韩通，谁都不该杀。韩通虽死，大局未定，京城人心惶惶，还不是耀武扬威的时候。

最后的抗争

定力院阁楼上的赵氏一家，总算松了口气。"点检已经做了天子！"楚昭辅手舞足蹈地前来告知兵变成功的消息，赵氏一门，从王氏、赵匡义，到赵家小妹、赵匡美，个个喜极而泣。

杜老夫人依旧面色平和，不紧不慢地说："我儿子一直胸怀大志，今天果然成了大事。"

二哥的军队进京了！赵匡义带上弟弟、妹妹，一溜烟儿跑出定力院。遥望北口，仁和门内，大街之上，列列劲旅，如铜排铁箫；锐枪坚甲，似金山银峦。巍峨的脚步声，如雷落九天，整座开封城，在整齐的节奏中颤抖。

城里的老居民震惊了。开封城遭遇的兵变多了，可是从没有任何一支部队，在进京时能这般整齐划一，这般严守军纪。胆子大一点儿的年轻人已经爬上坊墙，探出脑袋偷偷观望。只见金戈铁马的簇拥下，一个汉子身着黄袍，气宇轩昂。

在石守信的接应下，赵匡胤顺利进入左掖门，随即登上明德门。这座雄伟壮丽的门楼，非有皇帝特诏，臣僚不得登临。它恰似一柄命运之刀，将门内皇帝的至高无上与门外臣民的卑微渺小截为两半。唯有站在巅峰，才能一览众生芸芸。

俯瞰汴川，满城荣锦；回望大梁，尽收繁华。十余年前，耶律德光曾站在这里，亲口说要与中原人民休养生息。然后，就没有然后了。

如今，士兵们正在有条不紊地返回自己的营地；初受惊吓的小商贩们也都陆陆续续回到集市，继续开张营业；其他老百姓依旧安居乐业。于是乎，整座开封城，除了明德门上多了个赵匡胤，韩府门前死了个韩通外，仿佛什么都没发生一样。

这是五代以来最不像兵变的兵变，甚至很难将它跟一个武人联系在一起；这更是一个历史性的宣言：乱世将要结束，赵匡胤要还天下人一个太平天下！

回到殿前司的赵匡胤脱下黄袍，安安稳稳地坐在正堂上。开封城里也渐渐有了人气，殿前司内祥和安定，这让各位大将产生了错觉：我们真的提着脑袋，搞了一票改朝换代的兵变？现在韩通死了，开封城也控制了，您老却把士兵都遣散了，自己脱了黄袍回到殿前司来办公？这唱的又是哪一出？

须臾，先前派往中书门下的客省使潘美跨进了殿前司，三列人员紧随身后。走在两侧的是蛮横的老兵，各个手里攥着大刀，指向中间的三名文士。只见后面两名文士神态平和，而最前面的那个却怒发冲冠，义愤填膺，拂袖阔步，仿佛他不是被甲士威逼至此，而是来这里兴师问罪的。

为首这人，当然就是首相范质。赵匡胤可不认为，范质会像冯道那样，主动带着百官前来谒见自己。不过没关系，我"请"你来。

为什么一定要"请"范质？因为篡位之人，都不希望背上不忠不义的骂名；任何一次看似和平的改朝换代，都希望得到前朝授予的合法性。这既是一个道德困境，也是一个政治难题。

好在九百五十年前，有一个书生很好地解决了这个难题。他叫王莽，他从被王朝奉为真义的儒家经典里，找到了洗白的途径——禅让。具体而言，就是群臣上书劝进，旧帝禅位让贤，好像新人登上皇位，乃是天命所属，众望所归。

王莽是个杰出的导演兼演员，他能把一出篡位大戏演绎得滴水不漏。可惜后世的篡位者既缺少才华，也缺乏耐心，更欠缺环境。于是，本可以平和的禅让，染上了军事色彩。

但一切政变，还是要通过禅让这道程序，披上合法的外衣。就是最蛮横的武夫皇帝，也晓得这个道理。对于赵匡胤而言，范质就是这道程序的起点。

甲士把宰相们押到正厅，正要胁迫范质下跪。孰料范质一胳膊把他抡开，两股怒火夺目而出，惊得甲士不敢进逼。

范质对面，赵匡胤一把鼻涕一把泪地哭诉：相公（当时对宰相的称呼），你可来了，我真的太委屈了，我这都是被逼的啊。赵匡胤越想越难过，最后声泪俱下，抽泣着对范质说："我受世宗皇帝厚恩，却为将士胁迫，一旦至此，有愧于天地，我该怎么办？"

赵匡胤很伤心，可是范质一点儿都不信。如果说，当年郭威造反，确实是被刘承祐逼的；如今你赵匡胤谋逆，谁逼你了？你这是"自己逼自己"好吧！

赵匡胤不提郭荣倒好，一提到他，范质更是火冒三丈，指着赵匡胤的脸破口大骂："赵匡胤，先帝养你如子，现在圣体未冷，你安敢如此！"

赵匡胤听了，捶胸顿足，但这不过是为了掩盖尴尬。本来赵匡胤想抹抹眼泪，赚点儿同情分，给彼此一个台阶儿下；可范质指着自己鼻子骂，把搭好的台阶儿给拆了。

站在赵匡胤身后的散指挥都虞候罗彦瓌早就不耐烦了，他拔剑而起，剑指范质怒道："我辈无主，今日必得天子！"罗彦瓌代表了几乎所有将士的心情。我们就等着点检赶紧登基，好升官发财。你们这帮穷酸文人，居然还不配合，啰啰唆唆。再啰唆，老子一剑劈了你！

"退下！"赵匡胤呵斥罗彦瓌，可罗彦瓌却丝毫不动。赵匡胤虽怕罗彦瓌伤了范质，不过罗彦瓌的长剑指着范质的脖子，也没什么不好。郭威抄掠京城，给文武百官一个下马威；我赵匡胤今日一定要逼范质就范，好让百官心服口服。

一个是倔强汉子，一个是执拗书生，历史在这里卡住了。

范质身后，早就倾心赵匡胤的王溥却一直没动静。王溥明白，此事还需范质就范才好解决，所以王溥始终一言不发。

可是现在僵住了，面对罗彦瓌的长剑，范质毫不畏惧。这帮武夫向来霸道，万一恼羞成怒，范质的脑袋就真保不住了。王溥虽然暗通赵匡胤，但也不想自己的同僚无辜遭屠。反正欠范质一个人情，这投降的罪名，就由我王溥来担吧。

于是，王溥退到阶下，倒身下拜。这一拜，范质再度被王溥"出卖"了。范质自知孤掌难鸣，但他也深知王溥的用意。不得已，范质两膝终于机械地一弯。

赵匡胤终于等到了这一拜。

后来，做了皇帝的赵匡义说，范质欠周世宗一死。如果他说这话时，他二哥赵匡胤还活着，不知会做何感想。

其实不要小瞧范质。

五代时期，忠诚意识淡薄。这既是门阀贵族彻底倒台之后，崛起的草根儿对传统意识形态的逆反，也有实践上的不可行。短短五十三年，经历了五个王朝，平均每个王朝的寿命才十年多。如果让满朝文武都忠于故主，以死相殉，那么等赵匡胤来执掌东京时，恐怕全国也找不出几个能臣循吏来填充朝廷。

同样是读书人，王溥在忠诚方面显然比范质逊色很多。就算是当年的冯道，他敢于与郭威周旋，也是因为手中握有四势；一旦四势皆无，也只好俯首称臣。至于冯道不在开封时，首相窦贞固主动到郊外劝进郭威，更是毫无气节之举。如今的范质别说没有四势，就连一个韩通也已赴黄泉。他还能坚持什么，又能改变什么呢？

范质屈服了，赵匡胤距离九五之尊，只差迈上最后的台阶——皇帝禅让。然而，一个消息却如晴天霹雳，重重地击在了赵匡胤的头顶：皇帝不见了！

文明天下

天清寺，位于开封城东南角。这座以周世宗生日天清节而命名的寺院，有如它的名字，云淡风轻。

佛殿里，小符后搂着七岁的周帝郭宗训，浑身战栗；身旁宫人的怀中，曹王郭熙让、纪王郭熙谨和蕲王郭熙诲，早就吓得缩成一团。这些孩子虽非小符后亲生，但于礼法，她是他们的嫡母。

小符后不是大符后，她寡母带孤儿，做不到姐姐昔日的镇定。她脱去太后的服饰，也让小孩子们脱去自己的外套——尤其是郭宗训的龙袍。一家人穿着干干净净的白衣，在天清寺里等待着未知的命运。

　　从五百年前的刘裕篡位开始，前朝皇族，几乎没一个好死。

　　探得消息的赵匡胤，急忙带着几名随从，飞马赶到天清寺。太后，主上，你们把我赵匡胤想错了！

　　郭宗训是郭荣的亲生儿子，凭着对郭荣的感情，赵匡胤怎么忍心下毒手？更何况，郭宗训是他日后标榜文明的典范，赵匡胤又怎会自扇耳光？

　　小符后与郭宗训是安全的，他们只需白衣乘辇，回到宫里，在禅让大典上扮演好自己的角色，然后安度余生。

　　可是三位小王爷该怎么处理，赵匡胤犯愁了。

　　孩子是无辜的。照理说，三个孩子都应该交给小符后抚养。可是留下就得封官，有官就有势力，万一将来郭氏枝繁叶茂，子孙昌盛，与朝廷内的拥周派联合起来，对赵氏江山是个不小的威胁。

　　"怎么办？"赵匡胤回头看了看掌书记赵普，只见赵普迅速做了个砍的手势。宫人们大惊失色。三个小孩一头扎进宫人怀里，胆小的已经抽泣起来。

　　赵匡胤摇了摇头，抢了郭荣的江山，我心里已经很过意不去了，要是还杀掉他的儿子，我赵匡胤成什么了？天下人如何看我赵匡胤？

　　侧目之下，赵匡胤发现，客省使潘美正用手抓着大殿的柱子，默不作声。这潘美在郭荣做开封府尹时前来投奔，此后与赵匡胤的交情一直不错。赵匡胤了解他，知道他有想法，于是把他叫了过来，问道："仲询，你觉得这三个孩子不该杀？"

　　潘美低着头，不敢应对。

　　赵匡胤面带愁容，又说："即人之位，杀人之子，我不忍心这样。"

　　知道了赵匡胤的想法，潘美终于壮起胆子，开口道："臣与陛下都曾是世宗的臣子，劝陛下杀了这三个孩子，是辜负了世宗。劝陛下不杀，则陛下必对臣心生怀疑。"

　　"唉。"赵匡胤长叹一口气，随手指向一个孩子，对潘美说："你带走这个吧，让他给你当侄子。他是世宗的儿子，不能给你做儿子。"

　　潘美闻言大喜，竟然忘记谢恩，跑到宫人身边，抱起了那个孩子。

后世小说家将潘美改作"潘仁美",其实潘美绝对当得起这个"仁"字。当然,小说里那个嫉贤妒能的小人潘仁美,绝非历史上仁恕严正的君子潘美。那个被潘美收留的孩子,改名潘惟吉,于宋真宗(赵光义之子赵恒)大中祥符三年(1010)去世,他的孙子潘凤文武双全,甚有乃祖世宗风范,成为北宋一代名臣。另有一个孩子则被工部尚书卢琰收养,也逃过一劫。

这些都是后话。此刻的赵匡胤终于了却了一桩心事。让大臣来抚养前朝皇子,这绝对是他的首创,而且空前绝后。赵匡胤不愿踏着前朝皇帝的尸体登基,他要让血雨腥风的政治,变得温和儒雅。

可是朝廷里的大臣们却并不那么温和儒雅。

崇元殿,这座可称为五代时期太和殿的宫殿,此刻却没有丝毫"高大上"的帝王范儿,反而吵闹得犹如集市一般。召集文武的命令早就发出去了,但百官稀稀拉拉的,直到傍晚,才齐聚崇元殿,乱哄哄的,毫无规矩。

直到此时,还有人不买赵匡胤的账。比如翰林学士李昉,乃前朝宰相李崧的族子。这半年里,赵匡胤渐得人望,群臣争相攀附者不在少数,连那位吝啬的亚相王溥都下了血本;可是李昉却独不肯依附,甚至不打算来朝见这位新天子。

自古以来,哪有这样拿着皇命当鸡毛的大臣们?所以,皇帝的禅让"转正",势在必行。

范质率领百官侍立殿上,小皇帝郭宗训也端坐在御座上。"执行导演"赵普最后一次巡视崇元殿,他正准备宣布仪式正式开始……

等等,禅位诏书!禅位诏书在哪儿?!

赵匡胤无奈地看着赵普,这已经是他进入皇城以来,第三次卡住了。眼看日头西倾,难不成禅让大典要改篝火晚会?

小皇帝郭宗训还不知道发生了什么,群臣却开始交头接耳,场面极其尴尬。唯独有一个人,挑着眉,撇着嘴,摇头晃脑,慢慢悠悠地走出朝班,从袖子里拿出一张黄纸,扬扬得意地说道:"制书已经写好了。"

此人是谁?翰林学士承旨陶谷也。

陶谷字秀实,因写得一手好文章,曾深得后晋宰相李崧器重。在李崧的提拔下,陶谷的仕途一路绿灯,文章更是名冠天下。这陶谷不仅文笔好,而且有见识。周世宗问对《平边策》时，他是少数几个提出攻取淮南的文学之士。

可陶穀却不招赵匡胤待见，因为赵匡胤觉得他人品有问题。后汉时，苏逢吉弄权，李崧受其诬蔑，满门抄斩。陶穀不但参与了诬蔑李崧之事，而且还曾跑到李昉面前炫耀此事。然而靠着攀龙附凤，加上才识过硬，陶穀还是坐上翰林学士院的首席，距离宰相，不过一步之遥。

赵匡胤虽然讨厌陶穀，但毕竟有了诏书，禅让终于可以开始了。礼官以皇帝的名义，宣读诏书。然后，宣徽南院使昝居润引着赵匡胤走近龙墀，面朝郭宗训，跪拜并接受禅位。郭宗训在礼官的搀扶下，战战兢兢地离开龙椅，下阶而北面称臣。赵匡胤终于穿上了真龙袍——不仅有龙袍，还有那象征帝王身份的冠冕。在首相范质的扶持下，赵匡胤登上九五大宝。百官齐刷刷地下跪叩拜，万岁之声，响彻开封。

第二天，即将三十四岁的赵匡胤正式下诏，改国号为宋，建元建隆，大赦天下。许多年前，他在宋州高辛庙占卜时，一定不会想到，自己真的会以归德军（治宋州）节度使的身份荣登帝位，也不会想到一个盛世也由此拉开。

时为建隆元年正月五日，公元960年2月4日。

文武忠魂

紫宸殿的名字改回了万岁殿，可他的主人，再也改不回去了。周逊帝郭宗训被封为郑王，小符太后被封为周太后，迁居到皇宫最西侧的延福宫（西宫）。

赵匡胤接过郭荣生前那柄玉斧，行走在繁华林立的宫殿阁宇之间。眼前这座功臣阁，乃是昔日郭荣所建，里面画的全是当时名臣。

不知是上天有意撩拨，还是清风无心拨弄，紧闭的阁门忽然被吹开，一个雄峻的面孔映入眼帘。赵匡胤大惊，连忙整饬衣冠，正立站好，然后弯腰行礼，不敢有半点马虎。

一旁的侍从很疑惑：主上看见了什么，如此这般？一看之下，更是不解——功臣阁内，端端正正挂着王朴的画像。侍从不解地问道："陛下您贵为天子，他王朴不过是个前朝臣子，怎么对他行这般大礼？"

赵匡胤用手指了指身上的龙袍说："这个人要是还活着，朕就穿不上这件袍子了。"这是心里话，如果文有王朴，武有韩通，这天下哪还有他赵官家的份儿？

说起韩通，大宋开国第四天，赵匡胤就追封他为中书令（宰相的最高级别），依礼厚葬，以嘉奖他的忠于职守。得到嘉奖的还有在陈桥门自缢的乔、陆二卒长，听说他们自杀后，赵匡胤连连感叹"忠义孩儿"，为他们立了忠义庙，连东第三班也因此获得了"孩儿班"的称号（后随东西班承旨改隶殿前司，南宋时改称长入祗候班）。相反，在封丘门将他放进城的守门军却被全部开刀问斩。

成功者可以为了自己的目的，重新评价每个人的功过，对他们予取予夺。誓死反抗者往往是秩序维护者，胆小依附者往往是秩序破坏者，在五代那个礼崩乐坏的时代，要想恢复昔日的社会秩序，使社会恢复正常运转，赵匡胤必须通过对他们的评价，向世人表明自己的态度，以教化天下。这是他在全国范围内重建秩序的起点。

作为开国帝王，赵匡胤摆出了自己应有的姿态；但作为普通人，赵匡胤还是越不过心里的一些坎儿，比如韩通。后来，当他在开宝寺的墙壁上见到韩通父子的画像时，当即暴跳如雷，下令把画像挖去。

有人说，这是赵匡胤对韩通深恶痛绝的证据。但事情恐怕没那么简单。韩通就像一面镜子，映照出赵匡胤的内心。透过这面镜子，他看到的是韩通对郭荣的忠诚，还有自己对郭荣的愧疚。

赵匡胤不是司马懿，也不是杨坚。他可以耍阴谋玩手段，把别人玩弄于股掌之中，却无法回避自己的内心。

许多年后，一代文豪欧阳修撰写《五代史记》（即《新五代史》），因未给韩通立传，受到史学大家刘攽的大肆嘲讽。韩通在当时是个敏感人物，或许我们不该嘲笑欧阳修的"胆小"——那不是胆小，而是在不得为之的情况下，坚持不说假话。这样的事在宋朝并非少数。赵匡胤身后，太宗、真宗父子屡次重修《太祖实录》，为自己脸上贴金，可是钱若水等史家坚决不接这活儿——他们不愿违背本心。这和那些把此当作高升资本的御用文人，形成了鲜明对比。

武人有武人的担当，文人也有文人的坚持。正因如此，他们才能受到尊敬。要真正结束乱世，重建太平，必须培养有担当的武人，有坚持的文人。

只是面对险峻的形势，刚刚拿起毛笔的赵匡胤，又被迫披上了铠甲。

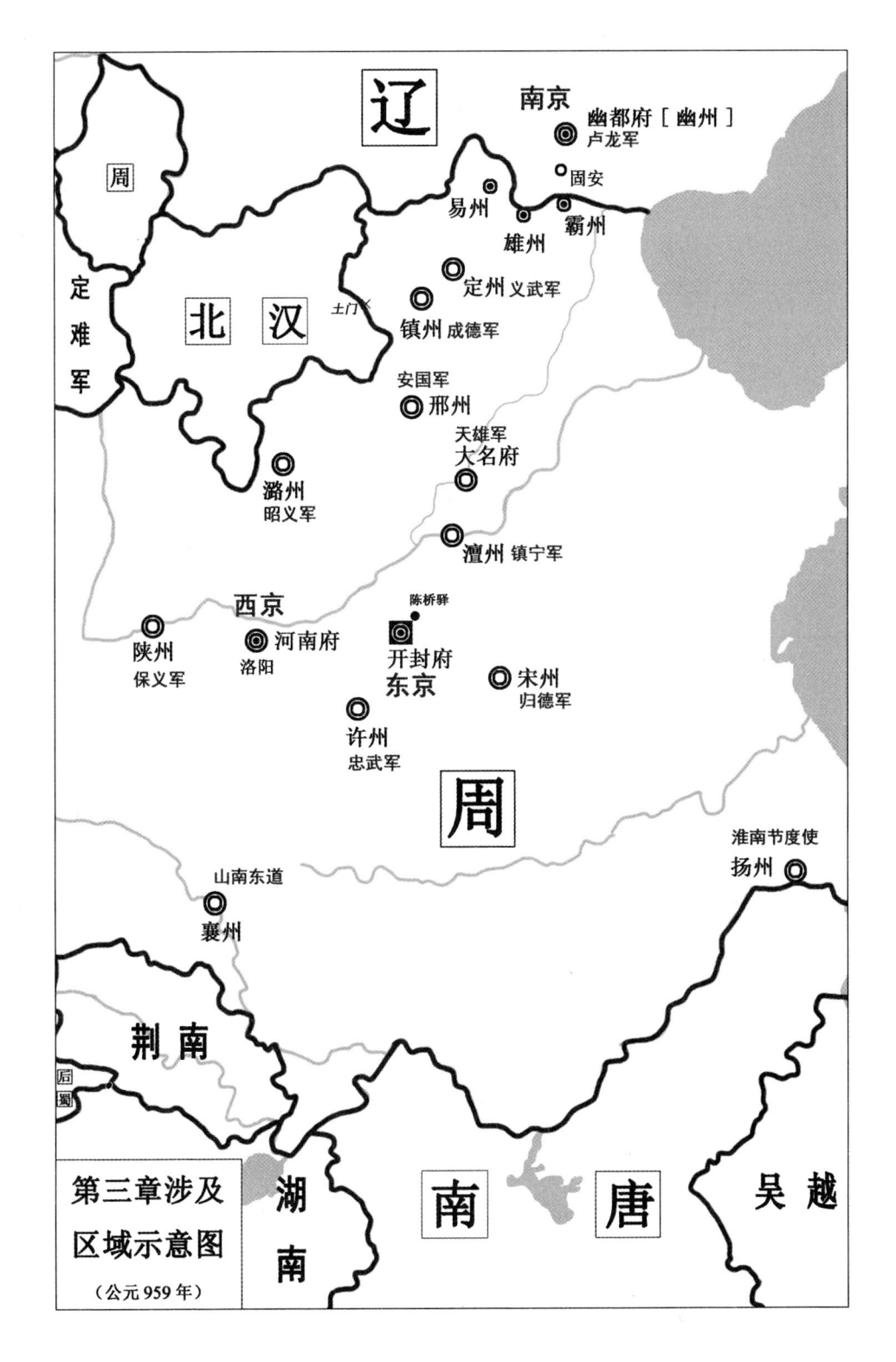

第三章涉及区域示意图
（公元959年）

第四章 重建秩序，巩固政权

一　安官惠民，共享大宋开国

一朝天子两朝臣

尽管一波三折，但新政权总算建立起来，以赵普为首的文武从龙功臣，终于可以长出一口气，暂时放松一下了。

然而赵匡胤却来不及放松，在他面前，有四大问题急需解决：

其一，如何巩固皇权、巩固江山，使赵氏皇朝益寿延年，成为真正的"宋朝"，而不会步了五代后尘，变成第六个短命小王朝"后宋"；

其二，如何扫灭群雄，结束唐末以来近两百年的割据纷争局面，开创统一的太平盛世；

其三，如何收复幽蓟地区，重新夺回北部山地，凭借长城构筑国防线，甚至进一步挥师塞北，开疆拓土；

最后，如何解决民生问题，这其中的关键，又是如何解决大量豪强兼并土地、大量荒地无人耕种，却依然存在大量因破产而失业的游民问题。

归根结底，这是如何重新构建社会秩序的问题。历经唐末五代，残存的门阀旧秩序彻底崩坏，更加平民化的新秩序还未建立起来。如果把这四大问题解决了，也就创建了新秩序，一个繁荣稳定的太平天下自然会横空出世。

赵匡胤选择首先解决第一个问题。然而后世人，乃至史学名家，往往从自己的理想出发，对他的做法提出了非议。有人说，赵官家应该优先考虑夺取幽蓟十六州，这是避免后来北宋沦亡的最根本的办法；有人说，他应该首先解决土地问题，因为这关系到人民的根本利益。赵匡胤在登基后的数年里忙于巩固皇权，实在是为了一己之私，而不顾天下人之水深火热。

赵匡胤如果有机会和这些后人碰面，一定会忍不住说：措大（当时对书生的一种称呼，略含调侃意）只会读书耳！

对外征战，要有稳固的根据地做支持；实行社会改革，要有强大的权力和权威做保证。缺乏一个稳定的大环境，即便是天才政治家或军事家，也难有所作为。因此，无论是为了巩固自己的地位，还是为了进一步促进社会的稳定发展，初登皇位的赵匡胤都必须将防止政权转移作为这一时期的重点。

正月初五，在改定国号、建元、大赦等例行程序完成后，赵匡胤的第一道皇命，是大开府库，犒赏支持他的两司将士。一诺千金，这是维持部属忠诚的最佳途径，也是当时防止军心不稳引发骚乱甚至兵变的唯一方法。

紧接着，赵匡胤对满朝文武加官晋爵，以示皇恩浩荡。首先被"浩荡"的当然是禁军两司。慕容延钊接过了皇帝曾充任的殿前都点检，高怀德为副都点检，王审琦为都指挥使，皇弟赵光义（即赵匡义，为避皇帝讳，"匡"字辈的兄弟都改为"光"字辈）更从芝麻官一跃成为都虞候。赵匡胤的发小儿韩令坤则取代李重进执掌侍卫司，石守信担任韩通曾任的马步军副都指挥使，张令铎升任马步军都虞候，连兵变时扭扭捏捏的张光翰、赵彦徽也分别晋升为马军、步军都指挥使。当时，慕容延钊与韩令坤尚领兵巡视河北，得授两司重职，兵重望尊。蠢蠢欲动的强藩郭崇、孙行友，只好敛兵观望。

握住兵权的赵匡胤底气益足，大张旗鼓地抬高赵氏一门的地位。杜老夫人被尊为太后，赵光义一步登天，连十四岁的赵光美也领了嘉州防御使，赵氏祖庙成为大宋宗庙，包括赵弘殷在内早就驾鹤神游的各位祖宗们也有了皇帝名号。

胜利者有威严，失败者也当有尊严。

作为失败者的韩通获赠中书令；曾经拥护后周的宰相范质、王溥、魏仁浦，枢密使吴廷祚，前朝国丈符彦卿，前朝驸马张永德一并加官；吴越、南唐、荆南、湖南等外藩各有恩赐；连早就退休的前宰相窦贞固、李谷等人也都获得了丰厚赏赐。

后周旧臣一律留用，皇亲国戚恩宠照旧，仿佛天下除了改国号、换皇帝以外，一切如常。

一朝天子两朝臣，大宋的朝廷看上去雍容大度。

但那不过是"看上去"。范质、王溥和魏仁浦都是聪明人。作为前朝旧臣，他们虽仍荣居相位，甚至范质的宰相级别还从同平章事（宰相第三级）升到了侍中（宰相第二级），但范质、王溥的参知枢密院事和魏仁浦的枢密使却被暗中罢免了。他们不再是一言九鼎的权相，而仅是点缀朝廷的附庸。

依照旧制，宰相与皇帝讨论问题，要看座赐茶。有军国大事，宰相草拟熟状

（一种文书），作为决议草案当面呈送皇帝，皇帝批示同意后，即可作为敕令，颁布施行。

范质自知和赵匡胤闹得太僵，不敢摆出宰相的谱儿。他上书言事，改用中书门下处理日常事务的札子，鸡毛蒜皮的小事也要打报告，而且还拉同僚署名——言外之意，真出事了，也不是我范质一个人的责任。

结果，御案突然被札子埋没，看都看不完，皇帝哪有时间跟宰相们坐而论道？从此，赐茶之礼废止，宰相成了站着汇报工作的"传话筒"。

相对于中书门下的事无巨细一概上报，枢密院走了另一个极端。吴廷祚秉承多一事不如少一事的理念，继续和稀泥，入宋以来，他的作为并不多，甚至可能自甘成为盖章的戳子。

功成身退；功不成，身也得退。

因为枢密院来了两位重量级人物——赵普与李处耘。赵普现已成为右谏议大夫、枢密直学士，主要负责处理枢密院的文件，同时兼任皇帝的顾问。而李处耘更是升任客省使、枢密院承旨、右卫将军。客省使名义上是客省之长，主管接待外国来宾；实际上担任此官者若无意外，就是未来的宣徽使乃至枢密使；而枢密院承旨乃是枢密院属僚之长。

一夜之间，这对文武谋主从地方属吏变成了朝廷官员，虽然资历尚浅，官职不高，但从一开始就可以"通天"——直接对皇帝赵匡胤负责。与对军事上的开国元勋大肆封赏不同，鉴于政局的复杂性，赵匡胤与赵普、李处耘等人避虚就实，不图虚名，只重实权，显赫的官位则被用来安定人心。

这一务实的做法有吹糠见米之效。赵匡胤登基第二天，便命使者持诏，到各个藩镇告知改朝换代的消息。节度使们闻言，并没有马上接旨，而是率先问道："现在谁是宰相？枢密使和枢密副使又是谁？两司禁军由谁统领？皇帝身边的侍从又是谁？"当他们听说这些官员仍是前朝旧人时，这才恭恭敬敬下拜，承认新天子。

节度使们关心的未必是京里谁在当权，他们其实只是在试探，新皇帝会不会一朝天子一朝臣。幸好赵匡胤早有准备。一朝天子两朝臣，不仅稳住了朝臣的心，更稳住了整个国家的形势。

三道惠民的诏令

建隆元年二月十六日,赵匡胤迎来了三十四岁生日。全国子民为自己庆生,这还是第一次,何况这个日子还有了新名字——长春节。

主人不老长春在,不老的,还有大宋江山。

相国寺里,群臣赐宴,百官庆贺。赵匡胤身着龙袍,美不自胜。杜太后却面带忧愁,左右问道:"臣闻'母以子贵',现在您的儿子贵为天子,您怎么还不高兴啊?"杜太后说:"我听说'为君难',天子位居普天百姓之上,如果治理天下能得其道,这个位子当然尊贵无比;可如果江山不在,那时就是想当个匹夫都不能了。"

民为贵,社稷次之,君为轻。这是中国两千年政治智慧里最具闪光的一面。杜太后之言,与此意不谋而合。听闻杜太后的话,赵匡胤恭恭敬敬地起身叩拜,郑重其事地说道:"谨受教。"

赵匡胤深知,得军心者得斧钺,得官心者得朝廷,而只有得民心者,才能真正得天下。

大宋建国第三天,赵匡胤连下了三道诏令。

第一道诏令有关劳役。当时沟通黄淮水系的汴河,是宋都开封的生命之河。城中官民的粮食供应主要来自南方,因此朝廷年年都要征发民夫来疏浚汴河。只不过此前的历代王朝,都视其为老百姓的劳役。老百姓来疏浚汴河不仅是"义务劳动",而且这么多天的路费、伙食费也都要自己出。这种国家法令无异于一种变相的掠夺。赵匡胤下令,以后来疏浚汴河的民夫,一概由国家提供干粮。若干年后,他干脆将大多数治理河道的工作交给了军队,将普通百姓彻底解放出来。

第二道诏令有关粮价。去年河北丰收,本是好事,但也可能导致谷贱伤农。赵匡胤动用了国家这支"看得见的手",采取宏观调控,以高出市面的粮食收购谷物。

第三道诏令有关治安。赵匡胤发动兵变,入驻开封。有些地痞土匪以为又要天下大乱了,于是乘机打家劫舍。但赵匡胤的军队对官民秋毫无犯,号称"市不改肆",故而一下子就暴露了他们的罪行。在新政权的干预下,数日之间,多名罪犯被官府拿获,斩首于市。

紧接着，赵匡胤下令打开国库，用国家的钱来补偿那些受害者。在那个尚无"国家补偿法"，尤其是连性命都难保的动乱年代，这简直是天方夜谭。阴谋论者说赵匡胤在收买人心，进步论者说赵匡胤是尊重私有财产。其实可能没那么复杂，爽直的赵匡胤大概朴素地认为，改朝换代的成本，本就不该由老百姓来承担。

三道诏令下去，朝野欢呼雀跃。可是进宫朝见的潘美却发现，赵匡胤并不高兴。

赵匡胤对潘美说："前朝的时候，老百姓欠了朝廷不少租税。早晨三司的人来了，求我开恩，把这些欠账一笔勾销。我又问了问二府的意思，二府却说应该督促地方官吏把欠税收回来。"

三司，是大宋的财政部门；二府，即分别掌管天下行政与军事事务的中书门下和枢密院。

眼下除了河北，很多地方正在闹灾荒，老百姓连饭都快吃不上了，还还什么欠租？这不是把人往死里逼么！八岁那年，李从珂搜刮洛阳，搞得多少人家破人亡，那惨境，突然又浮现在赵匡胤的眼前。

赵官家越想脸色就越阴沉，突然恨恨地说道："这三司是管国家财政的，都知道跑来求朕蠲免欠税；二府是主持德政的，反倒要朕去督索！近臣们都是如此这般，天下还怎么太平得了！"听了这话，潘美已经明白，赵匡胤心里早就有了决断。从禁止夺市，到优待逊帝，再到如今要蠲免欠税，看来太平盛世有盼头了。潘美深深一拜，由衷地称赞道："陛下用心如此，天下如何会不太平！"

开国后的第十一天，到各州去赈灾的官员就从开封府出发了。饱受蹂躏的老百姓终于可以暂时松口气了！赵匡胤也终于乐了。

可惜总有人往枪眼上撞。

一天晚上，宰相王溥的府门被敲响了，打开一看，是铁骑左厢都指挥使王彦昇。相府上下异常紧张，这个王彦昇现在接替韩通，负责京城治安。他大半夜来府上做甚？

王彦昇只是说讨酒喝："今晚巡逻，实在太困了，索性来找相公讨杯酒喝。"

树大招风，钱多招贼。王溥明白，王彦昇想要钱。

宰相威仪，岂能屈尊？王溥装傻，静陪王彦昇喝酒。

王彦昇自讨没趣，又不敢明目张胆地要，只好怏怏而归。第二天，王溥便将此事密告赵匡胤。赵匡胤要遏制武夫打劫的恶俗，王溥心里跟明镜似的，他料准赵匡胤会给自己撑腰。

果不其然，赵匡胤大怒。因为这王彦昇触犯了三条没有明文规定的"国策"。

其一，重建秩序，严禁一切抢掠行为。王彦昇公开索取财物，可恶！

其二，尊重文臣，保护文臣，王彦昇欺凌当朝宰相，短视！

其三，优崇周臣，笼络周臣，王彦昇侮辱前朝重臣，糊涂！

王彦昇挨了赵匡胤一顿臭骂，被打发到唐州做团练使去了，并且因此终身没有能成为节度使。

赶走一个王彦昇，还远远不够。京师暂时稳定，藩镇却仍跋扈。要让江山万世永固，赵匡胤必须彻底解决这个延续两百年的老大难问题。

符彦卿主动效忠

最能引起新皇帝注意的，当然是中原第一强藩——天雄军节度使、魏王符彦卿。在陈桥兵变过程中，符彦卿默契地保持了沉默，为赵匡胤成功问鼎创造了绝佳的外部环境。然而，即便是符彦卿自己，也对自己的处境不太乐观。因为无论是天雄军的地理位置，还是他这位魏王的身份，都必然遭到新君主的猜忌。

天雄军，即唐朝后期的魏博军，是著名的河朔三镇之一，最初用于安置安史之乱的降将，军事实力强盛，以对抗朝廷著称。当时的唐廷甚至放弃了对魏博军的征讨，只要其对朝廷维持表面上的臣服，朝廷就任由他自生不自灭。直到梁末，魏博军被一分为二，以魏州为中心的部分更名为天雄军。魏州是大名府最初的名字，后来升州为府，虽经多次更名，但几乎始终是天雄军（魏博军）的会府。

唐末五代时期，北方的政治中心逐渐从长安—洛阳一线，转移到经济重镇开封，魏州因其地理位置，成为开封的北大门；而天雄军也自然成为关乎中原王朝命运的藩镇。得天雄则得天下，失魏州则失江山。五代的五个王朝，其兴亡几乎都与对天雄军（魏博军）的控制息息相关。

天雄军的牙兵有叛乱的传统。自唐朝中后期始，这里的牙兵就倚功恃宠，时常根据自己的好恶，擅自拥立废黜节帅。影响最大的，莫过于拥立梁末帝朱友贞、唐明宗李嗣源的兵变。因此，一旦在任的皇帝对节帅产生猜忌，就会痛下决心，绝不手软。

符彦卿正是在这样的背景下，在周太祖郭威临终前，接替了被杀的王殷而出任天雄军节度使。而符彦卿之所以能在大名府一坐就是六年，除了因为战功卓著、威望甚高外，更因为他是周世宗郭荣的老丈人。尤其是在显德年间，郭荣多疑，对谁都暗加防范，唯独对符彦卿优宠有加，用而不疑。

因此，以符彦卿的身份地位而言，他本来可以成为拥周派的核心，是最有威望号召天下反宋复周、甚至自立为帝的威胁者。

可是符彦卿为人忠义，并没有称帝的野心。他更明白，自己是行军作战的高手，但未必能够收拾天下这个烂摊子。与其像李嗣源那样坐在皇位上发愁，还不如安心在大名府里，给天子守着北大门。

况且，符彦卿要与赵匡胤相争，未必就能占便宜。河北亲周的藩镇，被韩令坤与慕容延钊等人的军队切割成一块块孤立的地域，与亲宋的势力犬牙交错，难以迅速集结南向争衡；至于李重进、袁彦等人，远在淮南、陕州，等他们赶到开封城下，黄花菜都凉了。

再者，这些亲周的藩镇如郭崇、孙行友、李筠都是宿将，骄横惯了，谁也不服谁。就算符彦卿能把他们纠集到一起，暂时结成反宋同盟，但时间一久，他们必然反目。从战国时期的六国合纵到东汉末年的关东义军，再到几十年前天下藩镇联合讨伐朱温，从来没有哪个各怀鬼胎的军事同盟能够长久，更别提胜利了。赵匡胤面临的形势虽然不如秦国，但比之董卓、朱温，实在好太多了。以河北这些骄纵的乌合之众，去讨伐掌握天下精兵的赵匡胤，其结果可想而知，聪明人绝不会干这种傻事。

相反，投靠宋朝，虽然仍会受到猜忌，但符彦卿毕竟是赵光义的岳父，与大宋皇帝赵匡胤算是姻亲。观陈桥兵变，赵匡胤似乎也不是不厚道之人。只要足够低调谨慎，让赵匡胤感受到自己的诚意，感受不到自己的威胁，符彦卿相信，保住荣华、安享晚年，甚至为子孙谋个后福，完全可以。

兵不血刃，明哲保身，军事家符彦卿也开始从政治上为自己找寻出路。

就在赵匡胤刚刚即位、群镇观望之际，符彦卿率先奉表称臣，并乞求新皇帝免去不呼其名的特殊待遇。赵匡胤不但不同意，反而对他更为尊重。在赵匡胤眼里，符彦卿是五代宿将，手握一方生杀大权，不得不给予礼遇；他又是前朝近亲，如何处置，直接影响到同情周室的文臣武将的态度，不得不树立榜样；他更是皇弟赵光义的岳父，不得不给点儿面子。

于是，符彦卿安全着陆，赵匡胤坐稳江山，两人皆大欢喜。

但符彦卿毕竟是少数，绝大多数藩镇绝不会主动效忠宋室。赵匡胤必须要拿个办法出来。正当此时，淮南节度使、兼中书令李重进请求入朝。

什么？李重进要入朝？

二　逼反二李，立威赵氏天下

有天命者，我不汝禁也！

没错，天下藩镇，第一个申请入朝的，居然是赵匡胤当年的头号政敌李重进。

李重进已被罢落军职，连最后一点点名义上的禁军军权也被收缴了。虽然使相头衔从侍中升到了中书令，但这次与实权毫不沾边的升迁，只能算是新王朝对他的一点儿敬重和补偿。

李重进现在申请入朝，葫芦里到底卖的什么药？

是为了试探态度？这很有可能。五代以来有个不成文的传统，在皇帝与藩镇极度缺乏信任时，用"入朝"和"移镇"来试探彼此的态度。既可以由皇帝向藩镇发出这样的命令，也可以由藩镇向皇帝递交这样的申请。若对方做出有利于试探者的答复，则皆大欢喜；否则，轻则加深芥蒂，重则爆发藩镇叛乱。

又或者是为了面圣表忠？也不是没可能。李重进是条汉子，当年对郭荣再不服气，只要君臣名分一定，他就无怨无悔，甘愿披荆斩棘。何况他也顾念大局，在淮南前线与张永德杯酒释怀，谁能说他只是匹夫？

但李重进也不是善茬儿，谁又能保证他不会像对张永德那样，来个后发制人？况且，入朝后如何安置他？再外放藩镇，在两司谋个军职，还是给个虚衔？

赵匡胤没想好该怎么面对李重进。那么最好的办法，就是不见。

"君为元首，臣作股肱，虽在远方，还同一体。保君臣之分，方契永图，修朝觐之仪，何须此日。"一份由翰林学士李昉起草的诏书，送到了淮南节度府上。诏书写得很有意思。前边说，皇帝是脑袋，大臣是胳膊腿，咱们都是一个身子上的，话说得很亲近。可后面一句就绵里藏针了：你想平平安安地度过余生，就老老实实做你的臣子，用不着搞形式主义，急着进京朝见。

接到诏书，李重进目光黯然：别做梦了，郭荣尚不容你，赵匡胤能容你么？

李重进的事暂时压了下来，但是想到那些令人不安的节度使们，赵匡胤就如坐针毡。他甚至害怕，因为这些不友好的势力，已经潜入开封城。

于是，赵匡胤决定微服出宫。他要亲眼看看，开封城有没有暗流涌动。皇帝身边的人急忙劝谏道："陛下新得天下，人心未安，如今数次轻装出宫，万一发生意料之外的变故，岂不是悔之晚矣？"

但豁达的赵匡胤只是爽朗大笑道："帝王之兴，自有天命。没这命的人硬求也求不到，有这命的人想拒绝也拒绝不了。周世宗当年见了方面大耳的大将就杀，可是我在世宗皇帝身边侍奉多年，还不是好好的？我若是真命天子，谁害得了？如果不是，就算我把大门一关深居简出又有何益？"

"有天命者，任自为之，我不汝禁也！"好个"我不汝禁"！你们有胆就自立为帝吧，我不拦着——但自立之后，你们绝非我之敌手！我乃天命所归！

史书记载，自此中外慑服，人心大安。

然而这些话都是说给别人听的，赵匡胤自己心里清楚，强敌环伺，他在开封城里的安全仍然岌岌可危。

在开封府的大溪桥上，赵匡胤出神地望着远方。藩镇汹汹，如何让他们归附，这令他很头疼。战争似乎在所难免。事情拖得越久，藩镇准备就越充分，届时强藩联合叛乱，捎带着再拉上辽汉蜀唐，那时可就双拳难敌四手了。

横竖都要开这一刀，晚开不如早开。原本，赵匡胤考虑是否拿李重进开刀，没想到李重进先发制人，事情就只好放一放。

赵匡胤又想起另一个老对头，保义军节度使袁彦。被解除了禁军军职而怀恨在心的袁彦正缮甲厉兵，蓄谋作乱，然而却迟迟不见有起兵的迹象。

近日又得密报，成德军节度使郭崇心怀怨望，又比邻契丹，应该早点儿解决。

赵匡胤却回复道："我素知郭崇义薄云天，这不过是有感而发而已。"但赵匡胤深知郭崇的影响力，他若以辽为援，在河北叫起板来，局面肯定失控。此人当安抚，不能招惹他起兵。"嗖——咄！"突然，一道箭声破风袭来，惊断了赵匡胤的思绪。侍卫迅速抽出白刃，将他团团护住。赵匡胤看了看严阵以待的侍卫们，没有说什么。他抬起头，从黄伞上拔下一支竹箭，不屑地一笑，然后扔掉竹箭，扒开衣服，把胸口全露在外，指着胸口，朝着箭来的方向笑着说："来啊，我让你射，往这儿射！"

见此情景，侍卫们紧张得汗如雨下，但也不得不佩服赵匡胤的胆识。

回到宫里，侍卫们不断重复着罪该万死，并誓死抓住刺客。赵匡胤摆了摆手。为了抓几个刺客，搞得满城风雨，好不容易稳定的人心又要波动了，这才是中了他们的套儿。何况，有人敢明目张胆地行刺天子，这不是你们侍卫的错，是我赵匡胤威不足畏。抓住一两个刺客，能改变大局吗？与其去抓一个刺客，不如抓准一个时机。赵匡胤拿起一份来自潞州的奏章，眉头一皱，计上心来。

见招拆招，拿李筠开刀

潞州，号称天下之脊，俯瞰中州，肘臂河东，早在战国时代，就以"上党"之名，成为兵家必争之地。

驻守潞州的昭义军节度使李筠，原名李荣，并州太原人，唐明宗时参军入伍，能轻松拉动百斤大弓，箭无虚发。虽然读过一点儿书，但是一个典型的五代武夫，狂妄自大，粗暴蛮横，刚愎自用。当然，李筠也有狂妄的资本。自当兵起，他先跟着秦王李从荣反唐明宗，后反契丹人，再跟着郭威反刘承祐，一路反下来。直到郭威建立大周，将潞州交给他，才改变了他的人生轨迹。

郭威对李筠有知遇之恩，李筠报之以死力，对郭威忠心耿耿。李筠镇守潞州，几乎以一军之力，扛北汉举国之兵，成为后周西北不可逾越的屏障。可郭威一死，他仗着军功，飞扬跋扈，目中无人，连周世宗郭荣也入不了他的法眼。李筠在潞州擅征赋税，招纳亡命，郭荣虽然不爽，但无暇顾及，只能下诏谴责而已，这更助长了他的嚣张气焰。

所以，李筠接到赵匡胤加封自己兼中书令的诏命时，内心的不平可想而知。李筠满口恶骂，差点把传旨的使臣轰走，多亏身边将吏好说歹说，他才勉强下跪，算是认了大宋皇帝。但接下来的事情，只能用"无厘头"三字来形容。

按照惯例，藩镇要宴请使臣。但宴请时，李筠却对着郭威的画像号啕大哭。

满堂将吏，目瞪口呆。幸好还有反应快的，急忙跟使者说："令公（对中书令的尊称）喝高了，举止失常，请您多多包涵。"

李筠有心造反，却不敢痛快起兵。他也知道出头鸟不好做。

和李筠比起来，北汉皇帝刘钧就痛快多了。长胡子皇帝刘旻，在高平战败后不久便一命呜呼。他的次子刘钧继承皇位，也继承了北汉的烂摊子。这个刘钧颇有几分眼光，知道要维持这个烂摊子，只能以攻为守。于是，很自然的，后周与北汉的"血海深仇"，被传了下来。

敌人的敌人就是朋友。所以，当李筠痛哭的消息传入太原后，刘钧决定，和这位怀念杀兄仇人（郭威杀刘赟）的李筠做个朋友。

几天后，赵匡胤收到一封密信，写信人是刘钧，收信人是李筠，信的内容是刘钧劝李筠造反，而把刘钧的信交给赵匡胤的，居然是李筠本人。

李筠也学起李重进表忠心来了？李筠交出密信，别说表忠，连试探都称不上。他还没做好造反的准备，需要拖延时间，所以面子上的事总要做做。君不见四百多年后，朱棣造反在即，还与朱允炆互叙叔侄之谊？

当然，还有另一种可能，李筠在要挟赵匡胤。我李筠是边镇大藩，内有太行、黄河之险，外有北汉刘钧之援。现在北汉正在拉拢我，你这个什么宋皇帝最好识相，否则……的确，李筠有可能倒向宋，也可能倒向汉。他投靠北汉，赵匡胤与李筠、刘钧固然难免一战；可是他投靠大宋，大宋就会太平吗？

不会，因为让李筠承认大宋，就要姑息藩镇，承认半独立地位。过去朝廷羸弱，为维持国家运转，这也不失为一种临时性策略，但后遗症也是非常顽固的。

石敬瑭为什么敢于称帝？那是唐末帝李从珂姑息的结果！

杜威为什么敢于倒戈？那是晋出帝石重贵姑息的结果！

今天的李筠为什么敢要挟他赵匡胤？那是郭威、郭荣姑息的结果！

赵匡胤当然不会同意，他见招拆招：李筠公忠体国，不为伪邦所动摇，此乃藩镇典范、节度表率，理应褒奖，就让李筠的儿子李守节入朝来当皇城使吧。

明眼人都知道李守节是来做人质的。但赵匡胤却亲自迎接李守节，开门见山地问道："太子，你怎么来了？"

李守节是太子，那李筠是什么？李守节吓得腿都软了，"扑通"一声跪在地上，脑袋磕得"咚咚"作响，涕泗横流地说："陛下何出此言！这一定是有人离间臣的父亲啊！"

赵匡胤笑了笑，扶起李守节，说："我也听说了，你劝了好几次，可恨他根本就不听你的，而且对你心怀怨愤。他现在让你来，这是想借我手杀了你，可我干吗要杀你？回去跟你爹说，我没当天子时，随他折腾。我既然当了天子，他就不能让着我点儿？"这话说得多温馨啊！简直就像两个老朋友在唠家长里短。

可李守节听了却一点儿也不温馨，此话戳中了他的软肋。没错，赵匡胤的话有一半是说给李守节的，用以分化他们父子。至于另一半，他是说给天下藩镇的。你们看，李筠都要反了，朕还在包容他。大家各退一步，有话好好说。如果你再不识好歹，那可就别怪我不客气了。

李筠虽然不懂赵匡胤的心，但他却知道自己的反心已被赵匡胤所知晓。赵匡胤你别以为放我儿子回来，我就会感激你！很好，守节回来了，我也不用投鼠忌器了。跟着别人造了一辈子反的李筠，终于下定决心：我李筠，自己反了！

平定李筠，稳住李重进

赵匡胤所料不错，李筠之所以一直没反，确实因为准备不足。他仓促间被逼反，却尚缺六十万粮饷。这可不是个小数目，用常规手段根本救不了急。于是，李筠动了歪心眼儿。他恰好听说，有个和尚素为人们信服。

李筠打算用和尚做文章，他把和尚秘密找来，告诉和尚："现在军中粮饷不足，我想借着大师的名气来募集粮饷。我为大师您做个道场，您呢发个愿，就说募捐到六十万钱粮后，愿坐到柴堆里自焚升天。我预先在柴堆下挖个地道，火一着起来，您就从地道里逃出来。这六十万钱粮，咱们五五分成，一人一半。您看如何？"

和尚一听，天下掉下三十万，那我以后还做什么和尚啊！当即应允。

募捐当天，李筠倾家荡产，前来施舍。老百姓不知是计，还以为他带头行善，于是也来捐钱纳粮。仅仅十天，六十万钱粮就已充足，连仓库都装不下了。

于是和尚履行诺言，举火自焚，然后借着火光钻进地道。然后，他就再也没能出来。因为李筠把地道出口封死了！

建隆元年四月十四日，距离大宋开国仅九十八天，昭义军节度使李筠成为第一个造反的实力派。

李筠起兵后的第一件事，就是让幕僚搜集赵匡胤的种种丑闻，写成檄书，昭告天下。看看吧，你们的皇帝忘恩负义，卑鄙无耻，大家快随我杀入东京，匡复大周！

李筠可能以为，檄文一出，全国云集响应。然而，大概是幕僚没有陈琳、骆宾王的文笔，檄文虽发，响应者却寥寥无几。

李筠有点傻眼了。郭崇，你不是天天哭吗？袁彦，你不是秣马厉兵吗？我反了，你们倒是跟进啊！见公开煽动不行，李筠又改用私下策反。他派人去周围的藩镇游说，结果响应者依旧无几。直到这时，李筠才发现自己有多傻，但开弓没有回头箭，孤掌难鸣的李筠想起了刘钧。他赶紧绑了大宋派驻潞州的监军，派人送到北汉，请求支援。刘钧赐来诏书、金帛和善马，表示愿做李筠的后盾。

李筠的胆子越发壮了，立刻发兵南下，攻占泽州，杀刺史张福。这时，从事间邱仲卿前来献策："令公孤军举事，形势非常危险。即便有北汉为援，恐怕也靠不住。开封城里兵甲精锐，难与争锋。不如西下太行，直抵怀、孟二州，塞虎牢关，据守洛阳，东向而争天下，这是上上策！"

宋军精锐，如果打战略决战，我军现在根本不是对手。不如迅速南下，在洛阳建立根据地，与宋军形成对峙之势。因为一旦取了势，李筠也就有了争取郭崇、袁彦等大藩的资本。赵匡胤能不能坐稳龙椅，就真不好说了。

但李筠却说："我乃周朝宿将，与世宗义同兄弟，禁卫都是我的旧人，必将倒戈来降。何况我有儋珪枪、拨汗马，平定天下有何堪忧！"禁卫宿将、敌人倒戈，当年后汉的李守贞不也曾如此痴人说梦吗？结果还不是被郭威釜底抽薪？

儋珪枪，说的是李筠的爱将儋珪，有勇力，善用枪；拨汗马，是李筠的坐骑，日行七百里。在赵匡胤设法笼络人心时，李筠的脑子里还只有儋珪枪、拨汗马。怎么差距就那么大呢？

李筠在潞州大话连篇，赵匡胤却在广德殿大宴群臣。他能够在这儿安心吃饭，是因为听了枢密使吴廷祚的进言，命石守信、高怀德急速行军，扼守太行关隘，勿纵李筠南下。

听人劝，吃饱饭，赵匡胤酒足饭饱，开始全面部署防御措施。

首先，安排相关人员负责粮草的调度和运输。又听从宰相范质建议，留任刺史马令琮于怀州，负责粮草供应。这马令琮料到李筠会反，早就储备好粮草，以待王师征讨之用。

随后，赵匡胤命宣徽南院使昝居润赴澶州巡检，稳定河北；又遣慕容延钊与彰德军留后王全斌率兵，由东路与石守信、高怀德会合；再升洺州团练使郭进为防御使兼西山巡检，防备北汉。

细心的人已经发现，无论是后周旧臣还是霸府故吏，大宋开国以来，他们第一次扭成一股绳，众志成城，一致对外。

赵匡胤又把军事仗，打成了政治仗。

李筠帮助赵匡胤把满朝文武打造成铁板一块；他自己却与北汉貌合神离。

北汉皇帝刘钧应邀，亲自率军，倾国南下。高平一役，北汉精锐减损大半，因此，刘钧想让契丹出军援助，但李筠却坚决反对辽军入境。从这个角度上讲，李筠是晓大义的，石敬瑭之辈与他不可同日而语。可惜他终究改不了五代武夫的习气。

刘钧带着自己的老弱病残，到太平驿与李筠相见，并封李筠为西平王，位在宰相卫融之上，还给了不少赏赐。可是李筠嫌弃刘钧兵力寡弱，又想起郭威的知遇之恩，于是端起了大周故臣的架子，说什么受周氏恩，不忍负之。

刘钧闻言，脸色立刻沉了下来。然而大敌当前，刘钧只能保持冷静与包容；不过，北汉是君、李筠是臣，这一点必须确定。于是，刘钧派宣徽使卢赞到李筠那里做监军。结果李筠和卢赞闹得不可开交。刘钧只好让宰相卫融去李筠军中息事宁人。

李筠留李守节驻守潞州，信誓旦旦地亲率三万大军南下，号称要直捣开封。然而在往返太平驿之际，石守信的急行军已经进入昭义军的地盘。结果，就在当年刘旻败北的地方，李筠被石守信迎头痛击，损失三千多人。宋军首战告捷，同时赵匡胤下诏削夺了李筠的一切官爵。

李筠的退路彻底断了。

五月十七日，赵匡胤又在广政殿大宴群臣，这次宴会的主题是：褒奖忠正军节度使、兼侍中杨承信来朝。与此同时，建雄军节度使杨庭璋也上书表忠。杨庭璋是郭威的小舅子，所以李筠造反，第一个便想拉他入伙。没想到，杨庭璋不但把李筠的使臣送到了开封，还另上一书，大谈破敌之策。

二杨相继表态，赵匡胤这顿国宴吃得踏实。

然而，远在扬州的李重进不踏实了。他不明白，为什么自己想入朝却吃了闭门羹，而杨承信却能吃上国宴？

其实理由很简单：时机不同。李筠叛乱，赵匡胤最怕其他藩镇跟着造反。杨承信与杨庭璋这时表忠，无疑是雪中送炭；李重进呢，以他的身份在开国之初请求入朝，令人生疑。

心中不满的李重进心生歪念。他派出亲吏翟守珣，前往潞州与李筠结盟。

但翟守珣没有去潞州，而是进了开封府，将李重进的计划和盘托出。

赵匡胤惊出一身冷汗。二李联叛，南北夹击，他必将分身乏术。届时天下叛宋之势初现，郭崇、袁彦、孙行友、郭从义等围观的悍将们恐怕就不会袖手旁观。大宋的版图就像一个火盆，身居中央的赵匡胤将被叛火活活烤死！

赵匡胤试图挽回李重进，他问翟守珣："我想赐重进铁券，他能信任我吗？"

翟守珣回答："重进终无归顺之志矣。"

翟守珣之言是真是假，已无法验证，总之，赵匡胤命他返回去监视李重进。

据说翟守珣和赵匡胤是旧识，这次他到了开封，先是找到李处耘，再通过李处耘见到赵匡胤。有人说，他是李处耘甚至赵匡胤布在李重进身边的眼线；有人说，他是看懂了天下大势，不愿逆势而为的智者；也有人说，他只是为了自己前途，不惜出卖上司的小人。

无论翟守珣是眼线、智者还是小人，李重进没有发现丝毫异样，甚至听取翟守珣"养威持重，未可轻发"的建议，按兵不发。

在叛降逆顺之间反复不定，黑大王的前途，越发黑暗了。

五月十九日，在稳住李重进后，赵匡胤正式宣布，御驾亲征。赵匡胤以吴廷祚和端明殿学士、知开封府吕余庆为正副东京留守，主持政务；以赵光义为大内都点检，负责开封城防；又命韩令坤率兵先发开道。

留守京城的，本来还有赵普。可赵普不甘寂寞，他想成为的既不是萧何，也不是张良，而是那位既能匡弼举人、又能建计密谋的荀令君（荀彧）。

于是，赵普决定，亲登皇弟赵光义的府门。

提到赵普，赵光义又敬又怕。这些年来，赵普为赵匡胤运筹帷幄，出谋划策；当年，赵普对赵弘殷更有侍药之情。杜氏对赵普也颇为欣赏，就没拿他当外人，甚至将两个爱子托付给他。赵普曾任掌书记，杜氏便叫他赵书记，每次见了他，都免不了一番嘱咐："匡胤阅历尚浅，还请赵书记多多费心。"至于赵光义，杜老太太更是直接要求，出门必须与赵书记一起，而且还要在赵书记的监督下，按时回来。

赵普比赵光义大了近二十岁，所以他与赵匡胤虽有君臣之分，却拿赵光义当孩子看，加之与赵家关系密切，又得杜老夫人重托，在赵光义面前，赵普免不了一副好为师长、严厉刻板的姿态。

在赵光义眼里，赵普仍是一位严厉的长辈。

出乎赵光义预料，今天的赵普格外平易近人。简短的寒暄过后，赵普步入正题："我托身于藩镇之间，已经整整十五年了。好在我遇见了官家，跟着他变家为国，创立基业。现在反贼势头正盛，天子遭遇罹难，正是大臣效命的时候。所以，赵普这份忠心，还请三哥代为启奏，普愿到军前效力。"

受宠若惊的赵光义，立即进宫，去找他的皇帝哥哥。

赵匡胤却认为："赵普一介书生，甲胄那么沉，他穿着受得了么？"但前线吃紧，李筠又是中原数得上号的宿将，此战胜负，实在难料。他又看了看身旁的赵光义，脸庞尚显稚嫩，但眉宇间透着一股昂扬与机灵劲儿，真是我赵家的好孩子！赵匡胤拍拍赵光义的肩膀，语重心长地说："这次出征，我打赢则罢；万一不利，就让赵普分兵驻守河阳，再与李筠一争高下！"

二十一日，赵匡胤正式出征。开封有流言传出："你们还记得吗？'点检做天子'诶！这是又要出一个天子吗？"直到这时，大内都点检赵光义才明白皇兄的话。"万一不利"，能有什么不利？为什么要跟我交代"不利"后的安排？除非……除非二哥战死沙场，然后让赵普辅佐我继承皇位！自古以来，为夺皇位，父子反目、兄弟相残的比比皆是。可是二哥不但信任我，更把后事托付给我……二哥，我不要江山，我只要你平平安安地回来！

忠义火种，王著哭世宗

赵匡胤显然高估了他的对手。由于丧失战机，李筠被石守信堵在泽州，动弹不得；各路宋军也已从四面八方赶来。西京留守向拱建议赵匡胤迅速渡河，翻过太行山，趁着李筠大军没有集结时出兵灭掉他。赵普也说："反贼李筠认为我大宋刚刚开国，不会发兵讨伐他。官家如果背道而行，打他个措手不及，可以一战而克！"

赵匡胤听从二人的建议，火速进军，于六月一日到达泽州，亲自督战攻城。十三日，泽州城破，李筠自焚而死。十九日，李守节举潞州而降；刘钧率汉军北撤。至此，为时两个多月、搞得天下汹汹的李筠之乱，以大宋天子的大获全胜而告终。

赵匡胤又一次以胜利者的身份，对失败者展示宽宏大量的气度。李守节屡次劝父归顺，被擢升为单州团练使，是为接纳叛降；北汉宰相卫融宁死不屈，被封为太府卿，是为表彰忠义；前朝宰相李穀曾收受李筠贿赂，中书舍人赵逢半路装病，赵匡胤也假装不知，是为安定人心。

但此刻，赵匡胤最重视的不是这些官员，而是惊慌失措的潞州百姓——他们害怕自己遭到屠城的报复。赵匡胤不但没有惩罚叛城，反而免除潞州附近一年田租，作为对老百姓的补偿。然后调义兄李继勋坐镇昭义军，自己率大军凯旋东京。

平定李筠，军望大震，藩镇束手，立竿见影：心怀怨愤的郭崇、袁彦乖乖地随宋廷的使者入朝，雪中送炭的杨承信、杨庭璋奉旨徙镇。大棒加胡萝卜，雄藩大镇们终于默许了新政权的合法性。然而，还少一个人。

八月仲秋，凉意渐兴。滚滚麦浪已然退去，徒留赤裸的黄土，一望无垠。玉津园割麦的场景蔚为壮观，可惜，如今徒留光秃秃的土地。

忠武军节度使、兼侍中张永德站在皇帝身后，一言不发。赵匡胤本以为他会是第一个入朝的节度使，却没想到他竟姗姗来迟。

自从赵匡胤做上殿前都点检，有关他用木牌把张永德搞下去的流言就从未间断。虽然不是事实，但流言总是让人心生芥蒂。一年多来，两人第一次相见，场面竟有些尴尬。

赵匡胤正愁如何打破寂静，却发现张永德腰间不大顺眼。张永德有一条通天犀带，以犀角为饰，那犀角纹理有如鱼子，黄中带黑花，弥足珍贵，只有特旨才能佩戴。朝见天子这么隆重的事，张永德却只用了一条普通的金带。赵匡胤有些茫然，问道："驸马，你的通天犀带呢？"

"驸马"二字，让张永德心生温暖，他没想到，皇帝对自己仍用旧时称呼。张永德微微欠身，面露苦色："当年征淮南时，用了二十万贯官钱，我后来拿通天犀带还钱了。"

什么？赵匡胤一惊，出手阔绰的张永德，怎么穷到靠典当还钱了？且不说他当年一直提携自己，仅为赵府日常开销和赵光义娶媳妇儿，他往里砸了多少钱？而且征淮南时挪用官钱，多半也是为了打赏士兵。谁都知道，张永德在征淮南时，曾将自己的金腰带赏给了作战勇猛的战士。

"还欠多少没还？"赵匡胤关切地问道。

"五万贯。"

"不用还了，我再另送你二十万贯。"

苟富贵，勿相忘。驸马，你的大恩大德，我赵匡胤一刻也未忘。

随着一阵清脆的鞭声，万春殿内外一片肃静。赵匡胤戴幞头，服绛袍，系排方玉带，从后阁缓缓入殿，身临御座。文武近臣屈身小步，在礼官接引下，从东西两侧走进殿庭，横行北向立定。

这时，首相范质双手执笏，出列于前，率领群臣，躬身奏道："圣躬万福。"赵匡胤稍稍点头，示意文武近臣分东西两班，各自就座。

这是大宋开国以来，赵匡胤主办的第九次国宴。先前的宴会要么是按制必办的，要么是诸侯来朝临时应酬。这次不同，此宴称为"曲宴"，完全是皇帝根据自己的心情临时安排的，所以规模较小，规矩也简单了许多。

除掉李筠，君臣同体，藩镇来朝，确实值得庆祝。

赵光义以皇弟之尊，居坐西班，他以殿前都虞候兼领泰宁军，是大宋境内最年轻的节度使。赵普的班位则明显提前了，他因从征之功，如愿以偿地升迁兵部侍郎、充枢密副使，以枢密院二把手的身份，名正言顺地处理起军国大事来。心腹旧将高怀德还不适应"驸马"的新称呼，他现在是皇帝的妹夫，娶了那位著名的"擀面杖姑娘"——昔日的赵家小妹，今日的燕国长公主。皇帝的糟糠之妻王氏，也已贵为大宋国母，凤临百雀，母仪天下。

有人喜笑颜开，也有人如释重负。在侍卫马军、步军都指挥使的位子上，坐的不再是张光翰和赵彦徽，而是韩重赟与罗彦瓌。平定李筠之乱后，张、赵二人反而落军职、守大藩，分别出居永清军与建雄军。

面对这样的明升暗降，张光翰和赵彦徽不但不以为意，反而欢天喜地。两人毕竟不是赵匡胤的心腹，骤升高位，觍居元勋，整日提心吊胆，生怕皇帝秋后算账。现在好了，主上主动收回兵权，将自己外放藩镇，这是给了自己一条活路啊。

大宋开国八月有余，政权初步平稳。在满朝文武觥筹交错下，张光翰与赵彦徽的落职悄无声息，以至于《续资治通鉴长编》中都无记载。谁也不会想到，一场削夺兵权的好戏，即将拉开帷幕。

酒过数巡，月上柳梢头。赵匡胤正准备散宴，东班里却传来孤鸿哀鸣。翰林学士王著东倒西歪，好不容易靠在一根柱子上，喃喃自语，不知所云。

"他醉了，快扶他下殿休息。"赵匡胤温和地说道。

左右赶到王著身边，却被王著一把甩开。手无缚鸡之力的书生，借着酒劲，迈着八仙步，一下扑倒在玉阶侧的屏风旁，泣下沾襟，号动天地，其凄其哀，如丧考妣。武将们攥紧拳头，准备把这个捣乱的家伙一拳撂倒，却被赵匡胤用目光镇住。文臣们连拖带抬，总算把烂醉如泥的王著拽出了万春殿。

第二天，有人幸灾乐祸地跑到赵匡胤面前邀功说："王著昨天逼近宫门号啕不止，说他想念世宗……"

听闻此言，在场的人脸色都吓得煞白。公然思念前朝故主，在哪朝都是大忌。近几十年来的皇帝，都是好杀的主儿。看来王著危险了。

对此，赵匡胤一点儿也不吃惊，他漫不经心地摆手说道："不用管他。他就是个酒鬼，在世宗幕府时朕就知道。何况一介书生，即使哭哭世宗，又能搞出啥名堂？"

是啊，王著什么名堂都搞不出来了。但倘若周世宗能够早一天下达敕命，王著当上了宰相，现在搞不出名堂的，恐怕就是赵官家了。

众人皆醉，王著独醒，这让赵匡胤对形势进行深刻重估。

目前庆功似乎为时过早。消灭李筠，不过是在军事上消灭了后周的肉体。而大宋朝廷在军事压力下的临时团结，也会随李筠的灭亡而松弛。王著则不同，对于这些后周的精神脊梁——怀念世宗的文臣们，赵匡胤不忍下手。这并非因为他们手无寸铁，恰恰相反，他们的气节是最坚韧的兵器。这件兵器今日既然能悼念世宗和后周，明日就一定能保护赵匡胤和大宋。

五代以来，最乏气节。无论忠于故周新宋，赵匡胤都要保住这颗难得的火种，只有重振忠义气节，江山才能稳固，天下才会稳定，天子官民才能永享太平。

不过，在完全控制这颗火种之前，赵匡胤可不想引火烧身。此刻，必须切断拥周派内外相交、文武勾结的可能。王著可以留下，但有一个人，必须解决。

——前侍卫亲军马步军都指挥使，李重进！

阳谋出手，重进"被谋反"

赵匡胤知道，如果自己不狠狠打一把草，李重进这条蛇横竖都不会反。因为比起兵强马壮的李筠，李重进就像一个日薄西山的病夫。

李重进出镇淮南，不过一年有余，人心未附；扬州久战孤城残破，淮水浅窄勉称天堑，这些都难做防御屏障；南唐李景畏赵匡胤如虎，未必会来应援；而最重要的是，淮南兵力羸惫，根本无法与两司禁军抗衡。对于军事薄弱的李重进来说，最好的归宿，莫过于恭修臣事，跪从皇命。

然而李重进的归附之路十分坎坷，而障碍就来自赵匡胤。赵匡胤既要削诸侯，又要释兵权，李重进偏偏踩在藩镇与禁军两条船上，偏偏又在臣服与叛乱间左右摇摆，朝廷岂能任他归附？

不过在这件事上，赵匡胤的情绪化也很严重，甚至情绪化可能才是他逼反李重进的主要原因。赵匡胤讨厌李重进，在那个盛行快意恩仇的时代，必要除之而后快。

逼反李重进，这是早就提上日程的"阳谋"。

李重进站在淮南节度使府衙的正堂，手捧皇帝所赐铁券，拇指摩挲着铁券上的每一个楔字，琢磨着凹凸间蕴含的深意。六宅使陈思诲坐在一旁，观察着他的每个动作和表情，这更令他彷徨失措，难下决断。

九月十一日，赵匡胤令李重进徙镇平卢军。

徙镇可能只是正常的军事调动，也可能与入朝一样，是一次态度的试探。只要表现出服从朝廷的态度，至少从最近两个月来看，如郭崇、袁彦者倒都相安无事。可是李重进觉得，自己早就申请入朝、表示归顺了。造成如今这种状况，明明是赵匡胤不买自己的账。赵匡胤既然不想让自己入朝，那么让自己徙镇就是出自真心吗？是否是调虎离山之计？

赵匡胤也料定李重进必增疑惧，所以扇完嘴巴后，又喂了颗甜枣，让陈思诲前往淮南，颁赐铁券，以表诚意。

何为铁券？免死金牌也！虽然皇帝想杀人，免死金牌根本免不了死；但作为一种政治信物，毕竟表达了皇帝一定的真诚。

李重进又犹豫了。说实话，他从来没真的想过造反。否则，他早就成为第一个造反的节度使，而不是第一个请求入朝的藩镇。

但李重进有顾虑。这顾虑并非来自他的血统——郭威的外甥。前朝皇亲国戚如符彦卿、张永德自不必说，就是杨庭璋也已安全着陆。他所顾虑的，是自己的政治身份——前侍卫亲军马步军都指挥使。他的威望太高，军功太著，赵匡胤怕他。李筠的军事威胁只是一时的，他的政治隐患才是一世的。

在帝制时代，让皇帝害怕的人，多半没有好下场。

于是乎，那个征江北时果敢刚毅的黑大王不见了；余下的，只有这个坐困淮南、优柔寡断的李重进。权衡再三，李重进答应随陈思诲入朝谢恩，然后徙镇平卢军。

如果李重进乖乖从命，赵匡胤很有可能会就此放过他。毕竟禁军实权掌握在赵匡胤手里，灭掉李筠也已经足够在节度使面前立威；至于二人的积怨，只要李重进保持低姿态，假以时日，也不是不能化解。李重进只要把自己入朝、徙镇的态度保持下去，从此不再涉足国政，让皇帝安心就可平安度日。这是急流勇退的智慧。

可是淮南节度使的幕僚们没有这等智慧。还没等李重进收拾好行李，幕僚就来"哭丧了"：令公入朝，恐怕有去无回，三思啊！不知道这群幕僚里，是否又有翟守珣。于是，在幕僚的煽风点火下，心有不甘的李重进放下行囊，提起长枪——他这次真的反了！

这是两个男人间的悲剧，李重进的进退失据应受指责，赵匡胤的意气用事也当受诟病。

反报传入东京。二十二日，赵匡胤钦点石守信挂帅、王审琦为副帅、李处耘为都监，另委善于水战的保信军节度使宋延渥为都排阵使（负责根据主帅要求指挥部队排成各种军阵，有时也参与军事指挥），南下讨叛。

自这天起，淮南的情报，如雪片般地飞入开封城：

江南报！李重进求援于南唐，唐主李景不纳！

扬州报！扬州都监、右屯卫将军安友规踰城来奔！

扬州再报！李重进疑心重重，囚杀军校数十人！

然而，没有一条有关李重进主动出兵的战报。

在树起反旗的一刹那，李重进已经放弃了抵抗。李筠已死，李景拒绝救援，这意味着对抗大宋精兵的只有孤零零的一座扬州城；安友规逃跑投靠朝廷，这意味着扬州城内人心浮动。李重进崩溃了，这是一场毫无希望的战争。赵匡胤亲征李筠，还曾交代后事；如今讨伐自己，却不肯屈尊南来，可见他胜券在握！慌乱，浮躁，猜忌，不知所措……李重进只能用杀人的办法，勉强发泄心中的压抑。然而，昔日镇定的李重进永远都回不来了。

扬州城里一片混乱，开封城内却步步为营。

安友规的到来，为朝廷进一步提供了扬州的情报。既然灭掉李重进只是时间问题，那么赵匡胤要考虑的就不再是如何击败李重进，而是如何以最小的代价击败李重进。他不想让刚刚安定下来的淮南百姓，再度承受战争的痛苦。

枢密副使赵普进言："李重进外绝救援，内乏资粮，急攻亦取，缓攻亦取。兵法尚速，不如速取之。"

赵匡胤听出了赵普的意思：李重进内外交困的程度，可能超乎我们的预估，取之易如反掌。也就是说，正面强攻扬州，不会造成过大损失；反而战争拖得太久，大军耗粮，力役扰民，得不偿失。

赵匡胤当即采用赵普的急攻战略，再次下诏御驾亲征，以赵光义为大内都部署，吴廷祚权东京留守，吕余庆副之。同时，他一面安抚扬州戍卒在北方的家属，告诉他们不会搞连坐，以使扬州戍卒怀朝廷之恩、亲属之情，不欲为李重进死战；一面找来李重进在京师的两个儿子，让他们去扬州传话："重进你何苦造反？江淮兵弱，又无良将，谁能陪你一起拼命？"

自从李重进的两个儿子来过以后，江淮将士更无心恋战。扬州城内，粮尽多时；兵不能战，城不能御。这里就像一座撤掉筋骨的阁楼，轻轻一推就会坍塌。可石守信愣是在城外守了几天几夜，只围不攻，意欲何为？

突然，天际西北，擂鼓震天。宋军将士，齐呼万岁！李重进拄着枪杆，勉强攀上城头，不远处，天子旌旗迎风招展。

呵呵，原来石守信在等你……赵匡胤，你还真给面子，明知石守信足以灭我，居然还亲自来送我一程。你我的恩怨，到此为止……

此前来送丹书铁券的使者陈思诲尚被扣留在扬州，李重进的亲军对此人恨之入骨，眼看自己已无生路，都劝李重进杀掉他做个垫背的。李重进却淡淡地说道："杀他，又有什么意义呢？"

李重进慢慢地走进了自己的官署，几个月来，他从未像今日这般坦然与镇定。节度使府的大门慢慢闭合，须臾，府衙燃起了熊熊烈火……

李重进的兄长李重兴自杀，弟弟李重赞与儿子李延福在闹市被斩首。陈思诲在黎明中没有迎来曙光，被李重进的亲兵私自杀害。命大的翟守珣则被赵匡胤调入宫中，成为皇帝的侍卫。十一月十一日，象征着武人至高荣誉的节度使府，瓦砾叠弃，焚尽成灰。

英雄是英雄的坟墓，豪杰是豪杰的墓碑。

正如李重进本身是个政治问题一样，赵匡胤这次"貌似多余"的亲征，不仅是为了军事上的速战速决，更是为了政治而来。禁军将士自石守信、王审琦以下，亲眼看到曾经的禁军第一人如何灰飞烟灭；节度使们也再一次领略了新皇帝拨乱反正的雄心。赵匡胤以此举宣告天下武夫：恃兵抗命的时代结束了，武夫横行的时代结束了。朕决心如此，倒行逆施者，虽远必诛！

就在扬州城不远处，有一个人战战兢兢。他虽然不敢有倒行逆施之心，但却害怕朝廷有诛他灭他之举。

此人正是唐国主李景。

重塑形象，恩威施江南

当年周世宗三征淮南，南唐痛失江北，国势一落千丈。

原来淮南产盐，南唐借此而富；如今江北交割，别说靠着卖盐赚钱，连江南人自己都没盐吃了。食盐是生活必需品，与粮食一样，属于战略资源。李景曾派陈觉出使中原，想让周世宗通融通融，将江北产盐的海陵监还给南唐。没想到郭荣不同意，只是下旨说每年赐予江南三十万斛盐。至于江南够不够吃，那就管不了了。李景像个乞丐，颜面尽失。

眼看着南唐从堂堂大朝，沦为"虽未即亡，而亡形成矣"（陆游语）的小朝，李景痛定思痛，终于做了几件看起来像点样子的事。

第一件是革除党争。淮南战败后，陈觉和李徵古见李景皇威不振，曾建议将国事全部交给宋齐丘，似有仿效徐温之意。对丧失权力极端恐惧的李景终于痛下决心，铲除宋齐丘集团。左右南唐内政外交的党争终于随着奸党的覆灭而告一段落。这是李景执政以来，最大快人心的事。

第二件是修缮城池。李景臣服后周之后，轻易不敢练兵修城，怕引起郭荣的误会。然而郭荣毕竟高瞻远瞩，他知道江南一时半会儿打不下来，还得让李景帮他把这片人民和土地治理好，于是告诉李景，尽管修城治兵，这都是为了子孙后代。李景这才修固城池，增兵防守。

第三件是确立太子。李景的继承人，本来是皇太弟李景遂。显德五年（958），随着李景嫡长子燕王李弘冀军功卓著，威望日高，李景遂很知趣地让出了皇位继承权。李弘冀猜忌心重，派人暗中毒死了李景遂，以绝后患。然而，他做贼心虚，在病中看见李景遂，结果才做了一年太子，就一命呜呼了。远离政治的六子李从嘉阴错阳差，成为太子，他后来有一个响彻中国文坛千余年的名字——李煜。

第四件是筹备迁都。江宁府与后周一江之隔，时不时还能看见北方的水师在长江巡游，李景整日提心吊胆。因而，他不顾群臣反对，升上游的洪州为南都南昌府，准备将朝廷迁至此，进可图中兴，退可保社稷。

然而李景还没来得及离开金陵险地，就被突如其来的赵匡胤吓到了！

在南唐人眼中，最恐怖的有三个人：第一个，周世宗郭荣，死了；第二个，"黑大王"李重进，死了；第三个，大宋天子赵匡胤，活着，而且就在扬州！

其实赵匡胤对南唐还算友好。

首先，赵匡胤没有贬损南唐的国格，而是继承了周唐之间的外交关系。赵匡胤称帝后，向原后周的从属势力一一发出诏命，告知改朝换代。其中，对藩镇和半独立政权的诏命是同一天发出的，对南唐的诏命则是单独一天发出的。赵匡胤想通过这件事，先给李景吃一颗定心丸：你与世宗皇帝之间的约定，我大宋仍然遵守。你安安心心做大宋的属国，我也不会随便找你的麻烦。这是赵匡胤的第一次示好。

称帝当月，赵匡胤再度示好，将曾经投降后周的三十四名唐将释放回国。这个举动并不引人注目，却有值得一提的理由。唐将的家人都在江南，让他们天各一方，实在是不人道；何况这种情况下，这些降将恐怕也很难专心为宋廷效劳。与其将之扣在北方，不如放归南去，做个顺水人情，让他们在江南宣扬大宋的美德，对于日后争取江南官民之心，也是有好处的。

总之，赵匡胤对南唐采取的是怀柔之策。一方面可以稳住南唐，避免它铤而走险，去做藩镇叛乱的后援；另一方面则可以改善自己在江南官民中的形象。

赵匡胤的怀柔换来了李景的投桃报李。贺登基、贺长春节、贺平李筠、贺凯旋东京、贺平李重进。南唐恭贺大宋天威的使者络绎不绝。然而，当南唐的使者再度来到扬州时，遭遇的却是赵匡胤的黑脸。

五代时期有一种宴会叫"买宴"，即大臣、使臣觐见皇帝时，由皇帝出面设宴，大臣、使臣出钱埋单。李景的八子蒋国公李从镒与户部尚书冯延鲁，此次就是来向赵匡胤买宴的。

赵匡胤仔细打量着二位使臣，这李从镒虽然文质彬彬，双眼却透着灵气，一看就是机敏之人；那冯延鲁昂首挺胸，亦不失使臣尊严。二人以弱邦出使上国，仍能持节聚势，够胆略！在欣赏之余，赵匡胤决定先杀杀他们的锐气，突然板起脸来，厉声责问："你们国主为何要与我朝的叛臣交往？"

赵匡胤发出此问，倒不是对李从镒与冯延鲁的气势而临时作态，而是早有准备。就在宋军攻破李重进的一刹那，宋唐间的地缘政治就已发生不可逆转的变化。随着两次征讨、多次徙镇，国内藩镇势力暂时不会再染指皇位；尤其是李重进的败亡，使得南唐与藩镇勾结反宋的可能降至最低，南唐在大宋地缘政治中的地位一落千丈。这个时候，赵匡胤已经没有理由再一味迁就李景了——怀柔久了，也许南唐君臣就会产生错觉，忘掉自己的身份。

冯延鲁瞬间揣摩出了赵匡胤的心思，他没有狡辩，而是不卑不亢地答道："陛下您只知道我们国主与李重进私下交往，却不知道我们早就参与了造反的图谋。"

"嗯？"这个回答倒是大出赵匡胤意料，他以为冯延鲁会诚惶诚恐地辩驳或者谢罪，却没想到会有此回答。据可靠情报，李重进向李景求援，李景确实是拒绝了。冯延鲁葫芦里卖的什么药？

面对赵匡胤的疑惑，冯延鲁胸有成竹地说："李重进的使者当时就住在臣家，国主让臣对他说'男子不得志，固然有造反的。但是造反的时机，却有可反、不可反之分。陛下刚刚登基，人心未安，与李筠战于上党，那个时候你们不造反；现在人心已定，境内无事，你们却想凭借残破的扬州，数千疲敝的士兵，去对抗朝廷的万乘之师，就算是韩信和白起复生，必然无成！即使我们有兵有粮草，也不敢资助你们'。李重进随即因为没有外援而战败。"

冯延鲁的话暗含杀气，言外之意，李重进失败是因为没有南唐的支援，而南唐不支援他不是因为不敢，而是因为时机不对。如果李重进在李筠造反时也反了，南唐是可以出兵的，那时在火中自焚的就可能是你赵匡胤了。

赵匡胤本以为冯延鲁会吓得屁滚尿流，没想到却不卑不亢。这个治国无方、打仗无能的南唐"五鬼"之一，虽然此刻的话纯属虚张声势，然而确实为南唐保住了尊严，不辱使臣之命。但赵匡胤想在气势上压过南唐一头，继续说道："即便如此，诸将皆劝我乘胜渡江，你看如何？"

冯延鲁依旧没有被吓倒，反而威胁道："陛下神武，统御六师威临小国，我蕞尔江南，怎敢抗拒天威？然而我国主也有侍卫数万，都是先主（指李昪）的亲兵，誓同生死。陛下若能舍弃数万将士的性命与这些亲兵血战，还是能拿下江南的。不过江上大风大浪，如果进不能攻克城池，退又被断了粮道，这也足够令大国担忧的了。"

"哈哈，哈哈哈！"赵匡胤听后大笑。冯延鲁所言非虚，且有理、有利、有节，赵匡胤不得不承认，在这个饭桌上，自己无法在气势上盖过冯延鲁。他赶紧换了话题，来打破剑拔弩张的尴尬："朕只是跟卿说笑罢了，难道真的把卿当成了说客，来听卿游说吗？"随即说出了冯延鲁此行最想要的保证："我与江南大义已经明确，何至于此？"

赵匡胤承诺，宋唐君臣大义已定，大宋不会现在攻伐江南。江南人都说，这是冯延鲁凭三寸不烂之舌，阻止了宋军南渡。其实赵匡胤本就没打算渡江，他的目的只是吓唬李景，让南唐对大宋不敢有二心。用罢餐后，赵匡胤命战舰开到迎銮镇演习，那是当年郭荣坐镇的地方，也是赵匡胤上次渡江的出发之地。

长江对岸，不仅李景日夜难安，朝野上下也是胆战心惊。有个低级臣僚名叫杜著，误以为赵匡胤真的要南下，便化装成商人渡江投宋；彭泽县令薛良更是带着《平南策》来到了大宋军营。李景听说后，更加恐惧。

然而时机不到，赵匡胤还不能接纳这些叛臣，否则既无益于宋唐今后正常交往，也无益于大宋日后进取江南，更无益于对忠诚的弘扬——而这一点，正是赵匡胤为了巩固统治、重建秩序，不得不去做的。因此，在迎銮演习之际，杜著被斩、薛良充军。

一抚一镇间，李景彻底折服于大宋皇帝脚下。

而冯延鲁在得到赵匡胤大量赏赐后，也渡江回国。冯延鲁在朝为奸佞，在军为庸才，在外交场合却能不辱使命，大放异彩。可见人各有才，关键是把他们放在合适的位置上。李景把一流大国治成了二流小邦，败就败在用人不明。

现在，即将北返的赵匡胤也面临着选人的问题。扬州既平，赵匡胤立刻下令开仓赈济，并赦免了李重进的家属、部曲，对死于战事的将士、役夫也给予抚恤，为的就是尽快将扬州的创伤抚平。一方面，让扬州的老百姓少些苦难，多些实惠；另一方面，也是要将扬州打造成惠政的榜样，打造成面向江南的形象传播阵地。

在十一月的最后一天，宣徽北院使李处耘受命权知扬州。为确保万无一失，赵匡胤不惜将心腹谋臣放在这座残破小城。他相信，李处耘一定能够体会圣眷君心。四天后，赵匡胤安心地起驾还朝了。

属国藩镇叛乱的威胁已渐渐消除，与民共享太平的基调也日趋明了。一场悄无声息却又翻天覆地的改革，已经提上了日程。

三　杯酒释兵，重立天下秩序

暂时做稳了皇帝的人

时间过得飞快，喘息之间，年轻的大宋迈入第二个年头（961）。

但赵匡胤没有喘息的时间。在那次被监视运书的事件发生后，他曾经猜想，在郭荣眼中，满朝文武是什么样的。是忠臣与奸臣之分？还是清流与循吏之别？直到他坐上皇位，才恍然大悟。原来在皇帝眼中，只有两种人：暂时做稳了皇帝的人；想做皇帝而不得的人。

周世宗曾对后者百般防范，却仍然被赵匡胤钻了空子。现在，曾经想做皇帝而不得的人，终于暂时做稳了皇帝，他不得不为未来堪忧。

殿前都点检慕容延钊和侍卫亲军都指挥使韩令坤，是赵匡胤目前最大的忧虑。

慕容延钊正在御赐的新宅子里写奏表。他与韩令坤因平定二李有功，以节度使加兼侍中，名义上与首相范质同级，可谓"位极人臣"。

但对于优待，慕容延钊一直保持谨慎。后周时，他曾与赵匡胤地位相当；他不是义社十兄弟的成员，甚至不像韩令坤那样是皇帝的发小；他比赵匡胤年长，皇帝事他为兄……

尴尬的身份使得慕容延钊在心腹将帅中成为进京面圣最少的一个——开国以来，除了平定李筠，他几乎就没见过皇帝，始终受命镇守河北。

你可以说这是皇帝信任你，也可以说是皇帝不想见你。慕容延钊既然拿不准皇帝的心思，就只能做最坏的打算。张光翰和赵彦徽的罢职，让慕容延钊嗅到了皇帝的意图；李重进族诛，又让慕容延钊看到了末路。

在寒气方退的闰三月，慕容延钊决定急流勇退，上表自请解除军职。

东京的校场内，赵匡胤正在亲自训练负责侍卫皇帝的诸班士兵。虽然贵为天子，但对于这支大宋最精锐的小部队，赵匡胤仍然保持了早年亲自抓练兵的习惯。此刻，他正将一根铁棒舞得密不透风，宛若巨蟒探首，临潭出渊。这根用了二十多年的老铁棒，漆黑的精铁之上，两处爪痕锃光瓦亮，那是日久岁深，为手掌汗渍所浸。

赵匡胤的腾蛇棒舞得虎虎生威，如使己臂，玄蟒终于化气腾云，扬首朝天，引得一旁的禁军将领们大呼好棍法！

用人如操兵器，唯是自己所属，用着才得心应手。

在他身后的禁军高级将领中，已不见慕容延钊和韩令坤的身影。二人双双请辞，赵匡胤欣然接受，并以慕容延钊出镇襄州，韩令坤藩守镇州。但二人毕竟不是张光翰、赵彦徽。两位使相离京时，赵匡胤破例举行盛大的送别御宴，还赏赐许多礼物。不仅如此，他以慕容延钊兼西南面兵马都部署，韩令坤兼北面缘边兵马都部署，分别授予荆襄地区与宋辽交界地区的军队指挥权。

赵匡胤不想因噎废食。那些将领是威胁皇统还是驭为己用，关键是看把他们放在什么位置上。

经过两次禁军大将的调整，八位开国将领，如今只剩四位。石守信接过侍卫马步军都指挥使，高怀德、张令铎、王审琦仍以旧位执掌两司。这是赵匡胤在禁军中最为亲信和倚重的人，犹如那根黑色的铁棒，握在手里，就可以高枕无忧。

不过，枢密副使赵普却不这么认为，他的目光始终没有离开石守信等人。官家真的准备让他们长期领兵？未必。否则殿前都点检这个位高权重的职务，怎么就此再不授人？

逐步解除禁军大将兵权，这才是官家的心思。罢军出镇，早晚会轮到石守信等人。只不过天下未定，官家仍想让他们统兵作战，所以才推迟了罢免的时间。

可赵普不认为这是个好主意。以四位开国将领内统禁军、外伐不臣，最终的结果只能是功高震主，尾大难掉。《韩非子》云："爱臣太亲，必危其身；人臣太贵，必易主位。"世宗已误，官家怎能再误？

于是，待石守信等人走后，赵普进言道："不可再让石守信、王审琦他们统领禁军了。"

赵匡胤一手握铁棍，一手接连摆手："他们肯定不会背叛我，卿有何忧？"则平啊，朕跟你讲过多少次了，他们跟朕"义同骨肉"，不用怀疑。

赵普仍然义正词严："是的，臣也不信他们会背叛官家。可他们皆无统御部众之才，恐怕难以驾驭下属。万一军中有人作乱，他们必会为叛兵所胁。"这些大将本质上与慕容延钊、韩令坤并无分别，掌军既久，又为皇帝同辈，具备与皇帝分庭抗礼的地位、资历、才能，谁能保证他们不会"黄袍加身"？

"国家对他们如此重用，他们怎能负朕？"

"陛下又怎能负世宗！"

赵匡胤愣了，不再说话。赵普走后，他闷闷地把手中的铁棍扔到了一边。

人间还没太平，天上又跟着风波迭起。

这年四月,日有食之,白昼如夜。五月,流星惊鸿一瞥,堕入西南。在古人眼里,这实在不是好兆头。

如何安置石守信等人,赵匡胤已经无暇思考。他整日坐在滋德殿的凤榻前,衣不解带。杜太后病了,病得很重。赵匡胤动用一切能动用的力量,遍寻名医,但天子不是老天爷,天下至尊也敌不过生老病死。

六月初二,枢密副使赵普得到诏命,匆匆赶来滋德殿。只见赵匡胤正伏在榻前,呜咽不已。倒是大渐弥留的杜太后,依旧面色平静,淡然问道:"你知道自己为什么能够君临天下吗?"

赵匡胤涕泗交颐,哪有心思回答这种问题。

杜太后轻抚着爱子的头,说:"我自然会衰老而死,哭也没用。不要伤心了,我要和你说说朝廷大事,你就只会哭吗?"

赵匡胤擦了擦满脸的泪水,哽咽道:"这都是祖宗和娘积德所致。"

杜太后摇摇头道:"瞎说。你能取天下,那是因为周世宗让一个幼儿君临天下,导致人心不附。如果周有长君,你又怎能坐上皇位?待你千秋万岁后,皇位当依次传给你两个弟弟,这样,连你的儿子也能平安一生。"

赵匡胤闻言大诧,本已哭得睁不开的泪眼,惊得好似铜铃。但既是母亲遗命,孝顺的他不得不从,只好跪地蹲守,郑重其事地答道:"我一定听从母亲的教诲!"

杜太后又把赵普召至榻前,让他将这份约定录于纸上,并在纸尾自署名云:"臣普书。"然后亲自看着赵普把遗命放入金匮,才算安心。

当日,杜太后离开人世,享年六十岁,谥明宪(后改谥昭宪)。

杜太后平静地走了,她将所有的不平静,留给了赵匡胤。

这份盟约该如何处理?公开?销毁?还是秘而不宣?赵匡胤坐卧难安。按理说,太后遗命,应昭告天下,遵照执行,可赵普坚决反对兄终弟及。历史证明,无论对于皇帝、皇储的性命,还是对于天下的太平,父死子继始终是风险最小的皇位继承制度。

不过,太后说的也有道理。父死子继是治世传统,但大宋初年,乱世未平,治世未开,五代遗俗仍流于世。兵荒马乱之际,国家若无长君,就可能重蹈郭荣父子的覆辙。

相反，兄终弟及却适应了这个乱世。这样的继承人制度，虽然也引发过南楚那种因"五马争槽"（五兄弟争夺王位）而灭国的悲剧，但大多数时候，确实起到了稳定政权的作用。南汉奠基人刘隐、闽国奠基人王潮，都因将权力的印绶交付给自己的弟弟，而成割据之业；吴越和荆南也以兄终弟及之制保证了政权的长期平稳。

赵匡胤的次子赵德昭刚十一岁，四子赵德芳才三岁（其余两子早夭），倘若赵匡胤像郭荣一样，突发重病而逝，皇位显然应交给年近二十二的皇弟赵光义。这道理他心中有数，所以出征李筠时，才隐约对赵光义有托付之意。

因此，盟约留着，有备无患。

但正当壮年、身体无恙的赵匡胤，根本不相信自己会像郭荣一样，只能活到四十岁。如果他和母亲一样，活到六十岁，届时天下当已太平，德昭三十六、德芳二十八，都足以担负守天下之责。赵匡胤完全可以将盟约藏起来，根据皇位交接时的实际情况，灵活选定皇位继承人。

盟约若公开了，结果则会完全不同。赵光义不过小自己十岁，一旦正式立为皇储，必在他周围形成一股势力，难保日后不与皇权分庭抗礼。到时自己再想更易皇储，就比移山还难了。而且皇储名分一定，赵光义就是众矢之的，赵氏兄弟子侄彼此猜忌，互相拆台，最后演变为党同伐异甚至血溅东京，这不是没有可能，这也是赵匡胤最不愿看到的。

公开立储的时机还不到。赵匡胤锁好金匮，将它交给了一个谨慎可靠的宫人，藏入深宫后院。

苟非其时，不如息事宁人。

赵匡胤的政治文明

七月流火，这是天气转凉的信号。

石守信等人迈入左掖门，这个地方他们再熟悉不过了：他们每天在此收发两司文书，也曾经在这里截杀韩通。

建功于斯，立名于斯。

只是今天这趟左掖门之行，有些诡异。太后去世才一个多月，主上怎么就请他们喝酒？也许，主上悲伤过度，需要找个人聊聊天儿吧。

宫中，守丧期满的赵匡胤亲自摆好酒宴，等待四位兄弟的到来。虽然在赵普的劝说下，赵匡胤同意罢免四人的军职，但具体如何罢免，这就得靠他自己花心思了。诛杀元勋的事，他自然干不出来；对兄弟说罢免就罢免，好像也太过无情。这可是跟自己一起玩儿过命的兄弟！

想来想去，赵匡胤觉得，还是应该约四人喝顿酒。

中国人崇尚酒桌文化，棘手问题往往都搬到酒宴上解决。春秋末年，刺客专诸藏匕鱼肚，刺死吴王僚，成就公子光（即吴王阖闾）一代霸业；楚汉之际，逐鹿中原的刘邦、项羽对饮鸿门，项庄舞剑，却没能阻止沛公高唱大风；东汉末年，曹操与刘备青梅煮酒，论英雄，观韬晦，唯余后人叹：天下谁敌手？曹刘！这些著名的江山大宴，个个棘手，却场场血腥。酒性太烈，难品其醉。

当然，并非所有的酒宴都是刀光剑影。苏逢吉假窦贞固之手，邀请史弘肇、郭威赴宴，就颇有和气；李重进与张永德在前线的和解宴，更是人人称道。只可惜，虎头酒既乏诚意，最后只能吃成蛇尾宴。酒香欠醇，味同鸡肋。

有道是"更待菊黄佳酿熟，与君一醉一陶然"。若要喝得陶然，关键要有佳酿。

赵匡胤这坛佳酿，已经开始四溢飘香。一张不大的小桌，君臣五人围坐畅饮，划着醉拳，说着酒令，仿佛回到了共事两司的年代。眼看石守信等人酒已半酣，赵匡胤悄悄屏退左右，一副酒后吐真言的样子，说道："要不是哥儿几个卖力，我赵匡胤绝对没有今天。我是一刻也没忘记你们的功劳啊。"

赵匡胤在私下场合，尤其是与兄弟们喝酒时，很少用"朕"字。他觉得，还是用"我"更亲切。"可是当皇帝太难了，还不如当节度使快乐，我现在连个安稳觉都睡不上。"

石守信等一听，糊涂了："陛下，这是为何？"

"这还不懂？谁不想当皇帝？"

此话一出，吓得石守信等人酒醒大半，连滚带爬地从椅子上翻跪在地，一个劲儿地磕头："陛下为何出此言？现在您就是真命天子，谁还敢有二心？"

赵匡胤却回答："非也非也。你们当然没有二心，可一旦你们那些贪图富贵的手下，把黄袍披在你们身上，做不做皇帝，还由得了你们自己吗？"

石守信等人的酒这次全醒了。难道主上请我们喝的是断头酒？四人一面捣蒜般地磕头，一面泣不成声："臣等太笨了，没想到这一点。求陛下可怜我们，给我们指条活路吧。"

赵匡胤一看，兄弟们已经上套儿，该收网了。于是，他开导说："人生犹如白驹过隙，一晃就过去了。因此，那些想要大富大贵的人，不过就是想多攒点儿钱，然后好好享受，子孙后代也不至于穷得叮当响。你们何不交出兵权，出守藩镇，买块好地，买套好房，留给子孙后代。然后，多置些歌儿舞女，每天喝酒唱歌，以终天年。我跟你们结为亲家，从此君臣一体，两无猜疑，上下相安，岂不是很好！"这是赵匡胤的一招神棋：我劝你们交出兵权，但依旧尊重你们的功绩。从此以后，你们都是皇亲国戚，钱随便花，房随便盖——只要你们肯交权。

石守信等人哪还有的选？他们只能跪拜于地，叩谢皇恩："陛下如此顾念臣等，真是使死人复生、白骨长肉啊！"

第二天，禁军四大将领集体请辞，赵匡胤一概准奏。殿前副都点检高怀德出为归德军节度使，殿前都指挥使王审琦出为忠正军节度使，侍卫都虞候张令铎出为镇宁军节度使。只有石守信在迁天平军节度使后，仍保留着侍卫都指挥使的头衔。

一顿饭既收回了兵权，又不伤和气，谈笑间化解了一大政治难题，这是赵匡胤的又一创举。柏杨在《中国人史纲》中评价说，杯酒释兵权"是一种最高的政治艺术的运用。一席酒宴解决了不断兵变和不断改朝换代的祸根"，可谓得之。

对待开国元勋，刘秀、李世民的"飞鸟尽，弓不藏"似乎最佳。然而，这不仅仅因为他们有气度胸怀。他们所处的时代，门阀在社会上有着很大的影响。豪强或门阀虽不足以颠覆皇权，但却能够分庭抗礼。因此两位皇帝想深藏良弓也未必藏得住；何况，那时依托于豪强或门阀的儒家意识形态，并未遭到严重破坏，忠诚的信念对人心仍能起到约束作用，皇帝对将领们的忠诚也相对放心。

赵匡胤的时代则不同，精神信仰已经崩溃，王侯将相兵强者为之。在意识形态得以重建前，缺乏道德信仰保证的他，只能在鸟未尽时，深藏良弓。

当然，最著名的处置方法，还是刘邦、朱元璋的"狡兔死，走狗烹"。在他们看来，杀人可以立威，可以永绝后患。相比之下，赵匡胤的"兔未死，走狗养"就厚道多了。不过，石守信等人既未分茅列土，也没功高震主。解除潜在威胁，而非剪除已有威胁，又何必那么残忍？

杀人，这是五代的武夫伎俩；不杀人，这是赵匡胤的政治文明。

赎买军权，这一创举对有宋一代的影响巨大。因为杯酒释兵权，释掉的不仅是悍将对皇位的威胁，更是武夫对政治的干预。而军队退出政治，正是社会秩序回归正轨的必经之路。

军队是国家的暴力机关，军人的职责是保家卫国，他们本不该干预政治、经济和社会活动。然而，唐末以来，军人掌权，武夫当政，扬武抑文，重将轻士，使弱肉强食的战场规则取代了正常的社会秩序，这是五代政权更迭、社会混乱的根源之一。因此，要恢复秩序，必须变扬武抑文为扬文制武，必须让军人离开政治舞台。这是一个艰难而漫长的过程，稍有不慎，就会引起他们的不满，激起兵变。

赵匡胤的杯酒释兵权，既是一种利益交换，也是通过对开国元勋提高待遇、改善生活条件，来引导他们的兴趣。生活条件好了，自可消磨他们的野心，既而便会降低他们对政治的热情，让他们将有限的精力投入到军事和生活方面去。久而久之，军人干政的传统就会渐渐地被人们遗忘，国家自然也就走上了正轨。

要完成这一调整，执政者除了要高瞻远瞩、深谋远虑外，还要拥有足够的权力与威信，毕竟军人不好惹。雄才大略者如周世宗郭荣，在登基之初就算能想出这样的点子，恐怕一时也难以达成。因为郭荣并非军人出身，在军中威信有限，想从大将手中和平赎买军权，能否如赵匡胤般以一席酒宴四两拨千斤，实在是未知数。至于那些凡事皆靠刀枪棍棒说话的武夫皇帝，又如何想得出这样的绝妙好招？

扬文之前，必先制武。制武之法，必出于文。赵匡胤摒弃了以暴制暴的传统，以文明的手段来解决暴力的威胁，这为三百余年的大宋文治开了个好头儿。

"杯酒释兵权"并非一时的权术，而是一张实实在在的契约。赵匡胤履行了诺言，至死也没有难为石守信、王审琦、高怀德、张令铎等人；他与诸将结为亲家的承诺也得到兑现。当时，高怀德已经娶了赵匡胤之妹燕国长公主；后来石守信之子石保吉娶了赵匡胤的次女延庆公主，王审琦之子王承衍娶了赵匡胤的嫡长女昭庆公主，张令铎的女儿则嫁给了赵匡胤的弟弟赵光美。

当然，赵匡胤的创举也并非一劳永逸。向开国元勋赎买权力，虽然对于重建文明秩序有诸般好处，但却有一个致命弊端无法回避——朝廷实际上向这些功勋颁发了"腐败许可证"，放任他们兼并土地、贪污腐败。这不仅造成在赵匡胤之世，反腐工作极不彻底；而且由于赵匡胤的继任者们没有及时地对政策进行纠正，为北宋的灭亡埋下了深深的祸根。

然而，任何政策都不是完美的，都需要不断地完善和调整。赵匡胤站在乱世的尾巴上，重建秩序才是他的第一使命。至于使命完成之后，他的继任者们拘泥卧榻情节，困守祖宗之法，终于积重难返，则应受到更加严厉的问责。

彻底解决世宗难题

石守信孤零零地坐在侍卫司的公署里，兄弟们都各自就镇了，只剩他协助赵匡胤处理两司事务的交接事宜。石守信倒也本分，基本不再干预侍卫司的事务。到了建隆三年（962），他也罢落军职，出镇天平军去了。

比起周世宗蓄意制衡两司，张永德、李重进疲于内斗，赵匡胤的兵权可谓收得潇洒，石守信等人亦可谓退得从容。

其实，即使没有那顿酒，兵权也照样会和平交接。削夺兵权，自古就是投鼠忌器的活儿。但赵匡胤之所以有恃无恐，并非只因他们的兄弟关系，更在于他早就牢牢控制了军心。

周世宗、张永德控制禁军，靠的是掌握高级将领；赵匡胤控制禁军，靠的是掌握中低级军校。自编练殿前诸班起，他就直接与军校交结，可以对他们直接施加影响。在那个士兵只认将帅不认皇帝的年代，这样的经历，比皇帝的身份更可靠。

所以，陈桥兵变，杯酒释兵权，赵匡胤敢于放下屠刀，成就兵不血刃的神话。

可以说，赵匡胤释兵权，起于掌兵之际，成于酒宴之时。正是有这样的准备，他可以一削疏将张光翰、赵彦徽，二削宿将慕容延钊、韩令坤，三削腹将石守信、王审琦、高怀德、张令铎，最后削了罗彦瓌（侍卫亲军步军都指挥使）、赵光义（殿前都虞候）。禁军旧将，唯留韩重赟一人，他是韩令坤的磁州老乡，"义社十兄弟"之一，但已从侍卫马军都指挥使平调为殿前都指挥使。

不过，兵总要有人管，谁来典兵？赵匡胤早有人选：刘光义、崔彦进，分掌侍卫马军、步军；张琼则从一个小小的都头，一夜飞黄腾达，成为殿前都虞候。

与韩重赟相似，"义社十兄弟"之一的刘光义也有点来头。他的曾祖卢龙军节度使刘仁恭，是赵匡胤祖父赵敬的幕主。卢龙军内乱时，刘光义在父亲的保护下一路南奔（不知是否与赵弘殷同路）。后来，他到邺都投奔郭威，并与赵匡胤等人义结金兰。因此，刘光义是第二代禁军将领的不二人选。

崔彦进与张琼则来自民风彪悍的大名府。尤其是张琼，勇力过人，善于弓箭。

周世宗南征时,曾为唐军的战舰围困,其中一人披甲持盾,鼓噪而前,眼看就要杀到御前了,赵匡胤一声令下,张琼弦响箭发,那人应声倒地,唐军士气大沮。

自打编练殿前诸班起,张琼就一直跟着赵匡胤,对他忠心耿耿,甚至拼死救过他的命。所以要掌管殿前军精锐,赵匡胤第一个就想到了他。赵匡胤曾说:"殿前卫士如狼虎者不下万人,除了张琼,没人能统制的了。"

当然,这些都是势单力薄、名不见经传的人物,但他们忠心、听话、老实,没有野心。皇帝以他们出任军职,可以将禁军牢牢掌控在自己手中。

至此,郭荣曾经做到的,赵匡胤都做到了。

然而赵匡胤要做的,是郭荣做不到的。

郭荣始终有两个问题无法解决,其一是无法防止小人物变成众望所归的大将,其二是无法防止两司的权力失衡,而赵匡胤正是赖此以雷霆之速登上皇位的。这两个问题不彻底解决,军队统帅就仍有篡夺皇位的可能,军人也仍有重返政坛的机会,那样,不仅赵匡胤的皇位坐不稳,就连政治局面和社会秩序也会不稳。

杯酒释兵权只是一个解决麻烦的手段,管得了一时,管不了一世。要彻底解决郭荣没能消除的疑难杂症,赵匡胤必须从制度上下手。为此,他一举推出八大改革:

一曰撤销高职。利用新老交替之机,撤销两司高位之职,继殿前都点检以后,殿前副都点检、侍卫亲军马步军都指挥使、副都指挥使、都虞候也成为历史。禁军最高将领的地位和声望大大降低,小人物被永远锁在小人物的位置上。

二曰拆分两司。侍卫司的三大高官全部裁撤,统一的侍卫司领导已不复存在。马步军分裂为马军和步军,两司被拆成了三衙。不仅侍卫司的力量大为削弱,而且对峙的两司变为鼎立的三衙,权力制约更加有效,皇帝不用再费尽心思地扶一个打一个。与此同时,赵匡胤加强了武德司(禁军部门之一,太宗时改称皇城司,宋人往往通称其皇城司)的实力,将两司三衙数万精锐划拨到武德司下,进一步削弱过去两司的军事实力。

三曰三分兵权。曾集练兵权、调兵权、统兵权于一身的郭威,最后荣登大宝。郭荣对此有所调整防范,惜其业未竟。赵匡胤进一步继承后周改革,将日常训练、禁卫戍守、升降赏罚之权交予三衙,调兵之权仍归枢密院,而领兵统帅则由皇帝临时任命。军权一分为三,直接掌握所有军事大权的只有皇帝一人。

四曰内外相制。禁军最初只负责保卫皇帝与戍卫国都，然而经过五代时期统治者的不懈努力，禁军势力日益凌驾于藩镇之上，边境重地也逐渐改由禁军守卫。此后经过不断扩军，大宋禁军总数达到近二十万，其中一半留守京师，一半出镇各地。一旦京师生变，各路兵马也能够联合起来，讨伐不臣。如此，就达到了强干弱枝、内外相制、无偏重之患的目的。

鉴于陈桥兵变时，自己在开封外城遇到的麻烦，以及顺利控制内城与皇城的经验教训，赵匡胤还将这种"内外相制"用到了京师及周边地区。皇城内外，分别由武德司与殿前司的军队分别驻守，相互制衡；而整座开封城的部队，又与开封府地方的"府畿之兵"（开封府及其属县的部队，驻扎在开封城郊）相互牵制。

至此，从京师的皇城内外到京郊、到地方，全国的军队都处于彼此制衡的状态中，那种将帅在军队系统一手遮天、一呼百应的局势，从此一去不复返。

五曰更戍之法。唐末五代，藩镇难以根除，一个重要原因是军人势力在地方经营已久，关系盘根错节。盘踞在地方的士兵骄横，就可以违背中央的命令，擅自更立藩镇节帅；在地方上统兵日久的节帅，则倚仗着自己的势力对抗中央。

针对这种情况，赵匡胤推行更戍之法，要求外戍部队每隔三年，调换一次防区。名义上，这是为了让士兵在往来迁徙中吃苦耐劳，提高战斗力；实际上，大家都明白，这是为彻底解决藩镇问题所做的铺垫。一方面，骄横的士兵被连根拔起，成为浮萍，再也难以择立主帅；另一方面，兵将分离，地方将帅与藩镇节帅难以持兵自立。如此，骄兵悍将实力大陨，开封城里的强龙，终于压过了各地的地头蛇。

六曰严禁结社。为了防止将帅培植私人力量，赵匡胤规定，不准将领设立牙兵、私自结社。五代时期，培养部曲、义结金兰在军中蔚然成风。郭威因其成事，复制郭威的赵匡胤亦因其成事。赵匡胤不希望别人再复制自己，他要把大将们篡位夺权的路全部封死。

七曰安置密探。曾被郭荣监视的赵匡胤，如今终于体谅到郭荣的"疑神疑鬼"。五代叛乱成风，非一朝可改。内外人心，时虞反侧。所以开国后，赵匡胤不仅自己微服私访，更大量设置密探，探知舆情和军情。他甚至重建后周时衰落的武德司，将这个兼具掌握部分禁军、监视军队情报的军事与特务机构的作用发挥到极致。

八曰重视阶级。唐末以来，军队目无法纪，动辄叛上，从而导致皇权衰弱，天下大乱。郭荣曾大力整肃军纪，使得军界重新向皇权靠拢。在组建殿前诸班时，曾亲手主持整顿军队的赵匡胤对此深有体会。因此，在登上皇位后，他竭力加强军队的法纪建设，其最著名的政策就是推行"阶级法"。

阶级法的主要精神，就是确立各级军职的绝对隶属关系，要求军人以服从命令为天职，严禁将校、士兵以下犯上。实际上，实行阶级法，是赵匡胤在全面重建社会秩序前，首先对军队秩序的重建，以保证军队不会再度成为社会不稳定的祸源，从而为进一步的政治、经济、社会改革创造稳定的环境。

正因如此，终赵匡胤一生，对阶级之法的维护都不遗余力。开宝三年（971），他曾给御马直的士兵增加赏赐，而川班内殿直的士兵因为没沾到光，颇为不满。这些在后蜀灭亡以后才加入大宋军队的士兵，仍带着一身五代老兵的痞气。他们结队去敲登闻鼓，要求朝廷给自己加赏。

令他们没想到的是，对于他们的要挟，赵匡胤不但没有买账，反而大发雷霆，将敲鼓要钱的四十余人一并斩首，都校军官也都挨了板子，降职留用。其余的士兵被赶出京城，分配到许州的骁捷军，整个川班内殿直的番号就此撤销。

对于维护阶级之法的决心，赵匡胤曾说过："朕抚养士卒，根本不吝惜封爵赏赐。但是，谁要是敢触犯法律，等着他的唯有剑耳！"

司衙相制、权力相制、内外相制、上下相制，赵匡胤将制衡的艺术发挥得酣畅淋漓，企图彻底拔掉五代乱世的祸根。他要将粉碎二李叛乱和杯酒释兵权以来的一切成果，进一步加以巩固，防止悄然开启的改革大计功亏一篑。

不过，不同于内地的军事政策，对于前线重地、边境要塞，他仍然给予便宜行事的军事指挥权。行伍出身的赵匡胤，自有驾驭前线指挥、边塞将帅的信心。内外有别，绝不因噎废食，这是赵匡胤军事改革的最务实处。

可惜，赵匡胤的继承者们是一水儿文人，既对武将没有好感，更无驾驭武将的自信。他们只学会了制衡，不仅将三衙又裂为四卫，甚至将前线作战的指挥权也收归朝廷，直到达到"兵不识将、将不识兵"的完美之境，将大宋的军事推入绝境。

但这些，已非始作俑者赵匡胤所能预料。

四　出征荆湖，初步整肃朝纲

"先北"还是"先南"？

翻滚的浓云，犹如万匹脱缰烈马，在天地间奔驰。有的昂首长嘶，有的俯首前冲，有的振鬃摆尾，有的踏风扬蹄。尾一扫，扬起漫天大雪；蹄一动，踏破万朵银花。

长夜漫漫，无心睡眠。迎着鹅毛飞絮，赵匡胤独自在东京城里漫步。

登基已近两年，藩镇乞降，禁军纳款，两匹烈马已然驯服，萧墙之内，暂无大乱。卧榻之主终于得暇，然环视榻侧，酣睡者依旧。南唐、后蜀、北汉、南汉、吴越、荆南、湖南，还有辽人盘踞的幽蓟……当年郭荣主政时的割据者们，仍然生龙活虎；天下四分五裂的局面，依然未有改观。

王朴当年的《平边策》，赵匡胤虽然早就烂熟于胸，但与郭荣一样，他也对北国情有独钟。不过，郭荣有情于契丹统治下的幽蓟，而赵匡胤则独钟在辽人扶持下的北汉。

南方诸国，虽然国势不振，但也非朝夕可得，好在它们与宋朝或友好相处，或不相往来，倒也井水不犯河水。大宋的军事威胁，仍然来自北方。辽人若破三关，可直取河北；北汉也可沿着太行，径下洛阳。而且，北方两国与大宋擦火不断，尤其是北汉，就像一只臭虫，虽然构不成威胁，但却令人烦躁。留着北汉，肯定会拖南征的后腿。与其南北两线作战，不如先把交战国灭掉，再打那些友好者的主意。至于辽汉两国，倒是仍可按照先易后难的总方针，先取北汉，再讨契丹。

赵匡胤自以为理由充分，可他的方案却到处碰钉子。

第一个反对者是张永德。去年八月，张永德入朝，赵匡胤曾以伐汉事秘密相问。张永德还记得，当年郭荣决战高平后，也曾一路北伐，兵临太原城下，甚至一度控制了太原以北的代州，然而由于准备不足，国力不厚，最终还是铩羽而归。这是他与赵匡胤都曾亲历过的战事。于是，张永德建议："太原兵少却凶悍，又有契丹为援，仓促间很难攻灭。臣以为，每年应多派部队游击边境，破坏其农业生产；再派人到辽国离间，切断其外援，然后再行进取之事。"

"善。"赵匡胤只回了一个字。

张永德不支持，前线将领总该支持吧？于是，赵匡胤又召华州团练使张晖进京，咨询北伐计策。没想到张晖的回答一样，不宜北伐。张晖认为："泽州、潞州刚刚经历了李筠之乱，还未从战争的创伤中恢复过来。这时兴兵伐汉，人民恐怕会吃不消。不如休养生息，等到经济恢复后再作打算。"

二张的建议，综合起来就是：恢复大宋的经济，破坏北汉的生计，从而慢慢把北汉耗死。可赵匡胤不想等到北汉油尽灯枯。于是，他约上赵光义，一同往赵普的府上走去。

赵匡胤有个爱好，晚上没事就到大臣家串个门，他是赵普家的常客。按照礼仪，见皇帝要穿官服，所以赵普平时回府，不脱官服，生怕圣上驾到，他来不及更衣。眼看今夜银装素裹，赵普心想主上不会来了，正思量间，叩门声响起。他赶紧踏雪开门，谁料皇帝竟然立于雪中。

诚惶诚恐的赵普匆忙跪拜。

赵匡胤哈哈一笑，说："我还约了光义，他一会儿就到。"

皇帝与皇弟双双驾临，赵府顿时蓬荜生辉。赵普在堂上架起木炭，生火烤肉，又让妻子亲自斟酒，丝毫不敢怠慢了贵客。

赵匡胤见了赵普的妻子，就像登基前一样，很自然地喊了声"嫂嫂"。一府上下，融融和暖，温馨如家。

赵普嚼着烤肉，悠然地问道："这大半夜里，天寒地冻的，陛下怎么还出门？"

赵匡胤喝了一杯温酒，暖了暖身子，无奈地说道："我睡不着啊。你看，一榻之外，全是别人的地盘。所以我来找你，看你有没有什么办法？"

赵普一听，心下盘算：王朴的《平边策》，主上也知道啊。看来对于如何平定天下，他还有自己的看法。在弄清主上的想法前，自己不便乱说。于是，赵普试探性地问道："陛下是不是觉得自己的天下太小了？南征北伐，现在正是时候，臣愿洗耳恭听。"

"我想收复太原。"赵匡胤几乎脱口而出。

赵普默然不语。

宁静的雪夜，时间仿佛凝结，唯余噼啪的炭火声。

良久，赵普摇摇头说："此非臣所能知道的事情。"

"唉……"赵匡胤已料到这样的结果，但他还是想问一句："为什么？"

赵普沉默半天，不是在思考北汉是否可伐，而是在思考如何劝说赵匡胤不要北伐。如果说大宋建国不久，百废待兴，以目前的实力打不下北汉，这肯定不行，那样会激起主上的牛脾气，北汉就非打不可了。想来想去，主上想先灭掉北汉，不就是要去除所谓"肘腋之患"，不必两线作战吗？如果北汉灭掉后，我们反而要在北方投入更大的精力，是否就得不偿失了？

于是，赵普回答说："北汉西有党项，北有契丹，如果一举灭掉北汉，则来自党项、契丹的边患就由我大宋独挡了。不如先留着它，等削平诸国后，北汉不过弹丸之地，拿下它简直易如反掌。"

这话倒是说进了赵匡胤的心坎儿里。赵匡胤也知道，赵普是在顾左右而言他。他反对出兵北汉的真正原因，恐怕与二张的意思差不多。赵匡胤想过，讨伐北汉，必然会同时与汉辽两军交战，即便取胜，消耗也会不小。但灭掉北汉，可换取京畿的和平稳定，然后经过几年休养生息，就可以更加自如地征讨南方。然而若如赵普所言，在灭掉北汉后，大宋以疲惫之师独自应付党项、契丹，那时何谈休养生息？又何谈南征诸国？万一被南方诸国乘机偷袭，岂不是得不偿失？

一语点醒梦中人。赵匡胤终于想通了，他哈哈大笑，赶紧给自己找个台阶儿下："我也是这个意思，刚才不过试试你罢了。"然后回头对赵光义说："中原自五代以来，兵连祸结，府库耗竭。我必先取西川，再取荆、广、江南，国家自然就会富足起来。我们的劲敌，只有契丹一国，自开运以后，契丹人越发轻视我们。不如就让北汉作为屏障，等我大宋扫灭群雄，取之未晚！"

先南后北的统一方略，就此决定。

但对于这个方略的争议，直到现在也没有结束。争议的焦点在"先南"还是"先北"，后世反对先平南、后扫北的大有人在，更有甚者连赵匡胤先取北汉的策略都表示不敢苟同，而执意认为应当如郭荣一样先取契丹。北宋著名文史巨匠欧阳修便是其中之一。

欧阳修认为，打仗应该寻求战机，有些机会失不再来。郭荣南征淮南、北伐契丹，取得巨大战果。就北伐的成功而言，世人都只见郭荣用兵神速，却不知道这是因为有可乘之机。当时的耶律璟认为后周所取之地，此前是汉人的地盘，用不着去跟周军抢夺。由此可见，幽蓟之地可指麾而取。不幸的是郭荣突然生病，大志未成矣！

作为深受契丹之祸的北宋士人，欧阳修发出这样的感慨可以理解，却并不代表言之有理。

耶律璟确实说过汉人之地不足为顾的话，但那不过是失地以后聊以自慰而已。郭荣北伐时，耶律璟正在调集大军，如果周军继续北上幽州，那么等待他们的必然是强悍的契丹精锐。以后周与北汉作战的经验来看，在契丹干预下，周军尚不能灭汉；面对辽人直辖的幽州，郭荣就一定有必胜的把握吗？

后周如此，建国伊始的大宋又如何能够胜过后周？

何况不论是郭荣还是赵匡胤，他们面对的最大问题都是如何将国内局势稳定下来。他们虽然暂时压住了藩镇，但后周时期和北宋初年，还远没有从制度上解决藩镇问题。一旦有个风吹草动，节度使们仍然是颠覆政权的隐患。且由周入宋，中原经济虽然一直好转，但远远没有达到能够支撑这样一场大型决战的程度；新得的淮南百孔千疮，短期内也无法有效改观中原财政。反观辽国，农业与畜牧业蒸蒸日上，兵马强壮，粮草充足。耶律璟之所以有恃无恐，正因"其资富强之势以自肆"。

因此，仅就是否北伐而言，和审时度势坚持"先南后北"的谋臣赵普及军人张永德、张晖相比，具有浪漫情怀的文人欧阳修不过是一纸上谈兵的措大耳。

好在赵匡胤务实，没有继续后周北伐幽蓟的战争，也没有实践自己首伐北汉的想法，而是放弃了"先北"，选择了"先南"。

建隆三年（962）十月十七日，枢密副使、兵部侍郎赵普升任枢密使，加检校太保；宣徽北院使李处耘为宣徽南院使，兼枢密副使。自雪夜定策后，赵匡胤苦苦等了一年，机会终于来了。

送来机会的人，名叫周保权。

一次出征，一次转型

盘踞湖南的周保权，官职武平军节度副使、权知朗州，听起来和一般的藩镇毫无区别。

但也只是听起来而已。唐朝末年，武安军节度使马殷割据湖南。开平元年（907），后梁建立，马殷被梁帝朱温封为楚王；后唐时正式开府建国，以潭州为都，号长沙府，史称南楚或马楚。马殷统治时期，南楚保境安民，依靠农桑纺织和茶叶种植，经济快速发展。可惜马殷死后，他的儿子们为争夺统治权连年内战，南唐皇帝李璟乘机发兵，于保大九年（951）灭掉南楚，吞并湖南。

但好景不长，李璟用人不明，导致湖南政治混乱，人心不附，再度爆发兵变。马氏旧将收复故土，几经厮杀，武人周行逢脱颖而出，稳住了湖南局势，建立起周氏政权，史称武平军、湖南或周行逢政权。本着"楚人治楚"的原则，周、宋朝廷只负责对这个称臣的周行逢封官，其余事务概不过问。于是，湖南成为十国之外如假包换的割据政权。

周行逢有九个结义兄弟，其中八人均在争夺湖南统治权的厮杀中被搞死了，除周行逢外，硕果仅存者名叫张文表，他与周行逢一时倒也相安无事。然而，建隆三年（962）九月，弥留之际的周行逢却料定，自己死后，张文表一定会叛乱，于是告诉十一岁的儿子周保权，文表若叛，当以亲军指挥使杨师璠征讨；要是打不赢，就婴城自守，归顺大宋吧。

在周行逢看来，赵匡胤对前朝旧主尚且放了条生路，周保权穷极往投，应该会有好的归宿；可若是落到张文表手里，周氏一门必死无疑。

张文表很给兄弟面子，果然周行逢刚死，他就起兵造反。他一发难，小孩儿周保权马上慌了，老将杨师璠竟然也慌了。他们对战胜张文表毫无信心，慌张间，把周行逢的两条锦囊妙计合为一条，一面发兵平叛，一面火速向赵匡胤求救。

事实证明，周行逢的锦囊妙计并不妙，周保权的求救信递到宋廷一个半月，才等到宋廷正式册封自己为武平军节度使的任命。至于赵匡胤对湖南是个什么态度，仍然云遮雾绕，看不明白。

酒坊副使卢怀忠向赵匡胤进言道："高继冲甲兵虽整，但军队不过三万；年谷虽登，可民困于暴敛。荆南南通长沙，东距金陵，西迫巴蜀，北奉我大宋，臣观其形势，日不暇给，取之易耳！"

"好！"一直对湖南战事不冷不热的赵匡胤，在听到关于荆南的报告后，终于燃起了斗志。

荆南是什么？高继冲又是谁？这又与湖南周保权何干？

荆南，是正儿八经的十国之一，又称南平、北楚。后梁曾以高季兴出任荆南节度使，下辖江陵、归州与峡州。后唐同光二年（924），高季兴受封南平王（死后又追封为楚王），建都江陵府。

与湖南一样，荆南算不上完全独立的国家；但与湖南不同，荆南只有一府二州，国力贫蹙，地狭兵弱。为了维持统治，高季兴和他的继任者们只好靠着劫掠来往使臣商贾、对周边国家称臣骗赏过活，时人称之为"高无赖"。

高氏所据的江陵府南北相通，东西相控。只是由于太重要，四面八方的政权反而不敢攻占。因为一旦占领荆南，割据的平衡就被打破，免不了遭到他国围攻。

现任荆南节度使高继冲是第五位统治者，乃高季兴的曾孙。他上任不足一月，年龄才二十岁，夹在烽火硝烟的湖南与虎视眈眈的大宋之间，实难保境。宋军借着出兵湖南的机会，大可把荆南也一并拿下。赵匡胤一直没有给周保权回信，就是在等荆南的消息。如今，卢怀忠的情报证实了他的想法，一箭双雕正当时。

十二月二十日，赵匡胤正式下达第一道有关处理湖南兵变的命令：遣中使赵璲等宣谕周保权、张文表，任凭张文表归顺朝廷；并命荆南发兵协助周保权。

开封城里，高官名将都在摩拳擦掌，大宋立国将近三年，至今尚未对外发过一兵一卒。大家左等右盼，激动人心的时刻终于到了。

开封府衙，赵光义尽量让自己不为情绪所染，只是拿着毛笔的手，依旧不听话地微微发抖，"东京留守"四个字写得歪歪扭扭。

杜太后去世后，皇兄赵匡胤杯酒释兵权，连他这个皇弟也不许留在禁军。赵光义有点懊恼。不过，赵匡胤却给了他一个更有料的头衔——开封府尹。仅从职权看，开封府尹不过相当于后世的首都市长。然而，熟悉五代潜规则的人都知道，开封府尹是个敏感的职位，以宗室尹京，往往带有立皇储的深意。难道二哥真的要立我为继承人？赵光义想入非非起来，一次次的暗示，不得不让他若有所期。

所以，大军出征在即，他想起了"东京留守"这个临时官职。赵匡胤御驾亲征，赵普向来随军。这京中第一官，按理当授予赵光义这位准皇位继承人。没有皇兄的东京，自己可以随意发号施令，令行禁止，那种几近至尊的感觉太美妙了！

然而建隆四年（963）正月，赵匡胤却下诏：以山南东道节度使、兼侍中慕容延钊为湖南道行营都部署，枢密副使李处耘为都监，遣使十一人，发诸州兵会襄阳，以讨张文表。

为什么不是下诏亲征？赵光义像泄了气的皮球，烦闷地窝在屋里。

吃惊的不仅是赵光义，朝廷高官没有不纳闷的。整整十年了，他们早已习惯了跟着天子东征西讨。谁能想到，大宋首度出征，官家居然不再上马？

天下，居马上得之，安可马上治之乎？

看着满朝文武的惊讶，赵匡胤有点小得意。乱世的逻辑要改一改了，谁说打仗一定要御驾亲征？朕已经让大将们远离政治，自己这个皇帝，也该摆脱军人的身份，做个正正经经的治国者了。朕是治天下的皇帝，不是上战场的将军。天下文治，从皇帝做起。

当年，郭荣一条腿迈进了治世的殿堂，另一条腿却始终没有离开乱世的泥沼；现在，赵匡胤准备拔出这条腿。

退居庙堂的赵匡胤只对前线做了唯一的战略部署，他对即将赴军的李处耘说："江陵四分五裂之国，如今我们借道出师，要乘机把它拿下。"假途灭虢，哦，现在应该叫"假湖灭荆"，不仅算不上诡计，简直连阴谋都不算，只能勉强叫阳谋。

这样明目张胆地抢地盘，荆南能老实就范？

能！

不久前，赵匡胤向荆南下了一道诏书，命高继冲发水兵三千，与宋军一道南下潭州。

这是一个试探。荆南不是一直对中原奉表称臣吗？如今朝廷找你一同平叛，你出不出兵？出兵，当然好；不出兵，我正好以此为由，灭掉你这个乱臣贼子。赵匡胤虽然公开来抢地盘，但要抢得文雅；要抢得文雅，首先要有个正当理由。这是他统一天下的第一步，他不想因为自己的过分蛮横，激起周边国家对大宋的过度防范甚至敌意。所以，伐人之国，必须要有理由。

赵匡胤得到了反馈，高继冲同意出兵——不同意也不行，以三州对抗一百余州，螳臂当车，不敢不从。

其实大宋完全可以武力吞并荆南，但那样毕竟费时费力，远不如妙取更划算。荆南的底线已经暴露，赵匡胤从容下殿，安枕而眠：前方的事情，用不着朕操心了。

收复荆湖，小试牛刀

李处耘的使臣丁德裕已经进入江陵城，宣读朝命：王师借道伐叛，请贵府提供沿途补给。

高继冲回复：老百姓怕当兵的，粮饷我们可以供给，但请另行别路。

丁德裕再入江陵：王师借道伐叛，请贵府提供沿途补给。

一模一样的话，完全没有妥协的余地。

谁都明白宋军不怀好意，可又能怎么办？高继冲连忙召集幕僚，商议对策。

兵马副使李景威说："给我三千兵马，我可以在荆门设伏，击走宋军；然后回师收张文表，再交给朝廷。功罪相抵，大事可成。"——这是混账话，三千战数万，你以为自己是赵匡胤，对方是李景达？

节度判官孙光宪说："自周世宗起，天下有混元一统之势。如今圣宋受命，规模更加宏远。现在宋军借道灭湖南，难道还有借道回师的道理？干脆献土投降算了。"——这更是混账话，老子要想投降，还问你们干吗？

能写成千古名著《北梦琐言》的孙光宪，当然不是信口开河。大宋立国三年，百废渐兴；赵匡胤文可理政，武能伐兵。有这样的强国，有这样的雄主，天下已不是五代的天下，荆南这巴掌大的地方，如何阻止历史大势？

孙光宪知道高继冲在担忧什么，劝说道："公亦不失富贵。"

高继冲动心了，他并不关心荆南能否割据一方，他关心的只是自己的前途。于是，高继冲命叔父掌书记高保寅与衙内指挥使梁延嗣前去犒劳宋军，顺便探探口风。

李景威闻讯，当日自尽。

使臣一去未归，等待命运的高继冲陷入空前的恐慌，他以犒劳宋军为由，在境内大肆搜刮钱财。反正自己早晚都得被灭掉，就当这是"最后的疯狂"吧。好在赵匡胤听闻后，即时下诏，命高继冲停止搜刮。荆南人民才逃过一劫。

当晚，高保寅的使臣回报：宋军距江陵百余里，慕容延钊、李处耘待己甚厚，借道而已，并无他意。慌乱的高继冲终于放下心来，只待叔父等人平安归府。

次日一早，睡眼惺忪的高继冲没有等来叔父，却等来了李处耘。宋军兵临城下，毫无准备的高继冲仓皇出城十五里迎接。李处耘让他待在原地等着慕容延钊；自己率兵先行入城，登上北门。待高继冲陪着慕容延钊的大军来到江陵时，城中战略要地早已为宋军所控制。

这是怎么回事？说好的先"假途"后"灭虢"呢？你们怎么不按典故出牌？高继冲懊恼不已。

建隆四年（963）二月初九，荆南三州十五县，和平划入大宋版图。

荆南归附后，赵匡胤做了一些善后工作。高继冲继续留任荆南节度使，这让作为降臣的他喜出望外，对自己的性命再无担忧。后来高继冲举家归朝，他本人则徙镇武宁军，至开宝六年（973）去世，颇有政声。

朝廷另派仅次于赵普、李处耘，与吕余庆地位旗鼓相当的枢密承旨王仁赡任荆南巡检，实际管理荆南地区。荆南幕府的旧僚也各有升迁。

赵匡胤对李景威特别惋惜，评曰："忠臣也。"并命王仁赡厚恤其家。李景威无力阻止荆南的灭亡，但以死证明乱世自有正气在。

趁着宋军跟荆南斗心眼儿的工夫，杨师璠已经击灭张文表。显然，这位与周行逢齐名的张文表被严重高估了。这时杨师璠才发现，引狼入室是多么愚蠢的决策。

请神容易送神难。号称帮助周保权平叛的宋军，在叛乱平定后，不但没有撤军，反而日夜兼程，直驱湖南会府朗州。

周保权小朋友又吓哭了。观察判官李观象日察时局、夜观星象，最后得出结论：唇亡齿寒，我们也投降算了。

不能就这么算了！指挥使张从富壮起胆子，把宋军入湘必经之路上的桥全部毁去，船全沉了。他大概以为这么一折腾，宋军就会打道回府。

结果湖南收到一纸毫无文雅之风的诏书："你们来求援，朕这才发兵帮你们平叛。现在妖孽已死，朕对你们有再造之恩。你们不图回报，反而抗拒王师，这是自取灭亡！"

赵匡胤下了最后通牒，湖南幕府一筹莫展。然而开弓没有回头箭，周保权只能一面吞掉泪水，一面让张从富等人率兵抵抗。

抵抗的结果是，慕容延钊攻破岳州，直捣潭州；而澧州方向，被宋军放回的俘虏们正抱着脑袋四处呐喊：宋军把俘虏都吃了！

原来在朗州之北，澧州城下，李处耘正在举办一场"食肥宴"。他从湖南战俘中选出数十个白白胖胖的，当着所有战俘的面，让自己的士兵把这些人吃掉了。

战争年代，饥荒连连，为了活命，人被迫吃人的事并不少见。但刻意举办吃人宴会，吃的还是俘虏，这已难用"残忍"二字来形容了，简直是丧心病狂。

当然，也不排除李处耘造假的可能——吃的未必是人，只不过是做做样子，吓唬吓唬他们。毕竟李处耘是个宅心仁厚的人，而且在防止宋军在荆湖烧杀抢掠方面起了决定性作用。但这也只是善意猜测，史无所证。

丧心病狂的心理战，令湖南军民的心理全线崩溃，他们一把火烧了澧州，弃城逃亡。宋军乘胜进击，于三月初十攻破朗州。张从富枭首，周保权被擒，在告别江陵一个月后，宋军再收十四州一监五十二县，将疆域拓展到长江中游。

与高继冲一样，周保权也受到了优待，他摇身一变，成了大宋的官员，被授以右千牛卫上将军的虚职，太宗时出知并州。高继冲与周保权入宋，后来均得到朝廷授命，成为地方官。可惜，大概是整日里担惊受怕，二人都不长寿。高继冲去世时年仅三十一岁，周保权年仅三十四岁。

荆湖一役，大宋不仅得了十七州一监六十七县、齐民二十四万户，扩张了大宋的版图，壮大了大宋的实力。更为重要的是，它为大宋在长江以南打下了一枚楔子，下瞰南唐，上阻后蜀，南压南汉，在对南战争的战略上抢占先机，也从地理上镇住了南方诸国联合反宋的可能势头。

战事结束，荆湖十七州迎来德音。所谓德音，是当时诏书的一种，专门用于下达宽恤之命。大宋朝廷宣布，荆湖地区的死刑犯免死，流刑（流放）以下的罪犯释放，已经因获罪而被发配官府罚充劳役的人全部放还。此外，将三年以前所欠的田税和地方场院的赋税全部蠲免。荆湖地方官吏仍然官居原职，有功的还会加官晋爵。参加讨伐的军队将士也都有丰厚赏赐，而在战争中被抓的俘虏则全部释放回家。

十多年前，南唐也曾占领湖南，但李景下达的诏命却是将湖南财物悉数运往金陵，又派遣为人苛刻的官员到湖南征税以供应驻湖大军，同时征发当地的人力、物力与南汉争夺原来楚国南部的领土，加之湖南统帅边镐驾驭无方，政出多门，终于导致湖南人造反，唐军无功而返。

为政以德，譬如北辰，安居其所，众星拱之。李景为政不德，祸害一地，终于被官民赶走；赵匡胤传来德音，造福一方，荆湖官民交口称赞。

当战争的目的由掠夺变为良治，天下距离太平就不远了。

南方的捷书连绵不绝地递入东京，群臣纷纷上表称贺，恭喜赵匡胤转型以来，取得的第一次军事胜利。

不久，他们就会切身体会到，转型的不仅是皇帝自身，还有国号为宋的整个国家。

整肃司法，人命至重

慕容延钊和李处耘忙着在荆湖攻城略地，开封城里的赵匡胤与赵普也没闲着。自从李处耘离开后，赵匡胤就一直关注着湖南的动态——不仅因为那里正进行着一场兼并战争，更因为那里即将掀起一场酝酿已久的政治改革。

自唐末以来，数十年间，更换了十个异姓帝王，兵革不息，生灵涂炭，这到底是为什么？欲平息兵乱，为国家寻求长治久安之计，又该如何做？

这个问题，唐明宗李嗣源想过，可惜他没想明白，只能走一步算一步。

周太祖郭威与周世宗郭荣也想过，可惜他们来不及解决问题，就含恨而终。

穷则变，变则通，通则久；但也有人越变越穷，越变越堵，越变越短命……

赵匡胤举棋不定，如履薄冰。中原王朝犹如一间破旧的草屋，到处是洞。几十年间，历任帝王将相就像一个个裱糊匠，到处打补丁，勉强将草屋翻修一新，得过且过。然而，一旦有个风吹草动，那看上去结实的草屋就会瞬间崩塌。要想在这间屋子里安心居住，非得重打地基、搭梁添瓦，盖起一座完全不同于过去的砖房不可。这就需要一份蓝图，一份详细标明房屋样式、施工顺序、建筑材料等项目的工程计划书。

因此，赵匡胤必须统筹全局，为即将开启的改革定下基调，围绕总纲，循序渐进。只有这样，才能逐步消除唐末以来的祸根，重建良好稳定的社会秩序，完成数代君臣治平天下的大愿。一句话，赵匡胤的改革需要"顶层设计"。

对于这个问题，赵普的答案是："原因无他，不过是藩镇权力太重，君弱臣强而已。现在要对其治理，也别无他巧，只要削夺其权、制其钱谷、收其精兵，天下自然安定。"藩镇权重，对国家而言，意味着国土分裂，社稷颠覆；对老百姓而言，意味着滥杀重刑，苛捐杂税。藩镇不削，国家无宁日，百姓不安心。

赵匡胤茅塞顿开，不待他说完便接道："卿不要再说了，我知道该怎么办了。"

这三大纲领，看似并列而举，实则循序渐进。剥夺行政权与司法权，是对藩镇统治基础的削弱；收缴财政权，是断了藩镇扩军养兵、收买人心的财路；只有行政权、司法权、财政权都收归朝廷，中央与地方的力量对比才会发生明显变化，那时才能谈剥夺节度使兵权的问题。毕竟这几十年间，还没有"削夺其权""制其钱谷"就急于"收其精兵"的努力太多了，而这种简单粗暴的集权几乎每次都导致藩镇叛乱，甚至颠覆朝廷。

改革要环环相扣，先易后难。前一项改革尚未取得一定成果，相关的后一项改革绝不能开启。走错一步，就可能万劫不复，更不要说眉毛胡子一把抓。

激进而看似彻底的改革，自古有之。两汉之交有王莽改制，有宋一代有熙宁新政，晚清之季有戊戌变法，过程轰轰烈烈，效果却惨不忍睹。

治大国若烹小鲜。执政改革，要有信心，要有耐心。

在改革的问题上，赵匡胤并不打算一劳永逸。按照赵普的纲领，第一步是对藩镇"削夺其权"。好，改革就从司法权突破。

唐末五代，军阀混战，法制混乱，极不统一。且不说不同割据政权有各自不同的法律，就算是中原王朝，也因藩镇各自为政，造成各地法律不一。由于军人侵政，原本由地方行政长官监理的刑事、民事、司法事务，也转入藩镇手中的军事法庭——诸州马步院，其负责人马步判官往往由节度使的亲信牙将担任，这些人好专杀，而且对国家的法律条文也不甚了解，冤假错案简直数不胜数。尽管朝廷早就意识到这个问题，然而由于中央政府羸弱，根本无力加以解决。

当时的法治还存在另一个严重问题——刑罚过重。包括五代第一明君郭荣统治下的后周在内，整个五代时期，法网繁密、刑罚苛严的积弊始终没有好转。

按理说，乱世当用重典，这是维护治安、重建秩序的途径之一。然而，由于绝大多数武夫没有文治理念，由武夫主导的朝廷，将峻法的适用范围不断扩大。当对待一般老百姓的小过错也要用重典时，重典就成为苛政，必然不得民心。一千年前，秦朝就用自己的灭亡警示后人，如果严刑峻法逼得人民不得不铤而走险，维持秩序的法律就成为最有力的秩序破坏者。

司法关系到千万人民的性命，关系到社会的秩序，关系到王朝的命运，是国家治理成败的重要因素；但是，相对于行政、财政、军事而言，司法对节度使的重要性反而最弱。因此，早在建隆元年（960）十月，借着平定二李的军威，赵匡胤便以整顿司法为突破口，强行收回了马步判官的任免权，其职也改由文人担任。一方面，文人往往精通律法，能更好地运用法律；另一方面，这等于剥夺了节度使对地方法官的任免权，为朝廷进一步推进司法改革，铺平了道路。

建隆三年（962）三月，赵匡胤再对地方司法权动刀，下令诸州的死刑案件必须上报朝廷，由刑部复审，以此来杜绝藩镇枉法滥杀的恶习。在颁布这项措施前，赵匡胤语重心长地对范质等宰臣说道："五代诸侯飞扬跋扈，经常枉法杀人，朝廷竟然置而不问，刑部的职能几乎废止。况且人命至重，朝廷要如此姑息藩镇吗！"人命至重，这是赵匡胤执政与改革的重要理念，也为日后大宋三百余年的政治文明划出了准线。

同年十二月，赵匡胤听从赵普建议，每县设立县尉，负责当地治安，由朝廷任免，而节度使任命的镇将的权力范围仅限于驻城内，藩镇的司法权再度被削弱，地方滥施重刑的现象也进一步得到扭转。

不过，这些措施最初还只是一纸诏书，如何让它们深入各级地方政权，让它们行之有效。这是"顶层设计"之后，改革者必须面对的"基层设计"。

当时金州有个布衣叫马从扼，他的儿子马汉惠是个无赖，曾经害过自己的从弟，还喜欢抢劫，乡亲们对他是又恨又怕。最后，马从扼实在看不下去了，于是与妻子以及次子商议，杀死了马汉惠，为乡里除一公害。

这在现代法治社会当属故意杀人，但在德法并重的古代却是大义灭亲，罪不至死。然而，金州防御使仇超与判官左扶却将马从扼夫妇和他们的次子一并诛杀了。

这事发生在建隆二年五月，地方司法改革刚刚起步。

赵匡胤闻讯勃然大怒。他认为马从扼杀人事出有因，罪不当死。仇超和左扶非但没有体会朝廷"宽刑"的用意，也不按法律条文办事，反而故意将他一家三口判成死罪，这是对法治的公然践踏，对臣民的司法暴力。赵匡胤责令有关部门弹劾二人，将他们罢官除名，先施杖刑，然后流放海岛。

百姓的死在一般官员眼里根本不算什么，没想到皇帝竟然大发雷霆。法之为法，最要紧的是不让人犯法，而不是滥杀。这件"小事"一举成为震惊朝野的大事，自此官民知道要遵守朝廷大法了，更知道了皇帝改革司法的决心。

赵匡胤的法制改革是交叉立体式的，在实行以重塑集权、宽刑减刑为目的的地方司法改革的同时，他在朝廷又开启了以重建秩序为宗旨的立法活动。

当时，不仅司法与执法混乱，法律本身也很混乱。宋朝建国之初，法律以二三百年前的唐律为基础，兼用唐朝中后期及后唐、后晋、后周的相关法律。法令繁多混乱，使得司法者与执法者没有统一的法律可依。虽然周世宗时编撰了《周刑统》，但是条文仍然繁多，也不够严谨全面，使用起来依旧不便。

因此，建隆四年（963）二月，赵匡胤命工部尚书、判大理寺事窦仪等人，再度修订法律，于当年十二月编成《重详定刑统》（即《宋刑统》）三十卷，作为固定的律典；同时，又将自《周刑统》编成后，皇帝针对特定人和事发布的敕条编成《编敕》四卷，作为《重详定刑统》的补充，颁行天下。这次立法，不仅改变了无法可依的混乱局面，更本着轻刑罚的原则，一改五代时期苛法无度的状况。

赵匡胤从法制入手，推行新政，一举达成了削弱藩镇和初建秩序的目的，国家与老百姓都从中获得了实惠，改革首战告捷。但接下来针对地方行政权的改革，就多少让人有些望而却步了。对藩镇的行政权下手，犹如在他们身上割肉。不要幻想掌控道德制高点，既得利益者就能够任人宰割。改革是一场谈判，是对各方既得利益的重新分配，如果要让既得利益者妥协，改革者必须掌握足够的资本。

赵匡胤虽然暂时镇住了藩镇，但还没有足以让他们妥协的资本，所以最好的办法，莫过于绕开他们的地盘，在一片没有藩镇的新土地上，推行行政改革。

于是，建隆四年的荆湖地区，万众瞩目，成为帝国政改最大的试验田。

湖南政改试验

赵匡胤在湖南推行的第一项行政改革即取消支郡，设置直辖州。支郡是节度使的辖州。控制的支郡越多，节度使的权势越大。按照惯例，宋朝吞并湖南，应该在这片广袤的土地上，设立多个节度使。当年南唐攻灭南楚时，就是这样处置的。

然而，赵匡胤并未在湖南设立节度使，原本应该成为节度使支郡的州则直隶中央。这也并非无例可循，五代时期即有先例。更何况，节度使的辖区从来就不是一级正式的地方行政单位，那不过是朝廷对分裂这一既成事实的默认。如今，赵匡胤不再默认这个事实，改变已经不可逆转地开始了。

自从湖南成功取消了支郡，新征服的州直属朝廷便成为大宋的惯例，这对宋朝重塑中央集权意义重大。因为随着对外兼并战争的全面展开，宋军征服的土地越多，朝廷直辖的州也就越多。而节度使的地盘不能扩张，只能在日益强大的朝廷威压下，渐渐枯萎。到太宗太平兴国二年（977），所有节度使的支郡均被取消，困扰中央政府近两百年的藩镇割据问题终于得到彻底解决。

湖南政改的第二项措施是朝官知州。州的行政长官本来是刺史，理论上由朝廷任免。但由于节度使割据地方，一些支郡的州刺史实际是由节度使任免的；即便是由朝廷任命的刺史，慑于节度使的淫威，往往对藩镇侵政不闻不问。节度使通过对刺史的控制，在辖区内发号施令，割据一方。

赵匡胤既然取消了支郡，改革直辖州的行政长官也就成了配套举措。虽然名义上，刺史仍然是直辖州的正式长官，但已经不到地方赴任，或者根本就不授予人；而改派知某州军州事（简称知州）的差遣官，实际到地方主持州务。

从唐朝开始，官制发生了重大变革。许多官职仅仅用来区别品级高低、俸禄多少、官员资格等，成为虚衔，没有实际掌管的事务；而真正主管事务的官员，则另行委派，称为差遣。

知州作为一种朝廷委派到地方的差遣官，最早始于唐代宗时，五代时期日渐流行，但其制度还非常不成熟，难以担当整肃地方、重塑集权的重任。

赵匡胤改良后的知州则完全不同。这些知州不仅由朝廷正式委派，而且均由文职朝官担任。他们是隶属于中央的官员，而非地方官；他们直接受朝廷领导，而不受地方节制。赵匡胤在湖南的政治改革，并非止于一隅，而是要为日后在全国推行做准备。如果他仍然任命刺史作为州长官，那么这种"湖南模式"就根本无法对北方的政局产生半点影响，因为在人们的潜意识里，刺史就是节度使的属官。

现在不同了，无论是实际上还是名义上，知州与节度使都两不相干。待到时机成熟，赵匡胤便可以在北方通过分割支郡、设置直辖州，特别是任免知州的方式，逐渐削弱、架空节度使，最终完成削藩集权的大业。

此外，以朝官为知州，也大大增加了知州的权威。这样，他们不仅在处理地方事务时，脖子更硬；在面对节度使时，腰板儿也更直，也就敢于同节度使分庭抗礼，分藩镇之权。这些朝官又都是文官，比起当时的武将，具有文化知识的他们也更懂得忠义，造反的概率大大降低；他们没有自己的军队，甚至与武将、士兵互相看不顺眼，也就缺乏在地方进行军事割据的基础；而他们长期处理政务，积累了大量的工作经验，对地方的治理水平显然又高于武人。所以，以朝官为知州，皇帝、朝廷、百姓皆受益。

对于大宋第一批知州的人选，赵匡胤也是煞费苦心。他以户部侍郎吕余庆权知潭州，给事中李昉权知衡州，枢密直学士、户部侍郎薛居正权知朗州。这些都是腹有诗书、办事干练的有识文士。

不过，这些知州的差遣前都有一个"权"字，有"代理""临时"之意。本来，新官初任，先以代理的身份"实习"一段时间，再转正，这种地方官员任职的传统方式至迟起自秦汉。然而，在赵匡胤这里，"权"还有了新的意义。一个"权"字，似乎暗示地方官都是临时差遣，提醒他们不要有盘踞地方的非分之想；又似乎在向天下藩镇表明：朕设知州，只是权宜之计，是一个临时官职，并没有常设的意图，以此来安抚北方的节度使们，避免恐慌。

湖南政改的第三项措施，是创设通判。为防止知州成为新一轮土皇帝，赵匡胤在知州之外，又设通判。这是一种比较蹩脚的官职。论官位，它在知州之下，似乎是一州的二把手；论职权，他不仅与知州同理一州之政，而且有对知州的监视之权，俗称"监州"。通判与知州互相制约，难以一枝独大。第一位有史记载的通判是刑部郎中贾玭，他的儿子是宋初著名神童贾黄中。

由于湖南是一片没有藩镇割据的"净土"，因此，赵匡胤的三大改革几乎没有遇到任何阻力，迅速在湖南展开。通过改革，朝廷权力延伸至地方乃至基层，并为今后的政权结构搭好了新架子，节度使赖以割据的政权基础正在走向分崩离析。就像杯酒释兵权一样，湖南政改是赵匡胤逼军人和平退出政治的另一种方式，它们为大宋的改革共同定下了一个基调——循序渐进，温和稳定。

但也许就是因为改革的基调太温和，赵匡胤在后世受到了一些人的非议，以至于很多人根本意识不到，他所开启的是一场关系中国今后八百年命运的改革。

其实，五代时期，想一步到位的改革比比皆是。比如梁太祖朱温急于削藩，就曾在建国不久后，强行采取分镇（肢解藩镇）、移镇（调换节度使）的手段，结果逼出了许多乱子。尽管靠着武力，朱温将这些乱子悉数平定，但也因此消耗了大量国力。善于从前人教训中吸取经验的赵匡胤，不会不明白这个道理。

改革是谋与略的结合，它既需要胸怀大略，需要"顶层设计"，保证改革的宏观方向；又需要腹有良谋，需要"基层设计"，保证措施切实可行地推行下去。"释兵权"是略，"杯酒"是谋；湖南政改是略，温和稳定是谋。大宋立国三年，一个以四两之轻拨千斤之重的改革家形象，在万岁殿中，日渐清晰了。

湖南试验田里的三项政改措施茁壮成长，更加坚定了赵匡胤到北方推广新政策的信心与决心。在北方的藩镇里，他也有一块堪比湖南的试验田，那就是符彦卿的辖地——天雄军。但赵匡胤怎么也想不到，"符彦卿"三个字，竟然在朝廷里激起了轩然大波。

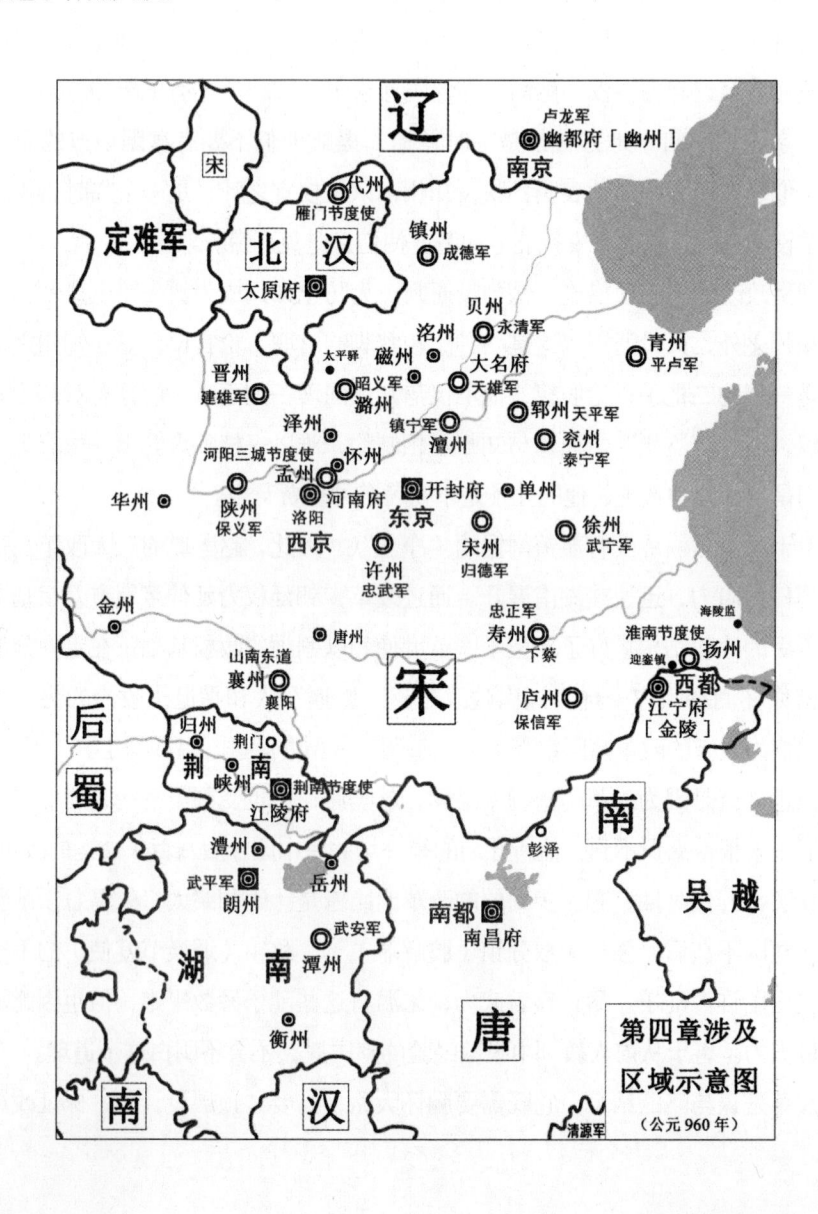

第四章涉及区域示意图
（公元960年）

第五章　外乱内争，重整山河

一　幕后的光义

最后的周臣

夕阳西沉，天际处已升起冉冉红霞。然而高高的宫墙，却挡住极目远眺，只能从钩心斗角的殿阁间，一瞥晚霞的芳容。角楼迤逦着几块金丝条般的霞彩，宛如披上艳丽夺目的锦缎。

但那不过一时幻景，灿灿云霞自淡而浓，自金红而碧紫，自紫而暗，自暗而漆黑一片……

天色已晚，正在值班的翰林学士、中书舍人王著，拿着京城名酿流霞酒，跌跌撞撞，从学士院晃荡而出。他扶着宫墙，步履蹒跚，穿过一道又一道宫门：右长庆门、右嘉肃门、右银台门……

嗯？怎么到了这里？出右银台门左转，是去往西宫的路……西宫……郑王……我要去见郑王……想到这里，王著突然抱住右银台门的门柱，呜呜哽咽起来。

自从上次醉闹曲宴，王著也曾打算戒酒，一心一意起草诏书、主持贡举、备问答对，也算报答赵匡胤的宽容大度——不仅是对自己的，更是对郑王的。郑王郭宗训虽然失国，但赵匡胤毕竟信守诺言，没有难为他，这最让王著欣慰。然而，欣慰不过是短暂的幻想。去年赵匡胤的皇命，将这幻想打得粉碎。

十岁的郑王郭宗训被迁出西宫，安置在偏远的房州。那里四面环山，是一座天然监狱，是历代贵族政治犯的归宿地。

陛下，您不是说要善待周宗室吗？

王著又开始酗酒了，而且酗得更凶。他甚至曾乘着酒醉，卧宿青楼，这在当时是违法犯禁的，结果被巡吏逮个正着。说也奇怪，巡吏没有把他交给朝廷处置，而是直接密奏天子；赵匡胤只是让巡吏放人完事。

王著明白，这个巡吏多半是赵匡胤派出监视自己的密探。主上您大可放心，您说对了，我一介书生，折腾不出什么花样，可我对世宗皇帝的忠心，天地可鉴！日月可昭！

王著擦干眼泪,掸掸身上的灰尘,晃晃悠悠,朝着右银台门的斜对面走去。

滋德殿里,赵匡胤躺在龙床上,想起与郑王离别时的情景。那道外迁的诏书,不仅打碎了王著的幻想,也打破了自己的天真。他曾简单地认为,只要作为皇帝的自己坚持,他与郑王便可同城而居,相安无事,这必将在历史上传为佳话。

可惜,任何一个皇帝,都无法对前朝逊帝完全释怀。因为,前朝逊帝永远是一面可以号召反对现任皇帝的旗帜。

赵匡胤想起了梁武帝萧衍。宅心仁厚的萧衍在受禅后,曾模仿上古故事,对前朝逊帝萧宝融优宠有佳,甚至准备以一郡作为萧宝融的封国。谋臣沈约见此,急忙谏道:"古今之事大不相同。曹操曾经说过'不可慕虚名而受实祸'。"萧衍欣然接受建议,派人秘密杀掉了萧宝融。

"不可慕虚名而受实祸",这句话足以撼动任何帝王的心。平定二李后,虽然大宋境内暂时稳住了,但无论朝堂之上,还是藩镇之中,口服心不服者大有人在。比如那个整天醉醺醺的王著。面对严峻的形势,赵匡胤也不得不向现实低头。

正在这时,中使忽然来报:王著叩门求见。说王著,王著到。深更半夜,他不会是为郑王之事吧?赵匡胤稍事狐疑,还是从御榻上坐起。

王著才干卓越,博闻广识,品德高尚,美中不足的是对世宗念念不忘。对于这样的人,只能晓之以理,动之以情,他早晚会受朕感化,对朕忠心耿耿。

赵匡胤尽量让自己心平气和。

但王著没办法让自己心平气和。

烛光摇曳中,王著蓬头垢面,衣衫不整,面如土色,东摇西晃地走进来,嘴里还不忘一直念叨着"世宗"。

赵匡胤再也按捺不住心中的怒火。王著!朕一次又一次原谅你,何以厚世宗如此,薄朕如此!我大宋蒸蒸日上,正是用人之际,何以一次次辜负朕望!

次日一早,怒不可遏的赵匡胤翻出王著醉宿娼家的老账,把他的官衔一撸到底,责授比部员外郎。以御史中丞刘温叟为首的御史们集体躺枪,坐失于弹劾之罪,夺两月俸。

大宋开国的第三年,朝中最后一位大周的忠臣,黯然离开学士院。

王著应该庆幸，因为赵匡胤始终在强压自己的愤怒。王著虽然不惧一死，但滋德殿里的皇帝若是换了别人，他早已经死过千万次了。赵匡胤并不满足于消灭政治上的反对者，他要将这些反对者变为自己的拥护者。只有这样，分崩离析的人心才能重聚；只有这样，天下的文武官民才能从对立走向凝聚。

符彦卿的"圣眷隆恩"

郑王出迁房州，不仅刺激了王著，也刺激了开封府尹赵光义。

赵光义与前朝宗室本无瓜葛，但与郑王的姥爷符彦卿绑在了一条船上。他与符氏伉俪情深，虽多年未有子嗣，然亲于胶漆如故。有件事就很值得一提。

雍熙二年（985）三月，也就是符氏去世后十年，高南金参加贡举，为其父高頔请求怜恤。时已为皇帝的赵光义立刻想起，高頔曾为符彦卿掌书记。当年赵光义赴大名府迎娶符氏时，即由高頔接迎。此事触动了赵光义的亡妻之痛，因而特别厚待高氏父子。人故尚且如此，何况是在甜蜜期呢。

因此，爱屋及乌，爱老婆的赵光义，自然也就把符彦卿当作自己人，不愿看到老泰山受半点委屈。

更重要的是，尹京两年，赵光义尝到了权力的甜头。有一个做靠山的二哥固然好，多一个当后台的岳父也不错。所以，一旦"靠山"与"后台"有了摩擦，敏感的赵光义立刻警觉起来。

皇帝动了郑王，接下来是不是要动符彦卿？

魏王符彦卿也在嘀咕这个问题。他坐在大名府的正堂里，一面饶有兴致地翻着账本，盘算着有多少新钱入账；一面把玩着手中的铜钱，那枚铜钱平滑光亮，挼搓日久，一眼便知。

自从上表效忠后，符彦卿一直很低调。然而，随着二李的灭亡，大宋朝廷在中原的威望日渐高涨。符彦卿觉得，必须让皇帝明白，自己不但忠于朝廷，而且胸无大志。于是，建隆二年（961），符老爷子突然高调起来，在辖区内滥取民租，中饱私囊。大名府的帅案上，曾经摆放公牍、兵符的地方，现在却改放账本了。

帝制时代，皇帝确实爱清官廉吏，而且越是基层官员，越要严格要求。但对于权臣虎将，皇帝不怕他们贪，反怕他们不贪。不管你贪财贪色贪虚名，只要不贪权，一切好说。

所以，在古代，位高权重的"聪明人"总是想法给自己抹黑。王翦灭楚前，要始皇赏赐美田宅院；萧何做丞相，曾公开抢夺民田。符彦卿镇大名，要高调敛财。

符彦卿懂赵匡胤，赵匡胤也懂符彦卿。不过，赵匡胤毕竟想治平天下。你符老头儿身为皇室姻亲，带头敛财，朕若不加以颜色，何以堵天下人的嘴，何以治天下？

于是，赵匡胤选拔了几名朝官赴任大名府，专门负责收税事宜，符彦卿当年的财政收入落空。赵匡胤在朝官奏回的账册上，勾了几个圈，并对朝官说："勾圈的这些粮食，全部给符彦卿送去，朕要让他心生愧疚。"

其实这些粮食是赵匡胤因削夺符彦卿的财权，而给予的物质补偿。由于符彦卿积极配合，赵匡胤这次在天雄军很是威风，借着风头，一举端掉孙行友，架空袁彦，削藩之策又获成效。

符彦卿本以为征敛可以就此停止。然而郑王迁房，让他不得不考虑是否要"重操旧敛"。

建隆四年（963）二月初三，距离王著被罢免仅两日，符彦卿主动朝见赵匡胤。

朝会的地点选在广政殿，这里与西宫唯有一墙之隔。墙西阴冷昏暗，墙东却张灯结彩。文武两班按次侍立殿侧，诸班卫士手持斧钺，仪仗威严。赵匡胤头戴二十四梁通天冠，身着大朱朝服。那双目瞳如炬依旧，仿佛熔炉锤炼而出；美髯浓黑，好似漆墨隶笔而书；唯刚毅的额头上，嵌入深深纹路，那是来自岁月的峥嵘。

多年未见，如今的符彦卿发须尽白。老爷子步伐矫健，身板坚挺，所过之处，如苍松拔岳，那诸班年轻的天子仪仗，也不得不自惭形秽，气为之夺。

符彦卿此来，不仅为了表忠心，更想试探一下皇帝对自己的态度。见赵匡胤待自己还算热情，悬着的一颗心稍稍平静，恭恭敬敬地跪拜于阶前，双手捧接皇帝亲赐的一套服饰和玉带。

赵匡胤走下御阶，将符彦卿缓缓扶起，握着他的手，笑道："卿入朝一次不容易，就在京城里多陪陪朕吧。"

热情如此，不仅让符彦卿受宠若惊，也让他的女婿赵光义喜出望外，更令赵普大吃一惊。因为朝会过后，赵匡胤告诉赵普："我想让符王来掌管禁军。"

赵普立刻表态："不行不行，符彦卿名位已盛，不能再让他掌军了。"可任他怎么劝谏，赵匡胤就是不听。

这还是我认识的那个赵二吗？赵普心里嘀咕。赵官家日思夜想的，不就是把禁军掌握在自己手里，把藩镇消灭掉么？怎么现在突然要把兵权交给符彦卿？符彦卿是什么人哪？是智勇双全、士卒甘为卖命的后周国戚，是下一步必须解决的人！

赵匡胤的做法，让赵普摸不着头脑。

不久，赵匡胤又找来枢密院属员，令其背着赵普，草拟任命符彦卿执掌禁军的宣书（宣是枢密院用于付授大事之命的文书），交付有司颁布。

没一会儿，枢密使赵普又来了。

"又是为符彦卿的事儿吧？"赵匡胤开门见山。

"啊，不是。"赵普尴尬一笑，汇报完其他事务，他缓缓从袖中取出一张写满黑字的白纸，那正是符彦卿的"任命状"！

这下轮到赵匡胤尴尬了："这宣书怎么在你手里啊？"

废话，我是枢密使，你说这宣书怎么在我手里？但赵普不好对皇帝发作，他只好深深一揖，恭敬地答道："臣以为宣命的文辞还有待完善，便半路扣留下来了。"

赵匡胤似乎料到赵普会截留宣书，但表面上对这种侵犯皇帝威严的事还是略有不满。也许就是在这个时候，他问出了那句话："则平，你说天底下什么最大？"

赵普也听出主上不高兴，可该坚持的，必须坚持。赵普默不作声。

赵匡胤又问了一次。"道理最大！"赵普豁出去了，高声道。话说到这份儿上，赵普也不想再绕圈子。他跪伏叩拜，深切地说："请陛下深思利害，千万不要后悔啊。"

"你干吗总跟符彦卿过不去？朕待彦卿甚厚，彦卿怎能负朕？"

"陛下何以能负周世宗！"

……

赵普想明白了，主上执意让符彦卿掌军，主意多半出自赵光义。早在建隆二年（961）七月，赵光义担任开封府尹后，殿前都虞候的军职便落罢了。看来，赵光义对禁军并未忘情，自己不能兼任军职，就利用主上的信任，推荐老丈人出马。

赵普只觉得背后发凉，他想起了金匮之中的传位盟约。赵光义已不是当年跟在自己身后的小屁孩儿了，他有自己的野心，有自己的抱负。如果任由他在军中发展势力，早晚会出事。

赵普已经闻到浓浓的硝烟味儿。

其实赵光义和赵普都算错了账。赵普将赵匡胤任命符彦卿掌管禁军的决定，看作是皇帝一时糊涂，未免小看了赵匡胤；而赵光义自以为在符彦卿入朝、圣眷隆恩之时，推荐他出掌禁军是选准了良机，其实恰恰是选错了时机。且不说对待掌军这样敏感和重要的问题，赵匡胤不会在罢免了过命交情的兄弟们后，任用关系疏于石守信的符彦卿；就是当时的形势，也由不得赵匡胤把符彦卿调入禁军。

眼见收复荆湖，宋军扬威，又见湖南政改小有成就，赵匡胤正准备倚仗军事声威，将三大新政在北方推广，开始真正的削藩，那符彦卿就是他改革的前沿阵地。仗着姻亲关系，赵匡胤在他的地盘上大刀阔斧，受到的阻力要小许多。又由于符彦卿的声望，一旦改革得到他的拥护或默许，其他藩镇的抵触情绪多少会有所收敛。

不错，赵匡胤可以更轻松地在石守信、王审琦、高怀德、张令铎、张永德等人的地盘上操刀，但他们谁能起到敲山震虎的作用？有如此影响力的，天下唯独符彦卿耳。赵匡胤又怎能亲自毁掉这块北方唯一的改革试验田？何况在其他藩镇尚未削除之际，石守信等死党还要拱卫朝廷，赵匡胤又怎能先对他们下手？

因此，符彦卿不能掌军，为皇家计，为天下计，都不能。然而亲弟弟的面子又不能驳，思来想去，赵匡胤只好假意授予符彦卿军权，而与赵普演了一出事先没有商量的双簧戏。他相信，赵普绝不会袖手旁观。

为江山社稷而不怕得罪人，敢于得罪人，赵匡胤没有看错赵普。可是背了黑锅的赵普从此与赵光义结下了解不开的梁子，却远远出乎赵匡胤的意料。

赵光义重操兵柄的算盘彻底打空了。建隆四年（963）四月十七日，符彦卿归镇。尽管没有让他掌军，赵匡胤仍对他圣眷隆恩。只是这圣眷并未维持多久。

六月的最后一天，符彦卿迎来四位不速之客。皇帝任命大理寺正奚屿知馆陶县，监察御史王祐知魏县，监察御史杨应梦知永济县，屯田员外郎于继徽知临清县。一下从大名府管辖下剥夺四个县归朝廷直辖，这是明摆的削藩令。况且，监察御史是名义上的监察官，大理寺正更是握有审判实权的法官，以这样的官员来和节度使抢地盘，朝廷的强硬态度可想而知。派遣四位强干官吏去知县事的理由也很充分——符彦卿在天雄军"专恣不法，属邑不治"。既然你治不了，朕来帮你治。

符彦卿真是哭笑不得，明明是韬光养晦之计，却屡屡成为皇帝开刀的理由。圣眷隆恩？哼，这可真是"圣眷隆恩"！

符彦卿有苦说不出，堂堂天下第一节度使，难道要对几个小县官低眉顺眼？不，他们不是县官，而是皇帝派来的朝官。符彦卿抚着胸口，默不作声，有气也得忍着。既然当初放弃了军事对抗，现在最重要的事莫过于把这几位朝官伺候好。比如知魏县的王祐，每次前来拜谒，符彦卿都会让属僚臧令图代摆桌筵席，安排住处，以示自己对知县个人和朝廷的友好。

符彦卿好不容易跟四位知县混熟了，可是谁知过了大半年，为防止节度使与地方官关系过密，一纸皇命，知县全换人了。一切公关工作，又要从头再来。

新来知永济县的朝官是右赞善大夫周渭，但他既不赞也不善。入境当天，符彦卿亲自到郊外迎接，没想到周知县高坐马上，傲慢地作了一揖，然后趾高气扬地直奔公馆，才肯与符彦卿正式相见。

按理说，县官见节度使，应该下拜。可周渭对符彦卿完全平礼相待：我是朝官，可不是你节度使的下属。

符彦卿身边的人一个个咬牙切齿，恨不得冲上去剁了周渭。符老爷子倒很沉得住气，大大方方地配合周知县工作毫不介意。有一次，县里有盗匪伤人后逃逸，被周渭捕获，周渭立即宣布其罪状，将其处以极刑，根本不与节度使府打招呼。其蔑视符彦卿的权威如此，符彦卿却连声都不吭一声。

正在批阅知县奏章的赵匡胤不住点头，河北的新政非常顺利，真该给符彦卿记一"大功"。掌舵四年，赵匡胤对于治平天下信心益足。他决定今年冬至，在南郊举行郊祀大典，以此来庆祝建隆新政，进一步彰显大宋皇帝的君威。

然而他想不到，自从他放弃命符彦卿掌军起，一场政治地震突如其来，直到他驾崩那天，余震犹在。

张琼之死

"巫婆！简直就是一对老巫婆！"殿前司公署内，殿前都虞候张琼指着两个跪着的军校破口大骂。

两名军校一个叫史珪，一个叫石汉卿，都是殿前司的低级军官。史珪出身将家，后周时便追随赵匡胤，颇得信任。大宋开国后，他曾多次受命侦察外事，因而得到重用。

石汉卿则为人狡猾，善于揣度圣听。经过一番抽丝剥茧，他确定，主上不信任禁军将领，时刻想掌握他们的动向；而一旦有人心怀不轨，举报者必然加官晋爵。恰好，史珪最擅长刺探个人作风，二人勾搭成奸，整日琢磨打小报告，颇受赵匡胤重视。

铁汉子张琼看不下去了，大骂二人。

挨了一顿骂，史珪与石汉卿怀恨在心。石汉卿眯着眼睛，狠狠咬着牙，一条毒计上心头。史珪却拍了拍他的肩膀：老弟莫急，张琼乃陛下心腹大将。要扳倒他，必须一个人点头。

宫中大殿，不见阳光，阴森森的，冰冷的石板冒着寒雾，煞气逼人。张琼跪在殿中，眉宇间一派不服的倔强，愤怒地盯着一旁的石汉卿。

赵匡胤也很愤怒，只不过怒的是张琼。他厉声责问：张琼，石汉卿说你擅选官马私乘，还收纳李筠的仆人做部下，可有此事？

张琼默不作声。

这事目前看来真假难辨。如若属实，张琼免不了贬官甚至蹲大牢。但相比接下来要审讯的罪名，这实在算不上什么。

赵匡胤沉着脸继续问道：他们还说你私养部曲百余人，作威作福，禁军的人都怕你！

赵匡胤从没有这样冷酷地与张琼说过话，因为在他看来，如果张琼真的私养部曲，那就是威胁国本的大罪。私兵是武将坐大势力甚至反叛朝廷的根本。五代时期，那些武夫皇帝尚且要大肆诛杀牙兵，何况是今日这位要彻底解决武人乱政的大宋天子赵匡胤？

陛下明鉴！我张琼忠心耿耿，天地可证！我什么时候私养部曲了！这简直是胡说八道！养没养部曲，去我府上查查自然就清楚了！张琼怒吼着。

石汉卿暗叫不妙，告张琼私养部曲，本来就是投主上所忌，纯属诬告。要是真去张府查，那哪查得出来？好在主上盛怒，还没反应过来。要置张琼于死地，还有一道撒手锏……

石汉卿连连磕头，一面磕一面说：陛下，臣无半点虚言。臣还有一事相报，张琼曾诬陷赵京尹，说赵京尹为殿前都虞候时，做过一些不法的勾当……

什么诬陷！我说的都是实情！不等石汉卿把话说完，张琼抢言道："赵京尹天日姿表，恐怕人心早晚会依附他。他现在为开封府尹，肆意妄为，连他的仆役都敢横行霸道！而且，赵京尹广结豪杰，招纳亡命，陛下应早做准备！"

"够了！"赵匡胤拂袖大怒，"朕与光义乃情深手足，共享富贵。你一个粗鄙小人，也敢离间我们兄弟！"我赵匡胤不是李世民，不是为了皇位不要弟弟的人！赵匡胤越想越气，当即下命：石汉卿，给我往死里打！

石汉卿得了皇命，举起铁杖就往张琼脑袋上抡，直打得张琼鲜血横流，奄奄一息。

怒发冲冠的赵匡胤尚保有一丝理智：就算张琼犯有死罪，也应当由朝廷依律判决。于是，他让石汉卿住手，又命侍卫把张琼拖出去，送往御史台继续审讯。

自己只是说了句实话，主上何必如此动怒？是了，主上护着赵京尹，说到底人家才是一家人……大丈夫固有一死，即使不能马革裹尸，也绝不能辱于狱吏之手！将近明德门，张琼用尽最后的力气，将腰带解下，委托侍卫交给母亲，然后趁着侍卫不注意，一头撞向城墙……

就在血浆飞溅的刹那，他隐隐看见，寿春城下，赵匡胤一脸焦急，将人事不省的自己，抬回后方大营……

"人呢？你们说张琼私养部曲一百人，这一百人现在在哪儿！"面对家无余资、只有奴仆三人的张琼府，赵匡胤直眉怒目。

"张琼……张琼所养者……以一敌百……"石汉卿低着头，哆哆嗦嗦，用蚊子大的声音，强词夺理。

冤杀忠臣！朕是昏君啊！

其实张琼可以不死，赵匡胤也未必真会杀他。赵匡胤这个人，脾气上来火烧火燎，常常嚷着要杀掉惹自己发火的人。但一来事后气消了，杀气也就退了；二来有赵普这帮心腹劝解阻拦，杀人之命也就难以执行。执掌御史台的刘温叟又向来公正无私，张琼如果没有触犯国法，无论如何是不会被杀的。张琼死得，实在冤枉。

这一晚，悔恨交加的赵匡胤在泪眼中坠入梦想。梦里，那个直言快语的张琼不顾生死，为自己挡下致命一箭。

张琼的家人得到抚恤，丧事由朝廷出钱办理。由于其子尚小，于是授予其兄张进为龙捷副指挥使。

至于史珪与石汉卿，如履薄冰地度过几个不眠之夜后，又重新狐假虎威起来。他们没有受到任何惩罚，看来主上不想因为冤杀一位忠臣，就堵住了"言路"。

圣上"英明"！

在黑夜的掩护下，那个人正暗暗得意：张琼死了，下一步，可以在王继勋身上做文章了。

马仁瑀背后

王继勋是侍卫马军司的龙捷右厢都指挥使，领彭州防御使衔。能坐到如此高位，并非王继勋战功卓著，只因他有一个好姐姐——大宋国母王氏。

与史珪、石汉卿一样，王继勋是赵匡胤布在禁军中的另一耳目，比起史珪和石汉卿，王继勋有着更可靠的身份、更高的官职；唯一缺少的，是更优秀的刺探能力。

王继勋长了一个帅脸蛋儿，却揣着一副赖脾气。自从挂职禁军，他从未向赵匡胤提供过有用的情报。他整日仗势欺人，绝大多数的将士都知道他不好惹，早就离他八丈远，自然也没有情报可供他收集。

但也有人敢不买他的账，这个人名叫马仁瑀，就是那位高平之战中跃马搭弓，一口气射死数十敌军的猛将，如今官拜龙捷左厢都指挥使，领汉州防御使，与王继勋同司而事。马仁瑀与他的老乡张琼一样，虽然胆大心粗，但是能征善战，所向披靡。他十六岁就投靠郭威，是军中的神射手，后来跟随周世宗征战南北，为其倚重。陈桥兵变时，马仁瑀更是重要"演员"。就这样，马仁瑀爬上了现在的位子。他当然看不起靠裙带关系空降而来的王继勋。

马仁瑀是个直性子、暴脾气。他小时候被逼着上学，因为总逃课，被老师用鞭子抽了一顿。谁想当天晚上，他就火烧学堂，那位老师仅以身免。

脾气如此，马仁瑀怎容得王继勋吆五喝六。一次，他与王继勋争吵，实在气愤不过，抡圆胳膊就要揍王继勋。这王继勋欺软怕硬，自知绣花枕头杠不过实心石头，抱着脑袋逃之夭夭。

然而二人的梁子就此结下了。

最近，赵匡胤筹划伐蜀，特诏三衙率军聚集郊外，参加讲武练兵，可侍卫马军司的人来得却很少。赵匡胤正纳闷，忽然接到报告：龙捷军左厢与右厢打起来了！

什么！

龙捷两厢的战士手执大木棍，人人如临大敌，对阵东京城外。

马仁瑀横马而出，铁枪朝对面军阵一指，咆哮如雷：王继勋，你靠着裙带关系，也好意思在马军司混？这算什么本事？你给老子出来，咱们好好打一场！说罢，马仁瑀纵马而驰，举着长枪在阵前叫阵。身后，龙捷军左厢的将士们齐声呐喊助阵。

先前还在阵前的王继勋，早已退入阵中。好汉不逞匹夫勇，我王继勋是好汉，不跟你单打独斗。要打架，我们就打群架。王继勋四下招呼，让龙捷军右厢的将士们也大声呐喊，对，声音再大点儿，把马仁瑀给我压下去！

开封城墙上，戍守卫兵也三三两两地聚在一起，准备看场好戏。东京城的将士，无论是官是兵，谁没吃过王继勋的亏？这个混世魔王，总算有人收拾你了！

混账！赵匡胤雷霆一怒，呐喊的马军司将士全闭了嘴。城墙上的卫兵也四散开来，站回自己的岗位。

只听得"光啷""光啷"声此起彼伏，龙捷军的士兵全部扔下手中的大棒。马仁瑀干净利落地翻身下马，稳稳地跪拜于地。王继勋也匆匆忙忙从阵中跑出，跟跟跄跄跪倒，不过他跪得有些仓促，挫起好大一阵黄土。

堂堂龙捷军，违抗军令不去会操，跑到城底下来械斗，还有没有军法！

赵匡胤看也不看两人，怒气冲冲地走进了东京城。

两天，张琼死了才两天！禁军又出事了！朕从编练殿前诸班到现在，什么时候出过这么大的事！张琼、王继勋掌军也有些年月了，怎么碰巧全在这两天出事！

赵匡胤仔细回想最近发生的事：禁军心腹旧将……心腹执掌兵权……兵权授予……符彦卿？！没错！问题就出在符彦卿身上！建隆三年（962）以前，禁军相安无事。今年先是赵光义推荐符彦卿掌军；随后彦卿掌军不成，只好归镇。一个多月前，朕派人去收了天雄军大名府的县权，紧接着这个月就出了事。

张琼救过朕的命，禁军里无人不知。史珪、石汉卿不过两个跳梁小丑，如果不是有人支使，给他俩一百个胆子，他俩也绝不敢诬陷张琼，且置张琼于死地。

王继勋是朕的小舅子，虽然跋扈了点，但毕竟是国戚。马仁瑀功劳再高，脾气再爆，胆量再大，充其量不过是去找王继勋打一架。谁给他的胆子，违抗军令，调动精锐部队去械斗？

"赵京尹天日姿表，恐怕人心早晚会依附他。他现在为开封府尹，肆意妄为，连他的仆役都敢横行霸道！"张琼的那句话，在赵匡胤的脑海里掷地有声。光义与符彦卿是一家人，推举符彦卿掌军不得，光义必然心有所怨……另外，光义对禁军如此热衷，难道他从开封府尹的位子里，看出了皇位继承人的蹊跷？想到这里，赵匡胤只觉得有一张漆黑的大网，在漫无止境的黑夜里，正朝自己撒来……

难道真的是光义？他还是个孩子啊……

赵光义当然不是孩子，再过两个月，他就整整二十五岁了。

赵匡胤的怀疑不是没有道理，毕竟史珪、石汉卿、马仁瑀的所作所为，均已超出他们个人正常的举动。如果没有后台，他们怎敢如此胡来？

数十年后，当赵光义成了宋太宗，除石汉卿早死外，史珪以太祖朝被贬之官员而被太宗召回重用，马仁瑀虽是太祖亲信旧将却没有像其他将领那样受到太宗猜忌。后世史家如蒋复总、何冠环者皆怀疑，二人其实早就投靠了赵光义。

还是先回到建隆四年的开封城现场。此刻，开封府尹兼同平章事赵光义正立于书案前，优哉游哉地写着小草。落毫处，笔笔飞丝萦带，圆转如圜；却又字字独立，毫无牵连。

小草是一种很有趣的书法，它看似端庄优雅，纯留隶法；实则单字相带，上下相应。后来终于连绵纵逸，成于大草，一发不可收拾。

赵光义仔细地看了看自己的杰作，摇摇头，放下了笔。

几个月前，赵光义还对赵普恨得咬牙切齿。说服二哥，不让岳父掌禁军，赵书记真是"好"口才！可是现在想想，自己建议符彦卿掌军，以二哥的精明，怎会毫不犹豫地一口答应下来。说不定是二哥对我这个弟弟的建议，无法直接回绝，只好跟赵书记一个唱红脸一个唱白脸，演了一场双簧戏！至于张琼，敢对我指手画脚，实属罪有应得。嗯，史珪这两个人，倒是可以好好用一下。不过这种两头卖乖的人，不可大用。

赵光义还在欣赏自己的书法，却见最后几个字索然无味，于是将纸揉成一团，丢到一旁。

索然无味的，便是马仁瑀斗王继勋。王继勋是个梗儿，成二哥的事虽然不足，败我的事却绰绰有余。只要有他在，我就别想染指三衙。这次虽然打王继勋一个措手不及，可并没有取得预想的效果。马仁瑀被出为密州防御使，贬出禁军，王继勋却毫发无损。

失策，失策！或许是张琼死得太顺利，自己一时头脑发热，疏忽大意了。以二哥对二嫂的感情，绝不会因为械斗而罢免王继勋。

相反，马仁瑀倒有些侥幸。也许是张琼一案办得太严，二哥这次矫枉过正；也许是二哥既不降罪于王继勋，那自然也不好怪罪马仁瑀；又也许，是因为有自己这个皇弟的庇护。总之，由于各种原因，马仁瑀没有步他老乡的后尘命丧黄泉。好险！

不过，这次械斗虽然自断一臂，但也并非全无收获。禁军对王继勋的不满彻底公开，二哥也不得不让王继勋有所收敛，这样禁军的权力就有了空隙，可伺机而钻。如果王继勋跋扈依旧，那更好，不堪凌辱的将士就会像马仁瑀一样，自然聚集在我身边；即便不投靠我开封府，也会对二哥颇有微词。那时，我要在禁军施展手脚，也不用再去理会王继勋了。

二　台前的赵普

李处耘贬出东京

脆玉玎玲，金石珑璁。赵匡胤腰间的挂饰，正随着他踱步的节奏，清促击触。

皇帝身后的御案上，摊放着两份奏章。一件来自山南东道节度使、兼侍中、湖南道行营前军都部署慕容延钊，弹劾李处耘"近臣护军，临事专断，不顾群议"；一件来自宣徽南院使、兼枢密副使、湖南道行营前军兵马都监李处耘，状告慕容延钊不束将士，纵兵凶恣。

赵匡胤很为难。一个是金兰宿将，一个是荆玉谋臣，金玉相击，其声如铿。真是坑死朕了！

事情还要从南征荆湖说起。

李处耘以都监身份，初到襄州，与慕容延钊会合。他去街头买饼果腹，却发现小贩哄抬物价，对军士高价卖饼。疾恶如仇的李处耘当即将饼贩收押，最后把抬价最甚的两人送交慕容延钊处置。

没想到慕容延钊的反应是：怒！不受理！李处耘再送，慕容延钊依旧怒不受理。再送，依旧怒不受理。来回三四次，李处耘送烦了，你不受理，我来。咔嚓，把两个卖饼的就地军法。不管多收的饼钱，是不是给慕容延钊交了保护费，但初来乍到的强龙，就在地头蛇的地盘上杀人。慕容延钊很不高兴。

宋军拿下荆南后，慕容延钊的小校司义，仗势强占荆州客将王氏的宅子，还借酒行凶。王氏很聪明，知道找主帅慕容延钊告状，只能越告越黑；于是转个弯，拐进了都监的府门。

这一下又触怒了李处耘的神经。他和赵匡胤一样，因亲身经历而对军人劫掠深恶痛绝。他虽然是个武人，但也有志于改变这种局面。就像赵匡胤在滁州城内一改武夫夯市的恶俗一样，李处耘也曾践行过自己的理想。早年平定李重进后，扬州残破，赵匡胤特命李处耘权知扬州。李处耘勤于抚绥，轻徭薄赋，扬州迅速安定，以致他升任枢密副使离开时，扬州老百姓夹道痛哭，使他累日不能离去。

这也正是赵匡胤起用李处耘为都监的深意，他希望慕容延钊替自己打好军事仗，李处耘代自己打好政治仗，避免大宋入主荆湖时，重蹈南唐的覆辙。所以李处耘接到投诉，立刻把司义招来痛斥，但碍于慕容延钊而没有处罚。

司义却怀恨在心，跑到慕容延钊面前搬弄是非。慕容延钊更不爽了。

宋军攻占朗州后，屯驻白湖。李处耘出门巡视，远远望见一个军士，一头钻进民舍。李处耘顿感不妙，脚上加劲，朝民舍跑去。果不其然，民舍里传出居民的呼救声。李处耘来不及多想，一脚踹开房门，冲进民舍，待把大刀架上了军士的脖子，他才发现这名军士竟然是慕容延钊的马夫。马夫见是都监，脸色立马煞白！慕容延钊闻讯匆忙赶到，只觉得脸上火辣辣的，恼羞成怒，当即拔刀砍了马夫。于是，两人的梁子越结越深，赵匡胤也因此收到这两份奏章。

赵匡胤有点后悔，二人仗着皇帝宠信，借着权高位重，谁也不肯服软。这种情况下，只有职权明确，才能避免无谓的冲突。

可偏偏在出征前，赵匡胤没有申明主帅与都监的权责，因为这样便于二人互相牵制，易于朝廷对军队的控制。毕竟，这是宋军第一次对外讨伐，更是第一次非他亲临的军事行动。当年陈桥兵变时派慕容延钊北上，那时大家是一根线上的蚂蚱，赵匡胤不担心慕容延钊会有异动。但是如今君臣名分已定，他反而小心谨慎起来。在一个武将外出征讨途中惯于造反的年代，赵匡胤必须对他们有所警惕。

结果，主帅、都监纠缠不清，赵匡胤不知如何抉择。

按说，赵匡胤一点儿都不为难。慕容延钊攻讦李处耘专横，虽然气势汹汹，但李处耘的专横全在整顿军纪方面；至于作战指挥，完全尊重了主帅的最高指挥权。而李处耘所举士兵违纪事实，却言之凿凿。这次南征，宋军对荆湖州县几乎秋毫无犯，看看这样的良好军纪，就知道李处耘居功至伟。

只是慕容延钊在军中地位之高，与赵匡胤渊源之深，都成为他倚老卖老的资本。处置前任殿前都点检并非不可，但那些和自己杯酒释兵权的兄弟们，又会如何想？

自食共享富贵的诺言，赵匡胤不忍为也；引起罢落军职的大佬们疑惧甚至骚动，赵匡胤不能为也。而且赵匡胤还有另一个不忍——慕容延钊病了。不是刚刚生病，而是战前便已抱病在身。是赵匡胤下诏，让慕容延钊坐着肩舆上前线，这让他如何对自己的老大哥下得了手？

况且，湖南局部地区还有骚动，善后工作尚未完成。临阵责帅，于军心不利。为了安抚老慕容，只好暂时委屈一下李处耘了。

九月十八日，李处耘被贬为淄州刺史。圣旨上说，因为他从战有功，所以对他从宽处理，贬为刺史，以示优恩。原来贬官还是"皇恩浩荡"。不过，李处耘并没有太多的怨言——至少表面上是这样。他本就是一个大度量的人，何况对方又是皇帝。他理解赵匡胤的难处，也相信，只要风头过了，圣上一定会对他官复原职。

但安抚慕容延钊，唯须不闻不问便可；至于李处耘，召回朝廷，或稍加左迁即可，何必一下罢为刺史，赶出枢府，连其子李继隆荫补的供奉官也一并撸去？如此小题大做，恐怕不是圣上一人的意思。

听说，贬官的处分出自朝议。朝议，某个重要人物肯定要说话。

看来要想还朝，免不了一番周折。李处耘默然。

大宋的"国务院"

作为皇帝的左膀右臂，李处耘被贬出东京，赵普却如愿以偿，当上了宰相。

乾德二年（964）正月十一日，连续辞了四年职的三大宰相范质、王溥、魏仁浦终于得到批准。两天后，赵普升任门下侍郎、同中书门下平章事、集贤院大学士，正式入主政事堂。

北宋前期，三省六部制早已徒有虚名。当时中央最高国务机构为中书门下和枢密院。中书门下是宰相的办公机构，简称"中书"（已非"中书省"之意），其官署俗称政事堂，是大宋朝的"国务院"。宰相分为三个级别：最高为中书令；其次为侍中；再次为同中书门下平章事，简称"同平章事"或"平章事"。

枢密院则自李处耘罢免出京、赵普入主中书后，权力空前衰落。赵匡胤借着赵普拜相的机会，不动声色地将枢密院的行政决策权彻底剥夺，归还给宰相，使中书门下成为名副其实的国家第一机构，既完成了五代以来削弱枢密院的努力，又重新规范了国家机构的权力。

但枢密院的军事决策权却被保留下来，枢密使仍然参与军事决策。枢密院还专掌兵符、武官的选拔除授、兵防边备和军队屯戍的政令，与中书门下合称"两府"。

与枢密院有关的部门是宣徽院，总领供奉官事务，为宫廷机构。长官分别是宣徽南院使和宣徽北院使，两使执掌相同，但南院使高于北院使。两使位尊而职闲，实际上成为通往枢密院权力的跳板。只要熬到这个位子，距离枢密使就不远了。

另外还有一个值得大书特书的部门叫三司，是全国最高财政部门。朝廷有时以宰相监管三司事务，称"判三司"；有时则直接任命"三司使"作为"财长"。

在宋朝第三位皇帝宋真宗以后，为分宰相之权，三司成为独立的财政部门，宰相不得过问国家的财政大计，故而三司使也获得了"计相"之称。但在赵匡胤时代，宰相赵普仍然具有主管国家财政的权力，从而有助于国家政策的统筹规划。

除中枢行政机构外，御史台负责监察，大理寺和尚书省刑部负责司法，三衙与武德司等负责军事，各个机构各司其事。

伴随着机构的变动，宋朝的官制也必然有所不同。宋朝实行官、职、差遣相分离的官制；除此之外，还有一堆各种名目的官阶、封爵。这是中国历史上官制最为复杂的时代。

北宋前期，"官"又称本官、正官、本官阶，主要用来记录官员的官资以按照一定次序迁转，以及规定官员的俸禄多少，因此又被称为寄禄官。过去在三省六部体制下，三省六部、九寺五监的那些掌有实权的仆射、尚书、侍郎、卿、监、大夫，甚至是两周秦汉时期贵为宰相的太师、太尉、太傅、太保、司徒、司空，如今都成了没有多少实际权力的本官阶。

宋朝建立时，赵普曾任的右谏议大夫就是本官阶。如今担任宰相，他的本官阶已为门下侍郎。

既然原有的官职都用于寄禄了，那么各部门的大事又该交给谁做呢？宋初，掌握实权的官职有两种：一种是职事官，顾名思义，就是有职责可担当、有事情可做的官；另一种是差遣官，而许多职事官又是从差遣官转变而来。这个制度称为使职差遣制。

这种临时性质的差遣官始于唐朝，最初往往称为"某某使"。安史之乱后，使职设立越来越多，原有的机构被架空，原有的官职沦为寄禄之用，逐渐形成了中书门下直接领导诸使的行政体制。

比如在湖南政改中被派出担任权知潭州的户部侍郎吕余庆，户部侍郎就是他的本官，表示他的官资和俸禄，并不代表他是户部的副官，更不代表他在户部掌管财政事务；差遣官"知潭州"才是他的实际职务。

赵普走上前台

北宋前期这套极其复杂的行政体制和官制，继承自唐朝中期，是对之前一两百年间越发混乱的行政机构和官制的规范化。它不仅彰显了那个年代对官员不同身份、待遇的区别对待与重视，更突出表达了人们对于为官资历的高度尊崇。只要官员在任内没有大过错，通过了朝廷人事部门的考核，就可以积累官资，逐级升迁。唐朝中期以来，至北宋时集于大成的复杂官制，正适应了这样的需求。

但是，由于机构层搭叠架，官职名不副实，这套体制严重影响了行政效率。所以到了元丰五年（1082），宋神宗对此进行了大规模改革，在保留枢密院的前提下，重建了新型的三省六部制度，并对原来混乱的官名重新厘定。

然而，神宗的改革重点在于对行政机构和官职名称的规范化，而对于推崇官资的基本用人原则，没有丝毫变化。这与开国皇帝赵匡胤的想法正好相反。

赵匡胤对这种凭借官资升迁的人才机制相当不以为然，在后周时，他本人就是靠着屡立奇功而火箭飞升至禁军统帅；要是靠熬官资吃饭，指不定他现在还在哪支部队里当兵呢。早在建隆二年（961）五月，他就对范质等宰相说，这种依据官资考满升迁的办法不是个好办法。干练的人因为资历不够而得不到提拔，庸碌的人反而因为混日子混久了而得到升迁，这对于治国绝非良策。因此，他当时就废止了这种岁月序迁之制。

可惜，不过一年半的时间，详细规定"岁月序迁"规则的新版《循资格》再一次正式启用，它标志着赵匡胤人事制度改革的失败。

中国古代是一个特别重视统治秩序的社会，秩序繁而不乱的时期被当世与后世的史学家们以"治世"的美号称颂千古；而"礼崩乐坏"的年代，也只好以"乱世"的恶名遗臭万年。这样的传统浸渍了中国古代文明的方方面面，事关王朝兴衰的用人原则当然逃不出它的影响。

德行与才干，是所有用人者都要权衡的重要元素。但在鱼与熊掌不可兼得之时，古人依据"治""乱"的传统逻辑，从实用的角度，给出了答案：生逢乱世，建功立业，用才；生逢治世，维护秩序，用德。

一个人的才干，根据做事能力就可评判；但谁的道德更高，这个评定工作就实在难于操作。于是，历经两汉，伴随着士族的崛起，门第的高低成为道德的衡量指标；而到了隋唐，士族逐渐衰微，官资又取代门第，成为维护秩序的人才选拔标准。

处于"乱""治"之交，赵匡胤面临尴尬。站在乱世的尾巴上，要一统山河，他本能地重视才干；站在治世的开端，要重建秩序，他又不得不重视道德新的量化标准——官资。正因如此，赵匡胤废止了岁月序迁之制，又恢复了岁月序迁之制。

也是基于这样的认识，在正式任命赵普出任宰相前，赵匡胤曾私下和他说："你即使做了宰相，见到前任宰相，也要让一让他们。"

只是，皇帝想的是如何治平天下，国祚万年；宰相考虑的却是如何大施拳脚，廓清宇内。

向来以天下为己任的赵普慨然道："陛下初创帝业，以臣为相，正是为了威压四方。臣见了前任宰相，班位必须在他们之上，这件事不容更改。"

好一个"威压四方"！周是周，宋是宋。既然后周故相已经罢免，何须在礼仪上再高过大宋宰相一头？你我君臣，再不用遮遮掩掩，是时候放手一搏了！

赵普霸气侧漏，赵匡胤精神抖擞。得相如此，君复何忧？

可是任命赵普为相的敕书刚刚写好，赵匡胤就忧愁了。

赵普启奏：敕书没有宰相签字，无法生效。现在自己还未上任，宰相空缺，如何是好？

这都什么破规矩？赵匡胤漫不经心地说："你只管呈进敕书，朕给你签字，怎么样？"

这个建议确实不怎么样。制度是秩序的保障，要重建社会秩序，有效管理国家，制度程序怎能轻率变更？赵普回答说："这是宰相的职责，不是帝王该做的事。"

赵匡胤当然也深明此理，于是，资深"顾问"翰林学士承旨陶穀、翰林学士窦仪被急召资福殿，皇帝让他们拿出个有理有据的办法来。

然而，陶穀思考的不是怎样解决天子的问题，而是天子要解决什么问题。在陶穀看来，赵匡胤的真正用意，是要考考内制、词臣（翰林学士的别称）的学识。素以博通自负的陶榖，当然不会放过卖弄的机会。

陶榖利用自己首席学士的身份，抢在窦仪开口前答道："臣以为，自古以来，宰相之位从未空虚。只有唐朝大和年间，甘露之变后，数日之内没有宰相。当时是由尚书左仆射令狐楚等人奉行制书。现在的左右仆射也是尚书省长官，可以在敕书上署名。"

陶榖自鸣得意，没想到几乎所有人都在皱眉。脸色最差的就是赵匡胤。陶榖所说的典故他再熟悉不过。唐朝中后期，宦官掌管禁军，干涉朝政。大和年间，唐文宗用宰相李训之策，谋诛宦官，不料为宦官所觉。宦官遂发兵滥杀朝臣，血淹皇宫，史称"甘露之变"。由于宰相在变乱中全部被杀，才出现了辅臣虚位的情况。

哗众取宠，自取其辱。赵匡胤轻蔑地瞥了陶榖一眼，陶榖哑然失色。

翰林学士窦仪却是满面红光。宋初，翰林学士为皇帝贴身秘书，专职掌管高官任命、国书、赦书等重要文书的起草，并备皇帝咨询顾问。翰林学士供职于学士院，这学士院实际是中书门下、枢密院之外的又一决策机构，更在某种程度上是宰相的培养机构。在众多翰林学士中，资历最久者称为翰林学士承旨，有学士院长之称。

自王著罢职，赵匡胤始终找不到接替他的人选。时任宰相的范质推荐窦仪，但窦仪曾以翰林学士升任端明殿学士，本官也已至兵部尚书之阶，再任翰林学士，形同贬官。可赵匡胤认为，"禁中非此人不可"，于是让范质为窦仪做好思想工作，再度命窦仪担任翰林学士。

当时窦仪端执笏板，正襟持立，威仪不减当年，那敦厚的声音在赵匡胤耳边响起："臣以为，陶榖所陈，不是承平之日的典章法度，不足援引。现在皇弟身兼开封府尹、同平章事，这正是宰相之任。"

好！好！好！赵匡胤大喜。这个书生窦仪，关键时刻总能不失朕望。登堂拜相，指日可待。

赵光义的同平章事，虽是使相虚衔，但名义上也是宰相。更重要者，赵普为相，光义署敕，这多少在面子上缓和了二人矛盾。百废待兴之际，赵匡胤不想让两大股肱闹得太僵。

窦仪的变通之策，深得帝心。

深失帝意的陶穀，对窦仪唯有羡慕嫉妒恨。窦仪不仅是他未来宰相之路的有力对手，还在眼下的学士院里动摇了他的权威。怎样将窦仪赶出学士院呢？以自己的力量，恐怕够呛。哦，这位赵相公，似乎可以"同舟共济"。

赵普虽然身居宰相，可肚子里却撑不起船。当初赵普身份卑微，得罪他的人可不少。一朝拜相，便想以牙还牙。幸好赵匡胤及时制止道："不可！要是世人都能一眼认出谁是天子宰相，那还不都去寻了。"他们又不知道我们日后会发达，算了算了。

赵匡胤胸襟宽广，赵普小肚鸡肠。所以陶穀料定，胸襟宽广的赵匡胤对窦仪越尊崇，小肚鸡肠的赵普就越不快，只要抱住赵普，窦仪就别想爬到自己头上。

有朋自远方来，不亦乐乎？陶承旨归心，赵相公欢迎。不过他现在对窦仪的事并不上心，眼下他正在想方设法找赵光义的晦气，尤其是当他发现，在陶穀的队伍里，屯田员外郎、知制诰高锡赫列其中时。

这个高锡，正是批评过周世宗事必躬亲的那个人。

入宋以后，高锡让弟弟高铣参加进士科的贡举考试，曾暗中找到开封府推官石熙载，希望能走走后门。可是高铣的文章太差，石熙载不允。从此，高锡深恨石熙载，整天在赵匡胤面前找碴儿黑他。

金匮之盟后，赵普的本意是压制赵光义，保卫赵匡胤。然而去年赵光义三番五次地挑衅，令赵普大为恼火，决心好好教训他。高锡的出现，让赵普眼前一亮。

在赵普的暗中支持下，高锡更加玩儿命地黑石熙载。赵匡胤终于开始对石熙载产生怀疑。这位昔日的掌书记、如今的推官，堪比赵光义身边的赵普，若所用非人，不仅坑害弟弟，更坑害了国家。于是，赵匡胤对赵光义说："我当为你选拔人才，以代替石熙载。"

赵光义早有准备，回复道："熙载为官谨慎勤奋，这一定是高锡造谣中伤。"赵匡胤恍然大悟。他悟的不是高锡诬陷石熙载，而是高锡背后有赵普。

不久，高锡被派往青州，以私受节度使郭崇贿赂、途中为非作歹、委托刺史向僧人索求紫衣等罪名，贬为莱州司马。

赵匡胤只想告诉陶穀：不要以为身后有宰相撑腰，就可以胡作非为。他更要告诉赵普：朕让你当宰相，只是为了江山社稷，有些事情，适可而止吧。

事到如今，赵匡胤仍在竭力维持大宋王朝的"铁三角"。

李处耘雪藏淄州

四月，天气渐热。江汉平原水雾遮天，闷如蒸笼。兵部侍郎、知江陵府吕余庆刚刚离开闷热难耐的荆北，初回北方，凉风清爽，人也不由得精神起来。

吕余庆本名吕胤，字余庆。由于犯了赵匡胤的名讳，因此宋朝建立后，以字为名。赵匡胤初为节度使，他即出任首任掌书记；入宋后，先后充端明殿学士、知开封府；荆湖平定，转知潭州、襄州、江陵府等要地，主持荆湖政改，深得皇帝倚重。

此次入朝，吕余庆将出任一个新官职——参知政事。目前，这个官职尚等同于宰相助理，或者说，赵普的助理。

赵匡胤一反隋唐以来的传统，以赵普为独相（即不再同时设立其他宰相。自隋唐以来，独相极少）。但考虑到政务繁多，怕赵普一人忙不过来，便为他找了两名助理——参知政事。新官职的名称是陶穀起的，据他称，唐朝时有参知机务、参知政事，位在宰相之下。

陶穀其实是冠履倒易，因为唐朝时，参知政事与同平章事都是宰相的加官，而且参知政事高于同平章事。戴着往日宰相的帽子，却做了今日宰相的助理；昔日的霸邸僚长，如今却成为下属的下属，这未免有些难堪。何况，与吕余庆同为参政的薛居正，根本就不是幕府旧人。若是换作别人，譬如赵普，早就气得一蹦三丈了。

好在吕余庆不是赵普。赵普干练，他自愿让贤；薛居正资高，他敬重有加。赵普像一坛酒，泼辣刚烈；吕余庆却是一盏茶，温醇甘润。

赵匡胤爱喝酒，但有时更需要茶。比如想起李处耘时。吕余庆从荆湖返京，赵匡胤最关心的不是前方政改业绩，而是李处耘与慕容延钊相争的真相。

吕余庆不偏不倚，据理力辩。

淄州郊外，一马平川。这里距东京八百里，远离是非，不见硝烟。

李处耘背挎长弓，驾马奔驰，像一只刚放出笼的飞鸟，贪婪地呼吸着自由的空气。谪居淄州已大半年，他从未有只字辩护之言。

李处耘一直在等，静静地等。

乾德元年（963）闰十二月，慕容延钊死了。朝廷赠官中书令，追封河南郡王。听说赵匡胤闻延钊死讯泪涌不止，自言不知为何会如此悲哀。

乾德二年二月，李处耘长子李继隆随母入朝，庆贺赵匡胤生日。赵匡胤顾念旧情，特恩恢复李继隆的供奉官。

贬官的理由已死，复职的苗头已现。要东山再起，只缺少一个时机——战争。

战争时期，国家的一切制度都进入特殊状态，用人唯才是举，戴罪亦可立功。既能为赵匡胤保全面子，又能让李处耘官复原职，最好的途径，莫过于让李处耘以战功赎"罪"。

恰巧，一场战争就在眼下。自从去年四月以华州团练使张晖为凤州团练使、兼西面行营巡检壕寨使，赵匡胤就一直在打后蜀的主意。

大宋不少武官都遥领境外军州，称领某军节度使、领某州防御使等，用以区分官阶。起初，赵匡胤让将校们遥领湖南诸州，结果不到一年，湖南就归入大宋。有点迷信的他，索性把武官的遥领州又改成汉州、彭州等西蜀地名。这次任命，更暴露了野心勃勃的帝王的心思。

八月，赵匡胤下诏阅兵。虽然被马仁瑀和王继勋搅黄，但伐蜀的决心已昭告天下。

李处耘治军严整，秋毫无犯；又能出谋划策，攻敌不备。无论从哪个角度看，他都是当之无愧的伐蜀将帅。西蜀硝烟弥漫之际，正是他重整旗鼓之时。

李处耘弯弓搭箭，聚精会神瞄准靶心，准备再创四发连中的奇迹。正意气风发间，忽见衙役气喘吁吁地跑来。朝中来报：赵普晋升宰相了！

什么！李处耘的手一抖，羽箭掉落在地上。

李处耘清楚得很，去年朝议上，把自己打入万劫不复的，正是赵普。

春秋战国之际，一代贤儒曾参被谣传杀人，最后连他亲娘也半信半疑，投杼越墙。李处耘与慕容延钊相争时，赵普就在朝中，有他引导，赵匡胤必然先入为主，久而久之难免不对李处耘生疑。因此，即使李处耘得到赵匡胤召见，得到自辩的机会，也难防赵普暗算。若一言不慎，激怒赵匡胤，反而不妙。所以，他才选择闭口不言，等待时机。这是李处耘的聪明处。

可惜聪明人总乏运气。赵普做了独相，李处耘还妄想立功疆场？门儿都没有！

在外人看来，赵普与李处耘一文一武，辅佐赵匡胤；李处耘又曾是赵普的副手，没得罪过他。就算二人关系不甚亲密，至少也应该融洽，何至闹到水火不容？

曾顶着压力为李处耘说实话的吕余庆，起初也不太明白，直到他入职中书门下，一切疑惑才迎刃而解。

政事堂内，万马齐喑，除了指点江山的赵普，人人缄口不言，噤若寒蝉。吕余庆与薛居正一样，只按规定，做好分内之事，不敢越雷池半步。

他们从不宣读诏命（宣制），不在朝会领班（押班），不用宰相之印（知印），甚至办公地点也不在政事堂，而是搬到了宣徽使厅。每次朝见皇帝，他俩皆站在赵普身后，敕令署名时也比赵普的名字低了数行，工资也只有赵普的一半。

赵匡胤独尊赵普，赵普也乐得独享。但若李处耘在，赵普的荣耀就只能与他分享。

赵普为人耿直无畏，责任感强，对后辈人才的提携更是不遗余力。但一切提携都有个前提：必须是后辈。若是有人威胁到了他的地位，他脸翻得比书都快。

满腹韬略的李处耘，正是他的心腹之患。

赵普虽是治理国家的能手、规划战略的大师，但军事谋略是他的弱项。平定二李时，他虽然两度提出急行之策，但李处耘似乎功劳更大。那个出卖李重进的翟守珣，进了开封后先去找李处耘，有人说那就是李处耘布在李重进身边的探子。

平定荆湖，李处耘居功甚伟，一旦回朝，必然升任枢密使，那么赵普就只能与李处耘分享权力了。

一个赵光义已经够头疼了，但他毕竟困在开封府，不能直接把手伸进朝廷。倘若李处耘回归，待到他战功卓著而天下太平时，会不会也白麻拜相，甚至取而代之？

赵普再度奏请赵匡胤：李处耘食俘虏、欺主帅，罪不容赦，不能复职。卧榻之侧不容他人酣睡，此岂独帝王之心！然而，帝王之心又岂是大臣所能管窥？

赵普高估了自己的影响力。在李处耘这件事上，赵匡胤饮茶后颇为清醒，断不会酒后失言。目前之所以不召李处耘还朝，是因为赵匡胤另有小算盘。

短短半年，发生了太多事情，赵普与赵光义之争尚未宁息。如果李处耘骤然还朝，以赵普为人之强势，必会横起党争，朝局更加难测。

赵普有经国济世之才，李处耘有运筹帷幄之智。若为国家故，二者必忍痛割爱舍其一，赵匡胤只能舍去李处耘。大宋剪灭群雄，有赵匡胤坐镇东京，运筹帷幄，决胜千里，倒也应付得过来。而大宋真正的国家建设，一场全面的渐进式改革，今年才刚刚大规模展开。百废待兴，方兴未艾。这个时候，赵匡胤身边可以没有李处耘，但不能没有赵普。

因此，他只能暂时雪藏李处耘。

顺带一提的是，这年九月二十八日，太子太傅、鲁国公范质病逝。赵匡胤闻讯，哀叹惋惜，册命赠官中书令。

范质一生清廉节俭，奉公职守，被赵匡胤称为"真宰相"；可在他自己心里，永远有一道过不去的坎儿。范质临终前，告诫儿子范旻：不要向朝廷申请为我加谥号，也不要给我刻墓碑。因为无论是溢美之词，还是不讳之语，范质都承受不起。

范质走了，带着他的遗憾。

三　六十六天平蜀

大蜀出了个王昭远

茫茫两川，峻岭群山。东塞三峡，北绝终南。悬壁险滩，林立雄关。黄鹤难越，猿猱愁攀。难怪太白见此而惊呼：噫吁戏，危乎高哉！蜀道之难，难于上青天！

但青天之外，依旧是半落的三山；蜀道之外，却是沃野千里、丰饶五谷的成都平原。

天府之国，真天赐之国也。

每逢乱世，四川就成为割据者的天堂。古蜀、成家、蜀汉、成汉、前蜀、后蜀……仗着外有天险，内有粮仓，这些政权把秦岭与三峡的两道大门紧闭，一心搞建设。管他天下多乱，这边风景独好。

然而，坚不可摧的天然碉堡，虽然挡住了外敌的入侵，但也阻止了自己出征的步伐。并非所有割据两川的豪杰都甘于作"成"作"蜀"，自强不息争衡天下者不在少数。但除了一个刘邦，谁也没杀出去。

杀不出去，就只有死路一条。

此刻，大蜀的君臣就在醉生梦死。

九月的成都，芙蓉满城，望如锦绣。浣花溪畔，亭榭夹江，男男女女，携伴出游。但见珍珠绮罗，与百花争艳；名芳馥香，牵起丝竹管弦，缠绵梁间，昼夜不眠。大蜀皇帝孟昶，游乐于锦绣之间，不觉如醉，心旷神怡地对左右说道："自古就称成都为锦城，今日观之，真乃锦城也！"

孟昶今年四十六岁，已经做了三十年皇帝。

唐朝末年，王建割据两川，建立前蜀；其子王衍昏庸荒政，国家遂为后唐所灭。唐庄宗派侄女婿孟知祥接管蜀地。应顺元年（934），乘着后唐内乱，孟知祥南面称帝，国号为蜀，建元明德，史称后蜀。孟知祥在位七个月就撒手人寰，他十六岁的儿子孟昶在灵前继承皇位。

孟昶即位之初，权臣悍将飞扬跋扈。对此，小皇帝隐忍不发，待到时机成熟，一诛宰相兼判六军（禁军最高统帅）李仁罕，二罢昭武军节度使李肇，干净利落，丝毫不亚于十六岁擒杀鳌拜的康熙皇帝。

十五年后，孟昶故技重施，将那些嚣张旧臣全整得服服帖帖。朝廷大权以相对平缓的方式，正式移交到孟昶手里。

孟昶不仅有夺权的办法，更有治国的本事。就在各路君主为了巩固权力，大唱"食君之禄，担君之忧"的陈词滥调时，孟昶却说出了"下民易虐，上天难欺""尔俸尔禄，民脂民膏"的名言。

与许多治世明君一样，孟昶虚怀若谷，从谏如流。他专门在朝堂上设了一个举报箱，欢迎广大臣民上书批评。一次，有个人上书说，朝廷官员应当选用清流。孟昶感叹道："为什么不提出具体人选呢？"左右的人想兴风作浪，要求责问上书者。孟昶却说："唐太宗即位之初，狱吏孙伏伽上书言事，得到褒奖和采纳。你们干吗要劝我拒谏呢？"

一心想当唐太宗的孟昶，一举打破唐太宗的纪录。当时蜀国境内农业丰产，米价比贞观年间还便宜。全国上下歌舞升平，成都城内更是繁花似锦。称这一时期的蜀国为"广政之治"，绝无半点虚夸谄媚。如果用一个字来形容蜀国，那就是"富"。不仅国富，而且民富。

然而仅有花香，未免轻浮流俗；唯书香萦郁，才可称真国色。在孟昶的支持下，宰相毋昭裔与赵崇祚辑唐、五代词五百首为《花间集》，又雕版刻印"九经"，自此蜀中文学复盛。

文章乃经国之大业，不朽之盛事。后蜀与东面的南唐一唱一和，共举大业，挥毫盛事，这让分不清"参知政事"与"同平章事"孰高孰低的土豪大宋，颜面扫地，无地自容。

早年的孟昶也曾志存高远，奋发图强，与中原一争高下，颇似当年的李璟。晋末中原大乱，蜀国乘机北伐，一度将国界线推到长安。这是昔日诸葛亮一生鞠躬尽瘁，直到死而后已也未能达成的目标。可惜好景不长，蜀军作战失利，放弃长安，但仍得到秦、成、阶、凤四州土地。

后来刘知远一死，关中三镇发动叛乱，孟昶卷土重来，对其全力支援。遗憾的是，这次他遭遇了郭威，蜀军大败，主力大损；而后郭荣在王溥和赵匡胤的支持下，小试牛刀，更是从蜀国身上割下秦凤四州这块肥肉。

伤痕累累的孟昶恍然大悟，成都城里的芙蓉花开得再惊艳，终究不能当枪使。

多么痛的领悟！

令人诧异的是，大悟后的孟昶没有摘下芙蓉，插上铁戟；而是坠入花香，纸醉金迷。他将国是全部交给了他的小伙伴王昭远。

王昭远，成都土著，家庭穷苦，十三岁做了小和尚。有一次，小昭远跟着师父到孟知祥府上蹭饭，大概是因为骨子里透着机灵劲儿，他竟被孟知祥看重，留下来给孟昶做书童。就是凭借这个身份，王昭远青云直上，直到执掌枢密院，坐上通奏使、知枢密院事的高位。孟昶将国家大事一以委任，国库金银可以随便来拿。

诏命一出，举国皆惊。反对最激烈者，竟然是孟昶的母亲李氏。这位唐庄宗昔日的侍妾见多识广，对儿子的行为极为不满："你娘我当年见过唐庄宗跨黄河击后梁，见过你爹北逐契丹南收两川，所用大将无大功者不让掌军，所以士兵对大将都很畏服。"

孟昶举目望天，假装没听到。

李太后犹在滔滔不绝："你看看你现在用的这些人，王昭远就是个打杂儿的奴仆，赵崇韬那几个人都是花拳绣腿的野小子，向来不会打仗，还不是靠着跟你关系铁才爬上来的。平时大家不敢说，真要是前线打起仗来，这几块料能顶事？我看举国上下，只有高彦俦是你爹的旧将，忠心耿耿，绝对不会辜负你。其他人，不足以掌军。"

孟昶听完，笑而不语。

李太后就不明白了，同样曾为唐庄宗的宫人，同样辅佐出一位开国帝王，怎么人家柴氏就有个满腹韬略的养子，我就只有个一肚子草的儿子？

其实李太后不明白，五代时期，最没安全感的就是皇帝，哪个皇帝都不愿用宿将。

孟昶欣赏王昭远，并非全无理由。和大多数得志小人不同，王昭远没有作威作福打击那些看不起自己的人。所谓燕雀安知鸿鹄之志，你们不知，我也不愠，不亦君子乎？君子王昭远日夜埋头苦读，自比诸葛亮，誓要北伐中原，逐鹿天下。

是金子，就一定会发光。可要是块石头，到哪儿也发不了光。

在李昊眼里，王昭远就是块石头。这位嘲笑王恺、石崇是叫花子的富翁宰相，眼睛和府库里的金子一样亮。广政二十六年（963），宋平荆湖，蜀国北、东两座国门全部与宋接壤，压力倍增。这年五月，李昊便向孟昶建议："臣观宋之国运，不像后汉、后周。看来上天也厌倦长久的战乱了，恐怕要将一统天下的重任交给宋人。不如我们向大宋称臣纳贡，此乃保全大蜀的长治久安之策。"

不思进取的孟昶觉得言之有理，正准备派使臣与大宋接触，却被人突然拦下。不用猜也知道，这个人是王昭远。大蜀知枢密院事王昭远。

蜀国秀才遇见大宋兵

王昭远认为，派使臣去宋国，不如屯重兵守三峡，并在东南部的长江上游增置水军，作为后援团，加强防御。

其实王昭远和李昊的建议都不差，而且并不冲突。

对于大宋而言，蜀国称皇称帝，不臣服不纳贡，政治独立，影响极坏；蜀国稻米铺地，黄金漫天，吸引力极强；蜀国地处长江上游，居高临下，威胁极大。当大宋一统天下的野心路人皆知时，蜀国便首当其冲。

蜀国要想保持独立，唯有自强。所以王昭远建议增兵，乃睿智之举。李昊的外交策略，则能够拖住大宋的后腿，为蜀国争取战略时间。一内一外，一武一文，一急一缓，对于孟昶来说，双管齐下，完全有翻盘的可能。

可是问题在于，王昭远太急了，他不仅急着增兵，更急着打仗。东南增兵防守，却对北部防线不闻不问——他要从北边打到大宋去。

王昭远不是要拖延蜀宋战争，而是要加速战争的爆发。

山南节度使判官张廷伟曾跟王昭远说："明公一直没有拿得出手的功绩，现在身居要职，再不想办法折腾出点儿功名来，怎么堵得住那帮人的悠悠之口？"

这话正说到王昭远的心坎儿里去了。小诸葛我忍辱负重、挑灯夜读，为的就是有朝一日出人头地。

王昭远敢肆无忌惮地祈求暴风雨，还因为张廷伟早就为他设计了一份北伐蓝图：交好北汉，南北夹击。尤其是张廷伟提议出兵子午谷，更是戳中了王昭远的命门。这是曾经放弃子午谷奇谋的诸葛亮，想要假我之手，完成当年的遗憾吗？

于是，枢密院大程官孙遇与兴州军校赵彦韬、杨蠲拿着装有联络北汉密信的蜡丸，偷偷摸摸地出了蜀国。

出乎王昭远意料，三人团里出了张松。

寒风摧木，严霜结庭，开封城里的家家户户都点燃了炭火，缩在屋子里。

赵匡胤最近却心火如焚，口干舌燥。

乾德二年（964）即将远去，伐蜀的号角却始终没有吹响。

伐蜀是统一天下的既定方针，如果不是湖南周行逢突然病逝，第一个被大宋灭掉的政权，本该是蜀国。

环视宇内，当时在大宋以外，真正独立的国家只有辽、后蜀、南汉。这些国家有自己的皇帝，有自己的年号，不向任何人称臣。对于赵匡胤而言，灭掉这三个国家，才是真正意义上的对"外"讨伐，一旦成功，会对半独立国和割据政权产生巨大的政治威慑力。鉴于辽国太强，南汉太远，后蜀必然就成为赵匡胤的征伐首选。最近一段时间，凤州团练使张晖的密报一道接着一道，将西蜀的山川险易、灭蜀的进取之计，尽着墨于纸上。从荆南来的翰林医官穆昭嗣也说，荆南是西川、江南、广南都会，既已攻克，则水陆皆可进取蜀地。赵匡胤闻言大悦。

但伐蜀还得找一个冠冕堂皇的借口。毕竟要顾及大宋的形象。而且,大宋周围群雄环视,如果赵匡胤的对外政策太过蛮横,群雄也许会因为恐惧而联合发难。四面楚歌,这不是明智者所为。

出兵的理由也不是没有。从西蜀回来的谍者报告:"成都正在'全城苦热'。满城的老百姓都在吟诵朱山长的《苦热诗》,诗中的'烦暑郁蒸何处避,凉风清泠几时来'之句最流行。""烦暑",实为"烦蜀"。后蜀的老百姓,对孟昶的统治已经如暑热般厌烦,凉爽的清风何时才能吹入两川?

赵匡胤听后,自言自语道:"这是蜀民在召唤我。"赵匡胤正想找伐蜀的理由,所以一切情报都能成为理由。

其实谍者搞错了,这诗是李尧夫写的。李尧夫隐居梓潼,喜欢批评时政。有一次,他去见宰相李昊,李昊嘲笑他说:"你这名字起得也太没时代感了。"谁知李尧夫当即大发雷霆:"我甘愿做唐尧的民夫,也不乐意当蜀国的宰相!"好好好,那你就当你的尧夫吧,李昊从此再未理会此人。

这时蜀国的政治已经走下坡路了,李尧夫看到了一些社会阴暗面,于是做了《苦热诗》。实事求是地说,蜀国在最强盛时,也依旧有贫民窟,而且蜀国越富,这种贫富差距也就越大。

然而,这种贫富差距尚未足以动摇蜀国的国本;至少支持孟昶的蜀民不在少数,其中包括了大量的城市百姓。大概赵匡胤也觉得理由太过牵强,感慨了一通吊民伐罪,就又没动静了。

万事俱备,亟须东风。自称诸葛亮的王昭远,千里迢迢为大宋送来了东风。

在赵彦韬的带领下,王昭远派出的访问北汉三人团进入了大宋的朝廷。孟昶勾结北汉,图谋大宋,得到蜡丸密信的赵匡胤终于喜笑颜开:"吾西讨有名矣!"

更让他高兴的是,王昭远还送来了地图。赵彦韬将蜀中山川形势、戍守处所、道里远近,全部画为地图,交到赵匡胤手里。

雪中送炭,锦上添花,二者皆得,蜀可伐矣。

宋乾德二年、蜀广政二十七年(964)十一月初二,赵匡胤沙场点将,以忠武军节度使王全斌为西川行营凤州路都部署,武信军节度使、侍卫步军都指挥使崔彦进为副都部署,枢密副使王仁赡为都监,率北路禁军步骑两万、诸州兵万人，自凤州沿嘉陵江南下。

宁江军节度使、侍卫马军都指挥使刘光义则担任西川行营归州路副都部署，内客省使、枢密承旨曹彬为都监，领东路步骑两万，溯长江西上。

另以给事中沈义伦为随军转运使，均州刺史曹翰为西南面转运使，全权负责粮草运输。

次日，不足六万的宋军，浩浩荡荡，开入蜀境，朝着成都杀奔而去。

密谋被戳穿，王昭远不惊反笑。

王昭远得偿所愿，当上了北面行营都统；他那一群统兵的小伙伴也分授将职。孟昶还不忘拍着他的肩膀，语重心长地说："王诸葛啊，娄子都是你捅的，你可要努力为朕立功！"

孟昶似乎话里有话。也许他预见到大事不妙，所以要与王昭远划清界限。

可是打了鸡血的王昭远听不出弦外之音，还道是孟昶在勉励自己。出师当天，宰相李昊亲自为王昭远践行，王昭远更兴奋了。他一袭直缀，头顶小冠，风度翩翩，英姿潇洒，不像个统兵打仗的将军，倒似是进京赶考的书生。

王昭远还刻意模仿诸葛亮。传说诸葛亮手执羽扇，大冬天也要扇一扇以保持冷静。王昭远大概嫌羽扇太轻，于是打了一把铁如意，挥斥方遒，好不过瘾。

将相之间酒兴正酣，王昭远突然搭着李昊的肩说："我此行，何止破敌，率领这两三万脸上刻字的恶小儿，取中原如反掌耳！"

在王昭远的朦胧醉眼中，黄土漫天，杀声震地。蜀军横扫千军，气吞万里；宋军狼奔豕突，一溃千里。谈笑间，樯橹灰飞烟灭。

战场上，王昭远的壮志豪情终于化为现实，只不过主客倒置：一溃千里的是蜀军，气吞万里的是宋军。王全斌一破蜀军于兴州，再破于西县，三破于大小漫天寨，缴获粮饷七八十万石。王昭远亲自引兵来战，结果三战三败。王全斌进占利州，再获军粮八十万斛。

送完名义送地图，送完地图送粮食，王昭远才是大宋的西南转运使。

谈笑间，数万蜀军灰飞烟灭。王昭远的酒终于醒了，一路狂跑退保剑门。

战事过于顺利，王全斌等人反倒以为自己在做梦。出征前，赵匡胤曾在崇德殿大宴诸将，问王全斌："西川能打下来吗？"王全斌等人豪气万丈，立下誓言："臣等仗天威，遵妙算，按约定的日子，必然克蜀！"龙捷右厢都指挥使史延德更是夸下海口："西川若在天上，我们肯定取不了；可是它在地上，我大军所到之日即可平定！"

大话谁都会说，但实战还得靠本事。王全斌本已做好鏖战的准备，没想到一路势如破竹。当年蜀汉没大将，还有廖化做先锋；现在这个蜀国，连廖化也没有了？

没学过兵法，就别装孙子。王全斌对王昭远嗤之以鼻。

小诸葛我学过兵法，照样被打成孙子。王昭远躲在剑门里缩脑缩头。

孙子不好用没关系，朕还有儿子。孟昶急命太子孟玄喆为帅，率兵万余支援剑门。

运去"英雄"不自由

倒霉孩子孟玄喆是个书法家，对美有着执着的偏爱。俗话说：临阵磨枪，不快也光。但生在安逸中、长在富贵里的孟玄喆对磨枪毫无兴趣，他把精力全投入到对美的追求上。孟玄喆下令，所有旗帜都要用锦缎绣成，连旗杆都要用锦缎包好。

锦旗大军出锦城，锦绣太子要出征。孟玄喆正扬扬得意，却被突如其来的大雨扫了兴。他怕旗子被浇湿，急忙命人把旗子全摘下来；等大雨停止，再把锦旗挂上去。结果忙中生错，锦旗全挂倒了。围观的人暗自发笑，孟玄喆却浑然不觉，因为他正忙着挑选姬妾和戏子，跟随自己北上剑门。

成都下了一场锦绣雨，开封却下了一夜鹅毛雪。

赵匡胤身披紫貂裘，头戴紫貂帽，坐在讲武殿，正阅读前方战报。读到王昭远与孟玄喆这一对儿活宝时，他再也憋不住，哈哈大笑起来："孟昶连个股肱之臣都没有，其亡不晚矣。"

与孟昶不同，赵匡胤志在得蜀，在遥远的东京，祭起五柄宝剑，直插成都。

这第一柄宝剑名曰"诛心剑"，就是征蜀大将王全斌。王全斌是太原人，十二岁时，唐庄宗怀疑其父想造反，下诏召见。王父大惧，不敢前往。王全斌说，您把我当人质送给主上，主上必然对您释怀。王父听从了儿子的计谋，王家上下数口才得以存活下来。

后来李嗣源发动兵变，洛阳城乱作一团。当时庄宗身边的人几乎跑光了，只有王全斌和符彦卿等十几个人还在护主力战。王全斌把重伤的庄宗扶到绛霄殿，直到庄宗咽气，才大哭而去。此后，王全斌效力于禁军，作战勇猛。在大宋与北汉的边境上屡立战功。

如此有智谋、有节操、有胆略的将军，正是赵匡胤培养第二代军事统帅的不二人选。加之他曾参加过收复秦凤四州的战役，经过一番思量，赵匡胤将西蜀这块硬骨头交给了他。果然，诛心剑一出，蜀军就被杀得人仰马翻，屁滚尿流。

第二柄宝剑名曰"乱心剑"。鉴于蜀军将校有很多北方人，赵匡胤下诏，有愿意给宋军当向导的，供给军粮；率众而归、举城而降的，给予厚赏。蜀军的兄弟，咱们都是自己人，自己人不杀自己人，快回家吧。于是，蜀军军心大乱。

第三柄宝剑名曰"安心剑"，要求前军严肃军纪，禁止烧杀掠夺，违令者斩。这是赵匡胤一向的主张，此事关系到拿下蜀国后，能不能统治蜀地。得民心者得天下，与孟昶争夺民心，赵匡胤备感压力。

这第四柄宝剑名曰"激心剑"。临出征时，赵匡胤对王全斌说："凡是攻克的城寨，只把兵甲、粮草登录在案，钱帛一律赏给将士。朕要的，只有土地耳。"蜀地艰险，如果遇到强硬对手，大宋六万将士很可能有去无回。这种玩儿命的活儿，没有重赏，哪来勇夫？何况要保证军队不剽掠屠城，总要给将士们些好处。

当然，这话看似慷慨，但其本意并非真的让将士把府库分光。大宋缺钱，灭蜀首先是为了取财。其实，如何赏赐士兵，早在陈桥兵变中已有范例可循。不过这次不是自己坐镇，李处耘又被雪藏在淄州，赵匡胤心里总不踏实。他暗中跟沈义伦打了招呼："平蜀以后，府库的钥匙你可要握紧。赏赐将士以外，诸将再来求取，一律不给。"他相信，当年窦仪能阻止自己，沈义伦也必然能阻止伐蜀诸将。

这最后一柄宝剑曰"宁心剑"，是专门用来安抚孟昶的。赵匡胤命八作司在右掖门外南临汴水的黄金地段，为孟昶盖了五百余间大房子，家居供应一应俱全。用他的话说："我听说孟昶家族人多，房子多盖点儿，别让他们不够住。"

赵匡胤向孟昶抛出了橄榄枝：喂——孟老哥——您别怕，打不动就别打了，房子我都给您备好了，全国最佳水榭豪宅，帝王般的享受。从此你我就是邻居，别再犹豫，马上入住吧！

孟昶用王昭远和孟玄喆这两个绣花枕头，来扛赵匡胤的五柄宝剑，难怪枕头被刺成烂布头，鹅毛破枕而出，喷飞满天，变成了大雪。

赵匡胤来到殿门前，掀起毡帷，殿外狂风怒吼，大片大片的雪花凝冻成粒，时而飞打在脸上，好像冥冥中抛来的一把粗沙，皮肤如扎裂般疼痛。

朝避猛虎，夕避长蛇；磨牙吮血，杀人如麻。一日不平蜀，一日不得安。

剑门关外，王全斌收到了一件礼物——紫貂裘帽。前来送礼的中黄门（低级宦官）告诉他，主上说，自己穿着这么厚的衣服，尚且觉得冷，想想你们这些西征的将士，冒严寒披霜雪，怎么受得了呢？于是，主上脱下紫貂裘帽，让我给您送来了。主上还说了，不能每个人都照顾到，心中惭愧……

陛下！王全斌感动得热泪盈眶，捧起貂裘，朝着东京的方向拜了三拜。

三军将士热血沸腾，随着王全斌跪倒，朝着东北方拜去，宋军士气空前高涨。

王全斌开始商议进讨剑门，他对诸将说："剑门天险，古称'一夫当关，万夫莫当'，各位有什么良策？"

侍卫军头向韬道："听俘虏说，东南的山里有条小路，名叫来苏，直通剑门南二十里的青疆店。若大军行此，则剑门之险不足为恃。"

身披紫貂的王全斌气血上涌，准备率军东去来苏，却被马军都监康延泽拦下："蜀人数战数败，胆气已夺，可急攻而下。来苏路险，主帅不宜自行，派个偏将去即可。"当年邓艾豁出性命偷袭阴平，那是因为姜维堵在剑门；现在守剑门的是草包王昭远，主帅何必冒险？

脑袋发热的王全斌冷静下来，命史延德分兵从来苏绕到剑门后方，自己则率军猛攻剑门。

望着关前前仆后继的宋军，王昭远终于松了一口气，这些宋军真是自寻死路，《兵法》云："隘形者，我先居之，必盈之以待敌……"

报！宋军从青疆店杀来了！

啊？你们应该在关下强攻啊！怎么跑到剑门后边来了！兵书都是骗人的！

是兵书骗人，还是王昭远学艺不精，暂且不论；但王昭远肯定没有学好当代史。十年前，赵匡胤以同样的手段袭取清流关，那可是现成的军事教材。

慌得找不着北的王昭远，留下偏将守剑门，自己率主力退往汉源坡。没想到剑门瞬间被攻克，王全斌的宋军如溃堤而出的怒潮，向汉源汹涌而来。蜀将赵崇韬连忙布阵，率领将士杀入敌阵。

关键时刻，王昭远却临危不惧，手执如意，安坐帅椅。这份气定神闲，颇有传说中诸葛武侯退司马宣王的遗风。

王昭远哭了。我这哪是安居退全斌，我是俩腿哆嗦站不起来。

赵崇韬虽然打仗不行，但生性勇猛，眼看败局已定，犹自斩敌数人，算得上一条好汉。王昭远就没这份霸气了，他勉强收拾好双腿，丢盔弃甲，连滚带爬地跑到东川的民舍里躲避。他双眼哭得像俩核桃，仍死死抱着铁如意，哆哆嗦嗦地说着："运去英雄不自由……"然后，就被宋军逮个正着，彻底失去了自由。

那位锦绣太子孟玄喆一路上嘻嘻哈哈，游览名山大川，大发感慨。半路听说剑门已失，扔下彩旗撒丫子就跑。一路跑，还不忘一路放火烧房。

坚壁清野，在垂死挣扎之际也不失为良策。老将石奉颙就持此看法，他劝孟昶说："东兵远来，势不能久，请聚兵坚守，把宋军拖垮！"

可惜，大蜀皇帝已垮。王昭远没做成诸葛亮，孟昶却马上要做蜀后主了。

倘若孟昶生长在中原，即便做不了拨乱反正的赵匡胤，也有机会成为文治天下的赵光义。可惜他长在蜀地，注定只能做蜀后主。

孟昶长叹息道："我父子以丰衣美食养士四十年，一旦遇敌，不能为我东向放一箭，我就算想坚壁清野，谁肯为我而死！"孟昶不是无兵抵抗，而是不知道用谁抵抗。除了王昭远、孟玄喆这有数的几个人，他不相信任何人。

称孤道寡，到头来真成了孤家寡人。

后宫的李太后长叹一声：若用我言，安会溃败如此……

四　竹篮打水一场空

打造一个亡国君主模范

孟昶并非无人可用。

在大蜀东部，有一座重镇，锁住水路咽喉，这座重镇名叫夔州；那里有一位名将，名叫高彦俦。

刘光义所率的东路宋军，乘着战舰，逆袭三峡，一路顺风逆水，杀到夔州附近。刘光义春风得意，忽得前方探马回报，那景象令他瞠目结舌：狭窄的江面上，搭满浮桥。浮桥之上加盖三重栅栏，俨然一座江上浮城。最绝的是，沿江两岸，石炮高架。任你铜头铁臂，也穿不过炮垒防线。缺乏指挥经验的刘光义傻了，他忙打开赵匡胤所给的地图，原来如此这般……

于是刘光义下令，宋军在锁江处三十里外停船靠岸，步骑一冲而上，轻易拿下炮垒。然后重新上船，夹江石炮全成了哑巴，一声不响，目送宋军进讨夔州。

自古以来，统帅在外征战，坐镇京师的皇帝只会给予战略指导，不会干涉战术运用。但偶尔遇到难啃的骨头，也不免指指点点，遥控前线。就算是吴汉、张辽这样的名将，讨西蜀、守江淮之际，刘秀、曹操也要在雒阳、许都运筹帷幄，才能决胜千里。何况是对于刘光义这种经验严重不足的将领？

而且，整个伐蜀战役，赵匡胤指挥前线，仅此一次，那是因为形势险峻，非授锦囊不可。至于后来，宋朝皇帝把这种灵活多变的战术指导，变成了"将从中御"的死板制度，却是赵匡胤始料未及的。

宋军兵临夔州，守将宁江军节度使高彦俦一脸冷色，对身边人说："北军涉险远来，利在速战，应当坚守城池，以逸待劳。"

三峡险窄，粮运不便，何况大宋新建，打持久战，他们吃不消。一旦宋军撤退，借着水势，蜀军即可轻松破敌。

监军武守谦却不服："敌人都到我们城下了，还等个屁！"于是他率千人出战，在猪头铺被打得大败，充分证明了自己的想法有多猪头。

宋军乘机攻入夔州，高彦俦力战不胜，身被十余创伤，蜀军大散。

大势已去，高彦俦悲伤地欲殉国。

判官罗济劝高彦俦单骑归蜀，他却说："我当年已失秦川，现在又不能守住夔州，就算主上不杀我，我又有何面目去见蜀人？"

罗济又劝他归降，高彦俦摇摇头道："家中老幼百口，都在成都。我为了自己偷生，难道要负了整个家族吗？今日只有一死。"言罢，将符印解下，交给罗济，嘱咐道，"君自为计。"

高彦俦独自一人，将屋门反锁，整理好身上那沾满鲜血的铠甲，正了正头銎，朝着西北成都的方向，拜了三拜。眼泪像喷涌的山泉，划过罗济的面颊。可惜，泪水无法浇灭节度使府那熊熊燃烧的烈火。

梦中的赵匡胤被红光晃醒，仿佛遥见夔州的火光冲天。蜀中义士，何其壮哉！惜其不为孟昶所用，否则我大军若入蜀道，诚比登天还难！

数日后，刘光义等人在灰烬中搜集到高彦俦的骨灰，以礼安葬。大蜀境内，最后一颗耀眼的孤星，陨落了。

孟昶只得做出一个艰难的决定：投降。

投降的主意是宰相李昊出的，写降表的"重任"当然也落在他的肩上。对他而言，这不过是重操旧业，四十年前前蜀灭亡时，李昊就亲手写了降表。李昊出马，降表一挥而就。次日，当他走出家门时，却见门上被人写上了六个大字："世修降表李家"。

宋乾德三年、蜀广政二十八年（965）正月初七，蜀国的降表正式送入王全斌的大营。自王全斌出发，至此才六十六天，全天下最富庶的四十六州二百三十九县，完好无损地划入大宋名下。

天灰蒙蒙的，又阴又冷。成都御道两侧，挤满了男女老少。路那样长，人那样多，向北望不见头，向南望不见尾。

一位中年汉子，跪在冰冷的御道旁，头不停地磕在石道上，发出咚咚的闷响，仿佛悼亡的丧鼓。满发银灰的老妪泣不成声，在她身后，一家数口擦着泪水，探着身子，焦急地朝着北方张望……

锦城无锦，唯有泪千行。

这年三月，蜀国末代皇帝孟昶，离开了成于斯败于斯的成都。昔日的卤簿雅乐，却作今日的川民悲歌。老百姓们追随孟昶的船舫，一路哭送三百里，直到眉水畔的犍为，才不得不与旧主诀别，将一腔凄凉与不舍，泣作江水急湍而去的蜀王滩。

望着渐渐远去的蜀中百姓，四十七岁的孟昶老泪横流。只是繁华已成旧梦，前路明灭，不知死生。

船舫沿江而下，渐渐驶入三峡。孟昶身着素服，出立船板。坐拥天府三十年，他还是第一次来到自己的东大门。但见两岸连山，略无阙处。重岩叠嶂，蔽日隐天。怪柏舞爪，高猿张牙。渺小的孟昶，如入狰狞血口，只需夹山微动，自己便粉身碎骨。

孟昶对自己的未来毫无信心，虽然赵匡胤已经白纸黑字，答应保全孟氏一族，不会食言。可帝王之语，又岂能全部当真？大约四十年前，前蜀后主王衍也曾得到唐庄宗的许诺，结果走到凤州秦川驿，就被一纸皇命灭了门。

好在，一命呜呼的王衍，出蜀时走了山路；前途未卜的孟昶，离川时却走了水路。山路多崎岖，水路却通达。

和孟昶一样怕出事的，是开封城里的赵匡胤。自从平蜀的消息传回，他就收到许多关于如何处置孟昶的奏章。其中一份写道："孟昶割据蜀地三十年，而蜀道有千余里。请将孟氏一族满门抄斩，而将伪蜀旧臣全部赦免，以防生变。"

起初，赵匡胤还以为奏章出自凶猛大将或阴狠大臣之手，可是一看署名——曹彬？！曹彬乃彬彬君子。此次东路军入川，士兵嚷着要屠城剽掠，全靠这位君子监军约束，刘光义的兵马才能秋毫无犯。连他都要杀孟昶，可见对于稳定西蜀局势，孟昶确实是个威胁。然而，赵匡胤对曹彬的建议毫不感冒。他用朱笔在奏章后批了六个字："你好雀儿肠肚。"

赵匡胤站在明德门上，遥望那五百间豪宅，对左右笑言："孟昶守千里之国，战十万之师，却被我擒住，孤身远客住在东京城里，以后还能造反不成？"

你们这些人，心眼儿太小，眼界太窄。司马昭能容刘禅，朕就容不下孟昶？笑话！朕不仅要容孟昶，还要容得天下豪杰。孟昶豪宅的周围，日后就是他们的府第。这儿是南唐的，那儿是北汉的，那边是南汉的，这里是吴越的……

优待降王，这也是赵匡胤新政的一部分。赵匡胤说过，"人命至重"。普天之下，老百姓的命至重；我大宋臣僚的命至重；敌人，哪怕是降王，他们的命同样至重。五代杀人如麻，杀得太多了。要一洗五代的戾气，创立大宋太平，每一个细节都要一丝不苟。

孟昶是一面旗帜，要坚决树起，绝不能倒下。

西来的船舸驶出三峡，眼前豁然开朗。孟昶平安在江陵登陆。从东京到荆州，皇家的中使络绎不绝，赵匡胤既要给孟昶无与伦比的待遇，又要暗中保护他的安全。

五月十五日，孟昶到达开封近郊，开封府尹赵光义在玉津园隆重迎接。

十六日，赵匡胤免去一切侮辱性的献俘之礼，在久未临御的崇元殿召见了孟昶君臣三十三人，随后带着孟昶到明德门检阅三军，并在大明殿（原广政殿）大摆筵席，为他接风洗尘，完全是一副接待他国领导人的架势。

十九日，赵匡胤给孟昶三天小长假，整理整理自己的新房。假期一过，马上又把孟氏一家接到大明殿吃国宴。

六月五日，赵匡胤封孟昶为开府仪同三司、检校太师、兼中书令、秦国公，享受最高级宰相的待遇，这几乎是当时所能加封的最高官职。孟氏子弟和西蜀旧臣也纷纷加官晋爵。

孟昶的母亲李氏也得享尊荣，每次见李氏，赵匡胤都尊称她为"国母"，还特命李氏进宫时可以乘坐肩舆。赵匡胤曾对李氏许诺："日后一定送国母返回故乡。"

李氏问："陛下是要让妾回哪儿？"

赵匡胤答："当然是蜀中。"

李氏摆摆手，说："妾家本在太原，要是能再回到那里，妾就心满意足了。"

赵匡胤听了大喜，当即打了保票："等平了刘钧，即如母所愿。"

自入开封近郊，短短二十天，梦幻般的享受。

从古至今，亡国之君如果没被杀死，不是灰头土脸，就是装疯卖傻。孟昶现在也有点傻，他是被眼前的待遇惊傻的。如此风光体面的亡国之君，若非亲身所历，打死他也不会相信。

可是赵匡胤信，他更坚信，有了这样的亡君"模范"，其他各路诸侯早晚会放下顾虑，放下抵抗，与他共享万世太平。

混元一统，靠的是军事统一？不，朕要的是政治统一。朕要以坦诚代替猜忌，以优抚代替杀戮，要用文明将全天下从血腥与暴力中解救出来——哪怕是对待前朝的逊帝与敌国的降君。

只是赵匡胤有点兴奋过头，他忘了，并不是每个人都能像他这般高瞻远瞩。比如，大宋蜀地前线总指挥王全斌。

一句承诺引发的血案

西蜀平定，赵匡胤照例发布德音：减免租税，废除苛政，下调盐价，开仓济粮，释放俘虏，登庸蜀官，招安盗贼，搜访明贤；又下令由朝廷出资，修葺前代帝王、名士的祠庙、坟墓。

赵匡胤的善后工作，惠及朝野官民。而且与稳定荆湖相比，这次的惠政内容更加详细，范围更加广泛，具体措施也更加理性。平定西蜀迅速，破坏较小，加之善后得当，这块天底下最富饶的土地，几乎原封不动地并入了大宋领土。民心、财物尽入官家彀中矣。六十六天平蜀，无论是军事上，还是政治上、经济上，赵匡胤都取得了全胜。

可惜，这样的全胜并没有维持多久，进驻西蜀的宋军竟然险些步了南唐在湖南的后尘。

问题最初出在王全斌身上。名扬四海的王全斌，并未因平蜀大功而忘乎所以；相反，他此刻心烦意乱，顾虑越来越多。

西蜀能够成就一代名将的威名，然后用威名砍了名将的脑袋。远如攻灭蜀汉而被司马昭加诛的邓艾、钟会，近如征服前蜀而惨遭唐庄宗处死的郭崇韬，无不如此。王全斌已经得到威名，他现在要想的是如何避祸，保住脑袋。

他想起了符彦卿：要避祸，就贪墨。

王全斌犹豫了，毕竟贪墨甚至劫掠不符合他的道德底线。然而，当他看到都监王仁赡时，不得不选择了这条没前途的道路。

王仁赡出身军校，是赵匡胤霸府时代的心腹旧僚，与李处耘并为赵匡胤军事上的重要谋臣。但与李处耘不同，王仁赡为人阴鸷，善于刺探私情，因而大宋立国初期，他做了第一任武德使，执掌特务机构武德司。王仁赡在武德司的时间虽然不长，但令满朝文武皆心生胆惧，甚至连赵普都畏其三分。

赵普尚且如此，王全斌怎能不小心应付王仁赡？万一他在皇帝面前告上一状，王全斌又岂有全尸？在王全斌看来，自己真的别无选择。

同时，王全斌与刘光义的矛盾也日益激化。自从刘光义率军进入成都，两路将士就不断争功。王全斌出征前，赵匡胤曾告诉他，有事多商量。可是现在两军相争，将领互相拆台，开会能解决什么问题？

王全斌一生气，大手一甩，撂挑子不管了。不是开会商量么？好，老子不跟你刘光义开，老子自己开！于是，王全斌拉上崔彦进、王仁赡，日夜饮宴，任凭手下夺财劫色，一概不问。圣上不是说了，他只要土地，金银玉帛全是将士的……

不知王全斌是真没听懂，还是有意曲解，这句话，几乎要了大宋的命。

说话的人后悔了。这日退朝后，赵匡胤坐在便殿里闷闷不乐。"你们以为当天子容易吗？早上我一时兴起，处理了一件事，结果办错了。所以我心里难受啊。"

一时兴起说错话办错事，这是赵匡胤的老毛病了。此刻，赵匡胤还并未得知王全斌这帮大老粗敢在蜀中乱来，可想起自己说过的那句话，心里就不踏实。后悔已经没用，当务之急，是赶紧派出文官，接管西蜀政务，并将自己颁布的德音落实下去。在他们到任前，但愿曹彬、王仁赡与沈义伦能够撑住局面，保住西蜀的民心。

曹彬的槽牙咬得咯咯直响。王全斌手下的胆子越来越大，被派往护送孟昶的右神武大将军王继涛，竟然向孟昶索要宫女钱财。幸好王全斌还知道害怕，把王继涛罢免了，孟昶躲过一劫。可是蜀中的百姓就没那么好命了，宋军日夜抄掠，百姓惊慌难眠。而最有资格阻止王全斌的刘光义，却坐在一边看热闹。

曹彬坐不住了，跑进帅府，请王全斌班师。

醉醺醺的王全斌巴掌一摆：不回去。

一旁的王仁赡满脸不快：狗拿耗子，多管闲事！我凤州路的事，哪用得着你归州路的都监管？

曹彬也不想越俎代庖，可谁让你王仁赡尸位素餐？

以枢密副使为都监，王仁赡坐在当年李处耘的位子上。用他来任都监，赵匡胤也是有意为之的。鉴于王仁赡的背景，军中大将对他颇为忌惮。这有两个好处。一来，此前对李处耘一案的处理有失公允，都监威信扫地；起用王仁赡，有助于重塑都监的威望，从而制衡这些将帅，约束军纪，将大宋的新政、德政有效地在西蜀推行下去。二来，西蜀险远，赵匡胤也确实担心军中有人叛变割据，王仁赡有特务工作的经验，可以随时刺探军中情况。

然而人算不如天算。李处耘的前车之鉴在前，王仁赡竟然一反常态，不敢对主帅指手画脚，甚至亲自加入抄掠的滚滚人潮。

不过，当官的毕竟与当兵的不同。士兵们抢散客，吃力不讨好；王仁赡却利用职务之便，以巡查军资为由，盯上了一块看似的肥肉——原蜀国使相李廷珪。

李廷珪曾以副元帅身份，跟着锦旗太子孟玄喆支援剑门，并参加了太子撤军焚粮事件。王仁赡抓住李廷珪的小辫子，一口咬定要秋后算账。李廷珪急得团团转，一下转到了康延泽的房里。

大概因为都是做都监的，康延泽非常明白王仁赡的用意，给李廷珪出主意说："王公没别的意思，就是手头有点紧，身上有点火。你只要想办法帮他宽宽手、泻泻火，他就不会给你找麻烦了。"

王仁赡还真看走眼了，李廷珪不是李昊，为人节俭，家无余资。可为了活命，李廷珪只得遍求亲戚，好不容易凑了四个姑娘，又借了一些金银珠宝，一并送到王仁赡那里，总算留下了自己的脑袋。

王仁赡开了坏头，致使原来蜀国的官吏为了少惹麻烦，抢着破财免灾，到处送礼。偶尔也有些清廉的宋朝官员，拒绝收礼，掌管府库钥匙的沈义伦就是其中之一。然而人能自己，难以律人，沈义伦无法阻止宋军的恶性循环，索性搬到佛寺里，素食寡居。

沈义伦每日焚香祈祷：朝廷的救兵，快来吧。

吕余庆"救市"

成都城的药市，草药撒了一地。几名酒气冲天的宋军军校手执大刀，正在行凶抢掠。这种事情在这一个月内每天都在上演。只是，一个月前充满恐惧的眼神，如今已被仇恨浸染。几个商人暗中拿起武器，为了保护妻儿老小，准备在迫不得已时奋力一拼。

突然，一阵整齐的脚步声由远及近，成都百姓已经很久没有听到这样整齐的步伐了。商人们抬头望去，一队井然有序的军人手执利刃，跑入药市，迅速控制了闹事的军校。在这队军人身后，一个年近四十的中年人，身着朱袍色正，幞头硬翅横展。宛若一道清风，吹入污浊的蜀城。

带走！他的命令干净利落。当天，闹事的军校就被枭首示众。满城百姓拍手称快，这是孟昶出降以来，成都城里唯一一件振奋人心的事情。

吕余庆来了！

——王全斌瞪大眼睛，酒气全无。没错，参知政事吕余庆，奉命权知成都府。不仅是他,朝廷一班干将全来了。枢密直学士冯瓒权知梓州,枢密直学士赵逢权知阆州,连那位把符彦卿整得死去活来的周渭,也前往兴州担任通判。

这是赵匡胤下的一剂猛药。本来,严肃军纪、废除苛政、轻徭薄赋,这些都是赵匡胤的妙招,是他经过接管滁州、入主开封、收复荆湖后,在实践中不断积累、调整而日趋完善的治世良方。偏偏王全斌这个不长眼的和尚,把经全念歪了。好好的政策,没一条能执行下去。

眼看要坏事,赵匡胤派出除赵普外,朝中最为干练的一批吏才奔赴西蜀,担任知府、知州、通判。他们精通吏道,善于治政,能够坚定不移地将朝廷抚恤安民的方针落实下去;同时,他们又多谋善断,能够对复杂多变的局势做出最快反应。总之,赵匡胤要尽早结束王全斌毫无章法的军事管制,尽快恢复蜀中的秩序,把失去的民心夺回来。

赵匡胤尤其看重权知成都府的人选,不仅因为这里是西蜀的中心,更因为征蜀大军便驻扎于此。按理说,王全斌捅了这么大娄子,赵匡胤应该立即调他回京述职。然而,赵匡胤又不得不把他留在成都。一方面,西蜀政局已经开始动荡,为了维持稳定,征蜀的部队不得不继续留在成都,要安定军心,就不能随意更换主将。另一方面,王全斌自知闯了祸,必然害怕朝廷治罪,这个时候令其还朝,只能增加他的疑虑,搞不好会逼得他铤而走险,自立为王;就算他不愿背叛朝廷,可他手下那帮人为了活命,也极有可能胁迫他乱来。

当然,赵匡胤还有另一种选择,亲自领军坐镇京兆府(长安),并派专员收监王全斌等人。这是当年司马昭对付邓艾、钟会的手段,但赵匡胤不屑于这样做。滥杀大将,不但自断手臂,而且搅得人心惶惶,下次谁还肯为自己领兵打仗?何况王全斌一事,赵匡胤自己也有责任。如今他标榜文治,当年既不杀石守信,今日必不愿杀王全斌。

因而,这就回到了前面的问题,权知成都府的人选是重中之重。因为这位知府不仅同其他入蜀文臣一样,有治理地方、拨乱反正的任务,更要恰当地处理与王全斌等军界人士的关系。他既要把对成都的治理权从军事管制中解放出来,制止王全斌等人的胡作非为;又不能过度刺激王全斌,避免不必要的麻烦。想来想去,赵匡胤把这个重担,交给了昔日霸府的首任幕僚长、今日的宰相助理吕余庆。

据说,在不久前的除夕之夜,孟昶曾在桃符上题词:"新年纳余庆,嘉节号长春。"这幅中国最早的春联,在当时被视为政治谶语。"余庆"说的是吕余庆权知成都,"长春"说的是赵匡胤的生日长春节。这春联的意思就是过完新年,后蜀并入大宋。

但对于蜀中的老百姓而言,宋军的暴行丝毫没有"长春"之意;倒是吕余庆的到来,确实为他们留了一点儿"余庆"。

吕余庆权知成都府,令王全斌生出一身冷汗,他知道这次玩儿大了。主上下旨减免蜀地赋税,可老百姓的钱都进了将士的腰包;主上赦免亡命盗贼,可蜀中最大的盗贼就是他王全斌。自污韬晦也得有分寸,太过分了照样没命。

王全斌摸着自己的大脑袋,终于想起了曹彬的话。他讷讷自语道:"我听说古代将帅多不能保全功名。不如我就说自己病了,赶紧回京面圣,免得日后后悔。"

他身边的人却说:"现在到处都是亡命之徒,没有主上的诏旨,不可轻易离去,否则就是擅离职守。"

为了安定蜀中,也为了壮大力量,赵匡胤命令原来的蜀国将士全部调往东京,每名士兵皆获得丰厚的赏赐。

愚蠢的王全斌再度出现理解障碍:自古只有奖王师的道,哪有赏俘虏的理?

可惜,吕余庆的职责只是管理成都府的政务,而征调旧蜀将士属于军务,他无从过问。赵匡胤以为,只要吕余庆接管了政务,军事上的事,王全斌是不会出岔子的。可是他忽略了一点,对旧蜀将士的善后工作也是一件政治任务,这远远超出了军事将领王全斌的理解范畴。

抢钱抢出惯性的王全斌私扣赏钱,放纵部曲虐待俘虏,蜀兵大怒,走到绵州,终于反了,还把以前蜀国的文州刺史全师雄劫来当主帅。

全师雄本打算去东京领赏,并谋求高升之路,没想到一朝成了匪首。正当他想着逃脱时,噩耗却从家里传来:宋军把您家灭族了,您闺女也惨遭蹂躏……

禽兽!全师雄怒喝一声,火冒三丈。

这位禽兽将军名叫朱光绪,是王全斌的马军都监。王全斌本想派他去招抚叛军,可他硬生生把全师雄一家抄家灭门,唯独留下他女儿纳为己有。

悲愤交加的全师雄绝望了。他振臂一呼,正式揭竿而起:全蜀的弟兄们,宋狗欺我太甚!我蜀民安忍其暴?大家举起手中的武器,把宋狗赶出蜀中!

全师雄的呼声，唤起了所有蜀民的愤怒，星星之火瞬间吹成燎原烈焰。须臾间，十万军民齐暴动，十七蜀州共发难。全师雄自号兴蜀大王，开幕府，置僚属；其部队号称兴国军，誓与大宋不两立。

顷刻之间，剑门隔断，邮传不通，孤坐成都的王全斌被熊熊叛火包围。蜀中震恐，局势倾颓，王全斌却用了最为简单粗暴而毫无效率的办法：杀人。

杀全师雄么？不，杀成都的降兵。慌不择路的王全斌，把成都城里两万七千名降兵全赶进了夹城。

康延泽苦苦哀求：把其中那老弱病残的七千人放了吧。

王全斌回应：无论老弱病残，一视同仁。

四月初一，王全斌手起刀落。落地的不仅是两万七千颗人头，还有宋军的节操，他们甚至干出割掉民妻乳房的勾当。"吊伐"之师，彻底沦为野兽兵团……

卧龙跃马终黄土，一将功成万骨枯。蜀人一炬，可怜焦土！

"模范"亡君死了

更可怜的是孟昶。

六月十一日，享受无上尊崇仅仅七日，孟昶暴卒。斯宅已空，徒留尚书令、楚恭孝王的追认哀荣。

于是，开封城里，流言四起。

有人说，孟昶有一位冰肌玉骨、清凉无汗的美人儿妃子，人称"花蕊夫人"，曾被赵匡胤召见朝堂。花蕊当场吟诗一首："君王城上竖降旗，妾在深宫哪得知。十四万人齐解甲，宁无一个是男儿！"一派豪情，赵匡胤为之折腰。然后，花蕊入宫，孟昶呜呼。

也有人说，自从花蕊入宫，赵匡胤坠入温柔乡，不理朝政。为了让花蕊死心塌地地缠住赵匡胤，孟昶必死。这可能是赵光义的杰作。开封府的幕僚里，不是有位善医术的程德玄吗？能医人者，必能杀人。

市井小民的花边儿新闻不胫而走，传入右掖门外的豪宅。国母李氏默然不语。

自古以来，纵然没有把亡国之君捧上天的皇帝，可也难见被臣民送行三百余里的后主。孟昶可以成为赵氏的孟昶，西蜀却难以成为大宋的西蜀。大宋要接管西蜀，孟昶是道永远迈不过去的槛儿。

你既然得了民心，为何不守住天下！李氏没有流一滴眼泪，她静静地将酒洒在地上，自言自语道："你不能死社稷，贪生至今日。我苟且偷生，全是为了你。现在你死了，我还活什么！"数日后，李氏因绝食而卒。

孟昶死了，李氏死了，有关于此的是是非非，永远成为不解之谜。赵匡胤心情是沉重的，他没有保住孟昶，也就没有保住伐蜀的胜利果实。在乱世中重建太平良治，比他想象的要难得多。

孟昶死了，赵匡胤辍朝五日，并命朝廷为他出了丧葬费。对于孟昶，赵匡胤能做的只有这些安慰活人的补偿了。他必须打起精神，在西蜀变为焦土前，拯救因宋军而陷入水深火热的西蜀百姓。

赵匡胤先拿割乳的西川行营大校祭旗，后用向旧蜀军校索取贿赂的殿直成德钧开刀，一并斩首示众。

当时，有人想为西川大校说情，没想到赵匡胤怒吼道："兴师吊伐！妇人何罪！竟然残忍至此！速依法处置，以偿民妇之冤！"开国五年，赵匡胤从来没有如此愤怒过。

杀人已经令人发指，何况还用如此惨绝人寰的方式！赵匡胤为这位倒霉的妇人悲哀，他甚至看到妇人一家绝望的眼神，听到他们凄厉的惨叫。

这是怎样的宋军！这是怎样的兴！师！吊！伐！作为宋军的最高负责人，赵匡胤悔恨，愤怒，耻辱！他必须给天下人一个交代。赵匡胤急命客省使丁德裕为西川都巡检使，入援王全斌，率领宋军讨贼平叛；同时准备亲自向西蜀人民还债。

事实修复与价值修复，这是后世危机公关的决胜法门。

赵匡胤不懂危机公关，但作为政治家，他知道仅仅靠刀枪并不能解决问题。重塑大宋的形象，争取蜀人的认同，任重而道远。

在接下来的两年里，赵匡胤三次下诏抚恤原蜀国官僚将士，七次发令减免蜀中赋税。他日夜不停地在宰枢二府的奏章上圈点勾画，将朝廷的效能开到最大，以保证西蜀的一切事务尽快得到处理。可惜破镜已难重圆。虽然两年后，兴国军全军覆灭；但三十年后，蜀中一场更大规模的民变正在酝酿。

上游的地势，赵匡胤得到了；十余年都用不完的财富，赵匡胤得到了。唯独赵匡胤辛辛苦苦做的政治文章，却随着西蜀兵乱、孟昶身死，化作竹篮中的清水，一切皆空。

这是赵匡胤自理政滁州以来，在执政方面的第一次失败。这为"建隆初治"后自我感觉良好的赵匡胤，重重敲响了警钟。

乾德五年（967）正月，天气晴。

西蜀这个火盆，终于被浇灭了，虽然还在冒着青烟。

惴惴不安的王仁赡埋头慢步，一不小心，跟对面的小宦官撞了个满怀。西征部队还朝，作为都监，王仁赡"有幸"成为皇帝第一个召见的人。

一心避免做李处耘第二的王仁赡，发现自己押错了宝。李处耘弹劾慕容延钊，不过是坐贬淄州。可这次王全斌犯下的事儿，足以掉脑袋。必须与王全斌划清界限。王仁赡眉头一皱，计上心来。

讲武殿前，王仁赡整理好衣冠，稳了稳情绪，大义凛然地迈步入殿，恭恭敬敬地叩拜在赵匡胤面前：圣躬万福。

赵匡胤头也不抬，一面继续批阅奏章，一面不冷不热地回道：起来说吧。

心虚的王仁赡用右手捏了一下颤抖的左手，强作镇定地站起身来，开始汇报工作，将他的酒友王全斌、崔彦进干的那些好事，一件不差地抖搂出来。

我是证人，我检举，坏事都是他们干的。王仁赡不断地安慰自己。

可是话讲完了，赵匡胤却没说什么。

王仁赡则咬紧牙关，弓着身子，等待赵匡胤的反应。

讲完了？赵匡胤问。

讲完了。王仁赡答。

赵匡胤放下奏章，终于看了王仁赡一眼。他不屑地问：纳取李廷珪的妓女，私取丰德库金贝，这事也是别人干的？

啊！王仁赡扑通一下跪趴在地，哆嗦得连磕头声都凌乱了。

使者和蜀地官民早就把实情报到了宫中，王仁赡，你真是自作聪明！赵匡胤没再接着说王仁赡的事，而是问道：就没有干净的人了吗？

王仁赡再不敢满口乱说，哭丧着脸说：有，有。清廉谨慎，不负陛下重托的，只有曹彬一个人。赵匡胤铁青的脸上，总算拂过一缕阳光。

曹彬，字国华，姨母是周太祖郭威的贵妃，后周时他也算与宗室沾亲。赵匡胤在郭荣手下做小兵时，曹彬正负责管理茶酒。馋酒的赵匡胤曾跑去找他讨酒喝，他却因为所掌为官酒，拒绝了赵匡胤的请求。但让赵匡胤意想不到的是，曹彬竟然自己花钱买了一坛酒，给他送来了。这事让赵匡胤记忆犹新。

后来赵匡胤掌管禁军，曾拉拢曹彬，但怎么拉都拉不过来。做了皇帝后，赵匡胤问曹彬："我以前总想亲近你，你干吗老躲得远远的？"曹彬回答说："我是周宗室近亲，又是朝廷命官，平时办事小心谨慎，还怕捅娄子，哪敢随便结交大臣呢？"

在党同伐异的时代，能够有这样不偏不倚的大臣，真是难得。赵匡胤龙颜大悦，授予曹彬客省使。从这时起，曹彬已经进入了枢密使的预备队。

此刻，曹彬正与王全斌等人跪在殿下，等候发落。赵匡胤从御座站起，气急败坏地走到王全斌面前，劈头盖脸地质问："三万降卒说杀就杀，谁给你的胆子？"

王全斌面如死灰，沉默不语。

赵匡胤正要发作，咦？曹彬怎么也在。他早就听人说，曹彬坚决反对杀降，连杀降的命令都不肯签字。赵匡胤遂指向曹彬道："曹彬退下，这事跟你没关系。"

这要是王仁赡，一定会兴高采烈地起身出殿；出殿前，恐怕还要埋汰王全斌两句。但曹彬就是曹彬。曹彬不退，只管伏地磕头道："臣与诸将一起商议杀戮降兵，朝廷问罪，应该第一个杀臣。"

好你个曹彬，这是在以死来护着诸将。王全斌啊王全斌，你当初要是听了曹彬的只言片语，能落到这步田地吗？

王全斌被移交中书门下审讯。他松了口气，这条命算是捡回来了。

赵匡胤从未想过杀王全斌。他很清楚，王全斌一反常态，抄掠蜀中，就是怕自己步了郭崇韬的后尘。而赵匡胤也一直小心谨慎，尽量避免把王全斌逼上绝路。西蜀动乱两年，王全斌还能平安回到东京受审，赵匡胤保他的心思昭然若揭。毕竟，王全斌不想做郭崇韬，赵匡胤更不想做李存勖。

左右见状，顺势进言："西蜀刚刚平定，如果因为劫掠杀人就严惩王全斌，今后陛下还怎么用人？"

没想到赵匡胤却回道："不行！现在河东、江南还没收复，如果对王全斌不闻不问，今后任命的大将，恐怕都会无法无天！"

但死罪可免，活罪难逃。不久，中书门下的审讯有了结果：诸将总共贪污、劫掠钱六十四万余贯，另外私藏蜀宫珍宝无数，克扣兵饷，杀降致寇，王全斌等人对此供认不讳。

正月二十三日，赵匡胤令御史台集合百官，朝议王全斌等人该当何罪。次日，百官上表：王全斌、王仁赡、崔彦进论罪当死。赵匡胤却大笔一挥：这次暂且饶过。随后，朝廷专门在随州设置崇义军，金州设置昭化军，将王全斌、崔彦进分别贬为崇义留后和昭化留后。王仁赡罢出枢密院，贬为右卫大将军。三人及其元从军将所掠财物一并退还，至于诸军将士，法不责众，也只好息事宁人。

至此，北路凤州军的将官"全军覆没"。直到开宝九年（976），赵匡胤巡幸西京时，这些人才先后重返朝廷。

相对于北路凤州军，东路归州军的将官却托曹彬的洪福，因祸得福。刘光义没升没降，平安无事，大概是征伐西蜀之功与不能劝谏兵乱之过两相抵消；龙捷左厢都指挥使张廷翰、虎捷左厢都指挥李进卿分别升任侍卫马军都虞候、步军都虞候，并领节度使。沈义伦本官也升至兵部侍郎，接替王仁赡，出任枢密副使。

收获最大的是曹彬，连升两级，从内客省一跃而为宣徽南院使，领义成军节度使。曹彬自认为没能阻止兵乱，愧不敢当，入宫请辞道："诸将都判了重罪，唯独臣受赏，心中怎能自安？臣不敢奉诏。"

赵匡胤和颜悦色地挽起曹彬，说："卿有功无过，又不恃才夸功。你要是有半点过错，那个嘴上不留德的王仁赡能放过你吗？惩恶扬善，这也是朝廷制度，卿就别推脱了。"

赵匡胤在曹彬身上，看到了李处耘的影子。他现在多么思念李处耘，就多么后悔未起用李处耘征蜀。

只是，他再也没有机会了。乾德四年（966）闰八月二十四日，李处耘病逝于淄州刺史任上，享年四十有七。

李处耘死了，赵匡胤很悲痛。他特别下诏废朝，赠官宣德军节度使、检校太傅，赐地葬于洛阳偏桥村。以李处耘当时的刺史之位，这样的待遇简直是殊荣。

因为赵匡胤对李处耘有愧，他不杀李处耘，李处耘却因他而死。若非他一开始采取统帅与都监制衡的策略，就不会生出后来的那些是是非非。

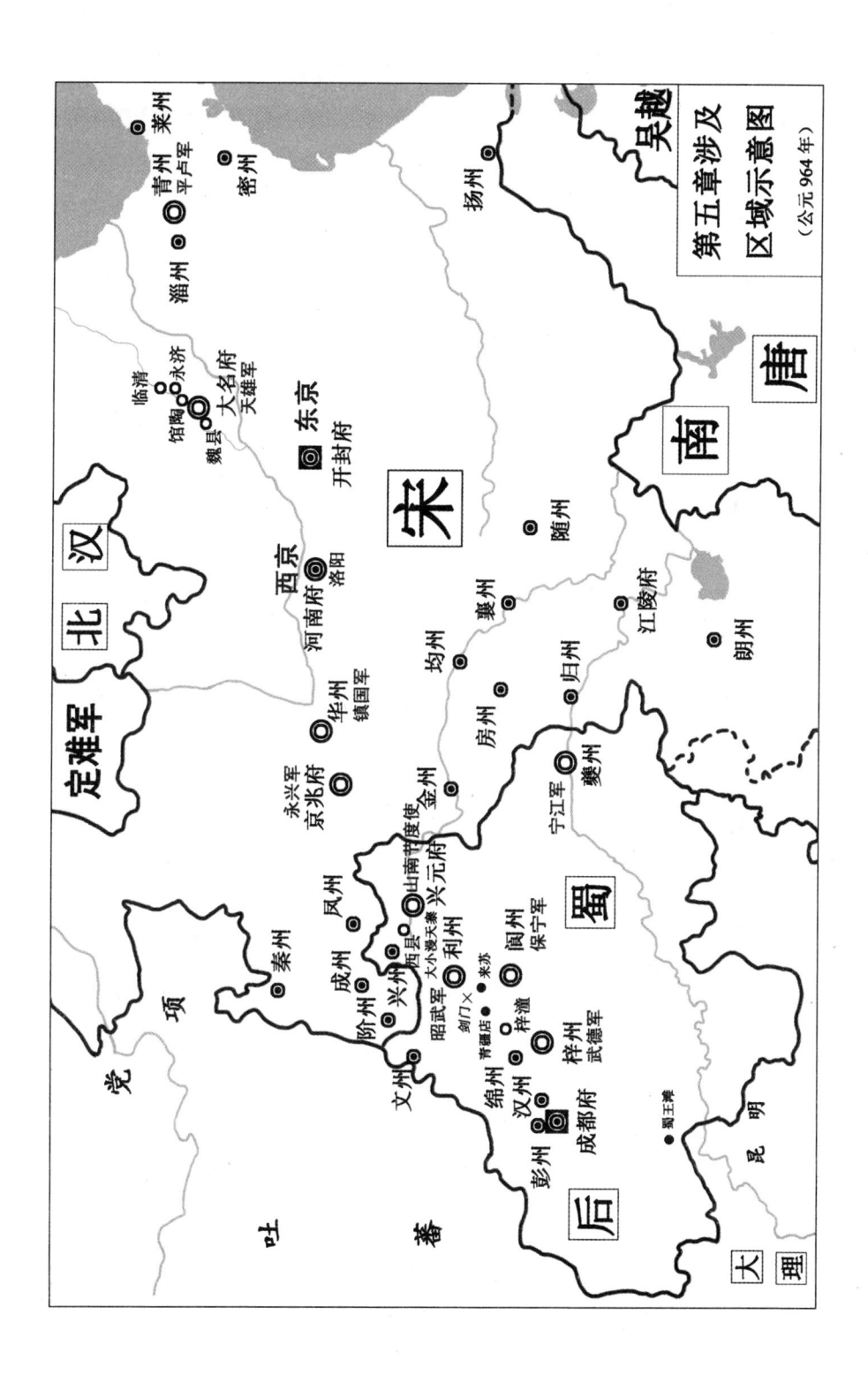

第五章涉及区域示意图（公元964年）

第六章 大宋新政，帝国初稳

一　改革需要循序渐进

政治改革全面升级

在赵光义屡屡发难、西蜀又兵乱连年的日子里，赵匡胤并没有放慢改革的步伐。他是大宋的掌舵人，他必须在以赵普为首的群臣辅佐下，同时处理诸项大事。那些等着看笑话的藩镇们，曾幻想着朝廷自此一蹶不振，自己继续做土皇帝。但他们的算盘落空了，硝烟尚未散去，赵匡胤的改革利剑就已朝他们再度刺来。

经历了在湖南地区和大名府内的政改试验，赵匡胤对司法权和行政权的改革措施进一步在全国推广，削藩三大纲领的第一步"削夺其权"已经初见成效。为了巩固改革成果，最近几年间，朝廷又出台了一系列新的举措。

首先是对收回来的司法权进行梳理。当时规定，上报中央的案件一律送交御前审查。但随着地方司法权的收回、疆域的扩大，上报到朝廷的案件越来越多，赵匡胤不堪重负。于是，在乾德二年（964）正月，他下诏：今后诸道报上来的案子，一律交给大理寺审断，然后由刑部复核，恢复唐朝旧制。

接着是收回地方人事权。乾德二年三月规定，藩镇不得再自主招聘幕僚，幕职人员一律由朝廷委派，将地方用人的权力全部上收中央，进一步摧毁藩镇的执政中枢。

七月，赵匡胤又下诏，规定藩镇幕府第一人——掌书记不得由初任官担任，而必须由历经两任的文学之士担任。

这里解释一下"任"。任是当时差遣、职事官的除授单位，任内除掌握相应的权力、负责相应的工作外，也享有相应的俸禄、权益。满任后，相应的工作就要停止，而且也不给俸禄了。这时，官员要等待朝廷人事部门授以新的差遣或职事官。一任的期限因差遣、职事官的不同，或时代不同而异。有两年、两年半的，甚至还有四年的。任是重要的官资，许多差遣、职事官，必须满一定任数才能担任。

朝廷剥夺了幕府自辟幕僚的权力，掌书记当然也在其中。但改革并不止于将人事权收回，还要保证这项权力能够合理运用。掌书记是幕府的幕僚长，其人选对地方政治的好坏有巨大影响。因此，赵匡胤在收回其任免权后，马上就对它的任职条件做了规范。规定官资为两任者才可出任，保证掌书记均有治政经验；规定文学之士，则是为了提高掌书记的治政水平，避免重蹈武人乱政的覆辙。

乾德三年（965）三月，宋廷再对地方人事权做出规范，要求节度使不得以亲吏代为署理地方事务，以防节度使把官衙开成私家店铺导致地方吏治腐坏。

这年十二月，赵匡胤的义弟北海军使杨光义任期已满，理当还朝改授他官。但由于杨光义为政简易，深得当地民心，所以北海军（此处的"军"是州级行政单位）的数百名百姓不辞辛苦，自发到开封请愿，希望能够让杨光义留任。

赵匡胤拒绝了百姓的请愿。对待自己的义弟、一个州级官员尚且如此，赵匡胤改革地方官员逾期留任的决心可见一斑。次年七月，朝廷正式下发文件，规定从节度使到州县官，所有地方官员任期满后，吏民不得到京师请求官员留任。此举旨在防止以节度使为首的地方官员，通过煽动民意来长期待在一个地方，发展其势力。

人事权上缴，距离架空节度使就为时不远了。然而，各大藩镇真的甘心拱手将权力交给朝廷？当然不甘。只是鉴于强藩如符彦卿、郭崇、孙行友、李筠，或对朝廷低眉顺眼，或为朝廷和平召回，或被朝廷武力剪灭，其余的藩镇并不敢公开跟朝廷叫板。不过，他们心中有火，不吐不快。于是，有些人忍不住，成了消极抵抗朝廷削藩的出头鸟。

这只出头鸟名叫高从志，供职武宁军。这年九月，他因受贿而遭到流放。武宁军的节度使是高继冲——没错，就是那个被"假湖灭荆"的荆南节度使。高从志不是武宁军一般的属员，而是高继冲的元从军将——打从高氏割据荆南时就跟着他们。因此，高从志正是朝廷要着力打击、不许干预地方政务的节度使"亲吏"。

按理说，正在削藩的风头上，高从志又是重点打击对象，高继冲又是降人身份，他们本该低调。可偏偏高从志敢顶风作案，高继冲却未加阻止，如果不是高从志对高继冲的保密工作做得太好，以至于高继冲全然不知他犯案的事儿；那就只能说明，高继冲是在以这种方式，向赵匡胤提出抗议。

赵匡胤的回复当然是抗议无效。只不过对于节度使，尤其是高继冲这样身份复杂的节度使，赵匡胤有些投鼠忌器。因此，他以流放高从志的方式来敲打高继冲,并下诏给所有节度使、州刺史:你们要恭谨遵守朝廷之前所发的诏令,以免后悔!

显然,在朝廷的力量绝对压过藩镇之前,赵匡胤仍不愿过分刺激节度使,改革仍需安和稳定、循序渐进。但他一定要让节度使明白,只要我想,随时可以对你们这些藩镇予取予夺!

这是因为,朝廷的手,已经从司法和行政领域,暗中伸向了藩镇的钱袋。

杯酒也可释财权

"制其钱谷",收回地方财政权,这是赵普"三大纲领"中的第二步,也是最为关键的一步。财权的收夺非常重要,它既可以削弱地方物质基础,防止节度使豢养心腹、收买军队,又可以充实国库,是一个此消彼长的零和博弈。它是前期地方政治改革的进阶,更是日后地方军事改革的基础。

建隆三年(962),赵匡胤曾派朝官到符彦卿辖区内主持收税事宜,但碍于时机不成熟,这一政策并未推广。直到乾德二年(964),在节度使的司法、行政大权即将被剥夺殆尽之际,赵匡胤在赵普的支持下,终于大规模收缴地方财权。

地方截留财政、中央用度空虚的问题由来已久,可以上溯到唐玄宗天宝年间(742—756)。当时,地方的赋税主要分为三份:一份上缴朝廷,称为"上供";一份送缴节度使、观察使府,最初称"送使",后称"留使";还有一份,留作地方州县使用,称为"留州"。随着藩镇日益强盛,上供越来越少,留使、留州的却越来越多。

到了唐末五代,这种状况愈演愈烈。藩镇节帅纷纷派遣亲信主持场院(征收地方商税的机关),作为自己的重要财源;而朝廷能从中获得的赋税少之又少。当然,节度使也会"大发善心",给朝廷送去不少财物。不过,并不是通过地方政府对中央政府的正式程序,而是通过节度使对皇帝"效忠"的个人途径——"贡奉"。节度使在对皇帝缴纳贡奉后,皇帝还要礼尚往来,对其有所赏赐,以示皇恩浩荡。这简直岂有此理!

宋初,这样的局面丝毫没有改变。当时国家初立,赵匡胤不可能去跟节度使"抢钱",于是,只好采取"曲线救国"的方法,下令宽征商税。这是一项促进工商业发展、促进经济恢复的经济措施,但更是一条限制藩镇的妙招。因为商税是藩镇的重要经济来源，宽征商税，等于变相减少了藩镇的财政收入。

赵普成为宰相后，力劝赵匡胤革除弊政。赵匡胤审时度势，于乾德二年正式下诏，命令各州每年所收田租、商税，除了留在州中用于日常开支外，其余一律送往京师。州府没有牛车运送的，就去租老百姓的车来用。

然而，这道诏命并没有收到预期的效果。于是，乾德三年三月，赵匡胤重申诏命，并且特别强调：各州用于军事事务的开支，必须全部送缴京城，不得扣留。

有鉴于这项政策在前一年未能有效执行，这一次，赵匡胤改进了相关的制度。一是借鉴朝官知府、知州、知县的成功经验，以朝官文臣权知场院，彻底将藩镇的金饭碗夺回中央；二是将战时负责筹运军粮的转运使行政化，协同通判总揽地方财权。乾德三年九月，赵匡胤以度支郎中苏晓为淮南转运使，掌管淮南地区的财赋收入，这成为后来两宋路级机构的滥觞。

赵匡胤不仅善于在行政、财政各个方面搞制度创新，更善于将他那充满人情味儿的赎买思想推而广之。他深知，收缴藩镇的钱包，此举非同小可，即便节度使们嘴上不说，但心里肯定老大不快；现在虽然没有爆发，但保不齐有朝一日会突然爆发。于是，他故技重施，在一次便殿中的小宴上，又来了一出"杯酒释财权"。

当日，君臣共饮，气氛融洽。赵匡胤随口问一位节度使道："你在本镇，除了上缴给朝廷的钱帛之外，每年自己能落下多少钱？"

节度使不知道赵匡胤打的什么主意，试探性地报了个数。至于真假，不得而知。

赵匡胤听了，并没有对这个数额发表看法，而是说："你看这样行不行？这笔钱我来出，算作你个人的收入。你呢，也不用守在藩镇从租税里抽份儿了，干脆入朝为官，与朕日日宴乐。按照往年的数额，一个子儿都不会少。怎么样？"

怎么样？能怎么样？和皇帝讨价还价的臣子能有什么好结果？皇帝既然开口，节度使只能叩拜于食案之前，接受皇帝开出的条件。

节度使既然买了皇帝的面子，赵匡胤也要兑现承诺。他立即下诏，自今往后，朝廷为节度使发放公使钱（名义上，公使钱是官府用于宴请和馈送过往官员的专项费用）；即便节度使罢镇还朝，也要减半发放。

的确，这笔钱只是在朝廷走了下流程，朝廷既没有增收，节度使也没有减入。但是，这却对宋朝整肃财政颇有意义。一方面，节度使的经济收益未受太大损害，对朝廷收缴地方财政权的抵触情绪大大下降，这为地方财政改革的顺利进行创造了良好的环境，朝廷得到了好处；另一方面，将节度使的这笔收入规范化，节度使便无法为了扩大收益而在地方乱增苛捐杂税，老百姓也得到了好处。

赵匡胤的改革几乎无处不是双管齐下，始终围绕两个问题：如何削弱藩镇的分离势力，增强朝廷的统一力量；如何保障地方政治清明，让百姓安居乐业。归根结底，是如何建立一个有序、平和的大宋。

赵匡胤收缴财权，这在宋初历史上几乎是个里程碑式的成功。从此，藩镇逐渐从昔日的跋扈地头蛇，变成仰人鼻息的衰弱老朽。地方与中央的力量对比，发生了根本性的改变。

然而，赵匡胤并没有因噎废食。他虽然要求地方政府上缴财政收入，但并没有立额。也就是说，并没有要求地方政府必须上缴固定数量的税收，或按比例缴纳收入。当时各道、州上缴中央的税收之数，完全由通判根据当年的收支之数，上报给统管财政的部门三司，称为"应在"。

赵匡胤的重点是抑制藩镇割据，而不是彻底剥夺地方财权。而且，随着改革的深化，知州、通判控制的直辖州逐渐增多。这些直辖州的财物，归根结底是朝廷直接控制的财物，已不再是藩镇分裂的物质基础，自然也就没有必要悉数征收入朝。因此，赵匡胤的地方财政改革，既有效遏制了分裂势力，又没有削弱地方的活力。

但这个政策在真宗时骤变。大中祥符元年（1008），负责全国财政事务的三司开始规定各路每年要缴纳的税收额度（路是宋太宗设立的中央在地方的派出机构，略相当于府、州之上的一级地方行政机构。从行政层级上看，约等同于赵匡胤时期的节度使辖区）。此后，为进一步加强中央集权，并解决朝廷的财政危机，这个岁额越来越高：王安石变法，增加一倍；宋徽宗崇宁年间，更增加至十几倍；到了南宋时期，地方能够留用的财赋已经所剩无几。

这无异于竭泽而渔，其结果是，虽然朝廷账目上的收入越来越多，但可供地方支配的钱却越来越少。宋朝的执政者们本意是想加强朝廷力量，防止地方分裂，从而长治久安；却未曾想，这反而导致了整个国家的痉挛，威胁到社会的稳定。

收夺藩镇精兵

赵匡胤的地方财政改革如火如荼，藩镇的节帅们却头疼了。就这点儿收入，以后还想养兵？藩镇哭穷，朝廷却富得很，有的是钱养兵。削夺其权、制其钱谷、收其精兵，削藩三大纲领，终于走向最后一步。

乾德三年（965）九月二日，讲武殿外，赵匡胤手执令旗，亲自指挥着殿前的万余健儿。十年前，他以练兵起家；如今，再选天下勇士，一切仿佛昨日重现。

然而，讲武殿前的宋军，比之当年的周军更骁勇。在下令各地选送壮士入京、补入禁军的同时，赵匡胤专门挑选强壮的士兵，作为"模特"，派到各道，以作为选兵的兵样；又以此为标准，做成木头人，放给州、军作为"海选"的标准。

随着朝廷的力量大大压过藩镇，赵匡胤的个人威望也日渐如日中天，在削弱藩镇的同时，他能够更加从容地利用练兵的机会，去关注其他相关的社会问题。比如，禁军选练精兵，那些被淘汰的老弱怯懦该何去何从？

这在前朝或是后代，似乎都不是问题。偏偏在宋朝，这成为一个崭新的社会问题。因为宋朝的兵制与前朝完全不同，它是第一个在全国范围内实行募兵制、以雇佣兵作为军队主体的王朝。在许多问题上，几乎没有可以参考的范例，只能摸着石头过河。

然而，就在赵匡胤思考如何解决新问题时，后院又着火了。他只好暂时放下手头的事儿，全力去扑火。

久乱初治，稳定压倒一切。

二　皇帝的反击

朝廷再起风波

赵匡胤在久乱之后改弦更张，在推行集权举措的同时，以各种方式缓和利益集团间的矛盾，尽量避免激起不必要的矛盾，企图以最小的社会成本，取得最大的改革成果。然而，不是人人都有这样的觉悟，有些人甚至唯恐天下不乱。

这日，赵匡胤偷得半分闲暇，在宫中听琴诵经。乾德元年（963），王皇后病逝，自此琴声乍断，舞曲凋残，唯余伊人旧影，时萦梦畔。

不思量，自难忘。

这个清晨，赵匡胤特别思念王氏。他翻开佛卷，像王氏生前那样，诵读经文。他又命宫人拨动琴弦，万岁殿里，响起她生前最爱的曲子。

报、报、报——

竖子敢尔！梦境破碎的赵匡胤雷霆大怒。

来人继续报：雄武卒强抢民女，城里乱套了！

雄武卒！唉！这个王继勋！赵匡胤如梦初醒，怒气冲冲地迈出了宫门。

这支在九月份新编练的部队，步军军号为雄武，马军军号称骁雄，分别隶属侍卫步军、马军司，而步军司的实际负责人，正是那个扶不起来的王继勋。

当时步军都指挥使崔彦进正随军征蜀，王继勋因此摇身一变，从虎捷右厢都指挥使直升虎捷左右厢都虞候、权侍卫步军司事，军衔也从彭州防御使晋升保宁军留后（即代理节度使，此处为遥领），暂时接管步军司事务。

赵匡胤对雄武卒非常看重，特别表示了关怀："继勋啊，你看这批新招募的士兵，有些还很年轻，没有老婆给热炕头。你去打听打听，有没有哪家姑娘，愿意嫁给我这些壮小伙儿。也不用下聘礼备嫁妆，有酒有肉就行。"然后，天才王继勋就放任新兵，到民宅里抢媳妇儿去了……

赵匡胤已经气得连气都生不起来了。跟王继勋比起来，王全斌的理解障碍就不是个事！抢媳妇儿的百余名雄武卒被砍了脑袋，当兵才两个多月，连敌人都没见过，就做了二百五上司的替死鬼。因为赵匡胤既要维护军法的尊严，防止士卒扰民的祸患再度发生，又狠不下心去处置这个二百五小舅子。

当断不断，必受其乱。禁军有隙可乘，一股阴风顺着门缝，又溜进了三衙。

乾德四年（966）三月初十，殿前司的副手、殿前都虞候杨义突然变成了哑巴。这位既没多大军功、也没救过皇帝的杨义，接替张琼不过两年半的时间，怎么说哑就哑了？

有人说，杨义遭人暗算了。也有人说，暗算杨义的就是他自己——为了避免重蹈张琼的覆辙，他在装哑（太宗朝时，杨义在临死前一日，真的突然会说话了）。

不管杨义真哑装哑，他确实说不出话了。幸好杨义有个名叫田玉的家奴，能够看懂他的手语，将他的心思准确无误地表达出来，完全不影响日常工作。

赵匡胤赐予杨义两百万精神损失费，告诉他：莫急莫慌，哑巴衙门照样开。

杨义得以留任殿前司，但哑巴衙门才开了三个月，状告王继勋的诉讼又被递了上来，说王继勋违法乱纪。由于事情闹得有点大，赵匡胤也不得不把王继勋交到中书门下审讯，结果证据确凿。其实哪用得着审，王继勋的恶行随手一抓就是一大把。

当时西蜀已乱，朝廷不能再乱。为了让禁军早点儿稳定下来，赵匡胤痛下决心，罢了这个惹祸精的军职，改为彰国军留后。步军司的军权，暂时交给了老舅舅、左金吾卫大将军杜审琼。

禁军多事，看来不是好兆头。

八月中秋，日渐清凉。上罢早朝，赵匡胤回到讲武殿批阅奏章。忽听得一阵闷雷般的鼓声传来，急促激越，与这神清气爽的季节毫不相映。

一向肃穆静谧的皇宫，顿时紧张起来。各司官员张头探脑，连皇城外的开封府衙门都被惊动了，开封府尹、兼中书令赵光义急命属下到皇城里打探消息。

只有一个人不慌不忙——宰相赵普。

至晚在晋朝时，朝廷就有了登闻鼓。这是一面置于宫门外的大鼓，无论官民，皆可敲击。宋朝规定，凡是上诉申冤的，举报不法的，议论政事的，集体请愿的，甚至是毛遂自荐的，都可以擂鼓而鸣。宋朝还首次设立鼓司（后改称登闻鼓院），作为受状机构。鼓司若认为诉状应当受理，便会转交有关部门进行调查。

登闻鼓响起，必是难以通过正规渠道解决的问题，因此备受朝廷重视。

赵普之所以波澜不惊，是因为敲鼓之人乃是他的亲信。被告乃是枢密直学士、左谏议大夫、权知梓州冯瓒，敲鼓之人状告他与都监、绫锦副使李美，以及通判、殿中侍御史李楗有严重的经济问题。

冯瓒风神俊爽，善论国事，办事干练，且不乏正义感，被赵匡胤称为"当世罕有"的"真奇士"。宋朝初年，他拜左谏议大夫，出知舒州。当时舒州境内水产丰富，百姓采捕以为生计。结果防御使司超对水产征税，老百姓怨声载道。冯瓒将此事上奏赵匡胤，并说这是与民夺利，应该废止。这恰好符合赵匡胤与民共享太平的治国理念，因此不但准了冯瓒的请命，还对他印象颇佳。建隆四年

（963），冯瓒改知庐州；后来，他又被征辟还朝，以左谏议大夫的本官充枢密直学士。

去年二月，西蜀动乱，群盗蜂拥迭起。赵匡胤为了稳定局面，派了一批文官权知府州，冯瓒即为其一。据根据宋朝官方史料修撰而成的《宋史》记载，这是赵普的主意。因为冯瓒才干出众，遭到赵普的忌恨；因而，赵普向赵匡胤推荐他出知动荡不安的梓州，隐隐有借"盗"杀人之意。

其实宋朝官方史料在太宗、真宗两朝屡次删改，许多事情记载得既不客观更不公正，这是在当时就已是世人皆知的秘密。同时到西蜀知州的还有赵逢，他追随陶榖党附赵普，难道赵普也要借"盗"杀他？

因此，赵匡胤命冯瓒出知梓州，这是重用。冯瓒也确实没令皇帝失望，甫一进州，就以三百骑兵，连逐带诈，击退了三千乱民，稳住梓州局势。其办事干净利索如此。

然而，就在冯瓒为自己的业绩扬扬得意时，他却没发现，身边有双眼睛，始终在紧盯他的一举一动。此人乃是赵普的亲信，受赵普之命，装作奴仆，混迹在冯瓒身边，专门收集他的不法证据。

因为在赵普看来，冯瓒站错了队。

冯瓒案的后台

如今的朝臣，无外乎分为三派。一派可称为"宰相党"，比如陶榖、赵逢之流。他们依附赵普，打击异己。另一派可称为"京尹党"，以开封府尹赵光义为首，主要成员是开封府的幕僚，还有一些朝臣，他们是赵普的死敌。当然，也有一些高风亮节或是不愿掺和事儿的人，他们两不相帮，兢兢业业地做大宋的臣子，跟随赵匡胤推行改革，治平天下，这一派可称"中立党"，窦仪就是其中的表率。

"宰相党"都是自己人，赵普也乐得帮他们一把，壮大自己的势力。至于"中立党"，能拉拢过来最好，拉不过来就得区别对待。像窦仪那样的，虽然对自己构成了潜在威胁，但不显山不露水的，赵普采取压制策略；而对于李处耘那样锋芒毕露的，则使尽浑身解数，一撸到底，绝不手软。

对待李处耘尚且如此，赵光义的人在赵普这里，能有好果子吃吗？偏偏不巧，这位颇遭赵普妒忌的冯瓒，恰恰就是京尹党人。赵普已暗中查知，冯瓒似与赵光义有所往来。平心而论，赵普无意于扳倒赵光义，因为他知道，有赵匡胤这样一位哥哥护着，就是大罗金仙也拿赵光义无可奈何。然而赵普必须让赵匡胤明白，赵光义不足以授予重任，至少金匮之盟应及早销毁。

因此，赵普精心策划了这起举报案。首先，他要派一个人去冯瓒身边盯梢，搜集冯瓒的犯罪证据。赵普怎么知道冯瓒一定会犯罪呢？因为冯瓒为人好谈论，善取巧。这种人都高调，高调就爱得瑟，得瑟就难免出事。试想，如果他和窦仪一样沉稳敦厚，那赵普就算挖空心思也打不开冯瓒不法的门。

其次，赵普既然决定对"京尹党"的冯瓒出手，就绝不是罚俸罢官、小打小闹，而是要一拳把冯瓒打得起不来，还要把他背后的赵光义抻出来。至于主上怎么处置赵光义，那是另一回事。

因此，要举报冯瓒，必须抓住他的大把柄，经济问题即是需要重点留意的领域之一。五代时期，官员腐败是难治顽疾。大江南北，大小官员只要手里有点小权，绝大多数人都选择贪污受贿。如果将武夫乱政视为乱世之乱，那么文武贪腐则是治世之乱。乱世之乱，祸害有时；治世之乱，国无宁日。

一心要变乱为治的赵匡胤，不仅要抚平乱世之乱，更要防止治世之乱。因此，他继承了郭荣的反腐政策，对一般官员的腐败严惩不贷，越是基层官员，反腐工作抓得就越紧。对于涉腐官员，赵匡胤动辄弃市、腰斩，处以极刑；至于脸上刻个字、身上挨棍子，然后流放海岛、遇赦不得还的，都是罪行较轻或者命大的主儿。而且，对于贪腐案件，赵匡胤往往要求一查到底。不仅涉案人员要一一挖出来，而且连负有监察检举责任的官员、贪官的上司甚至是贪官的保举人，都会牵连其中，受到不同程度的惩罚。

因此，冯瓒如果陷入腐败的泥潭，他和赵光义一定难以脱身。偏偏又这么巧，冯瓒就真的出了经济问题，一下栽在了赵普手里。

至于在最后的举报环节，赵普自己不出面，而命人去击登闻鼓，有三个好处：第一，引起赵匡胤的高度重视；第二，防止上诉环节被赵光义的人上下其手；第三，赵普自己也能洗清党同伐异的嫌疑。一举三得，机关算尽。

果然，在收到鼓司报告后，赵匡胤立即下令：冯瓒等人即刻还朝，在规定时间到规定地点，就案件所涉问题做出说明。

经过赵匡胤亲自质问，冯瓒被御史带走，接受调查。赵光义慌了，赵普笑了。

经过御史官员审讯，冯瓒罪名不成立，似要无罪释放。赵光义笑了，赵普惊了。

赵普心有不甘，于是暗中调查，竟然得到了两份截然相反的审讯结论。一份是御史台正式发布的：奴仆状告冯瓒的言辞多有诬陷。另一份却是他私底下探问来的：在主上面前，冯瓒言语错乱，理屈词穷，所以才会被送进御史台。

这就太有名堂了。既然皇帝那里已经证据确凿，何以御史台又审出了一个无罪？既然御史台一口咬定冯瓒是受人诬陷，那么"诬陷"他的"奴仆"何以没受到半点儿惩罚？

这只能说明，赵匡胤有意为冯瓒开脱，却也不想冤枉无辜。

为冯瓒开脱，就是为赵光义开脱。

的确，赵匡胤想大事化小、小事化了。既然赵普能够查到冯瓒暗通赵光义的蛛丝马迹，赵匡胤当然对二人的关系也心知肚明。虽然目前还没有赵光义直接参与冯瓒案的证据，但这个案子一旦深查下去，万一失控，会不会查到赵光义的头上？事关重大，赵匡胤决定把这个案子按下来。

与那些往往纠结于人情还是国法的皇帝不同，赵匡胤好像没那么纠结。

赵匡胤的反腐，虽然力度大，但并不彻底——他的反腐工作全部集中在官僚体制的中下层。至于朝廷的上层官员，特别是那些大将、节度使，赵匡胤不但不追究他们贪腐，反而暗中支持鼓励。这是赵匡胤以钱财换稳定、赎买权力的临时手段，但反腐如此区别对待，也为大宋吏治埋下了祸根。

比起节度使，赵光义更特殊。虽然没有正式宣布，但按照五代惯例，谁都把他视作准皇储。把他扯出来，无异于政治地震。而且事涉赵光义，赵普绝不会放过机会。二人若是彻底撕破脸，那赵匡胤辛辛苦苦经营的稳定局面就有崩裂的可能。

更何况，赵光义是赵匡胤的亲弟弟。赵匡胤虽然脾气上来时特别爆，但他骨子里是个刀子嘴、豆腐心的人。他特别重感情，尤其是对他的亲弟弟。

在赵匡胤眼里，无论这个弟弟给自己惹出多少麻烦，无论他曾让自己的政治局面多么被动，无论他日后会不会威胁到自己的皇位，他永远都是个孩子，永远是在强敌面前需要自己保护的弟弟。皇帝犯法可以与庶民同罪，但皇弟犯法却是例外。

这不是法律至上的法治社会，而是人情至上的人治社会。所以很难去给赵匡胤一个公允的评价。

但赵普觉得这件事情有失公允。如意算盘难道就此落空？不，这不是他的风格。于是，费尽心机的宰相不再躲在暗处，中书门下的密使远赴潼关，公然截获冯瓒运回开封的行李，其中金银细软无数，外边还贴条注明"刘熬"二字，连傻子都能琢磨出来，这是准备送给开封府推官、工部郎中刘熬的厚礼。

真相大白，纸再也包不住火。

一直没有公开发表意见的赵匡胤终于现身了，御座对面，弟弟赵光义夹肩而立。皇帝铁青着脸，将一条金带扔到他面前，赵光义像剔了骨头般，瘫跪御前，沉默不语。

这条金带也是从冯瓒包裹里搜出来的。除了皇帝皇后，有资格用金带的只有朝廷大员，这条镶金的腰带是送给谁的，不言自明！

赵匡胤背着手，走到赵光义身后，没有发怒，只是淡淡地告诉他：冯瓒等人全部认罪。冯瓒和李美免官削籍，流放海岛；李楫和刘熬，朕也让他们卷铺盖回家了。说罢，拂袖而去。

赵光义瑟瑟发抖。他知道，李楫没有被判流放，是因为他曾给王皇后的父亲做过幕僚；至于刘熬，那更是看在自己的面子上没有深究。二哥是在警告自己：你干的那些事，朕心里跟明镜儿似的。朕现在还拿你当弟弟，好自为之吧。

敲打开封府尹

赵光义好自为之了吗？当然没有。

他把一腔愤怒，撒在了殿前都指挥使韩重赟身上。

这年冬天，有人密告韩重赟私养亲兵。这次密告似乎选准了时机。因为就在闰八月间，赵匡胤刚刚下诏，要求殿前、侍卫诸军及边防监护使臣，不得选中军骁勇者自为牙队。虽然忌养私兵是心照不宣的"潜规则"，但将之正式公开作为国家的禁令还是第一次。可见，随着权力日渐向朝廷集中、向皇帝集中，万岁殿里的赵匡胤不但没有放下心来，反而对军权盯得更紧。

然而与举报冯瓒不同，这次密告韩重赟私养亲兵，纯属诬告。当年的义社十兄弟和参与陈桥兵变的元勋故将，如今掌禁军者唯韩重赟与刘光义两人。不明所以的人，只道是二人捡了便宜；而其中的苦闷，只有他们自己清楚。

至少韩重赟过得很不开心，整日里战战兢兢。作为殿前司的一把手，他却对军队建设毫不上心。修城墙、筑河堤，这才是他这些年的主要工作。眼看着自己前一个副手张琼被逼上了黄泉路，后一个副手杨义莫名成了哑巴，他哪敢过分插手军政？又怎么可能去私养亲兵，触犯皇帝的忌讳？

但是，谨慎如此的韩重赟，依旧难逃躺枪的命运。按理说，这么大的事，又有张琼的前车之鉴，赵匡胤应该长了记性，派人明察。但他没有，他听到举报后大发雷霆。这是违抗皇命！这是图谋不轨！于是，不分青红皂白，赵匡胤执意要砍韩重赟的脑袋。

靠着掌握禁军起家的赵匡胤，禁军却成了他的心病；他最得意的"和平兵变"，却成了挥之不去的心理阴影。所以，一旦听到有人在禁军中有小动作，赵匡胤几乎就是本能地发怒，本能地要杀人，几乎不会深思。

很不巧，这个软肋被赵光义抓住了。所谓打蛇打七寸，挖树先挖根。赵光义就是抓住了他的这个弱点，屡次挑衅，竟然屡次成功。

知道赵匡胤这个毛病的还有赵普。盛怒之下无明断，且不说赵匡胤盛怒斩韩重赟对朝廷造成的损失不小，影响恶劣；就是赵匡胤本人，待到事后梦醒时，也照样会追悔莫及，当年逼死张琼不就是么？何况，开国元勋们跟赵普的关系都不错，与赵普又没有什么利益纠葛。因此，于国理于人情，赵普都不能坐视不管。

正好，赵匡胤找赵普商量此事。赵普乘机直言道："这些亲兵将士，陛下必然不能亲自统领，而必须选择合适的人选，赋予他领兵的权力。如果重赟因为一句谗言就被诛杀，满朝的武官肯定人人害怕获罪，那以后谁还敢为陛下领兵啊！"

赵普很聪明，没有去纠缠韩重赟私养亲兵的真伪。因为他明白，在发怒的赵匡胤眼里，韩重赟有没有私养亲兵并不重要，重要的是，赵匡胤认为韩重赟确实养了亲兵，对自己的权力构成了威胁。所以，赵普直击命门，直接告诉赵匡胤：杀韩重赟，你的权力更不稳固。

可是他没有想到，发飙中的赵匡胤完全听不进去，哪怕是最关键的道理。后世有人从医学的角度，仔细研究了两宋的皇室宗亲，以为赵家子孙似乎携带着一种家族遗传基因，因而常常患有精神疾病，好冲动，猜忌心重。赵匡胤受酗酒影响，这种缺陷似乎更为严重。

当然，这只是一家之言。赵氏家族的神经系统是否健康，仅靠散落在文献中的蛛丝马迹根本无法得出结论。唯一可以确定的是，冲动与猜忌，确实给赵匡胤带来不少麻烦，也给他的国家和臣民带来了巨大压力。

所幸他身边还有赵普。赵普见对他说理不成，迅速改变策略，转而说情。一向喜欢直谏、不畏触怒龙颜的硬汉赵普，这次却软了下来，几近苦苦哀求。或许是想起了昔日弟兄间的款款深情，或许是在赵普的劝慰下火气渐渐消了，又或许是看到了张琼那双死不瞑目的眼睛，赵匡胤总算安静下来，放了韩重赟一马。但在次年二月，还是罢免了他的军职，出为彰德军节度使。

大难不死的韩重赟知道自己这条命是赵普给捡回来的，于是择日前往宰相府拜谢。赵普也颇有几分文士风度，对韩重赟拒而不见。

韩重赟离开了京城，谗言案终于结束，好在没有酿成过大的遗憾。但禁军却留下了深深的遗憾。在此之前，上任仅三个月的杜审琼病逝，赵匡胤用国戚掌军的计划随之破灭。韩重赟落职后，殿前都指挥使也不再授人，而将殿前司的管理权交给了殿前都虞候杨义。堂堂天下第一雄兵殿前军的总司令，竟然才是防御使衔，这件事对赵匡胤的惊扰可见一斑。

而禁军派系斗争激烈，领导层一再动荡，军中形势紊乱，影响立竿见影。韩重赟遭谗言攻击而尚未离开殿前司时，已有禁军卫士密谋叛乱，虽然事件很快便被平息了，但给焦头烂额的赵匡胤提了醒。

国不是家，禁军也不是玩具，赵匡胤可以让着弟弟，可以护着弟弟，但呵护是有底线的，绝不能影响朝廷大计。尽管仍然没有赵光义参与谗言案的证据，但没有他，谁又敢对皇帝的结义兄弟打主意？而且，手段与当年陷害张琼几乎如出一辙！看来，一条金腰带还不足以让他警醒。面对弟弟的不知好歹，赵匡胤必须有所反应。赵匡胤不仅要敲打开封府尹，更要拯救弟弟。他终于出手了。

赵匡胤一手伸进了开封府衙，揪出一名陈学究。没错，就是夹马营教书的那个陈学究。现在的陈学究今非昔比，被赵光义召入幕府，做了心腹，对开封府的政务指手画脚。赵匡胤虽然不待见他，但既然是弟弟在用，而且开封府治理得还不错，也就没说什么。

但是，陈学究的荣耀，完全寄生在赵匡胤对弟弟的宠爱上；一旦皇帝要警告弟弟，他只好首当其冲。赵匡胤把赵光义叫来，就私募陈学究一事大发雷霆。别看在赵匡胤背后捣鼓得有声有色，真见了龙颜动怒，赵光义那小心肝儿早就吓得四分五裂。于是，震惊不已的赵光义回到开封府，赶紧赏了些值钱东西打发陈学究走人。

还没等赵光义喘过气来，开封府后院又出事了，一个叫安习的人正在哭爹喊娘叫祖宗地求他救命。原来不久前，一个青州人带着自己的小闺女上京打官司。小姑娘才十多岁，却被赵光义一眼相中，他急命人买来。俗话说一入侯门深似海，浓香吹尽有谁知。青州老爹不图荣华富贵，只求女儿幸福平安，断然拒绝了开封府的"美意"。

求之不得，赵光义辗转反侧。"好"在开封府，不仅有王佐辅弼之才，更有鸡鸣狗盗之士。那些登不上台面的小人物，要想在东京城里吃香喝辣的，只能拼命讨幕主欢心。其中这位安习，竟以破虏讨逆的雄心，完成了拐骗小姑娘的任务。

堂堂京尹，净干些什么勾当！赵匡胤这次真的发火了，你收受贿赂，你搅和禁军，你招兵买马，朕都随你。现在好了，你竟然还在国都拐骗小女孩！真出息！赵匡胤马上下令，通缉安习，全力搜捕。

不过他还是给弟弟留了面子，至少没去开封府搜人，也没让赵光义把小姑娘送回去，更没有治赵光义的罪。他只是要让赵光义明白：开封府，是大宋的开封府；赵京尹，也是我大宋的京尹。府上有国法，尹上有皇帝。你自己看着办吧。

赵匡胤这两手，虽然未触及赵光义的任何政治利益，却令人心惊。他管的越是鸡毛蒜皮的事，越能表现出他对赵光义的事了如指掌。

从此，赵光义老实多了，不再掺和禁军的事，闲下来的大把时间，都用作下围棋了。他还发明了一种"独飞天鹅"的棋势。楸枰残局，玉子交错，如天鹅展翼之状。那黑棋已陷绝境，但若取先手，即可转败为胜。

赵光义悠然对弈。建隆二年（961），杯酒释兵权，自己掌军的希望也被判了死刑。最近四年，他利用二哥的卧榻心理，屡屡发起攻势，虽未能直接得手，但已把二哥的羽翼剪灭殆尽，重新抢占先手。

心腹张琼，外戚王继勋、杜审琼，义社兄弟韩重赟，这些人对皇帝忠心不二。若由他们把持禁军，赵光义连军营都迈不进去。

现在不同了，他们或死或贬；硕果仅存的刘光义也独木难支。余下的将领，目前虽还是皇帝的爱将，但与之前那些人已大不相同。他们与二哥没有特殊的关系，为了防止伴君如伴虎的悲剧在自己身上发生，必须再寻找一位关键时刻能救自己命的靠山。因此，他们不会毫无原则地倒向任何一边，而会为了自己的利益，游走在大内与开封府之间。

所以，已经用不着再逼着二哥逐将杀帅了。

他的，也将是我的。

赵光义落下最后一枚棋子，黑棋全盘走活。

三 "双赵新政"进入稳定期

宰相须用读书人

皇城大内，赵光义受到二哥赵匡胤邀请，吃了一顿家宴。血浓于水，赵匡胤不想为了权力，失去亲情。

后殿的皇帝与前朝完全不同。但见殿中青布做帐，灰缦为帘。赵匡胤身上一件粗绸衣裳，反复的浣洗早已濯去面料的光泽；脚下穿的，更是简陋不堪的麻鞋。

看着这与皇帝身份完全不搭的行头，赵光义终于忍不住说道："二哥，你穿得也太简单了。"

赵匡胤放下手中的碗筷，绷起脸道："光义，你忘了咱们小时候吗？"

正说话间，右拾遗孙逢吉来报：从成都运回的西蜀图书法物，已经运抵京城。

运送货物的车排起了一字长蛇阵，前不见头，后不见尾，这都是当年孟昶做皇帝时的财物。

赵匡胤先检查了几箱书。五代时中原兵祸，书卷焚于战火者甚多。这次运回的图书，足足有一万三千卷，大大补充了中原书籍，于是他下令悉数送往史馆珍藏。

赵匡胤又拿起了几幅画卷，见图绘甚是精美，遂问左右："这些画平时用来干吗？"

"奉人主一人而已。"

赵匡胤不屑地卷起画卷，交给左右："一个人看有什么意思，让大家都来看看嘛！去，把这些画赐予东华门外的茶肆。"独画乐不如众画乐，茶馆老板得到御赐，乐开了花。

放下书画，赵匡胤走到几个箱子前，箱子里装满了金银珠宝，盖子一开，珍珠翡翠滚了一地。他随手拿起一个貌似铜壶的物件，上面嵌满珠玉金石，细琢精雕，在阳光下耀眼夺目，整箱的财宝竟被它杀得黯淡无光。

"这又是什么？"

"这是……七宝溺器。"

呸！不就是个夜壶嘛！赵匡胤沉下脸来，把七宝溺器狠狠摔在地上，唾弃地说了一句："日子过得这么奢侈，不亡国更待何时？"

七宝溺器，一时成为东京城里，人们茶余饭后的消遣。

然而宰相赵普却没时间消遣，他现在茶余饭后的生活只有一项内容：读书。

事情还要出从乾德三年说起。一天，赵匡胤急赤白脸地召见赵普，说是为了一面镜子。

镜子？镜子能有什么问题？可一进大殿，赵普傻了。赵匡胤递给他一面铜镜，背后刻着"乾德四年铸"。赵匡胤一脸萧冷问道："怎么现在就有乾德四年铸的镜子了？"赵普咧咧嘴："臣不知啊。"

正巧兵部郎中、知制诰卢多逊前来奏事。赵匡胤也将镜子拿给他，看看究竟是什么蹊跷。没想到卢多逊看罢镜子，想也不想，出口便说："这是伪蜀时的年号。"

正在此时，翰林学士承旨陶穀、翰林学士窦仪已经升殿。二人和赵普一样，也是被皇帝叫来，专门讨论镜子问题的。两位饱读诗书的大学士异口同声："这一定是西蜀的物件。当年伪蜀王衍曾以此为年号，这面镜子应该是那时所铸。"

王衍，就是那个被李存勖半路杀掉的前蜀后主。由于中原王朝不承认自立为帝的地方割据政权的合法性，所以称前蜀为"伪蜀"。

赵匡胤恍然大悟：没错，镜子的女主人最近刚刚入宫，她就是蜀国旧人。赵匡胤又回头看了看赵普，只见赵普满脸尴尬，右手拽着袖口，左手揪着腰带，连头上的幞头歪了都顾不得扶一下。

看着赵普这副熊样，赵匡胤又好气又好笑。这个年号是当时的宰相范质、王溥、魏仁浦定下的。赵匡胤只给他们一个原则：自古及今，从来没人用过。范质是没有状元名号的状元，王溥也是进士出身，魏仁浦虽然不是进士，亦是个精通文书的读书人。没想到三个文士宰相千挑万选，最后拟定的"乾德"，竟然与几十年前偏安一隅的亡国之君的年号重复。这算什么文士！哦，还有你赵普，居然也跟他们仨一样，看不出这"乾德"的问题。我大宋的宰相难道全是酒囊饭袋？

赵匡胤越想越气，拿起毛笔就往赵普脸上抹，一边抹，还一边说："你什么时候能跟他一样博学？"

赵普老老实实地站在那里，乖乖地任由皇帝耍行为艺术。旁边的大臣们想笑又不敢笑。卢多逊扬着嘴角，为自己在皇帝面前露了一手、又让宰相无地自容而神采飞扬；陶穀咬紧牙关，还是忍不住笑出声来；就连一向持重的窦仪，也不得不抬头望天，生怕再看下去自己会当众失态。

涂抹完毕，赵匡胤心情大快，看着满脸漆黑的赵普，无奈地叹了一句："宰相须用读书人！"

赵普脸上的墨，愣是一夜没敢洗，直到第二天奏对，赵匡胤亲自发话，他才回家洗干净。临走时，赵匡胤特意嘱咐一句："则平啊，你就是不好好读书。你看看，现在有学识的大臣卓然特立，你就不惭愧吗？"

可脸上的墨容易洗，心里的墨却洗不掉。赵普心里有阴影了。他是文吏起家，算是半个读书人，然而读过的书实在屈指可数。赵匡胤在自己脸上画画倒没什么，但现在明摆着要求宰相是饱学之士，如果自己跟不上队伍，是不是就危险了？尤其是那个卢多逊，才华横溢，博学多识，就是个活史馆。赵普感到压力山大。

于是，官迷赵普，一夜之间，变成了书虫则平。

赵普这种人，不读书则已，读则进展飞速。因为一个通晓吏道的人最清楚，怎样让书本上的知识为现实服务。

这正是读书观大略的赵匡胤，催促赵普读书的用意。

读书也是一种改革

皇帝和宰相带头，全国上下跟风，唐末以来，中原第一次掀起全民读书热，连耍大刀的武臣也跟着凑热闹。

其实早在建隆三年（962），赵匡胤就跟身边的近臣说："朕觉得吧，这帮舞刀弄枪的大老粗，也应该读读书，让他们知道天下何以治平的道理。"

近臣的反应是：呵呵。大家不明白，皇帝唱的是哪出。武臣就更不明白了，抱怨连连。大宋朝崇文制武，武将的最高官职越压越低，官阶越设越多，升迁也越来越难。现在可好，武将不光要打仗，还要去啃那劳什子的破书，荒唐！

跟国策较劲，这些武夫才荒唐！

不过也有不荒唐的聪明人，这个不明觉厉的人，就是龙捷左右厢都指挥使、权侍卫步军司事党进。

党进生于边地朔州马邑，又是少数民族，所以斗大的汉字一个也不认识，甚至连名字都胡乱写。他名叫党进，却自称党晖。有人问他，你怎么改叫党晖了？他却回答说："我就图自己省事儿。"

当时，禁军官位在都虞候以上的将领，都把自己部队的相关信息记在手中的大棒上，以备查阅，称为"杖记"，类似于官员把事情记录在笏板上一样。有一天，赵匡胤突然问党进，你带了多少兵。党进不识字，也不知道木棒上记了啥，于是举起木棒说："全在这上面记着呢。"

这么一位看似忠厚老实的文盲老粗，心眼儿却多得很。就在武臣们都不响应号召时，党进却蹦出来汇报自己的读书成果。

这年秋天，朝廷派党进到边塞巡视，防范游牧民族袭扰。按规定，大臣出京赴任，要进宫面圣，致辞表达自己的离别之情。阁门使吏知道党进是文盲，就劝他："您是边臣，就不用走这个形式了。"

党进不依不饶，一定要展示自己的读书成果。于是知班（值班人员）把致辞拟好，教他背熟，并写在笏板上以备不时之需。结果党进见了赵匡胤，一个字都想不起来；低头看看笏板，知班你逗我玩儿呢吧，我哪儿看得懂啊！党进灵机一动，突然大声说道："臣闻上古，其风朴略，愿官家好将息。"扑哧——在场的仪仗人员乐坏了，慌忙捂嘴。这话莫名其妙，都是哪儿跟哪儿？

事后有人问他："你怎么突然冒出这么两句？"党进志得意满地说："我以前听措大们喜欢掉书袋，我也掉两句，让官家知道我也读书来着。"

党进这出喜剧，可把赵匡胤逗坏了。他号召武臣读书，自然与让文臣读书的目的不同。宋初的武将大多出自民间，有勇力没素质。赵匡胤想着，让这帮人沾点儿书香气，好歹把一身的跋扈收敛些。更重要的是，当时的书皆是倡导忠君爱国。让这帮天不怕地不怕的莽夫，明白君臣大义，从而自觉维护上尊下卑的统治秩序，消造反于无形，这才是赵匡胤的根本目的。

读书，在赵匡胤这里也成为改革的一部分。所谓"大丈夫拥书万卷，何假南面百城"，历经数十年的武夫乱世，赵匡胤独辟蹊径，要做以书驭城的大丈夫。

可惜，乾德四年十一月二十三日，赵匡胤的万卷书散落一地。

翰林学士、礼部尚书窦仪，卒。

赵匡胤哀痛万分，怅然若失："上天不肯眷顾朕，何以这么快就把我的窦仪夺走了……"

他肃然而起，恭恭敬敬地正了正衣冠。还记得那年夏天，赵匡胤在后苑乘凉，赤脚跣足，衣冠不整。窦仪正好奉召，前来草拟制书，走到苑门，见天子如此随意，遂立足不前。阁门使赶忙通报，赵匡胤匆匆穿好衣服。窦仪这才进了后苑，劝谏道："陛下创业垂统，应该以礼宣示天下。臣虽不才，不足以得到陛下的眷顾，但恐怕英雄豪杰听闻陛下所为，会一哄而散。"赵匡胤收起笑容，对窦仪躬身而揖。

而现在，他只能对着窦仪的遗体躬身了。

与曾被罢出学士院的王著相比，窦仪除了与他在心理上选择了不同阵营、不同皇帝外，皆是饱读诗书、高风亮节的文学之士。他们继承了汉代以来的儒学传统，不仅研习儒学经典，而且身体力行，以仁义礼智信的价值标准，沉浮于宦海。

经过千百年的发展与改造，尽管儒家思想仍然无法弥补在治国操作方法上的缺陷，但其在整合社会价值方面的奇效，已有目共睹。儒家忠君爱民、勇于担责的价值理念，不仅在一次次乱世中力挽狂澜，而且连入主中原的异族最终也不得不为其所征服。

大宋开国数年，改革数年，力图在军人政治的废墟中，重建太平天下的秩序。然而，赵匡胤忙来忙去，立法也，夺权也，制谷也，削兵也，说白了忙的都是一件事——建立大宋的新制度。制度就像骨架，像木梁，将一个坍塌的天下重新支撑起来；制度又像一座牢笼，将一切出轨的行为统统囚禁起来。

然而，归根结底，制度是外部的，它撑得起天下，关得住刀枪，却撑不起也关不住人心。道理很简单，譬如一座楼阁，修筑得再坚固，如果没有人愿意维护，甚至反过来有人愿意拆除，那么再坚固的楼阁也终有倒塌的那天。

所以，赵匡胤要为"天下"这座楼阁收附人心，首先就要有人来维护天下。

因此，在制度初备之时，他在潜移默化间，开启了儒化人心之政。如果说当年派文官取代武将，担任地方行政长官，还有收复军人霸占的地方政治、进一步改善地方行政管理水平的实用色彩；那么以尊崇窦仪、包容王著为代表，在朝廷里重用纯粹的文臣，则完全是一场意识形态建设。如同郊祀天地一样，重用文士儒臣同样是赵匡胤宣扬治平思想、肃清乱世价值、凝聚天下人心，进而为重建太平秩序的社会改革。

当然，并非每个文臣都是符合标准的，比如那位人品不佳的陶穀。赵匡胤虽然看不起他，但并没有因为个人的好恶而将他排挤在朝堂之外。因为陶穀确实有才，他那一手好文章名冠天下；他对典故礼仪的熟识，也正好为朝廷重定仪礼出力。陶穀对大宋是福是祸，关键不在陶穀本人的德行，而在于赵匡胤如何用他。苟有利于天下太平，赵匡胤皆存而用之。

说起陶穀，在听闻窦仪的死讯后，大概心满意足，因为终于没人能够威胁他首席翰林学士的地位了。不过，也许最高兴的人不是陶穀，而应该是赵普，他少了一个竞争对手。

但赵普并不高兴。满朝文武乃至大街小巷，都说因他与陶穀联手，肆意排挤，窦仪才遗憾终生。

冤枉啊。赵普是不希望窦仪拜相，但以赵匡胤的英明决断，以窦仪的稳重低调，如若赵匡胤想让窦仪登庸中书，赵普阻止得了吗？

赵匡胤重视文士，尊敬文士，一改中唐以来唯重吏治之臣、而轻文学之士的颓风。然而，从政事堂到枢密院，执掌实权的，哪一个是纯粹的文学之臣？根本没有！从讨平藩镇、出征不臣，到重建秩序、厉行改革，又有哪一项谋划出自纯粹的文学之臣？根本没有！

因为国家需要实干的人才，治平时需要，改革在即，更需要。

所以，不仅"有才无行"的陶穀拜相无望，"执而不通"的窦仪也登堂渺茫。他们可以给皇帝做一个好秘书，可以成为号召天下走向文治的榜样，但却不足以担当治理国家的重任。

唯有将儒术与吏道重新合二为一，才是赵匡胤心之所向。

用人不疑，疑人不用

闷雷凌顶，暴雨瓢泼。水线如针，穿心而过。大殿之外，陈设狼藉，乐人们抱着乐器，淋成了水人儿，却又不敢吱半点声——没有皇帝的命令，谁敢避雨？

一场突如其来的暴雨，搅了帝王的国宴。殿中缦帐横飞，好似无数只手，硬要掀翻群臣的食案。

人间天子赵匡胤很生气，走到殿门前，顺手扯下一块缦布，朝着左右大发雷霆，要用嗓门儿盖过老天爷的雨声雷鸣。

"外面百姓正望雨，官家大宴何妨？"正此时，一个洪亮的声音在皇帝身后响起。

赵匡胤回头看去，东班的赵普已经走到殿中，躬身启奏。

赵普心中暗度：去年黄河决口，今年雨水失调旱涝无度。主上大怒，这是担心天灾又来，民不聊生。要为主上排忧解难，当然要对症下药。所幸京畿之地，未受洪涝，大雨急来，也可减缓旱情。

于是，赵普接着说道："这雨不过是浇坏了一点儿陈设，浇湿了几个乐人的衣裳，反正湿了，不如就让他们在雨中表演杂剧。此时的雨水最难得，老百姓得雨，必然欢天喜地。陛下也正好，吃酒娱乐，与民同乐。"

赵普这马屁，拍得又轻又响，了无痕迹，却给赵匡胤戴了高帽：您看，下雨没关系，该干吗还干吗，雨中奏乐，别有一番乐趣。而且您与民同乐，这是爱民之举，明君之政。

赵匡胤还嗔作喜，知朕者，则平也。借你吉言，但愿老百姓乐此及时雨吧。想至此，他回到殿里继续劝群臣喝酒，兴致极高。

赵普的兴致也极高。乾德五年（967）三月，他刚刚升了官，门下侍郎、同中书门下平章事、监修国史，加官尚书左仆射，充昭文馆大学士。虽然大宋只有他一个宰相，但有了昭文馆大学士的职名，他才是真正名副其实的第一宰相。

这一年，赵普顺风顺水。虽然之前因冯瓒事件，他与赵匡胤兄弟的"铁三角"崩溃了。但因有赵匡胤罩着，赵光义也不敢对他怎么样。

按照程序，赵普每天把要处理的大事写好奏章，进宫当面提交给赵匡胤，这叫"进呈"。接着，赵匡胤与赵普讨论后，最终拍板，做出批示，这叫"取旨"。最后，赵普下殿，组织有关人员将决策写成正式命令，发布执行。赵普提案，赵匡胤拍板，赵普再执行，大宋真正进入"双赵新政"的稳定时期。而赵普为天下计，执政期间更是不惜与皇帝叫板。

一次，赵普推荐一个人担任某个官职，拉扯了一天，赵匡胤死活不同意。没想到第二天，赵普又来推荐这个人，赵匡胤继续不用。第三天，赵普又来，赵匡胤烦了，把赵普的奏章抢过来撕得粉碎。赵普面不改色心不跳，把撕碎的奏章捡了回去。第四天，当赵匡胤再度见到赵普时，已经绝望了。因为赵普把那一堆碎纸一点一点拼好，重新黏合，又递了上来。曾经驯服烈马的赵匡胤，被赵普驯服了。历史证明，赵普的坚持是值得的，因为那个人上任后，果然称职得力。

又有一日，赵普奏事又把赵匡胤惹怒了，赵匡胤一把把奏章甩在地上——这次倒是没撕，大概他知道，撕了也没用。赵普神情自若，慢悠悠地捡起奏章，打开，摊平：陛下请看……

赵普你简直就像个苍蝇！朕惹不起还躲不起吗！赵匡胤愤然起身，拂袖而去。望着赵匡胤的背影，赵普犹然喊道："这事就该如此，陛下容臣入内取旨。"

还有一次，两人闹得更凶。

这次赵普是为立功者请命。这位立功者按制度应该升官，可不知道怎么得罪皇帝了，升官批文石沉大海，杳无音讯。赵普为此当面请示赵匡胤，赵匡胤却怒道："朕就是不让他升官，你能怎么样？"

赵匡胤曾是个武人，他充分玩起了自己撒泼无赖耍流氓的老本行。

赵普一直是个循吏，他也充分显示了自己胡搅蛮缠厚脸皮的功力。

赵普说："刑以惩恶，赏以酬功，这是古今的大道理。而且赏罚是天下的赏罚，不是陛下一人的赏罚，哪能全凭您高兴不高兴，就来定天下大事？"事实证明，大兵遇秀才，道理纠不清。耍流氓的杠不过厚脸皮的，赵匡胤捂着耳朵，逃之夭夭。赵普一路小跑，紧随其后。万岁殿！赵匡胤一头扎了进去。赵普稳稳当当地站在殿门外，等候皇帝。殿内的赵匡胤的脑袋都快炸了，他又一次败给了赵普，终于在奏章上心不甘情不愿地写下了一个"可"字。

这就是真实的赵普，对待政敌心狠手辣，对待仇人小肚鸡肠，对待皇帝忠心耿耿，对待朝政刚直不阿。他上斗天子下斗臣，权倾朝野，气焰熏天；却以一己之智，率百官之才，辅佐赵匡胤开创了一个没有内朝乱政、没有藩镇造反的时代。于是，后世宋臣大搞"抬普运动"，甚至不惜编造"半部《论语》治天下"的传奇故事，将赵普打造成文臣楷模。

可大家却忽略了，是谁在坚定不移地支持赵普。多年后，当大内的主人变成赵光义时，赵普除了坑人命报私仇，就只能做个寂寞的天子从臣。

在三省六部体制及其演变而来的中书门下体制的框架内，宰相不再是一个决策者，而是一个决策集体。三省六部体制下，相权一分为三，宰相固然不可能由一人担任；而中书门下体制下，唐朝五代时期的"独相"也几乎没有。甚至在唐中宗景龙年间，还曾出现过十余位宰相共柄国政的混乱局面。

宰相越来越多，权力越来越分散，说到底是皇帝削弱相权、加强皇权的举措。尤其是一个正值壮年、事业如日中天的皇帝，更不愿看到相权坐大。这样做，虽然避免了相权独大，皇帝们可以高枕无忧，然而却易致政出多门、政令不一。最终，不但行政中枢易于瘫痪，于治国不利，连江山社稷也极其危险。陈桥兵变时，士兵们的说辞之一不就是"政出多门"吗？

于是，同样是正值壮年、事业如日中天，且从即位以来就一心搞集权的皇帝赵匡胤，却选择了与三四百年间其他皇帝完全不同的道路——坚定不移地任命赵普为"独相"。不仅如此，赵普的相权实际上远远超出中书门下的管辖范围。比如征讨后蜀的决策，比如惩治王全斌，这本是枢密院的职守，可在这些关键时刻，人们却看不见枢密使李崇矩的影子，活跃在军事决策中的人物只有宰相赵普。

赵匡胤确实有度量，但自从登上皇位后，他不可避免地患上了皇帝的通病——没有安全感。然而，要想打造太平治世，要想让全天下人重新生活在有安全感的世界里，赵匡胤必须与这个顽疾做斗争。全力支持赵普为独相，支持他执政改革，这就是赵匡胤的斗争结果。

从此，那一幕幕宰相不断犯上直谏、皇帝虽然生气却不得不妥协的宫廷往事，被史臣与文士们分别记载在史书与笔记里。这些往事，绝不亚于妇孺皆知的魏徵逼得唐太宗闷死小鸟的故事。不过，唐太宗曾经气得说要杀魏徵，赵匡胤却从没有动过杀赵普的念头。

另外，赵匡胤虽然不像周世宗那样事必躬亲，但也绝非垂拱而治的人，很多事情他还是喜欢亲力亲为。然而，皇帝的精力毕竟有限。随着乾德二年以来第二轮改革的不断深化，中央收回的权力越来越多。要想更好地行使这些权力，赵匡胤必须与他人分享权力。赵普，无疑是最大的权力分享者。

何况，赵普不但是治国的好手，更与赵匡胤情同手足。对于这样的人，赵匡胤还有什么理由怀疑呢？

用人不疑，疑人不用，赵匡胤试图走出自己的心理阴影，也试图带领时代走出唐末五代尔虞我诈的桎梏。

扳不倒的赵普

也许是赵普在台前太过光彩夺目，许多人忽略了他背后的赵匡胤。忽略这一点的不仅是后世人，还有当时人，其中一位名叫雷德骧。

雷德骧，字善行，进士出身，宋初做过殿中侍御史，是御史台的底层官员。他性子急躁，但为人正直，因而得到赵匡胤的青睐，升迁屯田员外郎、判大理寺事，成为一名法官。

雷德骧的法律工作做得很到位，专业素养也不是盖的。有一次，他到皇帝休息的便殿奏事，身着便服的赵匡胤听完雷德骧的报告，突然好奇地问道："古代朝廷把国有的奴婢赏赐给臣下，这些奴婢要随新主人改姓，这是为什么？"

雷德骧回答："古人的制度是为了区分贵贱。让奴婢随主人的姓，由于同姓不能结婚，即使日后家族的谱牒混乱了，他们的后代也不能与主人的后代喜结连理，这样主奴尊卑的秩序自然就不会被亵渎了。"

赵匡胤大悦，夸奖道："卿深得古人立法意。"从此以后，他对雷德骧颇为优待，即使是在消闲的地方，只要听说是雷德骧来了，一定要换上官袍正式接待。

赵匡胤欣赏的，并非是雷德骧"深得古人立法意"，而是认为这个人懂得用法律维护尊卑秩序。在那个时代，维护尊卑等级，就是维护社会秩序。雷德骧的回答，恰好与赵匡胤一直倡导的重建新秩序的政治理念相契合。

可是雷德骧会错了意，他以为这是皇帝对自己法律工作的勉励。于是，他便以莫大的勇气遍告天下：悲剧是这样炼成的。

乾德六年（968），在皇帝的力挺下，赵普已经做了五年独相，朝政局势空前稳定；满朝文武也是趋之若鹜，攀龙附凤丑态百出。御史出身的雷德骧鄙视他们的谄媚，更气愤他们的作为。

当时，中书门下负责起草文件的堂吏，与大理寺的属员们相互勾结，纷纷依附赵普，擅自增减刑罚名目。而赵普本人居然强买别人的房子，聚敛财物。

雷德骧对此虽然怒目切齿，但鉴于赵普一手遮天，党同伐异，只好隐忍不发。

可是任何一个有良知的法官，对违法犯罪行为都会忍无可忍。最终，雷德骧决定弹劾赵普，只是奏章写了一半，他又把笔放下了。连大理寺的属员都趋附赵普，谁能保证通进司、鼓司、阁门司能够把奏章顺利递到圣上面前？

怒从心头起的雷德骧，终于大胆决定：面见天子，当面弹劾赵普！

要面见赵匡胤，雷德骧似乎有四个选择：

第一个选择，日常奏事。按照规定，达到一定级别的官员，可申请在早朝时上殿，向皇帝奏事。——可惜，雷德骧的品级不够。

第二个选择，召对。皇帝想找自己聊天时，自然就会召见自己了。——这得等到猴年马月。

第三个选择，轮对。每隔五天，皇帝会在长春殿（即以前的万春殿）召见一次文臣，但每次只见两人。——还是等不起。

最后一个选择，请对。直接去阁门递交约见申请，等皇帝同意后，由阁门吏人引入后殿。

除此以外，就没有更快的办法了？

有！不等阁门通报，硬闯大内。

壮哉雷德骧！没人知道雷德骧为什么急成这样。但这样胡来肯定是没有好果子吃的。

果然，赵匡胤勃然大怒，大骂雷德骧道："鼎铛还有个耳朵，你的耳朵让狗吃了吗！你就没听说，赵普是朕的社稷之臣！"说着，抡起手中的玉斧，"咚"的一声闷响，两颗大牙从雷德骧嘴里飞了出来。

满嘴喷血的雷德骧没有博得天子的丝毫同情。赵匡胤犹然大为光火，大吼道："把他给我拖出去！叫赵普砍了他的脑袋！"

赵普当然不会砍雷德骧，盛怒之下，勿信帝语。

直到消了气儿，赵匡胤才想起来，雷德骧除了举报赵普，还硬闯皇宫，遂以此为罪名，把他贬到商州当司户参军，管理地方户籍财务去了。

政事堂里，赵普放下书卷，得意地晃了晃脑袋。私闯大内的罪过，可比举报宰相大得多。但皇上似乎毫不介意，反倒是对状告自己一事恼怒异常。哼，你们有胆子就接着告吧。

此时此刻，还有一个人在摇脑袋：雷德骧啊雷德骧，我大宋立国八年，赵普身居中枢运筹帷幄，官家一刻也离不开；为国家大政计，官家怎会在这时罢免赵普？再说，官家虽然惩治贪官不遗余力，动辄杀头弃市，但对于那些贪赃枉法的节度使，你见他杀哪个了？高官自污养晦之策，你一个小员外郎懂什么！

更何况，赵普现在是皇帝眼前的红人。参赵普就是参皇帝，等于公开指责皇帝用人不明。

不过，现在二哥虽然对赵普言听计从，但我这个皇帝的亲弟弟，拥有更可靠更尊贵的身份。独头宰相，恩宠难长。有朝一日，赵普自有失势的那天，现在，需要等待时机，而这就如同大海捞针，需要耐心。

赵光义落下最后一枚棋子，这次的棋势叫作"大海取明珠"。

四　赵匡胤经济学

边镇成为"特区"

无论赵光义是知难而退还是养精蓄锐，他总算安静下来了，这让赵匡胤与赵普这对云龙君臣颇为自在。这些年来，尽管后院频繁起火，但他们仍然坚定推行了自己的改革举措。

建隆元年至四年（960—963），在第一轮大改革中，赵匡胤削夺禁军将领兵权，改革禁军领导体制，将武人彻底"请"出朝廷，捎带着连自己也完成了从军人到政治家的转型，为日后大宋皇帝与士大夫共治天下创造了条件。

紧接着，朝廷完成中央立法和收回地方司法权的法治工作，为进一步推进改革和重建新秩序制定了外部的制度性框架。随即，赵匡胤先后在湖南与河北这一南一北，展开了全新的政治改革试验，收回地方行政权成为"建隆新政"的收官之作。

乾德二年（964），随着赵普正式出任大宋宰相，双赵体制日趋成熟，赵匡胤的改革也迎来黄金期。从收回地方人事权、财政权，到乾德三年全国征兵，赵普早年提出的"削夺其权、制其钱谷、收其精兵"削藩三大纲领进入最后环节。而赵匡胤也全面掀起读书热，加强意识形态建设，打造新秩序的内部道德性支持。

开国不到十年，先后两轮改革，基本围绕一个问题：表面上是扬文制武，实际上是加强集权。大宋三百年统治集团的权力分配原则，就此确定。

自雪夜访普后，大宋吞荆湖，灭后蜀，虽然过程有些周折，但扫灭群雄的局面已现，国家统一的形势，也就此确定。

至于幽蓟地区，虽然目前大宋的国力尚不足以与辽争锋，但赵匡胤时刻未忘。乾德三年平定后蜀之际，赵匡胤就在讲武殿后设立封桩库。此库不隶属于朝廷掌管财政的三司，而专门用来存放皇帝的私房钱，每年皇室的盈余悉数储存于此。日积月累，民不加税，而封桩库却日益充盈。

按照赵匡胤的构想，待到封桩库存够三五百万钱，就去跟辽国交涉，用这些钱赎回幽蓟故土和人民。毕竟，辽国军事力量庞大，真要动武，不但耗费军资，而且也未必能取胜。既然辽人已经放弃经略中原，那么给辽人一些好处，和平收回幽蓟，这对双方来说，都是一笔划算的买卖。

这与五代时期许多皇帝的做法截然相反。那时，一旦要对外作战，朝廷往往临时增加各种名目的苛捐杂税，且这些杂税在战后并未废除，而是转为常规税目；下一次对外开战，继续加税。最典型的，就是与辽国死磕到底的晋出帝石重贵。他跟契丹人打了三场硬仗，老百姓被搞得倾家荡产。

而赵匡胤选择的却是另一条路，掏皇帝自己的腰包，造福天下百姓，这颇有几分儒家经典里"圣君"的形象。

当然，赵匡胤从来不把希望寄托在别人身上。封桩库里的钱既然能作为和平赎买的费用，也就能成为支持战争的军费。倘若辽人不同意归还幽蓟，那也不怕，将封桩库启封，散滞财，募勇士，届时在战场上一决雌雄。

至乾德年间，收复幽蓟的基调，也就此确定。

不过在赎买或对决以前，赵匡胤首先要把大宋北疆的十余州守住。这条国防线以北，有契丹人，有沙陀人，有党项人，还有其他民族部落。要将大宋的改革成果维持下去，要继续在南北扩大王朝版图，必得寻觅良将，坐镇边关。

在后世对宋史一知半解的人眼中，大宋是一个高度集权的王朝，尤其是在军事方面，不仅"兵不识将，将不识兵"，而且前方将领没有自由指挥军队的权力。排兵布阵，不是依据阵前的敌我形势，而是根据皇帝亲自确认的阵图。结果，尽管宋朝士兵素质过硬，良将辈出，终究难抵体制之弊，动辄败军千里。

然而，将"将从中御"发挥到极致的却是赵匡胤的那位好弟弟赵光义。在赵匡胤掌舵的十七年里，前方大将拥有独立的指挥权；尤其是边将，更是享有其他将领望尘莫及的特权。

内地的地方收入大部分上缴朝廷；边镇则相反，全部由边帅截留，以巩固国防。

内地官员将领严禁经商；边帅则可以自由贸易，并免除商税，以进一步支持前线招募猛士、间谍、保镖等特种人员。

内地军队实施更戍法，将士三年一换驻地；边帅则不受此限制，在同一个地方驻守十几年的大有人在。

最重要的是，赵匡胤给予边帅临阵指挥权，杀伐决断全凭边帅主张，朝廷绝不干涉。甚至在当边帅犯了法时，赵匡胤都不给予追究。

最著名的事件，莫过于赵匡胤对李汉超违法之事的处理。李汉超时任齐州防御使兼关南巡检使，负责防御契丹。他是一介武夫，懂得用兵之道，却不知理政之妙，做了许多不法之事，其中包括跟老百姓借钱不还、掠夺民女为妾。

关南的老百姓实在忍不下去了，跑到东京城里告御状。

赵匡胤闻讯，急忙把百姓召入便殿，赐了酒食慰劳，然后和颜悦色地问道："自从汉超镇守关南，契丹入寇过几次？"

百姓来告状，皇帝请吃饭，在帝制时代是十分罕见的。何况二者地位有天壤之别，这位老百姓还没有从惊慌中反应过来，面对皇帝的询问，他也不敢多说话，只是说："没有。"

赵匡胤又问："以前契丹入寇，边将防御不了，河北的民众年年被劫持。那时你能保全自己的财产妻女吗？现在汉超所取，比起契丹打家劫舍，谁抢的更多？"

老百姓听后，心中嘀咕：官家您这是什么逻辑啊？李汉超保护我们，所以我们就得交"保护费"？可面前这位是九五之尊，老百姓不敢说半个"不"字，只好唯唯诺诺。

赵匡胤假装没看出百姓的心思，又问："你家有几个闺女？都嫁了些什么人？"

百姓如实回答。

赵匡胤一笑，说："嫁的都是些普通的村夫嘛。你看，汉超可是我的贵臣。他喜欢你家的闺女，所以才纳为妾。你家的闺女，与其嫁给村夫，还不如跟着汉超共享荣华富贵！"

史称百姓"感悦而去"。

不过这些百姓未必真的"感悦"，这番话绝对是强词夺理。只是为了安抚李汉超，让他安心防御契丹，赵匡胤给予边镇特权，对这些边将的行为也得多有包容。

但包容并不等于纵容。赵匡胤虽然帮李汉超解决了麻烦，但肯定也要让李汉超知错就改——特别是让他明白是非，千万别去找这些老百姓报复。

赵匡胤也是费尽心思。他派人带了数百两银子速往齐州，并告诉李汉超："你缺钱为什么不管我要！干吗去拿老百姓的钱！这些银子你拿着，赶紧还给那些老百姓，好让他们对你心存感激。"

使辽人不敢南窥的汉子李汉超，一时间百感交集，竟至落泪。自古以来，有替自己背黑锅的皇帝吗？他当即发誓，必对赵官家以死相报。而且从此以后，他再也不打老百姓的主意，为政简易，深得民心。当地百姓甚至要为他立碑，歌功颂德。李汉超对将士也颇为慷慨，宁可自己勒紧裤腰带，也要厚待这些跟着自己拼命的将士们。后来他去世于屯驻之所，三军将士无不痛哭流涕。

这样的例子简直数不胜数。比如镇守西山的郭进，他属下的军校诬告他谋反，赵匡胤根本不信，直接把军校交给郭进，让郭进处置。恰巧这时北汉入寇，郭进认为军校敢告自己，也是有胆，于是让他上阵杀敌：如果胜了，就保举他升官；如果败了，就叫他投降北汉去。军校感郭进之恩，一举杀退敌军。郭进则兑现承诺，真的举荐他升迁了。

后来赵匡胤命有司在开封为郭进建幢房子，全部使用筒瓦。有司说，按照旧制，只有亲王公主的宅子才能用筒瓦。赵匡胤闻言大怒："郭进在西山守了十余年，使我没有北顾之忧。我待郭进，难道能比待自己的儿女还要差！"遂命有司赶紧去给郭进盖房子。

还有当年处处不给赵匡胤面子的董遵诲，自从入宋以来，整天战战兢兢，生怕哪天遭到报复。然而赵匡胤不但不念旧恶，还重用董遵诲为边将。他还命人暗中贿赂边民，将董遵诲的母亲从辽人治下的幽州迎了回来。董遵诲感激涕零，在西北边疆一守就是十四年，当地党项人对他又敬又怕，两地军民秋毫无犯。

军人出身的赵匡胤，完全明白打仗是怎么回事。要对付边关强敌，就要从制度上给前线指挥充足的指挥权；要保证边将不反，他又不得不采取策略，笼络人心。在统一天下的非常时期，赵匡胤实施了非常政策。

结果，大宋先后有十四位边帅名垂青史：李汉超屯关南，马仁瑀守瀛州，韩令坤镇常山，贺惟忠守易州，何继筠镇棣州，以拒契丹；郭进控西山，武守琪戍晋州，李谦溥守隰州，李继勋镇昭义，以御北汉；赵赞屯延州，姚内斌守庆州，董遵诲屯环州，王彦昇守原州，冯继业镇灵武，以备西戎。

改革不是一刀切。赵匡胤要扬文制武，但制武不是抑武，更非废武。内地的改革措施，完全不适用于边镇。因此，他几乎将边镇开辟成完全不受内地改革影响的特区。如此，使得走向文治的大宋在最初的十余年间，并没有走上南唐、后蜀武功不振的老路。边镇的守备日渐强盛，中原王朝的改革成果，不再暴露于北方游牧渔猎之族的铁骑之下。

该不该确立国有田制？

巩固政权、扫灭群雄、收复幽蓟、调控经济，开国时的四大难题，如今有三道已经步入正轨；唯独关乎天下民生的第四个问题似乎迟迟不见动静，千呼万唤的"赵匡胤经济学"究竟何时才能出来？

其实大宋自立国以来，始终没有忽视出台经济政策，最重要者有三项：一是"田制不立""不抑兼并"；二是统一赋税；三是加强专利。

在这三项政策中，第一项涉及土地问题，是国家的根本问题。"田制不立"，说的是国家土地所有制建立不起来；"不抑兼并"，则是说国家在承认土地私有的前提下对土地兼并不加干预。八字方针并非赵匡胤所提，而是宋元时人对宋朝土地政策的总结。然而，赵匡胤的土地政策却被后世许多史家视为政府不作为，甚至是鼓励贫富分化、不顾小老百姓死活的苛政、恶政。

真的是这样吗？这其实是帝制时代的中国，始终解决不了的老大难问题。

在古代，土地是最重要的生产资料，而耕种的农民则是最重要的劳动力。因此，土地和人口成为衡量古代经济的最重要标准，甚至成为当时官员政绩的考核项目，可谓古代的GDP。

自秦汉以来，地主经济体制在全国范围内全面确立，国家与地主之间对土地、人口的争夺，几乎相伴一个王朝的始终。

在帝国时代，全国境内一般有三种土地形式并存。一种是国家土地所有制；一种是地主土地所有制；最后一种是农民土地所有制。其中，第一种是当时的公有土地制，后两种则是私有土地制。

国家掌控的人口称为"编户齐民"，他们是国家的赋税和劳役保证。然而，由于国家承认土地私有，允许土地自由买卖，最终造成了严重的土地兼并。随着土地经济的发展，齐民贫富分化严重，一部分富有者最终成为地主，他们往往又是朝廷命官，享受部分赋役的优惠；而小农经济日益萎缩，农民的独立地位受到严重威胁。

最终的结果是：一部分豪强地主吞并了大量土地，却又享受着赋役的优惠政策；一部分贫困的农民失去土地，最终沦落为流民，或揭竿而起，或沦为奴隶，或被迫充当豪强地主的依附民；而国家失去对土地和人口的有效控制，赋税无钱粮可征、劳役无人力可使，中央政府越发羸弱。

就这样，国家控制的土地和人口越来越少，地方豪强地主却越来越强大，夹在中间的广大农民生活在水深火热之中，社会秩序处于崩溃的边缘。为了解决这一问题，历代统治者几乎使出浑身解数。比如，王莽彻底废除土地私有制，从根源上抑制土地兼并；曹操推行屯田制，在国家控制的土地上实行军农合一的土地制度，与豪强地主抢夺依附民；刘秀颁布度田令、司马炎颁布占田令，旨在以法律手段强制地主纳税，限制土地兼并；又如北魏开创的、唐太宗全面改良的均田制。

唐朝的均田制是一种土地国有制度。国家将国有土地按照一定标准授予编户齐民，这些土地分为口分田和永业田两种。口分田的所有权归国家，农民只得到使用权，死后要将其交回朝廷。至于永业田，农民则获得部分所有权，在死后可传给子孙，但除特殊情况外，一般也不得买卖。

在此基础上，无论授田多少，得到田地的民户都要按照人头向国家缴纳固定的税赋。其中，缴纳的粮食称为租，缴纳的绢绵称为调。另外，民户还要承担一定的徭役，如果国家不需要，民户也可改缴纳绢布来抵消徭役，这笔财物称为庸。除此之外，被授田的农民还要承担兵役，是国家军队的重要兵源。

唐朝的这套制度，对民生有较大保障，也成为国家对抗大地主的利器。但是，这套制度先天不足，最终又崩溃了。

首先是操作成本太大，它必须有完备的账册。而正如黄仁宇所说，中国古代没有数目字管理，户籍册子总是越来越乱，乱到一定程度，国家对人口和土地彻底失控。

其次，国家控制的土地有限，可是随着经济发展、社会稳定，人口越来越多，农民所获的土地越来越少，直到国家无地可授，这套制度自然不攻自灭。而农民即便获得了少量土地，也绝对不够养活自己。何况由于反复授田与还田，土地被切割成一小块一小块的，无法规模经营与生产，其生产效率低下，无疑使食不果腹的农民雪上加霜。

最后，这套制度的前提是将农民彻底固定在土地上，农民不能随意迁徙，不能改就他业，这在小国寡民的社会或许可行，但对于经济快速发展的唐朝，无疑是痴人说梦。

于是，破产的农民再一次变为流民，地主也卷土重来，依靠官僚贵族的特权，掀起新一轮土地兼并的高潮。国家控制的土地和人口越来越少，直接导致财政入不敷出，军队兵源枯竭，朝廷越发外强中干。而这一切，就发生在大唐极盛时期的"开元盛世"。

所以，即便唐明皇李隆基在晚年依旧励精图治，大唐也仍然避免不了衰亡的命运。正是由于制度变革没有跟上时代的发展，才酿成安史之乱及其后两百余年的天下大乱。

唐德宗建中元年（780），在宰相杨炎的建议和推动下，唐朝终于正式废止名存实亡的"均田制—租庸调制—府兵制"体制，改行两税法。这是中国历史上的一次重大变革。从这时起，国家放弃了与大地主对土地和人口的直接争夺，承认绝大多数土地可以自由买卖。至于田赋，则主要根据纳税人的财产（主要是土地）来征收，地多多纳，地少少纳，无地不纳；谁来种地无所谓，收税只找土地的所有人；而国家的主要工作，由想方设法控制土地的数量，转为用尽办法丈量土地的大小，以作为征税的标准。由于这种新税在每年的夏、秋两季缴纳，因此称为"两税法"。

这就是赵匡胤之前，国家与地主争夺土地、人口的历史。几番交手，最后输掉的总是国家。

让市场管理土地

赵匡胤时代没有现代经济理论，不可能清楚地认识到经济规律。但读书观大略的他，似乎已经隐隐地觉察到某些趋势。土地兼并源于土地私有与土地买卖，这在西汉时代就已经被人们觉察。然而，王莽以大无畏的精神和血淋淋的现实警示后人，在当时的条件下，彻底消灭土地私有制，实行完全的国家土地所有制，根本不现实。

从北魏到唐朝，均田制实行了三百年，后世称其为古代最好的田制。然而，这种依靠国家土地所有制来与大地主抗衡、抑制土地兼并的方法，也是管得了一时管不了一世。可见，通过田制来抑制兼并，帝国朝廷可用的招数已经尽了。

时代潮流如此，与其逆其而上，不如顺流而下。

因此，乾德四年（966），赵匡胤冒天下之大不韪，干了一件前无古人后有来者的事儿——堂堂一统天下的王朝，不再确立大规模的国有土地制度。战乱过后由国家控制的荒地，不再以国家土地的形式，颁授给广大无地的流民；而是最大限度对天下万民开放，谁开垦就归谁，而且还有开荒免租的优惠政策。这些新开垦的荒地名归个人，可以买卖，对百姓的吸引力，大大高于当年的均田制，因而有利于社会生产的迅速恢复。

大宋建立以前，历经唐末五代，门阀的权势被打得粉碎。在那个乱世，有能力就能赢得别人的尊重，有能力就有机会改变命运。尽管机会不多，但每个人都有资格去争取。宋朝的土地政策也一样，每个人都有开垦的机会，但每个地主也可能因为经营不善、子孙析产而沦落为普通农民甚至佃农。这与魏晋时期贵族永远是贵族、平民永远是平民固然迥异，与唐朝那种农民永远在小份地上种粮食也截然不同。

北宋年间，曾有一位老农骄傲地说："我种田的收获，都是我努力的结果，关老天爷什么事！我过得逍遥自在，都是我自己在享受，又关皇帝什么事！"这倒像极了后世美国银行大亨摩根的一句名言："我不欠这个社会一分钱！"

宋朝农民这种独立的人格，这种勤劳可致富的梦想，乃前代所少有。很难说这与赵匡胤土地政策所开辟的局面一点儿关系也没有。与从前的朝代比起来，宋朝是一个机会相对开放和均等的社会。比如后来随着科举扩招，人人可以通过自己的努力，考取功名，成为朝廷命官，这是那个时代的"大宋梦"。而在科举制尚未全面扩张的太祖时代，"大宋梦"的雏形已经在经济领域生根发芽。

宋朝一反前代做法，给予普通小农甚至无地佃农成为地主的机会，也逼得地主深感岌岌可危，这是时代的进步；将土地交给市场，用土地买卖自由化催生的社会阶层流动，来对抗土地买卖自由化所造成的土地兼并，而国家退而成为土地经济的调控者，这是赵匡胤执政集团的智慧。

当然，机会是均等的，机会又从来都不是均等的。

虽然人人都有垦田的机会，人人都有勤劳致富的机会，但人与人的起点却不尽相同。开荒需要人力、物力与财力。对于大多只有劳动力和少量财力的贫困农民，以及完全缺乏财力的流民而言，他们要想自己开垦土地，几乎不可能。他们只能在大地主的土地上，成为一个佃农，租种土地，每年向地主交租子。所以，能够利用这种"机会均等"改变命运的人究竟有多少，这里还要打一个问号。

因而，在很多人眼里，这种输在起跑线上的机会均等，实际是变相支持豪门，是放纵土地兼并，是不管小农死活。

那些在土地兼并中失去土地的农民，再度成为流民，随时可能威胁到社会稳定。然而，由于宋朝继承并改良了"两税法"，这些失地农民不必向朝廷缴纳田租，他们既可以选择到地主的田地上租种土地，成为一个佃户；也可以选择进城打工，从事手工业和商业，过上城市生活。而正是这些宋朝的"农民工"，创造了异乎繁荣的两宋经济。

赵匡胤的经济改革更像是对时代潮流的默认，它暂时缓和了朝廷与地主之间的矛盾，也给了小农生存空间。然而，赵匡胤却不得不面对一个问题：国家对土地和人口的控制力减弱，必然导致赋税收入的削减。因此，朝廷必须对赋税体系进行厘定，继续开源。而且，唐末五代，赋税混乱，老百姓被重税压得抬不起头来；为了维护社会的基本公平，赋税改革势在必行。

赵匡胤采取的第一项措施是均平田税，也就是派遣专门的使者去丈量土地，核定田产，确定每个土地所有者缴纳两税的额度。这项工作极其重要，直接影响到一个时期内朝廷是否有稳定的税源，也关系到土地所有者的缴税额度是否公平合理。

由于两税法是依据田产来征税，因此，许多资产雄厚的地主隐瞒田产，偷税漏税；这样不仅会使朝廷损失税款，而且被隐瞒的税额往往被摊派到其他小地主和农民身上，等于让钱少的为钱多的纳税。朝廷要想扩大税收，维护公平，最直接的办法就是将非法隐藏的田产清查出来，按规定征税。唐朝宰相、大诗人元稹就采取过均平田税的措施；周世宗更是将这一政策大加推广。连赵匡胤的老对头韩通都深知此事意义重大，就更别说赵匡胤本人了。

不过，周世宗因大限早至，均平田税并没有做完，而且许多负责核定田产的官员并不称职，后来因为遭到百姓投诉而被罢免。因此，赵匡胤清查隐田的制度虽然没有创新，但在力度上却一再加大。建隆二年（961），刚刚即位不久的他就开始精心选拔核定田产的官员，开展清查隐田、均平田税工作。对于检田不力不实者均给予严惩，这些失职官员轻则贬官夺任，重则流放海岛，可见他对此事的重视。用赵匡胤的话说："派遣官员去核定田产，乃是关怀百姓的生计。"

作为国家的税基，民富了，国自然也就富了。扶持民生，就是扶持朝廷。所以，充满人文关怀和深谋远虑的赵匡胤，没有采取五代绝大多数君主竭泽而渔、饮鸩止渴的做法，而是采取打通"民"与"国"之间征税环节的方法，减少征税的交易成本，从而达到民富国强的目的。由此，赵匡胤税改的第二项措施——统一赋税应运而生。

改革赋税与商贸制度

五代时期，战乱频仍，朝廷掌握的户籍严重滞后；国家四分五裂，各地各自为政，赋税制度极度混乱。赵匡胤即位当年，就要求各地上报户籍；到建隆四年，又全面开启整顿税籍的工作，以作为征税的依据。

那时，田赋（两税）是国家的主要收入来源，被称为"正赋"；除此之外，还有许多税收项目。五代时期，各个割据政权为了维持战时割据，税目越来越繁杂，数量也越来越大。人民负担因此越来越重，而征税工作也越来越烦琐和困难，各级官员倒是利用这个机会上下其手。于是，人民交钱交得越来越痛苦，朝廷收不上钱也越来越痛苦。

对此，赵匡胤开出的良方是：杜绝新税，废除苛税，整顿税目，规范征税。

杜绝新税，就是不再添加新的税收项目。五代时期，各地小朝廷将增加税目作为一种"潮流"，苛捐杂税数不胜数。比如，跟朝廷租牛耕地要交牛租，牛死了许多年租子也照交不误。耕牛死了，要将牛的皮和骨头上交；后来不用交牛皮牛骨了，改为交牛皮税；再后来家里没牛也要交牛皮税。耕田的农具要交税，房子的房梁要交税，闺女嫁人的嫁妆要交税，诅咒贪官早死也要交税，甚至有时朝廷直接明目张胆地搞"括率"——连名目都懒得想了，直接开抢。

面对如此凌乱的苛捐杂税，赵匡胤下定决心将添设税目的"潮流"截住，将五代税制混乱的根源、人民负担沉重的根源彻底刨掉，不再添加新税。

废除苛税，就是废除各地旧政权普遍实行、比较过分的苛捐杂税。新税不再增加，老税逐渐减少，这是一次赋税体系的减量改革。

整顿税目，也就是清理整顿税收项目。虽然赵匡胤废除了过重的苛捐杂税，但许多税目仍被保留了下来。对于这些税收项目，朝廷进行了统一的分类合并。比如，以人丁为对象的税统称"丁口之赋"，以羽毛皮革等物为名的税统称"杂变之赋"，既方便征税，又使得赋税的征收更加透明。

规范征税，这是赵匡胤最下功夫的地方。五代时期，朝廷明文规定的税收项目就已经数不胜数，各级官吏通过税收来巧取豪夺的办法更是层出不穷。这些"潜规则"甚至到了官民皆知的地步，可见当时风气衰败、腐败横行之甚。

首先是征税器具有问题。有的地方征税用大号的斗，本来应该征粮一石，实际上却收了一石八斗，老百姓的负担几乎翻了一番。

其次是考核办法不科学。税收数量与官员政绩直接挂钩。有的官员害怕税收不足，影响政绩，因此遇到民户逃亡，就将欠税均摊到邻里各户，逼着他们把税交足。

再次是征税惯例有问题。按照五代惯例，在征税以后，州吏还会以"会州"的名义，勒索县吏；县吏则将这笔经费压力转到里胥（里长）身上；里胥不愿意出或出不起这笔钱，最后就又摊到老百姓头上。

最重要的，还是征税的人有问题。地方征税，往往直接将册籍交给孔目官。"孔目官"虽然名为"官"，其实是吏，绝大部分属于五代时期"贪忍文吏"的一种。他们到处敲诈勒索，老百姓苦不堪言。

这样算来，百姓的实际税务负担，可能是苛捐杂税规定数额的数倍。老百姓交不起税，就去借高利贷；最后连高利贷也还不起了，只好逃亡。民众水深火热，社会动荡不堪，朝廷治理社会的成本上去了，征税的效率却一路下滑。于是，陷入了无休无止的恶性循环中。

八岁就见识过朝廷逼税的赵匡胤对此印象深刻。解开恶性循环，关键在于减轻老百姓的负担。因此，他对这些横梗在国与民之间的征税之弊一一剔除。比如建隆元年（960）甫一开国，赵匡胤就命全国征税统一使用一石的斗，保证征税准确无误；另外，征收的粮食在运输、储藏中会有损耗，赵匡胤则按照前朝惯例，明确规定每石粮食额外征收两升"鼠雀耗"，使得税收更加透明，避免以此名目横征暴敛。摊派税额、会州勒索的做法一律叫停，征税的职责也规定由国家正式地方官员录事参军具体履行。

为了将这些政策贯彻下去，赵匡胤还派出专员到各地监督征税。有勒索舞弊的均给予严惩，额外多收的甚至会被处以死刑。

赵匡胤的"统一赋税"政策为老百姓减轻了很大负担，和五代时期相比，简直是天壤之别。普通民众有了更多的钱粮改善生活，也不用整日为交不上税而发愁。

但是客观地说，这不是因为赵匡胤的税轻，而是因为五代的税太重。实际上，大宋的税目仍然五花八门。五代十国各种割据政权的苛捐杂税，除了部分实在莫名其妙的，其余大多以"沿纳"的名义成为大宋的税目。而且，各地税项也往往不同，一个地区以前征什么税，入宋后可能还在征什么税。如果只是从账面上看，大宋的所谓"减税""轻税"，与当年大汉朝以三十税一为代表的薄赋，简直不可同日而语。而终两宋三百二十年，大宋子民的税务负担越来越重。

在统一赋税之外，大宋朝廷继续加强专利，这是纯粹增加税收的老法子，倒说不上公不公平。按照经济史家吴晓波的理论，在帝国时代，支撑集权政体的"大厦"需要四大"支柱"：其一是郡县制度，属于中央与地方的权力分配模式，保证帝国的稳定；其二是尊儒制度，属于全民思想的控制模式，保证全民意识形态上的统一；其三是科举制度，属于社会精英的控制模式，保证社会精英尽可能吸纳入体制内，为我所用；最后是国有专营制度，属于宏观经济制度模式，实现重要资源的国营垄断化经营，以控制国计民生。

国有专营制度，也就是国家专利制度，就是由国家垄断重要资源（比如盐、铁）的生产与经营。由于这些资源老百姓不得不买，因此国家可以从中获利，且旱涝保收。又由于这项收入隐藏在垄断利润里，而没有增加税额，因而不会遭到老百姓的抵触和反抗。这制度开始于辅佐齐桓公一匡天下的管仲，在汉武帝时期的桑弘羊手里发扬光大，而历经两宋，达到登峰造极。

宋初，赵匡胤基本继承前代政策，对盐、茶、酒、矾实行国营垄断专卖，严禁民间资本进入这些领域，对于违法私营者往往处以极刑。他曾规定，商人私自贩运矾超过一两、私自销售矾超过三斤，就要处死；私自煮碱三斤，处死；私自酿造酒曲十五斤，处死；贩运私酒三斗进城，处死；私自贩盐十斤，处死。这政策后来被继承下来，最后连醋、香料、象牙都被国家垄断经营。

大概正是由于控制了这些上游产业的经济命脉，赵匡胤在下游产业总算放了一码，实行与国营专利全然不同的政策——积极鼓励民营经济，抬高商人地位。

建隆元年（960），赵匡胤曾颁布《商税则例》，并将之公诸商税务（征收商税的政府部门）的大门前。这是中国有史以来第一部商业税务法规，足见赵匡胤整顿商业税制、推动商业发展的决心。他在统一赋税的改革中，对前朝的杂税多所保留，唯独对商税的裁减幅度最大。一方面，在短期内可削弱地方藩镇的财政基础；但另一方面，从更长远的眼光来看，这是为民间商业、手工业提供了更加宽松的环境，有利于促进商品经济发展。

从此，"赵匡胤经济学"为他的后继者们定下了一个基调，或者说这个基调也是从前朝继承而来，至此终于定型：上游产业由国家垄断经营，下游产业由民间自由竞争。历经宋、元、明、清四朝，中国的商业空前繁荣；却也始终没能有所突破，使社会发生质的飞跃。

养兵乃百代之利

再回过头来看"赵匡胤经济学"本身，和中国传统王朝的经济思想一样，宋朝经济政策的核心，仍然是如何提高朝廷的财政收入。人们不禁要问，勤俭的赵匡胤怎么突然变成了财迷？吞并后蜀获得的财富难道不足以弥补中原的资金缺口？

答案是：赵匡胤要养兵。

中国历史上曾长期实行征兵制、世兵制、府兵制等义务兵制。这些不同的兵制有一个共同的特点——当兵是百姓应尽的义务。百姓平时种田之余，还要按照规定，到京师和边地担任士兵；国家打仗也主要依靠这些义务兵。为了控制兵源，国家将兵制与国有土地制度相结合，试图将编户齐民永远固定在土地上，从而也使其永远为国家提供武力保障。

然而，随着国有土地所有制的破产，这一切终成历史。唐朝中期，均田制的崩溃直接导致府兵制的终结。为了满足军事需求，从中央到地方，开始寻求新的军事体制。其中，花钱招募职业军人，使士兵与农民彻底分离，是一个较好的办法。

这种被称为"募兵制"的军事制度，其实自古就有，但规模很小。经过唐末五代的不断摸索，募兵制逐渐完善，而宋朝也成为第一个在全国范围内大规模地推广募兵制的王朝。主持练兵出身的赵匡胤深得训练兵士之道，脱产的职业士兵更能将精力集中在军事训练方面。因此，大宋士兵的素质是不容置疑的。

在推广募兵制的过程中，赵匡胤发现招募士兵不仅能削弱藩镇、加强禁军，更能起到稳定社会的功效。

唐末天灾人祸，乱兵饥民实为一家，匹夫一呼，王朝土崩。推广募兵制，施行积极的养兵政策，兵民分离，遇到天灾，就可以吸收饥民为兵，减少社会不稳定因素；遭遇人祸，又能防止乱兵裹挟变民叛乱。赵匡胤曾骄傲地对赵普说："养兵可为百代之利。一旦遇到灾荒之年，有叛民而无叛兵；遇到士兵哗变，有叛兵而无叛民。"

如果从后世经济学的角度看，赵匡胤隐约将招募士兵作为一种政府公共项目，通过创造就业岗位，吸收失业人口，从而实现社会稳定。就当时形势而言，大宋周边强敌林立，首都开封无险可守，因此扩招士兵也确实是国家所需，二十万禁军尚难说是冗员。两相结合，天衣无缝。

然而，随着敌对政权的相继灭亡，禁军数量的增长，赵匡胤也发现了"养兵"的问题——巨大的军费开支，成为朝廷的沉重负担。在义务兵制时期，士兵平时的军粮、武器都是自备的，因而国家"养"兵花钱有限。但宋朝不同，士兵是职业兵，朝廷要给他们开"工资"。一旦兵员过多，朝廷必然承受不起，"养兵"政策利在当世、弊在千秋。

在人生的最后一年，赵匡胤曾打算迁都洛阳。这之中虽然有各种因素，但是摆脱开封门户洞开的地理劣势、依靠洛阳的地理优势，从而裁减兵员、削减军费，也是重要原因。可惜，也是由于各种因素，这次迁都泡汤了。从此，禁军冗员恶性膨胀，平均每年吃掉大宋七八成的财政。赵匡胤君臣虽有所料，却已无能为力。

除了"养兵"，募兵制还面临一个新问题：如何安置"准退役"军人。在此之前，由于士兵大部分是义务兵，到达一定年龄期限后，就不用再服兵役，平时继续种田就是了。募兵制则不同，士兵都是职业军人，一旦被淘汰，就等于失业。他们没有养老保险，没有退休金，甚至没有一亩三分地，失业后又要如何生存？他们会成为社会稳定的巨大威胁。

为此，朝廷特设"剩员"，用来安置"准退役"军人，让他们与地方上羸弱不堪的厢兵一起，担负日常的劳役。这不仅解决了他们的"再就业"问题，也分担了广大农民的劳役，开辟了减轻农民负担的新途径。

不过，赵匡胤的这项措施尚不完善，剩员和厢兵虽然分担了一些基础建设（如修缮城墙、治理河道）和城乡治安的任务，但农民依旧有其他差役要做，其中像衙前役这种既要提供劳动力、又要提供财力的差役，常常把服役人折腾得倾家荡产。更为不合理的是，在宋初种类繁多的税收中，本来已有替代服役的项目，然而农民纳了税，差役还是照做，这不禁让人想起著名的"黄宗羲定律"。宋初差役法的弊政，直到王安石推行免役法时才全面调整。自此以后，差役法与免役法轮番实施，并没有彻底废除。

就这样，大宋子民可能生活在一个物质感受和精神感受相脱节的时代。虽然从大量宋词上看，宋朝的上层人士活得比较潇洒惬意，然而那不过是一部分人。更多的人口集中在社会的中下层，他们有幸目睹了中国历史上空前的繁荣，他们可以买到更多的新产品，可以到城里听书看戏逛夜市；他们第一次合法地离开土地，拥有了更为自由的职业选择，带着梦想为自己的未来奔波。比起此前千年中的老百姓，他们的生活不能再好；但面对沉重的赋税差役、严重的土地兼并和严格的经营壁垒，他们的生活已难更好。

生存以上，生活以下，这才是宋朝老百姓的真正生活。然而，这已经是帝国时代，普通民众所能享有的最高生活质量了。

总的来看，赵匡胤的经济与社会改革优弊参半。如果说他为了自己的统治，全力依靠大地主而不顾小农死活，显然不符事实；但要说他一心为民，也是过分拔高。在中国古代帝王眼中，维护王朝统治，维护社会安定，维护帝国秩序，这才是最根本的利益所在。提高朝廷财政收入、关注社会民生、平衡社会各个阶层的利益，归根结底都是围绕这个根本利益进行的。身处历史旋涡中的赵匡胤，必然无法摆脱历史的惯性。他所能做的，也只有在借鉴历史经验的基础上，结合实际，调整政策，将对民生的关怀与帝国的振兴结合起来，重现一个传统帝国的"太平"天下。

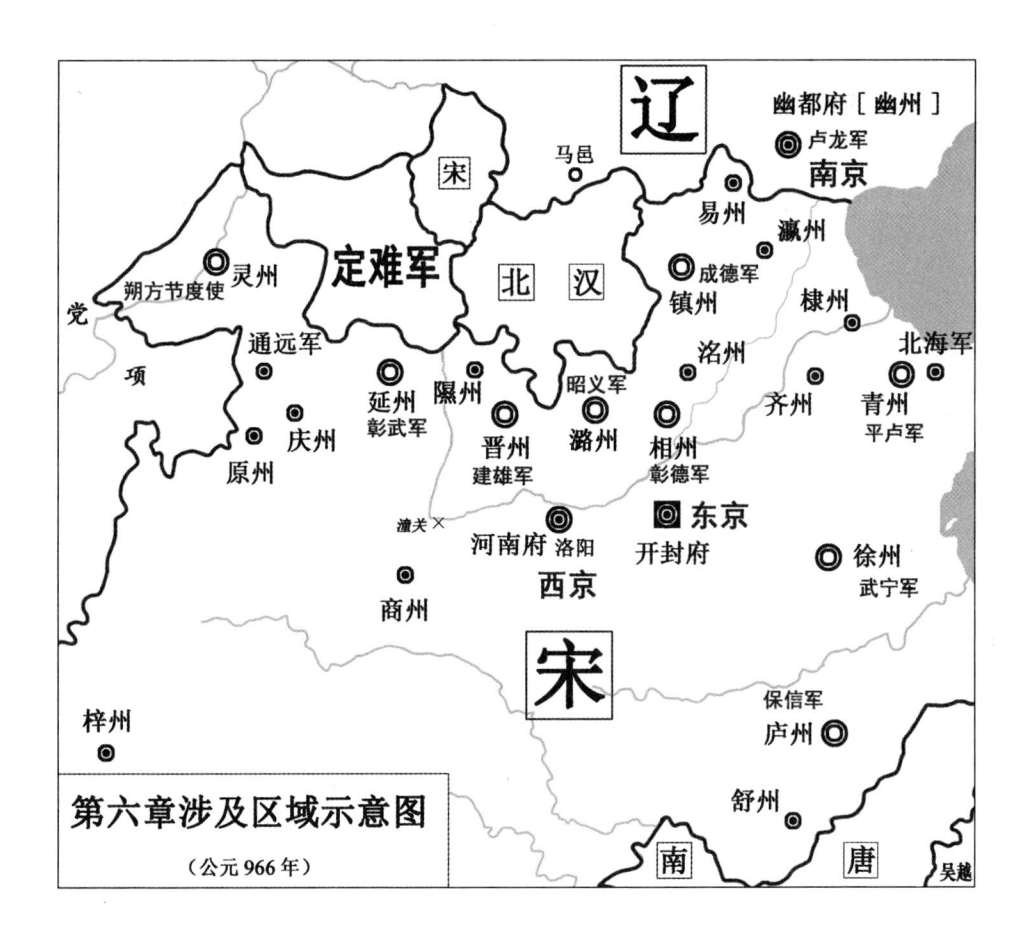

第六章涉及区域示意图
（公元966年）

#　第七章　威震寰宇，如日中天

一　北汉还是南汉？

刘钧被活活拖死

河东的峰峦连绵起伏，一眼望不到边。头顶上那勉强能见的一小块蓝天，不过是群山紧紧箍住的一个残念。

太原府勤政阁，昏暗的光线将眼睛压得肿胀涩痛，令人头晕目眩得想吐。粗糙的幔帐挂在阁中，一动不动，好似悬梁自缢的吊死鬼，直直坠了满地。

这座简陋的房间是北汉天子的寝宫，皇帝刘钧躺在床上，瞪着双眼，喘着粗气，像一头落难的狮子，发出沙哑而狰狞的声音。侍者跪在一旁，端着药碗，小心翼翼地将药汤送入皇帝口中，生怕有一滴落在嘴外，被吝啬的皇帝责备惩罚。

刘钧手中还拿着一份奏章，那是两天前的军报：又有一百余人投靠了宋朝。这是今年第三次大规模叛逃事件，刘钧已经见怪不怪。大汉国内，每年至少有几百号人叛逃，这还是呈报上来的数字；若是赶上天灾，数量更甚，一些村子恐怕都要因为人口逃亡而撤销编制了。

刘钧之于国也，尽心焉耳矣。可是邻国之民越多，寡人之民越少。河东土地稀少而贫瘠，人要吃饭，种不出粮食，只好跑到有粮食的地方。即使是孟子再世，又能开出什么救国良方呢？

然而，面对人口流失，刘钧尚能从容。让刘钧直面死亡的，是大宋军队。

自李筠之乱以来，汉宋两国交兵不断，且弱汉主动攻击强宋者不在少数。以弱逞强，连赵匡胤都有些纳闷。他派了一个谍者给刘钧捎话："我说兄弟，你们家跟大周是世仇，确实不该屈服于他们。可是咱们两家又没过节，你何苦要困扰河东的人民呢？契丹人狡狯，根本靠不住。你要是真有志向称霸中原，现在就南下太行山，与朕一决胜负！"

刘钧苦笑，他命谍者回告赵匡胤："我河东的土地和兵力，还不到中原的十分之一。守此弹丸之地，是怕汉室的宗庙断了香火。你要是想一决胜负，就来团柏谷吧。朕自当与你背水一战！"

汉贼不两立，王业不偏安。虽才弱敌强，然不伐贼，王业亦亡。唯坐而待亡，孰与伐之？刘钧走上了诸葛亮的老路，主动出战，偏霸一方。

赵匡胤却没有走司马懿避而不战的老路，而是选择迎头痛击，甚至见缝插针，见机会就打。八年来，宋军主动进攻八次，但除北伐辽州一次外，其余规模都不大，不过是割割粮食，抢抢民户，烧烧县城。

这种小打小闹，宋人不费力，辽人懒着管，却苦了汉人。游击战不仅使河东原本凋敝的经济雪上加霜，更给北汉君臣的心里留下了深深的阴影。当年张永德和张晖耗死北汉的战略，耗惨了刘钧。

刘钧永远也不会知道，赵匡胤何时会灭掉自己。但是他无权抗议，他能做的，只有去遥远的大辽国，恳请干爹为自己出气。

可是干爹不想搭理他。

并不是每个人都心甘情愿做傀儡的。刘旻为了报杀子仇，不得已而为之。饱读诗书的刘钧为了什么呢？于是，刘钧对待辽国，不再像父亲那样恭谨。睡王耶律璟大怒，借着酒劲，在信里把刘钧劈头盖脸一顿痛骂。从此，无论刘钧怎么卑躬屈膝，怎么送钱孝顺，辽国的反应都是两个字：不报。派往辽国的使臣更是个个失联，死活不知。

没爹的刘钧像根草，赵匡胤似乎起了恻隐之心。他承诺刘钧，只要刘钧不死，自己就不会北伐汉国。

刘钧勤政爱民，礼贤下士，是个好皇帝。想起早年间同是好皇帝的孟昶，赵匡胤对刘钧投鼠忌器。虽然比起富庶的后蜀，北汉就是贫困线以下的最不发达国家。

可赵匡胤这话是天会七年（963）说的，那一年，大宋的兵锋直逼荆湖，统一的战火燃遍南方。待到南方群雄芟夷殆尽，他还会记得自己的承诺？

大汉天会十二年，大辽应历十八年，大宋乾德六年（968）七月二十日，北汉第二代皇帝刘钧，在勤政阁郁郁而终，享年四十三岁，谥号孝和皇帝，庙号睿宗。

一只灰褐色的鹘正在天空中盘旋。它那双招子擦得锃亮，犀利的目光死死盯住地面，偶尔振动厚劲有力的翅膀，却将锋利的爪子隐在腹下。

蓝天下，一个身材魁梧的英俊汉子穿着戎装，冷冷地仰望着这只小鹰。突然，那鹘身子一抖，以迅雷不及掩耳之势冲下云霄。汉子的目光尚不及离开天空，地上一只野兔已被掀翻在地，被死死地嵌在一副钢爪中，抽搐两下，不动了。

鹘再度拍动翅膀，抓起野兔，飞至汉子面前，才松了爪子，将野兔重重扔在地上；然后安安稳稳地落在汉子伸出的左臂上。

汉子命随从割下一大块兔肉，亲自喂到鹘的嘴边。那鹘兴奋地拍拍翅膀，仿佛是对赏赐的恩谢，又好像是在表达自己的不满：肉太少，不够吃。

嘿嘿，就只能喂你这么多，要是把你喂饱，你可就飞了。

那汉子正是大宋皇帝赵匡胤，八月初七这天，他带着近臣与侍卫，来到开封北郊按鹘。鹘，就是后世所称的隼；按鹘，是一种纵鹘行猎的活动。

这是八月以来赵匡胤第二次按鹘了，最近他兴致颇高。得知刘钧的死讯，赵匡胤未免有些小激动。对刘钧的承诺到期了——可以对北汉出兵了！

赵匡胤回头看了看脸色阴沉的赵普，看来自己的心思已被看穿。则平一向主张先平南再扫北，恐怕正琢磨如何说服自己暂时放弃北汉。

赵匡胤又看了看和颜悦色的赵光义。刘钧之死意味着什么，光义不会不明白。只是这些年来，他似乎只专注于开封府的地方事务。至于朝廷大计，自从建隆四年（963）推荐符彦卿失败后，光义就极少再主动指点江山。

赵匡胤露出一丝神秘却又无比自信的笑容。无论是反对北伐的赵普，还是事不关己的赵光义，他们都不知道大宋在北汉问题上的底牌。兔起鹘落，最关键的是鹘能拿准时机；而要拿准时机，全靠它那双敏锐的眼睛。

赵匡胤对北汉国情了如指掌，因为他的两只眼睛已经死死盯住了太原府内的勤政阁。这双眼睛，一只叫惠璘，一只叫侯霸荣，他们都是大宋潜伏在北汉的谍者。

对了，还有一个人不能忘记，那就是北汉宰相郭无为，永远喂不饱的郭无为。

两个酒徒的赌局

郭无为曾是个道士，在武当山修炼。但这个方额鸟嘴的老道心既不清，欲也不寡，置黄老之学于一旁，以纵横之术为绝学。

然而，在很多人眼里，"纵横之术"等同于靠嘴吃饭、搬弄是非。当年郭威西征平叛，郭无为前去投奔并得到赏识。郭威本想把他留下做幕僚，怎奈左右劝道："明公身为大臣，手握重兵居外，而招揽纵横之士，这可不是避祸之道。"闻言，郭威拒郭无为于门之外。

郭无为的自尊受到严重伤害，他拂袖跑到郭威死对头刘崇的地盘，在太原城外的抱腹山，继续做道士。道士郭无为隐姓却不埋名，他要走一条"抱腹捷径"。越是隐居，他的名声反而越大，最后惊动了大汉的内枢密使段常。在段常的推荐下，郭无为被求贤若渴的刘钧录用，一路平步青云，身兼宰相与枢密使，一国大政，悉以委之。

刘钧对郭无为是如此信任，直到奄奄一息之际，仍拼着最后一口气，将这个注定灭亡的国家和自己不中用的儿子，全部托付给郭无为。

他没有看到，接受托孤那一刻郭无为脸上的笑容。拿到了最后的权力，顾命重臣郭无为如释重负，打道回府。那里，两名皇帝身边的供奉官已经等候多时。其中，长相魁梧者名叫侯霸荣，由土匪招安为官，但只做了散指挥使的小官，还发配到荒凉的乐平戍边。天会七年（963），王全斌率宋军来攻，心怀怨念的侯霸荣率部投降，后被补入内殿直。职位虽然不高，但这支皇帝卫队战斗力极强，有时甚至由赵匡胤亲自训练，所选将士更是天下精英，可见宋人对侯霸荣的重视。

士为知己者死。对于赵匡胤的知遇之恩，绿林好汉侯霸荣决心以身相报。报恩的方式是：千里走单骑，逃回太原府。

真是活见鬼了！不仅宋人埋怨侯霸荣忘恩负义，连刘钧都感到莫名其妙，没想到我大汉还有如此忠义之士。侯霸荣得到表彰，补为供奉官，成为天子近臣。可惜，此时的侯霸荣早已成为一名谍者——潜伏特务，窥伺在大汉天子的左右。

郭府内另一位稳重的供奉官，名叫惠璘，自称大宋殿前散指挥，因犯了事逃到汉国。在侯霸荣的引荐下，郭无为将他也保举为供奉官。因为郭无为已经知道，惠璘也是大宋派来的谍者。

郭无为与两个大宋密探搅和在一起，除了三名当事人，以及开封城里那三个姓赵的，天底下再无第七个人知道此事；更没人会知道，堂堂一国宰相，怎么被敌国特务发展成为下线。

也许，郭无为狡兔三窟，为自己留条后路。也许，在攀上权力顶峰的路上，郭无为被两位谍者抓住了把柄：宰相赵弘外调，枢密使段常被杀，人们有理由相信，口若悬河的郭无为在背后搬弄是非。

但无论如何，三个来自不同地方的人，为了不同的目的，走到一起。惠璘向两位下线传达最新指示，只有一个字：刺。

刺什么？刺杀北汉新皇帝，刘继恩。

刘继恩的生父名叫薛钊，是一名普通士兵。那时刘崇也是一名普通士兵，于是将自己的女儿嫁给薛钊。时过境迁，刘氏一门飞黄腾达，薛钊也跟着鸡犬升天。

升天的薛钊衣食无忧，但才能低劣，什么也干不了。做了公主的老婆刘氏看不起他，索性搬回宫里居住。后来，积怨已久的薛钊借酒疯拔剑，刺伤刘氏。大概念及夫妻一场，薛钊没有杀死刘氏，反而抹脖自尽，结束了他普通得不能再普通的一生。

刘氏很快又改嫁给一个姓何的人，生了个儿子名叫何继元。可没过多久，刘氏与姓何的双双死掉。眼见两个同母异父的外甥成了孤儿，没有子嗣的刘钧把他们一并接入宫里，收为养子，改姓为刘。就这样，孤儿变成了皇子，薛继恩变成了刘继恩，一夜之间，薛家再度鸡犬升天。

刘继恩长相奇异，大肚子，浓胡子，身子长，俩腿短，上马便魁梧，下马变侏儒。但这都不要紧，刘钧仍旧让他出任太原府尹，作为大汉的接班人培养。

然而，刘继恩办事优柔寡断，把太原治理得乱七八糟。他唯一能够打动刘钧的，只剩下恭谨孝顺。刘钧曾对郭无为说："继恩是个好孩子，淳厚孝顺，可惜没有经国济世之才，恐怕继承不了我家的事业。奈何，奈何……"

能言善辩的郭无为一言不发。刘继恩不成事，这谁都看得出来。可郭无为不是赵普，他对江山社稷毫无使命感，他只对自己的前途负责。在弄清皇帝用意之前，他决定保持沉默。

但刘继恩怨恨上了郭无为，因为郭无为在关键时刻没有力挺自己，害得自己差点与皇位无缘。刘继恩更厌恶郭无为，因为他操纵朝政，把自己当成了傀儡。

刘继恩咽不下去这口气，他一面给郭无为加守司空，让他位居三公，以示优崇；一面却对郭无为有意疏远。

赵匡胤紧盯着沉默的北汉。郭无为精明自私，党羽甚众；刘继恩刚刚即位，最聪明的办法是对他明以笼络，暗待时机。可是刘继恩不够聪明，暴露了自己的不满却又毫无做为。因此赵匡胤料定，郭无为必会先对刘继恩下手。所以，他给郭无为下达了刺杀令。他相信，即便不为未来的荣华富贵，仅仅为了继续执掌大权，甚至仅为活命，郭无为都不会对刺杀皇帝有任何异议。而在北汉经营多年的郭无为，在侯霸荣和惠璘的协助下，一定能圆满完成任务。

老皇帝病故，新皇帝若再被杀，北汉人心将惶惶不可终日，正是用兵时。

负责协助郭无为的，除了两位大宋谍者，还有赵匡胤的老大哥李继勋。在他的统率下，宋军一路势如破竹，仅仅用了一个月，就于九月二十日开到太原城下。

内忧外患，看起来，北汉的命不长了。

赵匡胤唯一的担忧来自北汉以北。睡王耶律璟最近伸了个懒腰，跑到距离太原五百余里的云州，在附近的深山里打猎。这个不理朝政的辽国皇帝，每在千钧一发之际，绝不忘以特殊的方式，宣示自己的存在。

在耶律璟身后，西南面都统、南院大王耶律挞烈（乾隆时改译作"耶律塔尔"）正在征发诸道兵马，随时准备进入汉境，与宋人一战。那是曾经击败周世宗、让中原人闻风丧胆的契丹名帅。

赵匡胤喝了满满一碗酒。与辽人作战，身经百战如他，也不得不壮壮胆。

两个酒徒，两个赌徒，围绕着一个名叫"天下"的赌桌落座，短腿胖子刘继恩被五花大绑，扔在桌上，成为这场赌局的彩头。

赵匡胤正要出牌，人群中突然窜出一朵奇葩，他吹着喇叭，张牙舞爪，甚至拿根小棍儿去敲敲赵匡胤的脑袋，费尽心思，引起了这个赌徒的注意。

这朵奇葩名叫刘铱，南汉皇帝。

让南唐对付南汉

与北汉在生命线上下挣扎的皇帝不同，南汉皇帝特别会享受生活。

南汉的奠基人名叫刘隐，曾任静海军节度使，受梁朝册封为王。他死后，弟弟刘岩继承节度使，并于后梁贞明三年（917）称帝，建元乾亨，国号越，升广州番禺为兴王府作为国都。第二年，他又将国号改为汉，史称南汉。

刘岩很迷信，因为一个天象或者卦象，就能勾起他改名字改年号的欲望。尤其是名字，先后改成刘陟、刘龚，最后直接取《周易·乾卦》"飞龙在天"之意，生生造了个"龑"字，作为自己最后一个名字。

最初，刘龑也曾励精图治，他接纳士人而开科取士，开疆拓土后又能睦邻友好，岭南这片人烟荒芜的不毛之地，竟被他治理得"晏然小安"。但刘龑很快就发现，自己与大多数胸无大志的皇帝一样，患上了"骄奢淫逸"症，于是果断放弃治疗。他甚至公开宣称，自己成不了尧、舜、禹、汤。

也许吧，对于这个与中原隔绝的国度，皇帝可能更适合做鸟生鱼汤。刘䶮遂将有限的生命，投入到无限的享乐中去。他最大的快乐就是发明酷刑。

刘䶮曾发明一种水刑，命人把毒蛇放入水里，然后把犯人推下水，看着他们活生生被咬死。还有一种酷刑，把犯人扔到锅里煮，煮到半死不活时再捞出来，放到烈日下暴晒，再在犯人身上撒盐，让肌肉慢慢腐烂。那犯人疼得嗷嗷大叫，却要等到很久以后才能咽气。商纣王的虿盆与炮烙，与刘䶮的酷刑相比，简直是小巫见大巫。

刘䶮的口味儿特别重，不仅设计了这些变态酷刑，每次行刑时还要亲自观摩，人们背地里都叫他"真蛟蜃"——活生生一恶魔食兽。

待我死后，哪管它洪水滔天！这是南汉历代皇帝的治国信条。

刘䶮临终时曾说过："朕的子孙没一个能成事，大汉的天下就像老鼠钻进了牛角，路越走越窄，势力越来越小！"

刘䶮的话说对了一半。治国，他的子孙确实不行；享乐，却是青出于蓝胜于蓝。其孙刘鋹做第四任皇帝时，集祖宗之大成。诛杀兄弟、滥施酷刑、大建宫室、横征暴敛，这些毫无新意的日常行为，已勾不起他的兴趣。他需要更刺激的生活。

刘䶮有一个奇葩的理论，他认为士人都有家有妻，有儿有女，他们所作所为都是为了子孙后代，因此不会为皇帝卖命。只有宦官，无牵无挂，才可能对皇帝忠心耿耿。因此，宦官是可靠而值得重用的，士人是靠不住的。

这个理论经过不断发展创新，到了刘鋹这里，有了质的飞跃——男人想当官，哪怕你是科举状元，也要先把自己阉了。这样，你们再也不用拖家带口，而可以专心致志做"王的男人"。阉割业也迅速蹿红，成为仅次于仕途的第二有前途行业。到南汉灭亡时，宋军一次就砍了五百多个阉工的脑袋。

自此，从政府到军队，两万宦官充斥朝堂，南汉成为"太监大国"，空前绝后。宦官们在龚澄枢的带领下，与卢琼仙统率的宫女狼狈为奸。后来，又来了一个自称"玉皇大帝下凡"的女巫樊胡子，刘鋹将国事一以委任，国家乌烟瘴气。

可是，国中虽无道，房中却有术。

不理政事的刘鋹自称"萧闲大夫"，他把萧闲下来的力气，全扑在了一位波斯女郎身上。这位女郎长得又黑又胖，但是聪明绝顶，深得刘𬓡欢心。皇帝还为她量身制作了一个昵称——"媚猪"。是的，就是"媚猪"。南汉刘氏一家逻辑奇葩，口味儿独特，连起名字都逃不出这奇怪的审美。

国家如此，皇帝如此，岂止令人发指，简直叹为观止！

所以也就不难理解，北方大战一触即发之际，这朵奇葩为何会跑到大宋身后搅局——用正常的思维，根本无法正常理解这不正常的南汉皇帝。

早在建隆四年（963）宋灭湖南时，刘𬓡就乘乱派兵北伐，想要浑水摸鱼。结果不但鱼没摸到，他老爹刘晟当年做皇帝时，乘着南唐灭楚而攻占的郴州也被宋人抢走了。可是刘𬓡不长记性，乾德六年（968）又派兵攻打道州。他似乎在以实际行动提醒赵匡胤：在大宋"先南后北"的统一方略里，谁才是下一个既定目标。

道州刺史王继勋（与赵匡胤的小舅子重名）忍无可忍，上奏朝廷，请求迅速把这个不正常的国家灭掉。然而赵匡胤正在与契丹较劲，他决定把对付南汉的重任交给一个玉面书生。

这个玉面书生就是李煜，一位不世出的风流才子，一位虔诚的佛教信徒，一位治国无能的国主，一位倒霉催的亡国之君。

李煜，原名李从嘉，字重光，李景第六子（一说第五子）。他是"重瞳子"，即一只眼睛里有两个瞳孔。据说，在中国古代有史记载的重瞳子，算上李煜可能也不超过十人（还包括北汉世祖刘旻），这在当时是大富大贵的帝王之相。

可是李煜不想要大富大贵，更不想当什么帝王。当年太子李弘冀如日中天时，仁慈恭孝的李煜却自号钟隐，取钟山隐士之意，每日以琴棋书画为乐。

然而，想做皇帝的李弘冀突然病逝，不想做皇帝的李煜成为李景活着的诸子中最年长者，被迫以尚书令知政事，入居东宫。李景逃命似的迁都南昌府后，更是将他立为太子，留在金陵监国。不久李景病逝南昌，在获得赵匡胤同意后，被尊以元宗的庙号，后世称为南唐中主。而命中注定的后主李煜，被迫登上国主之位。

和刘䶮一样，刚刚接手南唐的李煜也曾励精图治，广开言路，罢废弊政，选贤任能。然而不久，李煜发现，自己根本不是治国的料。于是，李煜也学着刘䶮，投入到声色犬马之中。

但宅心仁厚的李煜不是刘䶮，也不是刘𬓡。南汉皇帝在炼狱里享乐时，李煜却和自己的娇妻周娥皇把盏玉京，调素琴，阅金经，重按《霓裳》歌遍彻。

《霓裳羽衣曲》乃盛唐显乐，可惜历经中唐兵乱，曲谱失传。李煜寻寻觅觅，于坊间求得残谱，付与佳人。娥皇操持烧槽琵琶，一番轻拢慢捻抹复挑，竟使盛唐遗音，复响南唐。

李煜看得出了神，手拍栏杆，神驰心醉，随口吟道："晚妆初了明肌雪，春殿嫔娥鱼贯列。凤箫吹断水云间，重按《霓裳》歌遍彻。临风谁更飘香屑，醉拍阑干情味切。归时休放烛花红，待踏马蹄清夜月。"只是小楼昨夜又东风，吹得李煜魂悸魄动。正如后来南唐大臣徐铉所说，一曲清商音，本是开元太平曲，却又偏偏唱出别离。

李煜和父亲李景一样，无法纵情，游弋在长江水道的大宋水师是他永远的担忧。他更像是北汉的皇帝们，日夜等待着南唐的末日。

然而，相对于北汉皇帝的现实，南唐国主却很傻很天真。他以为只要自己听话，就可以苟延残喘，安心做一条居家的小犬。

所以，自从建隆二年（961）即位以来，李煜始终小心供奉大宋。即便在南唐丧失江北财源、经济日益凋敝时，他的贡品也依旧送往开封，从未中断。

李煜的良苦用心，终于得到回报。大宋南征北战，却始终没打南唐的主意。

不是不打，是暂时没有必要。

正是鉴于李煜的恭顺，赵匡胤才决定给他一个任务——给刘鋹写封信，劝他归还湘南旧地。李煜命人认认真真地写好书信，派使者送到南汉。

大战在即，赵匡胤不想节外生枝。他派李煜写信给刘鋹，目的有三：其一，试探李煜的忠诚，以确保大宋北伐时，南唐不会北上作乱；其二，万一刘鋹翻脸，这账要算在李煜头上，与我大宋无干；其三，即便刘鋹不翻脸，想必也不会给南唐好脸色，两国关系欠佳，日后征刘鋹，也好叫李煜隔岸观火。

赵匡胤多虑了，且不说李煜日后不会难为大宋，就说刘鋹，接到书信后竟然毫无反应。这位二十七岁的皇帝故步自封，对于南唐关注甚少，对于大宋的强大也毫不在意。什么唐国主，什么宋皇帝，老子才是天子无双。刘鋹用息兵不修好，表达着自己的抗议。

可是赵匡胤不能再给予刘鋹更多关心，因为太原城里，郭无为已经下手了。

二　最后一次亲征

无为，无不为

刘继恩确实是个孝子，孝到除了孝以外，无事可做。李继勋的大军兵临城下，刘继恩却守在勤政阁里披麻戴孝。他搬进宫里已有六十多天了，可是亲信却还留在太原府的衙署里。

有人劝他：至少应该把侍卫招来护驾。

刘继恩不听：守丧之阁，岂容刀剑？

怎么容不得刀剑！一声大哮，十来个彪形大汉手执刀剑，冲进勤政阁，随即"咣当"一声，反锁大门。

刘继恩吓得从床上滚了下来。他刚刚与诸位大臣和宗室子弟吃罢国宴，正卧榻而眠。没想到酒意未醒，悍将促至。他多么希望这是一场噩梦。

可惜，不是。一个狰狞的面孔映入眼帘，供奉官侯霸荣！他不是大忠臣么？然而刘继恩没时间多想，他连滚带爬地从地上起身，绕着屏风玩儿命地跑。

就您那小短腿，歇歇吧。侯霸荣一个箭步上前，一刀捅入了刘继恩的胸膛。

但"咣当"又是一声，反锁的大门突然被踹开。侯霸荣惊讶地朝门口奔去，还没等看清情况，脑袋上已挨了好几刀。

螳螂捕蝉，黄雀在后。

勤政阁外，被侍卫围了个水泄不通。勤政阁内，十几具刺客的尸体倒在刘继恩身旁。一个仙风道骨的身影，缓缓地从侍卫身后出现，脸上露出诡异的笑容。

郭！无！为！

侯霸荣拼着最后的力气，看清了那张熟悉又陌生的面孔。

没错，杀死侯霸荣的，正是他的盟友郭无为。

难道郭无为良心发现？还是他临阵反水？都不是，郭无为忠实地执行着大宋的任务，只不过，为了自身利益，他自行添加了一个支线任务：杀人灭口。

郭无为虽然投靠了大宋，但并非义无反顾。北汉亡国是迟早的事，但一定会亡于今日吗？万一杀了刘继恩，宋军攻不下太原怎么办？万一侯霸荣逃不出去，落到大臣们手里怎么办？哼，与其等他把老夫供出来，不如就让老夫亲自送他上西天。

郭无为，字无不为。为了性命和前途，他无所不为，无所不能为。

刘继恩死了，北汉朝中群龙无首；李继勋很配合地在延夏门放了把火，太原城内人心惶惶。

侯霸荣死后，那个惠璘突然不见了。但是无妨，郭无为的任务已经基本完成，距离大功告成只差最后一步——投降。

不过，郭无为虽然是北汉权相，但远远没有冯道的影响力。率领百官，出城拜谒李继勋？郭无为不是不想，而是实在办不到。

因此，北汉的皇帝还要有人来做，这个人最好脾气平和，性格懦弱，容易控制。郭无为早就物色好了人选。这个人就是刘继元，刘继恩的同母异父弟，刘钧的养子，太师、兼太原府尹。

朝堂廷议，群臣哑然。只有宰相张昭敏发出了硕果仅存的反对声："少主（指刘继恩）并非刘氏血肉，因此嗣位后不得善终。现在举国上下提心吊胆，应该迎立刘氏宗族，以安众心！"众心难安，这才是我立皇帝的目的！我欲立便立，尔能奈我何？不解释，不反对，不争辩，郭无为拂袖而去。

直到此刻，刘继元的表现都让郭无为称心。这位英俊的刘氏养子倾心佛学，庄重大方，清心寡欲。

又是朝会的日子。

宰相郭无为身着朝服，再无半点品清格高的世外仙韵。在他身后，自平章中书事张昭敏以下，百官依尊卑次序追随。平常里秩序井然的朝班，今天却像一群皮滑毛亮的老鼠，密密麻麻地朝勤政阁拥去。

郭无为为自己袖中的信而得意扬扬。这是当今大宋皇帝的亲笔墨宝，信中承诺，只要刘继元来归，大宋必授他以平卢军节度使。

平卢军是个好地方。大名鼎鼎的符彦卿，当年就做过平卢军节度使；郭威的权相王峻，想要的也是平卢军节度使；还有李重进，大宋最初给他安排的归宿，同样是平卢军节度使。北汉小国，辖地本就与节度使无异；能够迁出这贫困潦倒的河东，到那平原大镇享乐快活，刘继元，那时你可别忘了我郭无为的功劳，哈哈哈！

郭无为忘形大笑，他不仅是在嘲笑刘继元，更是在为自己的前途高兴。赵匡胤保证事成之后，授之以安国军节度使。北汉的宰相算什么，在人家大宋不过就是个节度使掌书记。哎呀，刘继元，以后咱们见面，可就得平起平坐咯！

本来，赵匡胤一共秘密交给郭无为四十余道手谕，除了他与刘继元外，自宣徽使马峰以下，全部许以节度使的高官，志在将北汉的高官与将领彻底打成一盘散沙。然而，郭无为却将这四十余道手谕藏了起来，只留下自己和刘继元的。我郭无为操着掉脑袋的心，凭什么让你们当上节度使？

吃独食的郭无为大概忘了，如果没肉吃，大家凭什么还要跟着他？

但郭无为依旧筹志满怀，直到他走到勤政阁门前时，才突然警觉起来。怪了，这些侍卫看着真面生啊。刘继元才当了几天皇帝，贴身侍卫就都换上太原府衙的人了？满腹狐疑的郭无为迈步入阁，眼前这个小皇帝高居御座，气沉息稳。

郭无为有点心虚，收起跋扈，率领百官下拜叩首，恭恭敬敬地道：圣躬万福。

刘继元伸出右手，做了一个抬起的动作，示意百官平身。

怎么回事？刘继元表现出与年龄完全不相符的稳重，不急不躁。这令郭无为更加急躁，他急忙掏出赵匡胤的手谕，呈上御前。

刘继元不为所动。

郭无为瞠目结舌。难道嫌官小？没关系，凭我三寸不烂之舌……

但一直怀疑郭无为杀死上任皇帝的刘继元，根本不想与他废话。

郭无为像咬了舌头一般，说不出话来。这还是那个刘继元吗？郭无为不敢说话了，他四处张望，期盼着有一个人能够站出来，帮自己说两句劝降的话。

可是没有，一个都没有。

聪明反被聪明误，耍小聪明的郭无为终于明白，藏起那四十余道封官许愿的保证书是多么愚蠢的行为。此刻，他只能孤零零的，在皇帝的密切关注下干着急。

城外的李继勋也在干着急。此次奉命"北伐"，他的任务是虚张声势，围而不攻，据说时机一到，太原城的大门就会自动打开。果然，自己的大部队没到多久，就听说北汉的伪主被杀了。看来这位天子义弟早就把城内的一切打点利落，李继勋遂驻军城下，安心等待。

这一等就是小两个月，太原城的大门始终紧闭，倒是听说雁门关的大门打开了——耶律挞烈受命兵马总管，率着契丹铁骑，踏关破风而来。

风紧，扯呼！李继勋就像与耶律挞烈约好的一样，听到风声，马上撤军，他已经领会了领导的意图。北汉有机可乘，赵匡胤绝不会放过。但投机不是投命，眼下南方未定，大宋还没到放手一搏、跟契丹人玩儿命的时候。何况这次出兵，意在不战而屈人之兵，根本没有做好周密的部署。仓促去跟契丹人肉搏，太不划算。

赵匡胤的手缩回来了，刘继元的手却伸了出去，更确切地说，是伸出了刀子。听闻宋军撤退，刘继元连说了三个字：杀！杀！杀！

第一个"杀"字，落在了养母郭太后头上，据说是为他死去的前妻段氏报仇。

第二个"杀"字，落在了刘旻的儿子们头上，北汉正宗血脉几乎断绝，从此没人敢来抢夺皇帝的皇位。

第三个"杀"字嘛……郭无为抱头鼠窜，他越来越后悔，怎么就看走眼，立了个活阎王。郭无为想多了。刘继元暂时还没想把他怎么样，他的第三个"杀"字，落在了大宋头上。仗着契丹援军已到，刘继元一声令下，汉军竟然越过边境，在晋州、绛州抄掠一番，扬长而去。

赌桌上的彩头换成了刘继元，他不仅挣开了绳子，还依附在耶律璟身旁，居然敢回敬赌徒赵匡胤一记老拳。赵匡胤大怒，蕞尔小国，焉敢如此！

随着刘继元拳头南挥，日光也走到天际最南。冬至这天，赌桌上的新酒已然饮尽，是开启陈年宝酿的时候了。

赵匡胤郊祭天地，改元开宝。他不畏严寒，从袖中重新伸出双手，洒酒祭天。

耶律璟回銮临潢，驻跸黑山。他不受朝贺，从身后抽出一把长刀，借酒杀人。

九年之后，重返战场

光秃秃的黑山上，北风凛冽而过。阴谋诡计并没有吹散，翘首盼春的人们，只能在春节的喜庆中，找回一点儿余温。

辽国上京外，嘶声如电，蹄声如雷，黄烟过处，数百精骑如疾风般席卷而来。辽应历十九年，宋开宝二年，汉天会十三年（969），大辽皇帝耶律璟皮衣束带，顶毡挂绒，背宝弓，执箸策，率领契丹狼儿，回到阔别已久的国都临潢府。

建国半个世纪，契丹人依旧保持着渔猎民族的传统，皇帝很少居住宫里，而是在捺钵（契丹语，意为"行在"）的宫帐中处理国事。但是像耶律璟这样，一年到头睡在深山老林，不问朝政，也着实罕见。

因此，百官听闻皇帝元旦入京，都准备借机廷议朝政。尤其是北汉使臣，仿佛抓住了救命稻草。刘继元即位后，马上派出使臣觐见辽国，请求干爹皇帝正式册封自己继承皇位。

由于正在对外用兵，耶律璟不受朝贺；不过，宴还要摆，酒还要喝，有什么事，喝完酒再说吧。汉使被拒于门外，因为宴会过后，醉醺醺的睡王又睡去了。

赵匡胤也因用兵的缘故，没有接受朝贺；但同样的，宴还要摆，酒还要喝。不过，开封城里的国宴，比上京城中的宫宴气派多了。不仅珠服玉馔，满目琳琅；而且四方藩镇，鹰扬而聚。

因着去年郊祭天地，不仅天雄军节度使符彦卿再度入朝，而且天平军节度使石守信、忠正军节度使王审琦、归德军节度使高怀德、镇宁军节度使张令铎也同来助祀。多年未见，兄弟情深，赵匡胤一时百感交集，欢声笑语，充盈大殿。

东班座上，一位头发花白的老人默默喝着小酒，与喧嚣毫不相搭。此人正是右仆射魏仁浦，五十九岁的他依旧挂名朝中，时不时奉旨而来参加此类聚会。

赵匡胤见他独自一人，颇为清冷，举杯相邀曰："道济，何不劝我一杯酒？"

魏仁浦的脸上，仍然保持着招牌似的平静，他举起酒杯，缓缓来到御阶前。

赵匡胤却突然压低声音，郑重其事地问道："朕想亲征北汉，你觉得如何？"

魏仁浦面不改色，缓缓回答说："欲速则不达，陛下还是谨慎为妙。"

魏仁浦的酒并没有劝住赵匡胤，因为赵匡胤这次询问的并非是否伐汉，而是是否亲征。刘继元的挑衅不仅重燃他的倔强，更令他越发觉得，北汉近在京畿咫尺，不灭何以安心。面对凶悍的契丹与坚毅的北汉，八年未上战场的赵匡胤决定亲自披挂。他要在河东续写不可战胜的神话。

更何况，那个食之无味弃之可惜的郭无为，最近的情况似乎不太妙。不尽快发挥他的作用，恐怕以后就再也没用了。

郭无为确实不妙。失踪已久的惠璘终于重现江湖，只不过是在北汉的囚车里。原来，刘继恩死后，惠璘趁乱离开太原，一路向西北狂奔，不幸在岢岚军被捕，械送太原问罪。

岢岚！郭无为大吃一惊，那是岚州的属地。而岚州刺史赵弘，就是被自己赶出朝廷的前任宰相。惠璘落在他手里，我郭无为还有好果子吃吗！

而且郭无为很纳闷，惠璘去岢岚做什么？逃跑？似乎不像。宋军兵临城下，要是逃跑，他干吗不直接投奔李继勋？岢岚之地，濒临府州，那里是宋朝的飞土，也是插入大汉背后的钢刀。惠璘去岢岚，难道是要暗通府州，偷袭大汉？

郭无为越发坚信，惠璘不简单，绝对是个特务头子，在大汉有一张特务网。有惠璘在，外可结交大宋，随时准备做献土功臣；内可利用谍网，剪除异己，巩固权势。郭无为将惠璘扣留下来。

但天下没有不透风的墙。

宋军降将李超对惠璘知根知底，把惠璘的事告诉了国丈马峰。郭无为大怒。他必须抉择，杀掉惠璘，向刘继元表忠心；或者杀掉李超，堵住他的嘴。

郭无为做出了最心狠手辣的选择——将惠璘与李超一并灭口！只是这一次杀人灭口，郭无为再没有杀侯霸荣时的从容。

郭无为在太原城里搞小动作，赵匡胤与耶律璟却在广袤的土地上大动干戈。

正月十一，春气东来。耶律璟醉饮大内，月余不听国政。赵匡胤亲临飞龙院，视察骏马良驹。这场赌局，渐渐就要亮出底牌。

二月七日，汉使再度飞奔上京城，乞求册封，顺便急报：宋军诸州人马正在向潞州、晋州、磁州聚集，有再讨汉国之势。耶律璟醉眼迷离，不知所云。

二月八日，大宋宣徽南院使曹彬、侍卫步军都指挥使党进等，各领所部作为先锋，出征北汉。耶律璟醉眼迷离，不知所云。

二月十一日，大宋皇帝赵匡胤，下诏亲征北汉！耶律璟醉眼迷离，不知所云。

二月十二日，大宋以昭义军节度使李继勋为河东行营前军都部署，建雄军节度使赵赞为马步军都虞候，率领第二批部队进发太原。耶律璟醉眼迷离，不知所云。

刘继元急得像热锅上的蚂蚁，满朝文武忧不断绝，唯有郭无为暗暗窃喜。

当然，窃喜的还有东京留守赵光义，他终于可以摆脱皇帝与宰相的阴影，在开封城里做一次主。

二月十四日，一声惊雷响过，醉眼迷离的耶律璟终于翻了个身，命韩知范（一作韩知璠）到太原正式册立刘继元为皇帝，顺便在两天后杀了两位导从，将其挫骨扬灰。

可是，当耶律璟准备再度入眠时，却发现外面吵闹得很，根本睡不着。因为大宋密州防御使马仁瑀，正在幽州附近纵兵大掠，把幽蓟腹地搅得人仰马翻。

耶律璟猛然惊起。连续两个月的醉饮昏睡，让他头痛欲裂。殿外的疾雨被狂风吹得横行，像一条条钢索，紧紧捆住门窗。耶律璟披上衣服，缓缓起身，可就在双脚沾地的瞬间，只觉头重脚轻，眼前发黑，"扑通"一声，栽倒在床头。

大雨连绵不停，潞州官道两侧，雨水积蓄成沟，生出一个个豆大的水涡，仿佛骤发的水疱。雨点砸落下来，水疱"噗"然破裂，随即又化作新的脓疮。河东脊梁，好似长满白毛，在闷湿的淫雨中发霉腐烂。

赵匡胤被暴雨困在潞州府衙，数日不得出屋，也快捂得长毛了。此次出征，他没有西进洛阳，从泽州直抵潞州；而是取道滑州，绕行河北，再驻潞州，以便亲自部署对辽国的防务。这原本就耽搁了一些时间。屋漏偏逢连夜雨，宋军刚刚踏入潞州地界，罕见的暴雨连日来袭，赵匡胤被迫驻跸，时间又耽误了。

更让赵匡胤恼火的是，各地运来的粮饷，横七竖八地堵在潞州城里。如果再不及时采取措施，这批粮食就和潞州城一样，非发霉腐烂不可。气急败坏的赵匡胤下令，将负责押运粮草的转运使革职拿办。

将官们纷纷下跪求情，气头上的赵匡胤哪里肯听。随军的宰相赵普捋了捋胡须，心中暗道：你们还是不了解官家。他要惩办转运使，是因为觉得只有这样，才能震慑人心以解决粮车塞路的问题，才能对战局有利。你们这样傻劝，劝到太原城被打下来也无济于事。

想到此，赵普起身，劝谏说："不妥，不妥。如今各路大军刚刚会师前线，准备讨贼。现在我们惩处转运使，贼人必会以为我军粮草储备不足。这种事长他人志气，灭自己威风。依臣看，不如选用精干的人来处理潞州事务。"

赵普的话，果然一击命中。刚才还在咆哮的天子，瞬间冷静下来。赵普说得对，那就让户部员外郎、知制诰王祐权知潞州，枢密直学士赵逢为随驾转运使。潞州是战时大后方，务必要保证粮饷不乏，输运无阻。

赵普又一次成功了，因为他深知：赵匡胤是个军人，脾气大，有点事往往就大发雷霆，甚至做些冲动的决策。赵匡胤又是个智者，关键时刻只要有人提醒，他往往能"猛醒";即使真的一时醒悟不过来,待到火气消了,也能拨乱反正。

君臣相得,这一次赵匡胤又被赵普点醒了。

然而,赵普能点醒人间的皇帝,却点不醒老天爷。十余天过去了,暴雨依旧没有停下的意思。近臣们已经奔赴寺庙,焚香祷告,祈求速晴,但似乎并不奏效。难道是北伐杀气太重,上天示警?子不语怪力乱神,但叫天天不应的赵匡胤,只能跟自己较劲。他亲自跑到寺庙里,躬身对佛像拜了三拜,默默祷告:"此行止以吊伐为意,誓不杀一人!"

"誓不杀一人",自古以来哪有这样打仗的?但这是赵匡胤的心声,他希望将战争中的残酷控制在最低范围。话虽说得夸张,但并非信口胡诌。因为,赵匡胤仍对郭无为抱以厚望。

守在北汉南大门团柏谷的汉军再度被击退,李继勋挥师急进,又一次兵临太原,北汉迎来建国以来第三次都城被围。可是刘继元不悲反笑,李继勋来了不要紧,重要的是,韩知范也来了!这不仅意味着,大辽已经承认他的帝位合法;更意味着,大辽没有抛弃大汉,辽国的援军必会随后而至。刘继元总算松了口气,他即刻下令,于次日举办大宴,为韩使臣洗尘接风。

当然,并非每一位汉臣都像刘继元这样乐观,比如郭无为。他竟然在宴会上号啕大哭,拔刀自刺。左右早已将郭无为拦下,刘继元也赶忙起身,一把夺下他手中的匕首,又扶着他落座,好声安慰。

郭无为却犹自哭诉:"奈何以一座孤城,抵抗百万雄师啊!"说罢,捶胸顿足,放声哀号。满座文武面带凄然,好不容易被刘继元鼓起的人心,又懈下去了。郭无为也并非完全演戏,每当想到宋军败退,刘继元来找自己秋后算账时,他就急得悲从中来,不可断绝。

与郭无为完全不同,坐困潞州十八日的赵匡胤,终于迎来了雨过天晴。他召见了一位被俘的北汉谍者,那谍者告诉他:"刘氏不得人心,太原城内的百姓忍受暴政已经很久了,他们日夜都在盼望陛下的车驾入城,就恨您来得太晚。"谍者机智聪明,为了活命,专挑赵匡胤爱听的说。赵匡胤不是傻瓜,这种小把戏当然早就看破了。但不管谍者所云是真是假,他都需要一个理由让全军士气振奋。

还有更令人振奋的消息!就在宋军入驻潞州前几天,三十九岁的大辽皇帝耶律璟被近侍和仆人杀了!这真是天大的喜讯!无论继任的耶律贤是否贤明,眼下,契丹人都不得不耗费大量精力，稳定国中局势。刘继元，你的干爹帮不了你咯！

三月十五日，大宋的旌旗再度迎风招展，卷带着雨后的神清气爽，浩浩荡荡，踏入了北汉国境。

权力叫人生死相许

辽使韩知范披甲执锐，掩藏在太原城墙的城垛背后，仔细勘察着战场形势。但见太原城外，一片汪洋。二丈余的城墙，早已变成了防洪的岸堤；宋人的舟楫在城外游弋，耀武扬威。这已经是赵匡胤到达城下后，第二次决开汾水，倒灌太原。

远处的陆地上，是一眼望不到尽头的堡垒。宋军在城外加筑长连城，将整座太原围了个水泄不通。宋军的四大将领党进、李继勋、赵赞和曹彬，分镇东南西北；汉国大将刘继业数次试图突围，都败军而归。如今，大汉除了太原及北部的疆土，其余州县几乎全部降宋，就连前任宰相赵弘也将岚州拱手相让。

太原已成孤城，他们唯一的希望，就是契丹铁骑。

这也是赵匡胤最关心的事。跟他博彩的人并非太原城里的刘继元，而是草原上的耶律贤。十五年前，乘着高平之战的声势，赵匡胤曾随周世宗一路打到太原城下，甚至连北部的州县也纷纷归附中原。就在大周将士胜券在握之时，契丹的援军彻底打碎了他们的美梦。

契丹，这才是大宋在河东的劲敌。

四月初夏正午，身披铠甲的赵匡胤略显烦躁。他登临军营北台，不言不语，只是向北方眺望。他在等一份军报，一份决定宋军去留的军报。

终于，远处的地平线上扬起尘土，节奏规律的马蹄声渐行渐近。赵匡胤紧紧握了握腰间的佩剑。

阳曲报！……不等来者说完，赵匡胤一个箭步从他手中夺过文书打开，一边读着文字，一边难掩喜悦，终于忍不住右手一用力，将文书"啪"的一声合上。

赢了！我们赢了！辽国的援军遭到大宋伏击，大败而归！

就在前一天，赵匡胤收到军报，辽军正在火速增援北汉，其中一路欲通过石岭关而入。十万火急，赵匡胤急命驿站传旨，命屯驻阳曲县的棣州防御使、石岭关部署何继筠迅速到行在相见。赵匡胤向何继筠面授方略，拨给他精骑数千，命他无论如何都要将辽人拒之关外。

时值盛暑，赵匡胤特命太官做了麻浆粉，赐予何继筠消暑。何继筠得皇帝赐食，雄心更壮。临行，赵匡胤特以豪言相赠："明日中午，我等卿的捷奏传来！"

果然，何继筠在阳曲县北大破辽军，擒其武州刺史王彦符，斩首千余级，俘获百余人，得马七百余匹，铠甲更是数不胜数。

二十出头的耶律贤咽不下这口气，一个月后，大辽的援军卷土重来。这一次，辽军取道定州。

赵匡胤闻言，心都放到肚子里了。韩重赟在那里坐等很久了，辽人必败！

自从罢为彰德军节度使，韩重赟更加小心谨慎，在相州只管修佛寺诵佛号，不再理会军务。只是今年赵匡胤北伐路经相州，韩重赟不敢怠慢，亲自前往朝见。

对于赵匡胤来说，当年那场误会早就烟消云散。但他对韩重赟的近况也略有耳闻，心中不免有愧。这次见韩重赟入朝行在，赵匡胤大喜。这位义弟有多大本事，他再清楚不过。以前为求自保，他不显山不露水，未免叫人小瞧了他。赵匡胤决定给韩重赟一次扬名立万的机会，也算是对这位多年效忠自己的义弟一个补偿。

赵匡胤对韩重赟说："契丹知道我亲征，必发兵救援伪汉。他以为镇州、定州没有防备，必会由此路进入河东。你可为朕领兵，倍道兼行，待其路过镇、定时，出其不意破之！"遂以韩重赟为北面行营都部署，义武军节度使祁廷义为副，关南巡检使李汉超为都监，全面负责河北前线的守备。

阳曲惨败后，辽军果然自定州入援。没想到进了嘉山，四周山谷突然插满了大宋的旗帜。见宋军有准备，辽人大惊，马上前军变后军，准备突围而去。韩重赟岂肯错过机会，当即发兵，把辽军杀得溃不成军。赵匡胤听了捷报大喜，亲自写诏书褒奖韩重赟。

气势汹汹的契丹人气短了。他们怎么也想不到，向来不堪一击的南朝兵马怎么如此骁勇。十几年前辽军逼得周军放弃太原的英勇事迹，辽国的新老官兵无人不晓。然而今日，他们从宋军那里，第一次见识了中原重整旧山河的决心与气魄。

以后要对南朝的宋人另眼相看了。初次用兵即折戟的耶律贤，心有不甘。

赵匡胤倒是意气风发。若论单兵战斗力，我大宋的健儿哪里又输给契丹人？所惧者不过其当年扫灭后晋的声势耳！虽然现在大宋尚在养精蓄锐，国力还不足以对辽人亮剑；然而在局部战斗中，只要妥善筹划，宋军照样能在辽人的狼嘴里拔牙！

当宋军将辽军将士的铠甲和首级纷纷抛上城墙时，汉人简直要崩溃了。完了，辽人不会来了，我们被彻底包围了！

没有友军，没有外援，堡垒锁路，洪水逼城。太原彻彻底底沦为一座孤城。

可是，它依旧固若金汤。自北朝以来，太原一直是北方军事重镇，多次成为王朝的陪都。五代时期，后唐、后晋、后汉皆龙兴于此，从没有人打下过这座墙坚垛固的铁城。连倥偬一生、所向无敌的郭荣，唯一一次失败也是在太原城下。

这里是北汉的天堂，是中原的地狱。

赵匡胤穿过大军驻扎的甘草地，亲自登临堤坝，遥望太原。只见宋军的小舟一队接一队游近城墙，在盾牌的掩护下，机弩仰攻。但是，城上密密麻麻的箭矢就犹如潞州的那场暴雨，无止无休，无穷无尽。决口的汾水中，不断打起猩红的血花。刺鼻的血腥气与甘甜的甘草香交织在一起，空气中弥漫着一股诡异的味道。

留在堤坝上的宋军一字排开，架起一座座制作精良的床子弩。只见弩床高架，弩箭的箭杆粗直锃亮，箭芒锋利。但听得"砰"的一声，万弩齐发，如雷霆诈惊；既而一串"呲呲"的长鸣，犹如万道闪电，撕破太原城际的空气，直捣汉军心腹。

这是由作坊使魏丕改良的床子弩，其射程由七百步增加至一千步，是当时最先进的远程攻击装备。汉军虽然见过床子弩，却从没见过这么远、这么快的。在弩雨箭林中，无数汉兵应声而倒，只留下一道道血迹横贯天空。

赵匡胤以为，在铁桶合围与改良床弩的攻势下，汉军必然军心大乱，收复太原只在须臾之间。然而，眼前的战局却丝毫没有好转。大宋的将士一个个倒下来，一个个又扑上去。连那个以打小报告为生的石汉卿，这次都豁出命去，战死在太原城下。显然，北汉人抵抗宋军的决心，比太原的城墙还要硬。河东民风之果敢、坚毅、彪悍，果非他地可比。

但郭无为除外。

郭无为开始为自己做最后的安排。他既希望宋军早点儿入城，好结束自己这无依无靠、不知死活的煎熬；又希望宋军不要入城，因为这个时候入城，他不但做不成献土元勋，甚至是寸功未立。买卖没做成，拿什么去换安国军节度使的位子？

买卖不成仁义在，不成功，便成仁。郭无为最后一搏，孤注一掷。他决心把北汉的精锐部队连兵带将，全部拉到大宋去。这绝不亚于献出一座太原城。

月明星稀，云开雾散。刘继元点选一千名精锐甲士，交给郭无为。与其坐困等死，不如就信郭无为一次，听由他深夜率兵，偷袭宋军。

病急乱投医的刘继元亲自登临延夏门，目送郭无为率军出城，眼中充满了感激与期待：郭相公，朕今晚就在这里，等你凯旋！

对于刘继元的重托，郭无为没有丝毫愧疚。人不为己天诛地灭，他从未违背这个原则。他只觉得刘继元太抠门儿，才给了区区一千人，这样投奔赵匡胤，自己的身价大打折扣。

郭无为只顾着打小算盘，却没发现自己身后，一双雪亮的眼睛死死盯住他的一举一动。这个人名叫刘继业，他后来还有一个震古烁今的名字——杨业。

刘继业本名杨重贵，父亲杨信是麟州土豪，乘着五代天下大乱，占据麟州，自为刺史；后来他投靠后汉，遣二十岁的长子杨重贵为人质，让他到刘旻身边效力。杨重贵骁勇善战，颇得刘旻喜爱，遂赐姓刘氏，赐名继业，待之如孙。

当时，北汉虽然是辽国的保护国，但辽人仍时常到两国边境"打草谷"。初生牛犊不怕虎的刘继业镇守北疆，多次击退辽人，屡立战功，国人称他"杨无敌"。

然而，在契丹人面前无人能敌的刘继业，却备受汉主猜忌，以致战场上寡不敌众，在宋军面前屡战屡败，却屡败屡战。如今，他官居侍卫都虞候，与殿直都知郭守斌共同作为郭无为的副手，统军出城。

自从刘继恩遇刺，郭无为的举止日渐反常，刘继业早对他起了疑心。尤其是在这样一个晴朗的夜晚搞偷袭，生怕敌军看不见我们的行踪吗？可是天有不测风云。没过多久，太原城上，天雷滚滚；汾水河畔，风雨大作。郭无为咧着嘴，呆呆地被浇成了落汤鸡。四下里一片漆黑，雨雾遮住了最后的视线。

"刘继业！刘继业！"郭无为在雨中大喊，丝毫不怕被宋军发现。他现在最怕的是连这一千人都被雨水冲散了，他得尽快整合人马，逃离太原这个鬼地方。

"郭相公——我的马蹄子受伤了——走不了了——"雷雨交加中，刘继业的声音从漆黑的远方传来，渐行渐远。

"啊？刘继业，你给老夫回来！郭守斌，郭守斌在哪里！"郭无为骑在马上，原地转圈，朝着黑暗大嚷大叫，可郭守斌连个影子都没有。

从未领兵出征的宰相目瞪口呆,两员副将临阵"逃跑"也就算了,那些士兵也都一哄而散,跟着二将回城;身边剩下的都是自己的随从,才几十个人。难道我暴露了?郭无为越想越怕,带着数十骑随从拔马便往宋营逃去。

可是跑了没两步,郭无为又把马收住了。节度使,我的安国军节度使!他不甘心,把马一兜,又跑进了太原城。

问世间权为何物,直叫人生死相许!

无为,无能为矣!

闰五月,距离赵匡胤离开京城已有三个半月。经过一夜暴雨,太原的铜墙铁壁终于被撕开一道裂缝,滔滔汾水从延夏门的瓮城涌入,穿过两重外城,瞬间将城墙下淹成一片汪洋。

北汉军民的哀号冲上九天,狠狠落在远处的长堤上。赵匡胤披甲登堤,攥紧双拳,咬紧牙关,死死盯住那道裂缝。

宽了,宽了,宽了!

汉军疯了一样,抱着滚木巨石扑向裂口,但宋军密集的箭网将他们的努力悉数兜入决口的汾河。用不了多久,牢不可破的太原,将会颓倒在战无不胜的神话下。

郭无为还在做最后的挣扎。太原城终于要沦陷了!胜利,从未离他这样近;安国军节度使,从未离他这样近。我们最后的倚恃即将崩溃,陛下,投降吧!陛下、陛下、陛下——刘继元!刘……

刘继元手一挥,郭无为被甲士们拽下勤政阁。看在宰臣元老的份儿上,刘继元赐了郭无为一尺白绫,给他留了一具全尸。

阁门外,宦官卫德贵松了口气。郭无为做梦也不会想到,他的节度使梦,会毁在一个告密的阉人手里。

太原城里的军民闻听斩杀内奸,义愤填膺,拍手称快。越来越多的军民涌向延夏门,以血肉之躯,筑起新的城墙!

宋人的箭网越来越密,城墙的阙口越来越宽。无数汉人乱箭穿身,无数宋人卷入洪流。声嘶力竭的喊杀声铺天盖地,乌云笼罩的太原内外,高唱着亡灵之歌。

赵匡胤闭上了眼睛。无论宋人汉人,今后都是朕的子民。本欲与天下共享太平,却使数万生灵涂炭。无论太原城是否攻下,朕都输了。朕妄自托大,在佛祖面前誓不杀一人，可河东城下的尸体足以堆成一座新城！朕失信于神明，恐不得长寿矣！

万岁！万岁！万岁！突如其来的欢呼声，将赵匡胤的眼皮惊起。那震耳欲聋的声音来自城墙上的守军；舟楫里的宋军却像烂在地里的柿子，瘫卧小舸，心如死灰。

原来，就在汉人陷入绝望之际，城里忽然飘出一大团野草，不偏不倚，正正挡在城墙的阙口处。那草团极大极厚，弓箭不透，机弩难穿，简直是一具天然的盾牌。北汉军民躲到草团后面，乘机疯狂抢修阙口；城上的弓箭手也士气大振，弯弓搭箭，掩护军民。

眼睁睁的，宋军的希望破灭了。所谓希望越大，失望也越大。士气越是高涨，越会在涨破后泄得一干二净。

无为，无为，无能为矣！赵匡胤默默走下长堤，消失在军帐中。

赵匡胤似乎放弃了战争的节奏，尽凭它左突右冲，放任自流。

汉军的谍者诈称刘继元归顺，险些赚开寨门，攻入宋军营地。辽国五朝老臣、北院大王耶律屋质（乾隆时改译作"耶律乌珍"）的先锋部队赶到太原城西，鸣鼓为信，点火为号；南院大王耶律斜轸（乾隆时改译作"耶律色珍"）的后继部队也疾驰而来。汉国军民，举城欢庆。

可是大宋营内，一派凄凄惨惨戚戚。随军参赞军事的魏仁浦半路染疾，被迫折返，病逝途中，享年五十九岁。东西班都指挥使李怀忠身负重伤，不省人事。而广大宋军将士更因常驻甘草地，暑潮侵袭，大多患上了腹泻。

强弩之末，势不能穿鲁缟。

然而，赵家天子还有最后一件秘密武器。殿前指挥使都虞候赵廷翰率领诸班卫士，跪在御帐营前，叩首请缨道："蕞尔小城，久未攻拔，全因将士不效死力！臣等请为先登（敢死先锋），自往力攻，必取下太原城！"

赵匡胤走出御帐，但见眼前的猛士们瞋目裂眦，青筋暴起，有崩山之势，真我大宋的虎痴恶来！这是皇帝的近卫诸班，更是由天子亲手训练的最精锐的部队。自从战争开始，这把最锋利的宝剑始终留鞘未出，聚凝的剑气随时准备在千钧之际，一气碧烟横。

鏖战，谁能熬到最后，谁就是最后的赢家。和小小的太原城熬，大宋熬得起！而这些勇士们，就是熬垮刘继元的王牌！

但是，赵匡胤却阻止了猛士们的请求："你们都是我亲自练出来的，无不是百里挑一，以一当百。我宁可不得太原，也不忍心让你们冒锋刃之险，蹈必死之地！"

猛士们听了，感动得热泪盈眶，再拜呼万岁。

舍不得，赵匡胤确实舍不得。但不仅是因为感情上舍不得，更是因为不值得。对于大宋而言，还没到一决生死的地步。

刘继元已被自己折腾得元气大伤；辽人新主立威，对他的保护费也必然少收不了。纵使再给刘继元十年、二十年……甚至更多年，以河东这个贫困户，根本恢复不了国力。

北汉虽是肘腋之患，但国本已残，再难攻入大宋腹地。辽人自从耶律德光客死中原后，似乎也无意南下，只想管好他的代理人。而且，耶律璟一死，辽国政局动荡，亟须稳定环境。只要不去招惹辽人，他们在短时间内也无法对大宋构成威胁。况且，这次出兵北汉，纯粹因势利导。先南后北的战略并未动摇，南方尚有汉唐未平，现在把精锐拼光，我大宋拿什么收复江岭之南？更何况，鏖战几个月，城里的汉军疲了，草地里的宋军更疲了。难道要让我的倦怠之师，去喂契丹的豺狼虎豹？即便能胜，也不过惨胜，面子好看而已。

对于务实的赵匡胤而言，这场战争已经毫无意义。

赵匡胤不是死心眼儿，也不会死要面子。但堂堂帝王御驾亲征，就这么灰头土脸地班师回朝，总得有个台阶下。

正巧，太常博士李光赞上书，请求撤兵；宰相赵普也深以为然。而且有个叫薛化光的人更为赵匡胤出策：将北汉太原城外的老百姓都迁徙回大宋。这样大宋有了新的劳动力，能够进一步促进经济发展；北汉则人去楼空，从此无民无粮，无兵无饷。不出数年，北汉休矣！

面子保住了，北汉也被釜底抽薪了。赵匡胤大喜，当机立断，下令班师还朝。

福大命大造化大的刘继元，终于保住了太原城，保住了大汉的国号；并且趁着宋军匆忙撤退，劫掠了一批辎重，勉强拯救了濒临崩溃的汉室经济。

可是他心里明白，他终究保不住大汉的江山。河东境内，满目疮痍；保卫大汉的军队，锐减至不到三万；大汉的立国之本——编户齐民，更是被大量迁徙入宋，仅余三万五千余户。举全国之力，以一户养一兵，自古未闻国家能久矣。

就在宋军撤退不久，北汉立即派人排出城中积水。水落之后，早被泡酥的城墙大量坍塌。辽使韩知范尚未回国，看到化为废墟的太原城墙，侥幸地感慨道："宋人引水灌城，只知其一，不知其二。要是早就知道先用水来灌城、再将水排干的办法，太原城里肯定就没有活口了！"

太原的城墙倒下去了，开封的城墙依然屹立不倒。

三　大宋皇威浩荡

赵光义受阻宪台

赵匡胤不在开封的这段时间，有人在城里挖起了墙角。这个人，就是堂堂的东京留守、开封府尹、兼中书令赵光义。

被挖的墙角名叫刘温叟，现任御史中丞，执掌御史台。御史台俗称宪台，负责监察百官，肃正纲纪，自秦朝以来就是与行政、军事并立的三大机构之一。台长为御史大夫，从唐朝开始很少除授，实际管理台务的是副官御史中丞。这个官职虽然难比宰相、枢密使的尊贵，但却统领三院御史，纠察百官，小事则上奏弹劾，大事则在朝廷、皇帝面前辩论抗争。弹劾官员时，御史们不用掌握充足的证据，只要听闻小道消息，就可上奏天子，请求立案调查，这叫"风闻奏事"。御史台本身还有对疑难大案审讯和判决的权力。因此，任何一个人都不敢小看御史中丞。

当初赵光义虽然搅乱了禁军，但始终不能插手军务。他只好把目光转向朝廷。然而，中书门下是赵普的地盘；枢密院的李崇矩在赵普面前唯唯诺诺，也不是可以拉拢的对象。所以赵光义没有选择，他只能想办法去松一松刘温叟的土。

刘温叟，字永龄，胥吏出身。建国至今，他独掌御史台近十年。这些年里，围绕着赵普与赵光义，朝中处处惊涛骇浪；唯独御史台风平浪静，清正肃风，丝毫不受派系争斗的影响。这和刘温叟的性格与修养有直接关系。刘温叟不仅超然党争，而且为人刚直不阿，连皇帝的面子也敢驳。

一天晚上，他路过明德门西楼前，马夫来报，圣上正与数名中黄门在楼上。

刘温叟闻言，略加思索，对马夫道：跟导从说，照常喝令行人，回避让路。

马夫有点惊讶：可是圣上……

刘温叟绷着脸道：没有可是。

于是，刘温叟的队伍大摇大摆地从明德门前走过。见了皇帝，不但不来叩见，反而扬长而去。城楼上的赵匡胤看在眼里，倒也没说什么。可是没想到，第二天刘温叟自己找上门来，请求召对。

刘温叟说："按照惯例，陛下若无赏赐，是不能随意登临明德门的。昨日陛下无故登楼，百官、将士、侍从乃至百姓，都以为您要有所恩宥赏赐，无不企盼。臣之所以命导从呵道而过，就是为了告诉天下，不在规定的时间，陛下不会登楼。"最后，刘温叟还不忘说一句："非礼勿动，臣负责维护风纪法度之职，不敢不言。"

赵匡胤闻言，心生愧疚，下令从自己的小金库里拨出三千缗钱，交给县官，算是对自己的惩罚。

敢公然与皇帝叫板者，除了仗着与皇帝关系硬的赵相公，就属这位刘中丞了。但赵普对公事兢兢业业，对私事也一丝不苟；刘温叟则是一位纯臣，他像一棵苍天古柏，遮蔽着大宋的江山。

所以，赵光义觉得，这些年赵普权势熏天，明目张胆地排除异己，藏污纳垢，必为高风亮节的刘温叟所不齿。只要自己保持清明干练的形象，就不怕刘温叟不会渐渐向自己靠拢。到那时，自己掌控了御史台的言官，可以随时发起弹劾，朝廷就不再是他赵普的朝廷了。

刘温叟素有廉名，本来就家无余资。按规定，御史台每个月还会发放一万钱的伙食补贴，钱不够时，就用追赃处罚的款项来添补。刘温叟厌恶这笔款项的来源，因此放弃了巨额补贴，这使得他府上更为困窘。

因此，向刘温叟示好，赵光义找了最简单直接的办法——送钱。

五十万钱，刘温叟毫不犹豫地全部收下。

居然全部收下了！赵光义高兴坏了，他没想到，拉拢刘温叟竟然如此容易。天下第一清官收了我的钱，看来在刘温叟眼里，我赵光义是个值得结交的人。

端午节，赵光义又派先前送钱的属吏去给刘温叟送角黍（粽子）、纨扇（用细绢制成的团扇）。

这次属吏耷拉着脸回来了。

"没收？"赵光义问。

"收了。但是……"属吏低着头，尴尬地说，"上次送去的五十万钱，还在西厢房里，原封不动，还贴着封条。"

赵光义长叹一声。

中丞府内，刘温叟将角黍、纨扇恭恭敬敬地放入西厢房，放在那箱钱旁边。那些跟着他吃穷的亲信，看着赵京尹送来的礼品，再看看封存的铜钱，眼珠子都快掉下来了，没好气地说："赵京尹送您钱，就是觉得您日子过得太清苦了。您也是的，这钱不花白不花，就应该拆了封条，让府里的人过两天好日子。"

刘温叟摇摇头说："赵京尹的兄长是天子，我是御史之长，拒绝他的好意，于礼不敬；可是收下钱，又如何激励百官清廉？"国法不能废，倡廉不能止，但赵光义也不能得罪。得罪赵光义，那就是得罪皇帝。

正说话间，开封府的那位属吏又来了。这次他两手空空，不是来送礼，而是来把礼金收回去的。送出的礼还有收回去的道理？这也太不给我们中丞面子了！完了，这下得罪赵京尹了！中丞府的亲信们又生气又恐惧。

刘温叟却心花怒放，任由吏人将礼金拿走，还不忘让他捎句话：多谢京尹成全。

赵光义这也是没办法的办法。与其让刘温叟为难，不如成人美名，这样至少还能让他心存好感。这个年逾花甲的老头儿清心寡欲，难怪能在御史中丞的位子上一坐就是小十年。御史台的大门，看来是敲不开了。

绕着被送回的钱箱子，赵光义忧心忡忡，这可弄巧成拙了。刘温叟如果收了钱，自然会守口如瓶。现在，刘温叟拒收财物，而且是当今皇弟的财物，这样一段佳话，他不说，他府上的人也会说。二哥那边怕是瞒不过去，赵普更会借此大做文章。

赵光义无可奈何地捏着眉心。话语权，一定要抢在赵普之前，夺取话语权。

六月十八日，疲惫的赵匡胤率领着铩羽之师，回到东京城。

大宋出师半年，北汉虽未攻灭，但已大渐弥留；宋军虽有大量损耗，可仍保存了实力，没有伤筋动骨。所以从战略角度来说，这次北伐，宋军仍是胜了。

然而赵匡胤却感到前所未有的挫败。从一征淮南起，他所到之处，攻无不克，战无不胜；从出兵荆湖起，即便遇到西蜀那种降而复叛的局面，他也能够从容应对。可是这次北伐，大宋不可战胜的神话破灭了，赵匡胤不可战胜的神话破灭了。

一个人顺风顺水久了，稍有挫折，也会如同当头棒喝。

一个人位尊名贵久了，稍有落败，也会觉得颜面尽失。

赵匡胤英明神武，堪称一代令主。但他毕竟是人，是人，就摆脱不了人性的弱点。

赵光义急匆匆地赶到大内。借用了五个月的最高权力，终于还是要以汇报工作的形式，还给天子。讲武殿里，他正在恭恭敬敬地向赵匡胤详细汇报这小半年中的情况。皇帝的脸色不是很好看，所以他说话格外小心。他甚至想把刘温叟的事情放一放，然而当看到赵普那张削峻的脸时，他知道，自己根本没有选择的余地。

"刘温叟真是个好官。"赵光义有点突兀地说道。

"哦？"对于这位老中丞，赵匡胤倒是有十足的信心，不过他仍然好奇，光义为何忽出此言。

于是，赵光义把刘温叟如何清贫、自己如何看不过去、如何送钱以及又如何被拒一五一十地说了出来。当然，这一切都是以"自己看不过去刘温叟的清贫"为前提，并没有其他意思。最后，他还不忘说一句："我的钱他都不肯收，更何况是别人的呢？"

好官啊！清官啊！赵光义反复强调着。

"嗯，永龄是值得尊敬的。"赵匡胤从容地夸奖了两句。刘温叟确实是好官，是清官，而且会做官。在对待赵光义送礼这件事上，一方面，他没有趋炎附势，结党营私，既维护了国家倡廉的正气，又保持了自己秉公的理念；另一方面，他也没有自命清高，给赵光义难堪。这也是为什么刘温叟处在这样一个得罪人的位置上，既能秉公执法，又没有四面树敌的原因。

当然，与赵普一样，刘温叟能在御史台一坐就将近十年，而且时不时对皇帝切谏，关键还是有皇帝的支持。赵匡胤不仅支持他的监察工作，还让他兼判吏部铨，负责部分官员的人事考核。在赵匡胤时代，只要用人得其所，就不会轻易调动他们的职位。保持执政人员的相对稳定，进而能够保证国家的相对稳定。

刘温叟的做法，赵匡胤很满意。

赵光义无暇去思考刘温叟。此刻，他正挑着眼皮，小心翼翼地观察着二哥的动静，但见他脸色毫无变化。

赵匡胤的心中在冷笑。光义，你这点小聪明，难道朕还看不出来吗？我不在的这几个月里，你到底都在做些什么？我在含辛茹苦地砸北汉的城墙，你却煞费苦心地来挖我的墙角？

自负善战而败北的赵匡胤，本已心情不悦，如今更是火上浇油。他不会对自己的弟弟怎么样，但是这股火不发出去，如何解得胸中闷气？

很好，你敢动朕的老头儿，朕也要动动你的老头儿！

符彦卿罢退洛阳

开宝二年（969）八月，开封府尹赵光义急得在府衙内坐立难安。就在上个月末，他的老岳父、天雄军节度使符彦卿被改授凤翔节度使。理由是符彦卿镇守大名十余年，委政于牙校刘思遇，横征暴敛，军府久不治。现在，朝廷正式任命户部员外郎、知制诰王祜权知大名府，接管当地的一切行政事务。

但事情远没有这么简单。

赵光义探得的消息，与朝廷正式公布的完全不同。符彦卿徙镇的真正原因，是有人密告他谋反。而王祜此去大名的任务，就是搜集符彦卿犯上作乱的证据，然后将他彻底打倒。

善于指示别人告密的赵光义终于遭到了报应。至于告密者是不是赵普的属下，目前来看已不重要。当务之急，是想方设法保住老岳父的命，王祜是他唯一的希望。

王祜确实接到密令。赵匡胤还告诉他，只要坐实符彦卿的罪名，就让他跟赵普担任同样的官职。

一句话就可以做宰相，多么诱人！

但在王祜看来，这却是一块烫手的山芋。赵匡胤之令固然不能违背，但赵京尹也开罪不起，还有那位赵普，不知在此事中扮演了什么角色。大宋立国十年，凡是卷入这三个人是非的大臣，几乎都没好果子吃。当宰相？不被宰了就阿弥陀佛了！

怀着忐忑的心情，王祐决定，在临走前，到开封府衙向赵光义请辞。符彦卿没有反心最好，要是谋反证据真的确凿，好歹也要让赵京尹知道，我王祐是奉旨查办，绝非故意刁难。

在王祐心中，赵光义是一棵不能撼动的大树。而在赵光义心中，王祐是一根足以救命的稻草。

听闻王祐前来辞别，赵光义又是激动，又是感动。他要向王祐问明白，二哥到底想怎样对待岳父；他更要向王祐交代，无论如何也要保住岳父的性命。

赵光义屏退左右，正要开口。王祐见状，急忙深深一揖，扭头便走。

因为一旦赵光义开了口，有些事情就再也说不清楚了。到那时，即便符彦卿是被冤枉的，自己如实禀报，可谁还会相信自己没有接受委托而为符彦卿洗白？

赵光义是聪明人，立刻会意。

清者自清，明者自明，赵光义希望王祐能够顶住压力，秉公办事。

赵匡胤却极希望王祐折腾出点儿动静，哪怕是欲加之罪，何患无辞。

亲征归来，赵匡胤变了。变得神经敏感，变得小肚鸡肠。他曾说，自己的心就像宫中的大道，少有邪曲，人皆能见。可如今的他，心却好似羊肠小道，崎岖颠簸，难见坦荡。稳坐皇位十年，权力就像绿矾之油（硫酸的古称），将他心中那条宽敞的大道，腐蚀得面目全非。

对于符彦卿，赵匡胤又是嫉妒，又是害怕。符彦卿能征善战，屡立战功，又能亲撰《人事军律》《五行阵》等兵书，是个出能统兵作战、入能著述兵法的全能武将。刚刚打了败仗的赵匡胤不仅自愧不如，而且对他产生了畏惧：有朝一日，一旦符彦卿作难，无论是作为赵光义的外援，还是自己另起炉灶，朕能胜得了他吗？

何况，符彦卿的势力一天不除，赵光义的野心一天就不会收敛。与其兄弟二人最后兵戎相见，不如从一开始就将赵光义压制在可控的范围之内。

显然，北汉一役使赵匡胤发现，天下远不在自己的掌控之中。过去他可以信心满满地任由赵光义、符彦卿生长，如今却有了忌惮之心。

于是，赵匡胤选择了最不光彩的办法，来对付这位光彩夺目的宿将名臣。而王祜正是那个去掠夺光彩的人。

王祜是大名本地人，又曾知魏县，对大名府一带的情况比较熟识，有利于开展工作。而且，王祜名声好，能力强，如果让他来检举符彦卿，别人就算心里不服，嘴上也说不出什么。

赵匡胤很期待王祜的奏章，可是一个月过去了，大名府渺无音讯；倒是西京洛阳，符彦卿的奏章一道接着一道，嚷着要在洛阳养病。

符彦卿病了，得的是心病。他知道自己早晚要离开大名府，然而凤翔远在关陇，主上不顾自己七十二岁高龄，去受风餐露宿之苦，难道是想让自己在旅途颠簸中一命呜呼？

符彦卿向来不惮以最坏的恶意揣测赵匡胤。作为郭荣与赵光义的岳父，自己的身份异常敏感。可是他老了，老到不想再搅和朝廷的是非，只想安安稳稳地度过晚年，顺便给后代留一条活路。因此，当他乘坐肩舆路过洛阳时，就再也走不动了。

西京洛阳，对于那些一意往上爬的人，如同政治上的冷宫；但对于想远离庙堂的前任高官，这里是真正的天堂。无论是横行霸道的柴守礼（周世宗生父）、王祚（王溥之父）、韩伦（韩令坤之父），还是醉心山水的窦贞固（后汉宰相），在洛阳，他们都找到了平安的归宿。

符彦卿不走了，就是死也不能死在荒郊野外。他一口气请了百日的病假。

王祜的奏章也到了：符彦卿谋反，纯粹子虚乌有。

赵匡胤仍不死心，质问王祜："你敢担保符彦卿没有反心？"

正直的王祜斩钉截铁地回答："臣与符彦卿的家里都有百口人，臣愿以自己的百口之家，担保符彦卿的百口之家！五代之君，多因猜忌杀无辜，故享国不长。愿陛下以为戒！"

赵匡胤咬牙切齿，王祜则自动脱下官帽。

没有完成任务的王祜改知襄州；没有谋反证据的符彦卿则捡回一条命，以"假满百日，受俸如故"的名义，被免去节度使职务。从此以后，他遍游佛寺名园，不谈世务，不伐战功，优哉游哉。直到开宝八年（975）病逝，赵匡胤再也没找过符彦卿的麻烦。

在赵光义眼里，符彦卿是一个信号，他的宠辱关系到自己的政治生命。

而在藩镇眼里，符彦卿则是另一个信号，他的荣辱关系到自己的节度使生涯。

就在符彦卿倒台前后，西京留守向拱、灵武军节度使冯继业、忠正军节度使王审琦等名将重镇相继徙节。

这年十月，赵匡胤又故技重施，再度上演了一出"杯酒释兵权"。不过，这次跟他喝酒的不再是当年一起出生入死的兄弟，而是一群桀骜不驯、资历比皇帝都老的节度使。如果是在九年前，面对这样的场合，赵匡胤一定会小心翼翼。但如今的赵匡胤不会了，他已经有足够的资本，和节度使直接讨价还价。

酒宴过后，凤翔节度使、兼中书令王彦超，安远军节度使兼中书令武行德，护国军节度使郭从义，定国军节度使白重赞，保大军节度使杨廷璋通通强行罢免藩镇之职，回朝来挂着闲职养老。

这是赵匡胤首次大范围地罢免藩镇。"曲线削藩"的三大纲领已经用到极致，藩镇的权力被朝廷收缴殆尽，节度使的命运可想而知。

对于这样的安排，有些人心中不满，郭从义就是其中之一。五年前，时任武宁军节度使的郭从义入朝。赵匡胤听说郭从义善于击球（一种骑在马、骡上以球杖击球的体育运动），特意让他在殿庭中表演。郭从义以为得了表现机会，于是将自己的击球之术展现得淋漓尽致。没想到，赵匡胤对此的反应是："卿击球的技巧相当绝妙，不过这不是将相该做的事情。"这事把郭从义弄得特别郁闷，合着皇帝让我表演击球，是诚心要不让我舒坦，诚心打击我们节度使！

那次朝见后，郭从义徙镇河中府任护国军节度使。当时他累巨万金，仆童千人，厩马千余匹，富甲一方，却总是闷闷不乐。难怪他对幕僚说："从义是个龌龊的藩臣，失意到这步田地，肯定要为天下英雄耻笑了！"

然而，郭从义能怎么办？起兵造反？藩镇的权力越来越小，朝廷的力量越来越强，再意气用事的节度使也不会傻到以卵击石。何况，朝廷待自己不薄，除了解除藩镇之权以外，自己照样吃香的喝辣的，朝廷还给发生活补助。这样的朝廷，自古没有。想想看，自己也不是很亏，郭从义只好抱着金银珠宝，咽下了这口气。

赵匡胤"赎买权力"的改革方法，至此达于巅峰。正是由于这种方法相对厚道，被剥夺权力的节度使们并没有损失太多，因而他们也没有像历代被改革者那样，结成一个对抗改革者的集团。尤其是在赵普与赵光义的党争日趋白热化之时，他们没有簇拥到某一方去与另一方争斗，其根本原因，就在于此。

所以，改革是改革，党争是党争；党争阻碍不了改革，改革也发展不成党争。从权力角度看，赵匡胤将一场利益集团权力再分配的变革，做得四平八稳。

开宝三年（970），随着北汉衰落，戍守河东重镇的昭义军遭到削弱，泽州直隶朝廷，李继勋接替符彦卿改驻天雄军。至此，赵匡胤用了整整十年的时间，终于将大宋内部的统一大业——削藩释兵基本完成了。

于是，卧榻之侧的酣睡者们，再也难以安心安睡了。

刘皇帝俯首东京

赵匡胤将新一轮军事征伐的首要目标，定在了岭南的南汉。

乾德二年（964）大宋收复郴州时，曾俘获南汉宦官十余人。其中有一个名叫余延业，长得十分矮小。赵匡胤见后，大概是出于好奇，便问道："你在岭南是做什么官的？"

余延业扭着水蛇腰，翘着兰花指，嗲声嗲气道："做的是扈驾弓官。"

赵匡胤听了，差点失态大笑。扈驾弓官，就是保卫皇帝的弓箭手。就你这样儿，也能护得了皇帝？

于是，赵匡胤命人给余延业弓箭，让他练练。结果余延业使出了吃奶的劲儿，还是拉不开弓。赵匡胤这下实在忍不住了，哈哈大笑。用这种人当扈驾弓官，这刘铱的心也忒宽了。赵匡胤强憋笑意，定了定神，继续问起南汉的国事来。余延业把南汉历代皇帝骄奢淫逸、残忍暴虐的事一五一十地说了一遍。这下赵匡胤笑不出来了，他瞠目结舌道："吾当救此一方之民！"

如果余延业所说属实，那么李从珂、耶律德光、郭威、郭荣和王全斌在洛阳、开封、楚州及成都的罪恶加在一起，也比不上南汉三代四任皇帝。那里的百姓生活在水深火热中，以天下为己任的赵匡胤不能坐视不管。

然而，西蜀兵变和北汉时局拖住了赵匡胤，待到他腾出手脚时，已经是开宝三年（970）了。这年九月，在唐国主李煜再度寄书劝降无效后，赵匡胤以潭州防御使潘美为贺州道行营兵马都部署，朗州团练使尹崇珂为副都部署，道州刺史王继勋为行营马军都监，兵伐南汉。宦官主政、丧失民心的刘铱根本无力抵抗。宋军势如破竹，于次年（971）二月平定岭南，得六十一州、二百一十二县。

此次征讨，宋军约束极严，未再发生灭蜀之惨剧。倒是汉主刘铱，闹剧频出。

开宝四年正月，听闻潘美的大军节节胜利，刘铱开始为逃跑做准备。他调来十余艘大船，将金银珠宝和妃嫔媵嫱通通弄到船上，准备带着他们乘船逃入海中。没想到，负责守着船队的宦官与千余名卫兵却私自开着船逃跑了。刘铱急得不知所措。

二月，宋军已经开到兴王府郊外，南汉再度大败。眼看南汉就要玩儿完了，掌握朝政的宦官龚澄枢等人却出了个馊主意："宋军进攻我们，不过是看中了国中的珍宝罢了。现在把它们都烧了，留下一座空城，宋军必不能久驻，届时自然就退兵了。"刘铱居然信以为真，一把火把宫殿府库烧了个精光。可是第二天，潘美的大军就兵临城下，逼得他不得不素服出降。

南汉亡国、刘铱入京后，赵匡胤举行了隆重的献俘仪式，以这种屈辱来惩戒刘铱的暴虐。随后，刘铱被任命为右千牛卫大将军，封恩赦侯。

或许是作恶太多，刘铱整日担心被赵匡胤斩首以谢天下。有一次赵匡胤与他单独相见。为了表达对降王的善意，赵匡胤赐了他一杯酒。以前经常用毒酒毒死大臣的刘铱，见了这架势，当场就吓哭了。他举着杯抽泣道："臣承祖父的基业，抗拒朝廷，劳烦王师征讨，罪孽深重，固然当死……陛下不杀臣，让臣见到了大宋的太平天下……臣想在开封里当个普通老百姓足矣，求陛下放臣一条生路，臣不敢喝这杯酒啊……"说完号啕大哭。

看着刘铱那没出息的劲儿，赵匡胤不禁笑道："朕推心置人腹，怎么会毒死你呢！"说完，命人拿过刘铱的酒，一饮而尽。

刘铱的闹剧一直闹到宋太宗时。当时，赵光义正要发兵北汉。在一次宴会上，刘铱腆着脸说："朝廷威名远播，四方僭号窃位者如今都在座。不久平定太原，刘继元又要俯首称臣。臣是第一个入朝的，希望能做降王之首。"赵光义听后大笑。

南汉灭亡了，刘铱服罪了，可是赵匡胤在岭南的工作远没有结束。刘氏三代在岭南祸害了五十余年，恢复起来并非易事。

在平定南汉后两年多的时间里，废除苛政、缉捕盗贼、教化民风成为大宋在岭南的重要任务。尤以废除苛政最为艰巨，媚川都即为其一。

南汉时，刘铱在海门镇招募了两千能够采珍珠的士兵，号"媚川都"。这些人在采珠时，在脚腕拴好绳子，绳子的另一端则固定在岸上。然后，采珠人沉入大海深处去采珍珠，最深时可达五百尺。就是水性再好的人，在没有潜水设备的古代，这也无异于送死。大量采珠人因此而丧命。

可是老百姓的死活，刘铱根本不在乎，他的宫殿全部用玳瑁、珍珠装饰，穷极侈靡。这些宫殿在南汉即将灭亡前被焚毁，留驻岭南的潘美特地在灰烬中寻得没有烧毁的玳瑁、珍珠献给赵匡胤。但潘美的用意并非讨好主上，而是要趁机进言采珠的危苦。赵匡胤见了潘美的奏章，马上降诏废除媚川都，禁止民众以采珠为业。

废止媚川都，只是大宋在岭南的德音之一。赵匡胤对生命的尊重，再度以大宋法令的形式，滋润了大宋的臣民。在残暴统治中挣扎了半个世纪的岭南民众，终于回到了文明的社会。随着地盘的日益扩张，大宋新政惠及的地域越发广泛，赵匡胤距离天下太平的梦想实现越来越近了。

卢多逊重修图经

大宋，开封府，万岁殿。兵部郎中、直学士院卢多逊小心翼翼地随赵匡胤走进这座皇帝的寝宫。

卢多逊，原河南府少尹卢亿之子，出身书香门第，入于贡院及第。这位考中进士的才子，从建隆三年（962）担任知制诰，属中书门下舍人院。大概是由于诏书写得漂亮，他引起皇帝的关注，先后两次担任权知贡举，主持贡举考试；并于乾德六年（968）兼任史馆修撰、判馆事，负责史馆的管理与修史工作。

卢多逊是个有心人，掌管史馆成为他人生的转折点。赵匡胤爱读史书，卢多逊就利用职务之便，要手下的小吏务必把赵匡胤每次所取的书目汇报给自己，然后他通宵达旦地把这些书卷读完。过几日，赵匡胤问起书中之事，卢多逊对答如流，这令号召百官读书的赵匡胤大赞。

自此，卢多逊飞黄腾达。开宝二年（969）赵匡胤亲征北汉，以卢多逊知太原行府事，后来又权知镇州。秘书下放地方，这是准备重用的信号。从北汉回朝后，卢多逊改属学士院，做了直学士院。

直学士院仍然是秘书,但秘书与秘书大不相同。当时皇帝的诏书分为两大类,称为"两制"。两制里,一类叫外制,内容只涉及一般官员的任免和普通政务的发布,由舍人院负责,起草诏书时由宰相传达主要精神;一类叫内制,内容涉及内政外交、高级官员任免等,由学士院执掌,草诏时由皇帝亲自召学士院人员入宫授命。卢多逊在河东、河北转了一圈,一跃成为真正的皇帝秘书。

南唐,江宁府,澄心堂。一位僧人正缓步而行,只见他披着大红绫罗纺成的佛衣,绫罗间镶嵌着金丝线,真真一袭锦斓袈裟。

僧人来自淮北,自号小长老,听闻南唐国主李煜笃信佛教,于开宝初年特至金陵求缘。小长老佛法精深,每日入朝讲解六根、四谛之说,李煜大喜,称赞他是"一佛出世"。

不过,李煜对小长老的佛衣一直不大满意,责备他太过奢侈。小长老却说:"陛下不读《华严经》,怎能知道佛的富贵?"自此,小长老在李煜面前大谈崇佛敬佛之事,他要说服这位李国主,倾举国之力去做那"南朝四百八十寺"的梁武帝。

万岁殿。青灰色的缦帐,粗布做的帘子,与赵匡胤身上那已洗得毫无光泽的龙袍相得益彰。唯独能勉强入眼的,是龙床上那一条紫色绫罗的褥子,可是与那些富贵人家所用的面料相比,简直拿不出手。

这就是富有四海的皇帝?!卢多逊简直不相信自己的眼睛!

赵匡胤指着这青帐紫褥,淡淡地说:"你在宫外,肯定以为朕过得很奢侈吧?就是用这青帐紫褥,朕都时常感到愧疚啊。"

在赵匡胤的心里,最好宫中用度都像当年在夹马营一样,省下来的钱全存到封桩库里去。民不加赋,而欲使国用充足,他这个做皇帝的,舍不得无谓的开销。

赵匡胤不禁感慨,拿起了几案上的毛笔,舐毫吮墨。

澄心堂。这里位于皇家深苑,乃是李煜藏书、校书、读书之所。小长老一路走来,梅香萦绕。迈步堂门,迎面扑来的是红光金彩。原来宫中墙壁全部用镶嵌金线的红罗裹了起来,这种销金红罗被小长老用来做佛衣,尚且被视为奢侈,何况是用来做宫殿的"壁纸"。

销金红罗之上，还点缀着耀眼的宝莹，或白灼如雪，或剔透如晶，那是为将销金红罗固定在宫墙上，而使用的银制钉子和玳瑁宝石。红罗墙中，偶有小窗，砌以翠玉，撩以红纱，朦胧间的窗外梅艳，如团团雪绒，沾轻染薄。

繁华而不失雅趣，璀璨而不落庸俗，真乃一派人间圣境。境中的主人李煜，缓缓卷起帛绢，要把这锦绣天地化作一缕浓彩。

万岁殿的御案上，御用的笔墨纸砚品质俱佳，但亦无特别处。赵匡胤悬腕泼墨，豪情一挥，直抒胸中快意："治世莫若爱民，养身莫若寡欲。"十二个大字淳厚凝重，如山如瀑，掷地有声，苍劲有力。

澄心堂的书几前，侍者刚刚将那细薄光润的澄心堂纸平整地铺开。纸旁摆放的是一方由朝廷砚务官采龙尾山之石监制而成的龙尾石砚。石砚长一尺，前面耸立着三十六座"石峰"，大小与手指无异；左右环如矮山，中凿一池为砚。那石砚润笔温莹，发墨如油，抚似肌雪，扣似金声。更兼砚中所研，乃是号称"丰肌腻理，光泽如漆"的李廷珪墨。后世所谓澄心堂纸、李廷珪墨、龙尾石砚，三者为天下之冠"，李煜的文房四宝清切雅致。

然而，与李煜手中之"笔"相比，这三大"天下之冠"未免雅而无灵。李煜所用并非毛笔，而是卷起的绢帛，世称"撮襟书"。但见他行笔颤掣，袖带当风，字字削瘦，如松如竹。李煜用这世间无觅处的"金错刀"笔法，写下"划袜步香阶，手提金缕鞋"的佳句，笔笔含情，字字留香。

赵匡胤所书之字，语出国子博士王昭素。王昭素精通儒家九经，兼习道家老庄，德高望重，深为乡里所敬。只是他不求仕途，隐居在家，直到七十七岁，才被举荐给赵匡胤。追求文治的赵匡胤但觉与这位鹤发童颜的长者相见恨晚，向他求治世养身之术。治世，乃为大宋万世社稷，乃为臣民万世太平；养身，则为修身养性，既可延年益寿，又可养个好脾气，以尽量少地做出错误决策。

于是，清雅的王昭素说出了这清雅却又淳厚的名言："治世莫若爱民，养身莫若寡欲。"赵匡胤大爱其言，常常书写这十二个大字。

近两千万大宋子民，成为普天之下最幸福的子民。爱民与寡欲，赵匡胤做到了。

李煜所书之字，却出自为爱妻小周后所做的《菩萨蛮》。小周后是大周后周娥皇的亲妹妹，史籍中未留其名。她才思敏捷，端庄秀丽，更胜乃姊。乾德二年（964），娥皇卧病，香消玉殒，年仅二十九岁。李煜肝肠寸断，悲伤欲绝。

然而在此前不久，尚未及笄的小周氏早已被接入宫中，与李煜常相私会，李煜为她写下那首艳丽多情的《菩萨蛮》："花明月暗笼轻雾，今宵好向郎边去。刬袜步香阶，手提金缕鞋。画堂南畔见，一向偎人颤。奴为出来难，教君恣意怜。"

开宝元年（968），李煜正式立小周氏为皇后，婚礼极尽荣华。金陵城中数万官民围观纳采，甚至有人爬到房顶观礼，因跌落而亡。

李煜又在宫里群花中，为小周后亲自设计了一方雅亭。檐栏之间，雕镂玉砌；又以红罗为幕，钉以玳瑁，遮绝流俗。亭中极小，仅能容下这对才子佳人，饮酒对诗，擦耳磨鬓。小周后的柔仪殿更是璀璨夺目，仅焚香的香炉就有数十种，皆为金玉所制。

小周后成为普天之下最幸福的女人，没有之一。教君恣意怜，李煜也做到了。

对天下人的关怀，更坚定了赵匡胤缔造太平治世的雄心。在他手边，一部百卷的《唐会要》和三十卷的《五代会要》已然翻旧。那是国初王溥监修国史时，组织编撰的两部记录典章制度的著作。赵匡胤从大唐之治与五代之乱中，找到了大宋的前途。

对小周后的宠爱，却掩盖不了李煜对南唐与自己前途的担忧。在他身旁，是他供若神明的《华严经》。面对李璟留下的残破山河，李煜无从重整旗鼓，他只希望在佛陀的加持中，得到心灵的慰藉。

赵匡胤翻阅着《五代会要》，当他翻看《州县分道改置》，读到那支离破碎、残破不全而又早已过时的各道、州、县的信息时，若有所思。他给卢多逊一个新任务：迅速组织人手，重修天下图经！

图经，是记录各地地理的方志。百年间，已无人能够修一部完整的图经。赵匡胤自知在统一前图经难成，但重修天下图经，无疑显示了大宋一统天下的雄心。

赵匡胤开始为天下一统做最后的准备。

李煜并不关心天下图经，此刻，他忧心方定，正沉醉于《华严经》的世界。就在小长老讲经的时候，他刚刚再次应允，要广舍梵台宝刹，广营佛塔佛像。

然而，李煜对礼佛的虔诚，对典雅生活的向往，却使得摇摇欲坠的南唐愈加贫瘠。

南唐没钱了！

李国主困顿金陵

李景的多次征伐，耗尽了徐温、李昪两代人的积蓄；割让江北，又痛失煮盐厚利；每年向中原王朝的纳贡，动辄数十百万。南唐以一半的土地，承受此前数倍的财政负担，国库不堪重负。

但这仅仅是个开始。巨额岁贡导致铜钱大量外流，南唐境内爆发了空前严重的钱荒，商品经济迅速凋敝，令即将崩溃的财政雪上加霜。为了应对财政危机，宅心仁厚的李煜却大搞苛捐杂税，甚至连民间鹅生双子、柳条结絮都要纳税。

李煜不忍苛政，却又不愿放弃声色犬马。于是，他也学起了宗主赵匡胤，在国内搞起"李煜经济学"。

为李煜经济改革规划蓝图的有两个人，一个叫潘佑，一个叫韩熙载。

潘佑是赵普的老乡，祖父与赵匡胤的祖辈算得上同僚。李景时，在中书舍人陈乔和户部侍郎韩熙载的推荐下，他正式出仕南唐。潘佑的文章独步江南，深得李煜喜爱。他因此成为李煜的东宫旧臣，在李煜即位后更是得到重用，以中书舍人之位负责起草重要诏书，给刘鋹的第二封劝降信便出自他手。李煜对潘佑敬重有加，尊称他"潘卿"。

潘佑为李煜开出的良方，是国家运用行政权力，强制进行"劫富济贫"的土地再分配，将富民兼并的土地归还给贫民。他甚至搬出《周礼》中的井田制，恐怕下一个目标就是实行土地国有化。这是通过直接掌握土地和人口，解决财政和民生问题的老办法。

显然，在土地问题上，书生潘佑虽有理想，却没赵匡胤看得透彻。李煜同意了潘佑的规划，但当户部侍郎李平实际推行改革时，却寸步难行。土地改革失败了。

名士韩熙载接过了改革大旗。韩熙载，字叔言，唐庄宗时的进士，胸有谋略，志向高远，是王朴、赵普一样的人物。因父亲被唐明宗所杀而南下江南。他与李榖关系极好，临走时，他密告李榖说："如果江南任我为相，我必能长驱北上以定中原！"李榖则笑对："中原若用我为相，取江南如探囊取物耳！"

李榖后来做了大周宰相，在周世宗征淮南时相当于皇帝的军师，打得南唐一蹶不振；韩熙载却因宋齐丘等人的排挤而未得李昪、李景重用，远见卓识的建议一次次遭到否决，他眼睁睁地看着江南颓唐，郁郁寡欢。

韩熙载曾代表南唐出使后周，称赵匡胤"顾视非常，殆难测也"。及至大宋开国，许多人都佩服他的见识。李煜即位，韩熙载升任中书侍郎、百胜军节度使，终于得到重用。他认为整顿南唐财政，当务之急是解决钱荒问题，因为货币经济的衰退直接导致南唐经济萎靡不振。

韩熙载与潘佑一样，对于经济问题的症结能够一针见血，却没有办法治愈此症。韩熙载的蓝图是：铸造铁钱，实行货币改革。因为铜钱大量外流，国内的铜又不够铸币之用。乾德二年（964），南唐开始铸铁钱，规定六铁钱等于四铜钱。然而，这项措施通过行政手段硬性规定钱价，脱离了铁和铜的价值。结果铁钱大幅贬值，十个铁钱才值一枚铜钱，导致物价飞涨，韩熙载痛悔不已。

两次经济改革均告破产，刚刚看到点儿曙光的李煜又重新坠入深渊。李煜这才发现，自己的父亲已经把南唐败得病入膏肓。而由于自己缺乏治国才能和驭臣之道，加之常年浸于风花雪月与暮鼓晨钟，朝政早已混乱不堪。潘佑为人清高，在朝中颇为孤立；重臣清晖殿学士张洎结党营私，排除异己；老臣徐铉、徐锴兄弟倚老卖老；门下侍郎兼枢密使陈乔倒是个老实人，可是他过于老实，连手底下的人为非作歹都约束不了。

李煜决定起用韩熙载为相，重振朝纲，却发现韩熙载已经变了一番模样，生活放荡，酒色人间。宫廷画师顾闳中受到李煜委派潜入韩府，窥探韩熙载放浪的夜生活，凭着记忆绘成千古名作《韩熙载夜宴图》。但见那图中姬妾宾客欢声笑语，唯独韩熙载始终闷闷不乐。

韩熙载看破了李煜的无能为力，看破了南唐的无能为力。他不想做亡国宰相而贻笑千古，却也无法对壮志难酬释怀。他羡慕李毂，因为有郭威和郭荣而终成大业；他更羡慕赵普，因为有赵匡胤而一展宏图，成为千古名相；他甚至有点后悔，后悔在建隆二年（961）出使大宋时，用一句"不如归去来，江南有人忆"拒绝了大宋的挽留，以报答李煜的知遇。

开宝三年（970）七月，在悲愤与绝望中，韩熙载离开了让他牵肠挂肚的江南，享年六十三岁。李煜哀叹："吾终不得熙载为相也！"乃手书诏令，追赠韩熙载同平章事。

韩熙载放弃了江南，但并非所有人都放弃了李煜。

就在韩熙载去世当年年底，赵匡胤发动攻灭南汉的战争。有识之士都明白，南汉很快就会亡国，而大宋也将完成对南唐的战略包围。到那时，南唐四面楚歌，再无翻盘的机会。

南都留守林仁肇坐不住了。他本是闽国旧将，后来归顺南唐。周世宗南征时，他曾在寿州数破周军。后来南唐溃败，他连躲张永德数箭，深得张永德钦佩。

林仁肇给李煜上了密表，奏道："宋军在淮南各州屯戍的兵力不过千人。宋朝前年灭掉蜀国，现在又发兵岭南，往返数千里，士兵已经疲惫不堪了。愿陛下给臣数万人马，自寿春北渡，占据战略要地正阳。然后利用当地怀念我大唐的民众，就可一举收复江北旧境！宋人纵使派兵来援，臣拒守淮水与其对垒，那宋军必然难以进取。起兵那天，陛下就将臣举兵叛乱的消息告诉宋朝。大事若成，我大唐可以享其利；万一失败，请陛下族灭臣家，以向宋帝表明陛下绝无二心！"且不说林仁肇的战略是否可行，单就这奇兵突袭的智谋、以弱伐强的胆略、精忠报国的忠义和视死如归的气概，就足以令万岁殿里威加海内的赵匡胤双手发抖、五内俱焚。

可惜，第一个双手发抖、五内俱焚的，是南唐国主李煜。

林仁肇的密奏尚压在一旁，枢密院承旨卢绛又来献计。原来，执掌中枢的枢密使陈乔早就看出卢绛是个人才，特地把他调入枢密院，又命他为沿江巡检，巩固江防。卢绛到任后招纳亡命之徒，练习水战，屡次在海门击败吴越的部队，掠夺船舰数百。

眼看着宋朝留给南唐的时间不多了，卢绛建议李煜："吴越是我们的大仇，日后必做北朝的向导，与北军成掎角之势攻击我们。应该先把他灭掉！"

李煜还没有从林仁肇的密奏中缓过神来，又听得卢绛要动兵，大为惊恐，问道："吴越乃大朝的附庸，我们怎么敢加兵？"

卢绛回答："臣请诈言宣州、歙州叛乱，陛下就声称讨伐二州，同时向吴越求援。吴越的大军入境后，陛下即可发兵破之。而臣率大军紧随其后，一路追着溃败的吴越军，必可灭之！"

李煜惊慌失措地摇摇头，不再答话。

卢绛的方略虽然避开了宋朝的兵锋，但吴越既为大宋属国，攻打吴越就等于叛大宋。南唐国力有限，如果真的动兵，与其耗费精力灭吴越，不如从林仁肇之计，兵锋直指江北。

不过，林仁肇的计划并非无懈可击。当宋军平定蜀乱、北伐太原时，南唐搞偷袭，使得大宋四面受敌，或可有为；如今虽然宋军疲惫，毕竟强敌或束手就擒，或元气大伤，南唐恐怕孤掌难鸣。再说，林仁肇夺回江北的条件之一是利用"当地怀念我大唐的民众"，可生活在赵匡胤时代的江北臣民，凭什么去怀念李景时代的南唐？

当然，如果横竖都是死，那倒不如奋力一搏。然而李煜不相信自己会死，不相信南唐会死。自从即位以来，他对赵匡胤卑躬屈膝，礼数周到，贡奉不断。在李煜眼里，自己是一个好臣子，好藩属，赵匡胤不会为难自己——即便为难，也根本抓不到把柄。

没有家国天下情怀的李煜当然不会明白，心系家国天下的赵匡胤怎么会把顺从作为阻碍统一的理由。赵匡胤知道，南唐是瘦死的骆驼比马大，李煜又专心"事大"，从来不给自己惹麻烦，因此，他也乐得给李煜卖个人情，让他开开心心享受几年"佳人舞点金钗溜，酒恶时拈花蕊嗅，别殿遥闻箫鼓奏"的醉生梦死般的生活。

然而，当华夏版图上的群雄越来越少时，李煜的好日子也就不长了。

尤其是当辽国也被大宋打怕了的时候。

耶律贤铩羽定州

在赵匡胤所有的军事征伐中，没有任何一次比讨伐南汉更顺利；也没有任何一次，比讨伐南汉更能刺激残存的群雄。

赵匡胤吞并南汉，在南方，则南唐在北、西、南三面遭到大宋合围，东面还有依附中原的强邻吴越。正因为不想坐困等死，才有了林仁肇、卢绛的突袭之计。在北方，则东南归宋将不远矣；加之北汉已成枯朽之势，辽宋之间的决战已经进入倒计时。

内忧外患中即位的大辽皇帝耶律贤，决定在宋人统一南北前做奋力一搏。改元保宁的他为了保宁，不得不做出一件打破宁静的险事。宋开宝三年、辽保宁二年（970）十一月，在大宋发起岭南战役不久，辽国以罕见的六万铁骑乘寒风南征，直插大宋北部防线的罩门——定州。

东京开封，一袭冬装的赵匡胤仍然日坐讲武殿，不辞辛苦地批阅奏章。在他桌上放着两张图，一张是乾德二年（964），王明所献阵图，以收复幽州之用。那时的王明还仅仅是侍卫司龙捷军中的普通军校，如今已经成长为征讨南汉大军的随军转运使。这些年，赵匡胤对王明扶持有加，却只字不提北伐幽蓟。

另一张是曹翰所绘幽蓟形势图，其意更是不言自明。

大宋立国整整十年，赵匡胤无时无刻不在惦记着幽蓟。只是十年来，他为了完成"先南后北"的统一战略，为了完成国内的渐进式改革，不得不对辽国始终采取隐忍守备之策。大宋的边将虽然都是人中龙凤，但不到万不得已，绝不允许主动生事。之所以说不到万不得已，是因为一旦契丹人欺负到大宋的头上，赵匡胤必然不卑不亢，加以颜色。

乾德三年十一月，辽军曾侵扰易州，掠夺当地居民。赵匡胤闻讯，决定以牙还牙，命监军李谦昇跨过国境，按照辽人所掠夺的人数，大掠当地民户。当时还健在的大辽皇帝耶律璟只好同意归还宋民，这才将辽民要了回来。

这一次"万不得已"，赵匡胤纯粹出于保护大宋子民，因而严格控制用兵规模，防止冲突升级。总体而言，除了辽军支援北汉，十年里，宋辽之间虽然摩擦不断，却从未直接爆发过大规模的局部战争。两国边境的人民互通有无，倒也相安无事。毕竟，进行大规模的战略决战，时机远未成熟。

赵匡胤能够实行保境安民政策，除了他在边镇大搞"特区"以外，与他牢牢地控制河北东部的第二防线也有关系。

河北与河东地区，共同构建起保卫中原的三道防线。

第一道防线以幽州、云州为中枢，依托北部山脉及长城天险，是历代王朝防御塞北边患的根本。可惜自石敬瑭割地，根本不存。

第三道防线，以天雄军会府大名府和昭义军会府潞州为重镇。然而这道防线险峻不足，如果前两道防线全面崩溃，这道防线也很难守住。

保证第三防线与京师万无一失的，正是第二道防线。其以瀛州、定州、太原府为核心，东凭河北"三关"（即益津关，周世宗设霸州；瓦桥关，周世宗设雄州；淤口关）及关北拒马河、滹沱河之羁绊，西倚河东雁门关之雄固。这道防线东部的瀛州和三关也曾因石敬瑭割地而失，好在周世宗及时收复；然而太原与雁门关却因北汉分裂而落入敌手。赵匡胤曾一再打北汉的主意，收复太原、续补第二防线也是原因之一。

在第二道防线中，定州又是关键的关键，犹如一个棋眼，关系到整个河北的局势。定州北去三关，为边关之后方；东连瀛州，为边防之枢纽；西阻土门（即太行山井陉关），为御汉之雄镇。更重要的是，此乃辽国入援北汉的必经之路。

因此，耶律贤这一手，也堪称有胆有识。如果拿下定州，既可威胁到大宋防线的后方，又可打通北汉东部的援助通道，顺便也缓解了大宋对北汉的压力。其战略价值绝不亚于林仁肇的偷袭寿州之策。

然而，与林仁肇一样，耶律贤也冒着巨大危险。定州城虽然地处平原，北部却群山起伏。加之此地深入宋境，西南又有镇州为掎角之势。胜负诚未可知。

耶律贤的手心里捏了把汗。

赵匡胤气定若闲。这辽人可真是好了伤疤忘了疼。田钦祚，你带三千兵马去会会他们。

三千？！

对！就三千！现在调集大军根本来不及，在定州阻止辽人进犯，三千将士入援足矣！赵匡胤又吩咐田钦祚："记住，彼众我寡。你只背对城池列阵，以待辽军。他来了你便战，走了也莫追。"

判四方馆事、领贺州刺史田钦祚是近年来军界的新秀，何况去年还随何继筠在阳曲大破辽军，只要他不好大喜功去追击辽人，保定州万无一失。

没人能够确定赵匡胤何来的自信。

但在十一月二十五日这天，所有人都已确定，赵匡胤的信心是有足够道理的。定州捷报传入大内，田钦祚以三千宋军痛击六万辽军，边关都在传言"三千打六万"！

六万辽军可能只是虚张声势，南征的契丹铁骑压根儿就没有那么多。不过这并不重要，重要的是，中原臣民都已亲眼看到，战无不胜的契丹铁骑一败再败，直到以传说中二十倍于宋的兵力败北。中原再不用对辽国战战兢兢，契丹不是不可战胜的罗刹，而只是普普通通的北虏，只是普普通通的人。

这一次，连赵匡胤自己都无法抑制感情的波澜。他跃跃欲试地说："辽人屡次侵边，我以二十匹绢悬赏一个辽人的人头，其精兵不过十万，我只需要费两百万匹绢，辽人就被杀干净了！"两百万匹绢，恐怕单封桩库的存货就足够了。

一日，赵匡胤将左右屏退，再度拿出曹翰的那张幽蓟形势图，兴致勃勃地叫来赵普："则平，你看看这个。"

赵普显然没有赵匡胤的热情，良久，淡淡地说道："这肯定是曹翰画的。"

"哦？"赵匡胤没想到赵普居然一眼就看出来了，"你是怎么看出来的？"

赵普答道："当今天下将帅的才干谋略，没有再高于曹翰者。这张图，除了曹翰，没人画得出来。"

赵匡胤听了很是高兴。当年他与范质一起，把曹翰从辅政名单中剔除，暂时留曹翰在河北当刺史。入宋后，曹翰与王著走上不同的道路，他没有怀念周世宗，而是积极向大宋靠拢。加之他为人机警有韬略，这些年没少跟着统帅们南征北战。曹翰前后在河北待了一年，暗中收集情报，颇有收复幽蓟的雄心。赵普说曹翰的才略为天下之冠，未免有些言过其实。不过对北伐一向热情不高的赵普却大夸曹翰，恐怕也是与曹翰英雄所见略同吧。如果赵普也能支持北伐幽蓟，赵匡胤无疑又多了一得力助手。

赵匡胤急于知道赵普的想法，又问道："你觉得按此图方略取幽蓟如何？"

赵普答道："让曹翰率军北伐，必然可取幽州。然而要想继续守住，必须世世代代让曹翰镇守。"

赵匡胤的脸"刷"的一下沉了下来。

幽蓟是北方防御重地，昔日的卢龙军节度使必以重将为之。然而，也正是因为其地重要，守将往往腹有韬略，手持重兵，割据一方，甚至造反自立。曹翰这个人在战场上勇猛无敌，在战场下机诈过人。让他去守幽州……赵普的话外音，赵匡胤当然明白。好不容易削藩大势已成，不能再重新拥立一个大藩。然而幽蓟重地，日后夺取，总需要人守，难道为了回避这个问题就不收复了？

可是赵普既然把话都说出来了，赵匡胤心里就不能不别扭。他自己也知道，对于禁军、藩镇将帅的猜忌是他的软肋，难以克服。他也明白，赵普把自己的心思琢磨透了。说来说去，赵普就是不同意先北伐幽蓟，甚至可能对北伐自始至终就不大在意。十年了，赵普就从来没为征讨北汉、幽蓟献过一份策！

赵匡胤有些不满，他开始觉得自己与赵普在某些大政路线上出现了难以弥合的分歧。但他还没有觉察，这种分歧只是被自己下意识地放大了。赵匡胤对赵普真正的不满，是因为赵普对他的脾气了如指掌。

帝王之心，安能任由臣子窥探？

赵匡胤和赵普都曾有一种错觉，以为赵匡胤可以一直对赵普包容下去。与所有明主昏君一样，久坐帝位、如日中天的赵匡胤，"帝王病"越来越重了。

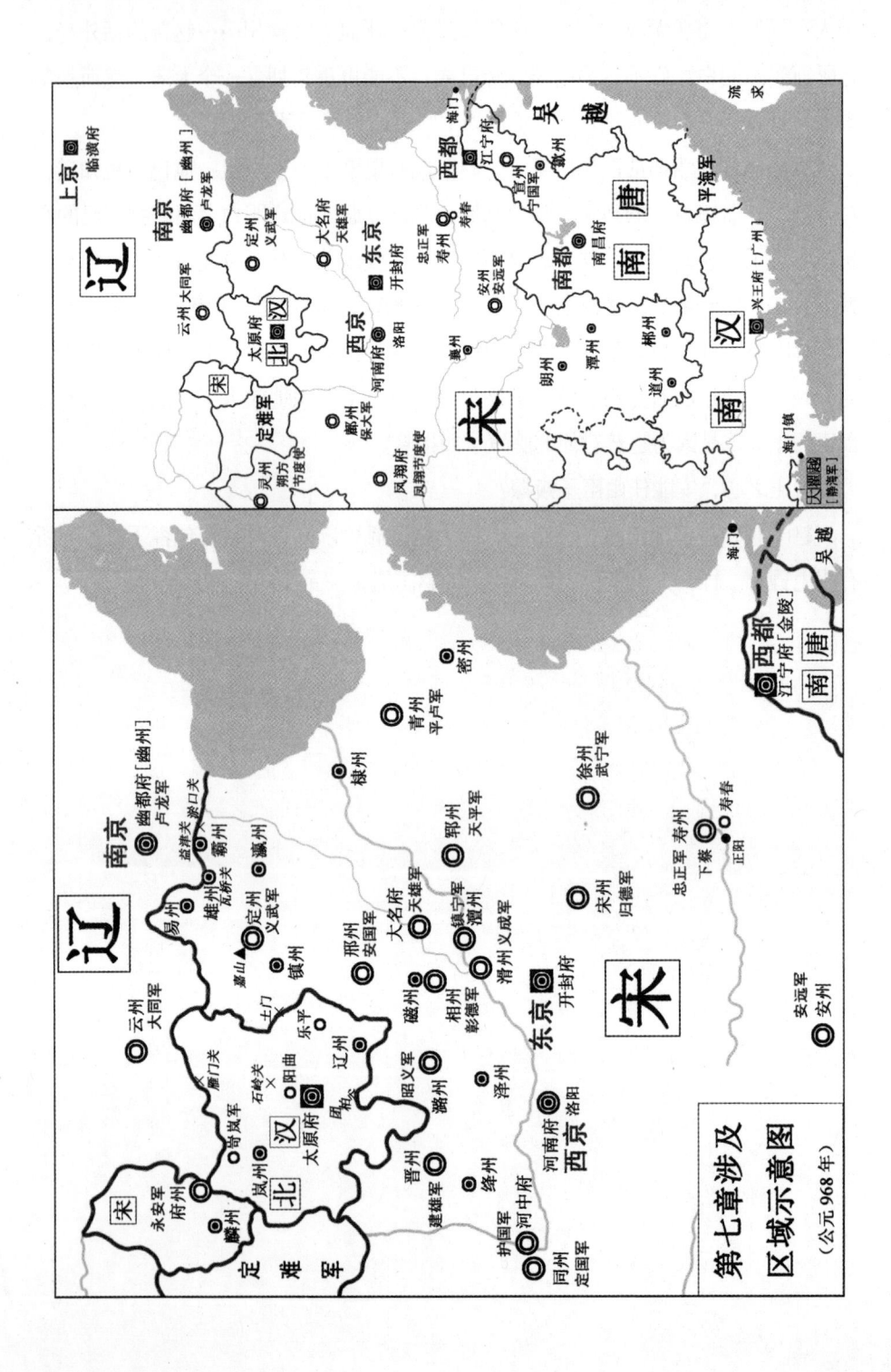

第七章涉及区域示意图（公元968年）

第八章　卧榻之侧，烛影斧声

一　中书外，权相落马

贩木案宰相受惊

开宝三年（971）三月，春夏之交的清晨尚称爽朗，骑马入朝的宰相却略显浮躁。赵普今年五十岁了，已是知天命的年龄，但他反而觉得天命难测。最近，他总有一种预感，他的独相快做到头儿了，甚至有可能连宰相都做到头儿了。

每个人在一个位子上，都有自己的使命；一旦使命完成，就要让位给别人，以完成新的使命。我的使命何时完成呢？藩镇皆罢？李煜入朝？契丹献土？还是……

正胡思乱想着，马突然停了，前方传来叫骂声。只见原左监门卫将军赵玭拦住导从，正在大骂赵普贪赃枉法。

怎么又是这个疯子……赵普不想节外生枝，示意导从绕行。但这时他才发现，四周早就围满了人。

事情闹大了，赵普有种不好的预感。

说起来，这个"疯子"赵玭也颇有意思，他比赵普大一岁，脾气极其暴躁。赵玭曾以左监门卫大将军判三司，一个偶然的机会，他知道了一件事：那时，秦、陇地区是著名的木材产地，朝廷将当地的木材贸易全面垄断，严禁私贩，以获取国家专营的利润。权相赵普既为韬晦计，又图荣华气派，命心腹亲吏前往当地，买了许多上等木料，结成巨大的木筏，从水路运回东京，给自己营建宅第用。本来，这事做得神不知鬼不觉，就算偶尔有一两个人知道，慑于宰相的权力和皇帝对宰相的宠信，也不敢多嘴。然而上梁不正下梁歪，那个贩木的亲吏私自扣留了部分木材，在开封城里偷偷贩卖，被暴脾气的赵玭逮个正着。

赵玭眼睛里不揉沙子，心里憋不住事。自从探知赵普贩大木案，他整个人都不好了。举报，害怕权势熏天的赵普对自己报复；不举报，实在是吃不香睡不着。最后，赵玭于乾德五年（967）以脚上受伤行动不便为由，自请辞去判三司的差遣，守着左监门卫将军的阶官，躲清静去了。

但赵玭连闲官都当不好。罢三司后，他积极发挥余热，不断地给朝廷写密信。没人知道他到底写了些什么，因为这些密信全部被留在禁中，赵匡胤既不交给大臣们商议，也不给赵玭做批复。

赵玭怀疑是赵普从中做了手脚。乾德六年八月，他抱着一打朝廷曾颁发给自己的拜官诰命，怒气冲冲地跑到阁门，一股脑儿将这些任命状全部丢给阁门使吏。

赵匡胤当即下诏：勒令赵玭归第。赵玭被开除了。

从此，赵玭彻底沦为怨妇，每天咒骂不停。可是他不敢骂赵匡胤，只好骂赵普：要不是知道了你私贩木头的事，我至于被开除公职吗！终于，他忍不住了，他要把憋在心里四五年的话，公之于众。

赵玭是幸运的，如果他早两年跑出来骂街，依着赵普的脾气，他绝对讨不到好。好在，今天的赵普顾虑重重。果然，当听说赵普涉嫌违禁贸易后，赵匡胤急命使者把二人叫到朝堂对质。

核查案情，这不是很正常吗？但对于赵普，想想当年雷德骧的待遇，就知道眼前的一切是多么不同寻常。

赵匡胤当了十多年皇帝，每天都要面对别人的三跪九叩，唯唯诺诺，偏偏这个赵普，总是跟他唱反调，把他搞得颜面无存。

如果说在创业初期，赵匡胤能保持恭谦的姿态和孜孜以求的心态；那么在大事初定的时候，他已经有了足够的资本来摆摆皇帝的谱儿。赵匡胤对赵普的容忍，慢慢变成了积怨。平时疏导不得，就总有爆发的一天。

于是，赵匡胤眼中的赵普，不再是以前的赵普。

便殿内，大宋高官云集。赵普跪在石板上，目光坚毅如常，只不过刻意避开了赵匡胤的眼睛。赵匡胤坐在御座上，气急败坏，见赵普这副模样，更加怒不可遏，下令将赵普逐出朝廷！

官员们都愣了。赵普虽然蛮横，不招人喜欢，但是对大宋有缔造之功，对朝廷事务废寝忘食一丝不苟，这是人人共睹的。私贩秦陇大木，这事说小不小，说大也不大，就算要惩罚赵普，也用不着这般小题大做吧？

然而天子盛怒，谁敢在这时站出来说话？

太子太师王溥敢。自入宋以来，王溥的"毒眼"似乎瞎了。关键时刻，从来未再见他出来过。明哲保身的王溥，一直把自己藏得很深。但事关国家大事，事关赵普安危，王溥决定不藏了。他躬身奏道："赵玭诬陷大臣。"

王溥出面，不仅给"挺普"的官员们壮了胆，更在赵匡胤心头重重敲了一下：老宰相都出来说话了，陛下，这可不是一般的事情，您要三思啊！

赵匡胤再一次"猛醒"，他开始权衡利弊。他与赵普的交情，远非普通君臣关系。赵普的忠心，似乎是不成问题的。而且，天下尚未一统，改革尚未完成，这个时候应该离开赵普吗？再者，光义最近又开始蠢蠢欲动，赵普一去，又有谁来制衡光义？

皇帝终于被自己拉回到赵普这一方，而孤身一人的赵玭就倒霉了。他被武士臭揍一顿，下御史台审讯，凶多吉少。

向来心胸狭隘、心狠手辣的赵普，这次不但没有落井下石，反而积极周旋。毕竟，在这样的情形下，赵普不敢再造次。何况，赵玭并非赵光义党羽，看来纯属举报不法或发泄私愤，赵普犯不着为了这样一个人，在赵匡胤面前巩固自己专权跋扈的形象。于是，在赵普的营救下，赵匡胤法外开恩，把赵玭贬黜汝州牙校了事。

赵普回到政事堂，闭上眼睛，仰靠在椅背上，久久喘不出一口长气，因为麻烦接踵而至。

这日，吴越国的使臣入京面圣，顺便给赵普带了十罐生猛海鲜。这些海物前脚运进宰相府，还没来得及启封；皇帝的车驾后脚就到了。

赵匡胤似乎是有备而来，进了院子，直奔那十个罐子走去，还特别好奇地问道："哟，这是什么啊？"

赵普一脸尴尬，回答说："这是吴越国送来的海鲜。"

赵匡胤说："打开瞧瞧吧。"一边说着，眼睛一边紧紧盯着赵普的脸。

皇帝既然开口，赵普哪敢违背，忙命家丁启封。一缕阳光扫过，十抹金光夺罐而出，直把赵匡胤和赵普晃得睁不开眼。

这哪里是什么海鲜，是整整十罐瓜子金！

赵普惊得目瞪口呆，一下跪伏在地，磕头谢罪："臣还没来得及查看，实在不知道这里面全是金子。要是早知如此，臣肯定会上奏陛下，推掉这十个罐子。"

听着赵普那略带发抖的声音，赵匡胤只是笑了笑，很轻松地说："没事，这些金子你收下吧。吴越国的人大概以为，国家大事都由你们这些书生说了算吧！"言罢，拂袖而去。

赵普仍旧跪在原地，他感到自己的双腿瘫软无力，根本站不起来。隆冬时节，他却汗如雨下，冷风一吹，心里拔凉拔凉的。

多年前，李煜也曾送来五万两银子。当时自己上奏朝廷，赵匡胤也是让自己照单全收，但语气全然不同。那时的赵匡胤说："我堂堂大国，不可妄自菲薄，这些钱你收下吧，也好让李煜安心。"

那时的官家在跟自己唠家常，而今天的皇帝却话里带刺。皇帝还是那个皇帝，官家却不是那个官家。坐在大内里的那个人，不再是赵二哥，而是大宋天子赵匡胤。

赵普两手撑地，总算勉强站起身来。他突然想到一个问题：主上早不来晚不来，怎么瓜子金刚一入府，他紧跟着就到了？难道有人通风报信，我相府里有内奸？曾在冯瓒身边安插眼线的赵普当然相信，只要别人想，一定也可以让奸细混入相府。敢在宰相身边插眼线，不用想，赵普已经知道是谁干的了。

一道寒光划过，那个心狠手辣的赵普又回来了。

杀人案皇帝埋单

夜阑寒寂，冷月当空。京尹府内，传来清幽的琴声。那是隋朝名将贺若弼所作十小调之一的《清夜吟》，为赵光义最喜。今夜，赵光义无眠，索性生起炭火，借着月光，操抚古琴。闭目闻听，只觉一轮明月，皓首当空。那孤寂的琴客，兀自四顾，却唯有夜雾朦胧，令人生寒。

十年了，二哥、赵书记，咱们斗了整整十年。这十年里，二哥你虽然给我开封府尹的地位，给我继承皇位的希望，却始终偏袒赵普，帮着他打压我。还好，你还知道我是你亲弟弟，关键时刻还知道护着我。

这些年里，无论有多少事情的源头指向我，不好意思，你们查不到我参与其中的证据。你们防着我，怕我，这都是你们逼的！

好在二哥你总算明白过来了。赵普跟咱们家关系再密切，也密切不过我这个亲弟弟。无论你是否要将皇位交给我，咱们才是亲兄弟。我的权力再大，那也是大宋的权力，我只会维护大宋的江山。可是他，赵普，一个外人，权力过大，掌权过久，就会侵蚀我赵家的天下！

想到这里，赵光义略有激动，手上的力道不免加重几分，那曲子已由幽静转向壮阔，仿佛黑夜将尽，东方既白。

如今禁军再无悍将，藩镇业已交兵，群雄芟夷指日可待，皇帝下一个要消灭的，就是大权独揽的赵普。赵光义心中一阵狂喜，突然"嘣"的一声，琴弦断了。

属吏来报：姚恕死了……

什么！赵光义猛然从榻上蹿了起来，古琴重重摔在了地上。

姚恕是开封府的判官，颇得赵光义重用。一日，他奉赵光义之命，拜谒宰相赵普。不巧，那天赵普正在宴请宾客。不知姚恕说了什么，惹得门子非常不快，死活不进府通报。姚恕在开封城里嚣张惯了，哪里吃得了闭门羹？他袖子一甩，怒气冲冲地离开了相府。

门子一看势头不对，这才匆忙向赵普通报此事。赵普命人急追姚恕，向他道歉。毕竟，身为宰相，赵普知道什么时候该小气，什么时候该大方。至少姚恕前来，说明开封府有公事要办。因私废公，既不符合赵普的脾气，更容易授人以柄。

没想到姚恕很牛，仗着自己是开封府的红人，连宰相的面子都不给：什么道歉，一概不接受。姚恕忘了，这位宰相虽然不是小人，但也不是君子。

不久，赵匡胤任命舅舅杜审肇出知澶州，赵普推荐姚恕做通判。赵光义闻讯，赶忙入宫阻止。

澶州，这座开封的北大门，如今像瘟疫一样，人人避而远之——因为黄河在那里连年决口。这澶州既要治理黄河，又要抢险救灾，而且遥遥无期，是个劳苦却不出政绩的地方。

而且，赵光义太了解自己的二哥了。赵匡胤对家人极为偏袒，这就意味着，与杜审肇共事澶州，有功就由杜审肇领着，有过就得姚恕兜着。万一二人生了冲突，所有过错都必然由姚恕来背。

更何况，姚恕是赵光义的左右手，不能轻易离开。当年石熙载备受猜疑，后来的陈学究被撵、刘嶅被罢，难道他开封府就不能用能人？

当然不能。到现在为止，赵光义做了很多让人不省心的事。虽然大多数都没有确凿证据，而且近年来赵光义也本分多了。然而，随着赵匡胤的儿子渐渐长大，他对赵光义也日渐担忧。"金匮之盟"是柄悬在头上的利剑，虽然赵光义还不知道有这样一柄剑，但赵官家对天子脚下这位颇具能量的京尹老弟不得不有所防范。因而，赵光义越是求着他留下姚恕，赵匡胤就越想把姚恕调走。这样一位吏才，去了澶州就可以为朝廷效力，留在开封府只能帮着赵光义搅局。

于是，姚恕战战兢兢地上路了。他深刻体会到了得罪赵普的后果，然而一切才刚刚开始。

开宝四年（971）十一月，赵匡胤收到一份奏章：澶州通判、司封郎中姚恕失踪了。

赵匡胤敏锐地预感到大事不妙。果然，他马上接到新消息：姚恕的家人在黄河里打捞到姚恕的尸体，他死时还穿着官服。而他的家人根本不知道他怎么会淹死在黄河里的。

赵普！赵光义！赵匡胤几乎凭直觉认定，二人与姚恕之死脱不了干系。赵普与姚恕的私怨他有所耳闻，再加上姚恕与赵光义关系不一般，赵普肯定对他深恶痛绝。而且，此前自己对贩木案的处理，无疑引发了政治地震。凭着赵光义的政治嗅觉，不会不做出赵普失宠的判断；而赵普为了表现出自己还没有倒台，也一定要敲打赵光义。姚恕无疑成为二人争权的替死鬼。

赵匡胤倒吸一口凉气。他没想到对赵普的一次公开不满，竟然导致如此严重后果。这件事若不能妥善解决，必将国无宁日！

此事不能拿到台面上来。如果一查到底，揪出的幕后主谋多半是赵普，这样等于把二人的矛盾彻底公开化，把两党的明争暗斗彻底公开化，只会引发更加剧烈的政治地震。后果是两党互相诋毁不止，不但其中是非曲直难以分辨，刚刚萌发的治世气象也会在内耗中折断。何况，无论是光义还是赵普，赵匡胤尚存手足之情，不愿把他们揪出来正以国法。

但赵匡胤必须给天下一个合理的交代，而且要迅速。一方面，朝廷命官不能这样不明不白的死去。如果朝廷始终拿不出个说法，那么流言蜚语必将充斥朝野。另一方面，既然赵匡胤断定杀姚恕者是赵普，那么赵普必然已经知道姚恕的死讯；姚恕的家人既然打捞到姚恕的尸体，赵光义也没有接不到姚恕死讯的理由。若任由事态发展，二人必会就此事大做文章。

另外，赵光义间接逼死张琼也好，逼退韩重赟也好，拉拢刘温叟也好，至少还没直接杀人。赵普这算什么？堂堂一国宰相竟草菅人命？何况这宰相的权力是不是太大了？！大到敢在皇帝眼皮子底下杀人？赵普啊赵普，朕可真要对你刮目相看！

账先留着秋后算，当前最大的任务是平息此事，大事化小，小事化了。

十一月十八日，朝廷正式下诏：黄河在澶州决口，当地官员没有及时上报灾情，造成民居、良田被洪水淹没。知澶州杜审肇免官，通判姚恕弃市！

据朝野相传，皇帝雷霆动怒。

咄咄怪事！咄咄怪事！赵光义心如刀绞。收到姚恕死讯不几日，疑点重重，二哥你就这样跟我解释这件事？

何况这样的解释根本说不通。天寒地冻，黄河居然会决口？就算决口，也不可能酿成夏季决口那样的后果。而且，即便姚恕失于上报，依《刑统》定罪，其罪不过挨板子，罢官都属过分，何以被定罪弃市？朝廷在隐瞒真相，而能让皇帝不惜欺骗天下人的，只有一个人——赵普！

赵光义没想到，已经有倾颓之危的赵普竟然会铤而走险，绝地反击；赵光义更没想到，赵普已经上了案板，二哥的菜刀竟然会斜过来砍向自己。难道他要将我也一并铲除？

赵匡胤谁也不想铲除。他是多么希望三个人能同心协力，让大宋从国力到版图，都恢复到当年大唐的盛景。

可是，权力让一切都变了。赵匡胤有些疲惫了，他亟须一个新的得力助手。这个人要超然于两个派系之外，若加以培养，最好能够重振朝纲——或者说，能够取赵普、赵光义而代之。御史台的刘温叟驾鹤神游，学士院的窦仪、陶穀也先后撒手人寰，现在，连重新起用的翰林学士王著也去见了他的周世宗。举目之下，还有谁足以重用？

赵匡胤想去翻翻史书，看看以前的皇帝是怎么做的。突然间，他想起一个人，此人博学多才，每次询问典故，必能对答如流；而且聪明机敏，有过理民经验。似乎可以让他再历练历练，日后或许能有大用。

这年十二月，赵匡胤正式下诏：兵部郎中、直学士院卢多逊，以本官充翰林学士。

这里需要说明一下，据《续资治通鉴长编》记载："河决澶州，东汇于郓、濮，坏民田。上怒官吏不时上言，遣使按鞫。是日，通判、司封郎中姚恕坐弃市，知州、左骁卫大将军杜审肇免归私第。恕，博兴人，事皇弟光义于开封为判官，颇尽裨赞。尝谒宰相赵普，会普宴客，阍者不通，恕怒而去。普闻之，亟使人谢焉，恕遂去不顾，普由是憾恕。及上为审肇择佐贰，普即请用恕，光义留之弗得。居澶州几二年，竟坐法诛，投其尸于河。恕家人初不知也，偶于中流得其尸，朝服故在，后数日，乃知恕所以死。人谓恕罪不至此，普实报私怨耳。"

只是此案疑点重重。笔者推论，姚恕家人之所以在打捞到姚恕时，尚不知道姚恕因何而死，是因为当时朝廷尚未公布姚恕的罪名及对他的处置。"后数日，乃知恕所以死"，则是在数日之后，朝廷才发出弃市的命令，以掩盖真相。至于"河决澶州"这种不正常现象与"上怒官吏不时上言"，很可能是给姚恕之死找的借口。史家对此事讳莫如深，经过不断地修饰，记载才成为今天这样。

救三司光义添翼

政事堂正厅，缕缕青烟正从一个硕大的瓦壶中冒起。瓦壶里，一本本来自各部门的文书，在熊熊烈火的吞噬下化作纸灰。

宰相赵普还在查看各地各部上报中书门下的文书，有不合自己意见的就随手扔在瓦壶里烧掉，皇帝根本就没机会看到。他已经做了八年独相，隋唐以来，文臣之恩宠难出其右。他作为赵匡胤的第一智囊，为大宋的渐进改革出谋划策，深得皇帝倚重。然而，他的权力欲望也在不断扩张。他党同伐异，权势熏天，甚至伸手到了万岁殿里。如今，中书门下的堂帖（以宰相名义签发的公文）与皇帝的敕令（以皇帝名义签发的公文）并驾齐驱，甚至比敕令更具效力。

相权盖过了皇权，不是最终取代皇权，就是被皇权削掉。

姚恕的案子，赵匡胤帮赵普顶过了风浪。可是赵普的心并没有因此而踏实下来——他既然从未有过取赵匡胤而代之的野心，距离失势也就不远了。

在皇帝打击赵普的事件里，赵普都是当事人，是直接被打击的对象；而在皇帝敲打赵光义的事件中，赵光义一如既往，躲在幕后。也许赵匡胤是无意为之，但是做者无意，观者有心。比如左骁卫大将军、权判三司楚昭辅。

开宝四年（971），霸府故吏楚昭辅接管三司，主持全国经济工作。可到了第二年七月，他就遇到大麻烦。因为以当时每月的粮食消耗速度，到了明年二月，京城粮仓里的粮食就都吃完了。所以，三司恳请皇帝调用军队，征用民船，以协助江淮地区的漕运工作。

赵匡胤勃然大怒，急召楚昭辅入对，严辞切责道："一国没有九年的粮食储备，就称不上富足。你平时不好好筹划，现在粮仓快见底了，才来请命让军队、民船协助漕运。朕问你，这是仓促之间能解决的事吗？朕要你这个官有什么用！你听着，如果明年二月无粮可吃，朕必拿你问罪，给天下一个交代！"

楚昭辅慌了。调集军队、征用民船，这是他能想到的最佳办法了。既然远水救不了近火，那就只能在京城里就近找水源。楚昭辅想到的第一个救星是赵普。毕竟，三司仍归中书门下管辖，两人又是霸府时代的老同事，这个忙赵普一定会帮。

等等……赵普已经不是当年的赵普了，他有能力，有官职，但是在官家面前还有以前的地位吗？搞不好官家听说我找他帮忙，还会迁怒于我。官家对赵普的心态，在贩木案中再明确不过。这姚恕案虽然不明不白，但凭为官多年的直觉，楚昭辅明白，官家表面上对赵普的包庇，其实是海啸前那异乎寻常的平静。

不行不行，得换个救星……赵普不行，能够摆平这件事的，就只有赵光义。

楚昭辅与赵光义并无太多交情。大概关系最密切的一次，是陈桥兵变成功后，他去定力院通知赵光义等人兵变成功。所以，赵光义会不会相助，他心里实在拿不准。何况，楚昭辅为人正直，多年来一直游离于派系斗争外。如果赵光义真的出手相救，恐怕自己今后都要成为京尹党的人了——这个人情，还不起啊。

开封府衙内，六十一岁的楚昭辅拜倒在年近三十四岁的赵光义面前，老泪横流：赵京尹，求求您了，您跟主上解释解释，我楚昭辅就是拼了这条老命，也一定把粮食的事解决了。

赵光义心中暗笑：您要是真舍得拼掉老命，还跑到我这儿来求个什么劲？平时不知道烧香，现在知道我赵光义是尊佛了？但他表面上却做出一副诚惶诚恐的样子。赵光义连忙起身，关切地安慰着：唉，您看您说的这是什么话。您跟了我哥这么多年，为我大宋鞠躬尽瘁。您有棘手的事，就算不来光义府上，光义也不会袖手旁观。放心吧，这件事包在我身上！

赵光义的姿态，很让长他三十岁的楚昭辅受用，他甚至觉得，自己以前对这位皇亲不冷不热，真是惭愧。从这一刻起，楚昭辅的心，倒向了开封府。

楚昭辅走后，赵光义找来右知客押衙陈从信，问道："怎么办？"

开封府衙确实是藏龙卧虎之地，陈从信想都没想，当即开出了治病良方。第二天，赵光义据此上报，赵匡胤非常满意。当年冬天，十万石粮食自江淮运抵京师，赵光义与楚昭辅皆大欢喜，唯余赵普一人，在政事堂里唉声叹气。

楚昭辅这样正直的人，在危难之际都舍近求远，去了开封府而不来政事堂，看来我赵普真是过时咯。赵光义的手既然伸进了三司，就等于伸进了朝廷。以后我这个宰相，是越来越难当了……

让赵普唉声叹气的，不仅有楚昭辅的态度，更有赵匡胤的态度。

赵普曾陪着赵匡胤过明德门，赵匡胤突然对门上的匾额来了兴趣。但见那匾额上写着"明德之门"。

赵匡胤问赵普："'明德之门'，干吗不直接写'明德门'，为什么用'之'字？"

赵普回答说："语助（助词）。"

赵匡胤冷笑道："'之乎者也'，能助得了什么？"

赵普哑口无言。主上只是随口一说，还是故意找碴儿？赵普发现，他跟赵匡胤之间的隔阂越来越深，深到他已经不知道皇帝在想什么，深到他已经不敢在皇帝面前随便说话了。因为一说就是错。

这天，赵普与赵匡胤讨论政事，不知道说了什么，又得罪了天子。赵匡胤不耐烦地说："怎么就没有桑维翰那样的宰相，跟我共商大计？"

桑维翰是后晋名相，可是他再有名，也没辅佐出一个太平天下，反而殉了他的故国。赵普不服，嘟囔道："就算是桑维翰在，陛下也不会用。桑维翰爱财。"

赵匡胤漫不经心地说："苟用其长，亦当护其短。措大的眼界小，赐十万贯钱，就能塞满他的屋子。"

赵普再度陷入沉默。圣上说这话是什么意思？用谁护谁？难道说的是我，以安抚我的惴惴不安？还是在告诫我，他要重用赵京尹，或者那个新提拔的卢多逊？

或许赵匡胤只是随口一说，可是赵普不能不想，他发现，现在每日有大量精力都花在揣度圣听上，堂堂宰相，沦落得跟宫里的阉人一般心思。赵普苦笑，他终于理解那些被缴了兵权的大将和节度使们的心境了。也许，他也应该步他们的后尘，自动交出相权，以求得良田美宅，抱得子孙满堂。

但是赵普不甘心，这不仅因为他贪恋权位，而是他明白，没有权位，他什么都做不成。他还有一份政治理想。

逐枢密赵普失势

与政事堂中的清冷幽寒不同，大内却是一片喜气洋洋。皇三女永庆公主即将出嫁，驸马是魏仁浦的儿子魏咸信。尽管魏仁浦已仙逝多年，但对于他的后代，赵匡胤仍旧给予照顾，希望他们与朝廷同为一体，对大宋披肝沥胆。

这天，永庆公主随皇后宋氏入宫面圣。宋氏是赵匡胤的第三任妻子、节度使宋延渥的长女，乾德六年（968）被立为皇后，可惜至今未有子嗣，也便将赵匡胤之前的皇子皇女们，当作亲生的看待。

即将成为新娘子，永庆公主心花绽放，越发爱打扮起来。只见她的衣服上贴着绣花，缀着翠羽，煞是美艳动人。

可是赵匡胤看了却一脸不快，对公主说："这衣服就放在我这儿吧，以后不要再用这些花花绿绿的东西做服饰了。"

公主知道，老爹的节俭病又犯了。从小娇生惯养的她哪管这些，撒着娇说："爹——爹——，你看嘛，一件衣服而已，能用几枚翠羽？"

没想到赵匡胤却绷起脸来，极其严肃地说道："话不能这样说。你穿成这样，那帮宫人外戚肯定竞相效仿，京城里翠羽的价格就会随之飙升。小老百姓一看有利可图，都跑去倒卖逐利，被杀的翠鸟也会越来越多。这些事全是你一个人引起的！你从小在富贵之家长大，应该珍惜这份福气，哪能开此恶端？"公主闻言，吐着舌头扮了个鬼脸，默默走开。

说话间，御辇已到殿外，赵匡胤准备出门办事。公主看了那寒酸的御辇，禁不住又小声和宋皇后嘀咕："爹都做这么多年天子了，怎么还不用黄金来装饰自己的御辇？"

不料这话被赵匡胤听见了。赵匡胤回过头来，笑着说："唉，你这孩子。你爹坐拥四海之富，就算是用金银珠宝来装饰整座宫殿，也不过举手之劳。但是，一想到要为天下守财，我就不敢乱用这些钱财。古人说，以一人治天下，不以天下奉一人。如果皇帝只知道自己享乐，那老百姓还有什么指望？以后你可不能这样说了啊。"

以天下奉一人而失国者,曾经的"好皇帝"孟昶就是这样由俭入奢而亡的,赵匡胤当然不想步他的后尘。

赵匡胤要为天下守财,赵普其实也不为后人谋私利。当时,朝廷官员可让自己的亲属子侄荫补为官。开宝五年(972)四月,参知政事薛居正、吕余庆,枢密副使沈义伦各有一子,补为西头供奉官。然而,赵普却从未让朝廷为自己的儿子荫补为官。直到临死前,他出于对亡弟的友爱与怀念,才勉强为侄子求了一次恩泽——这也是唯一的一次。

赵普还有意抑制家族发展势力。他权倾朝野十余年,兄弟子侄却官微权轻,不值一提。但是,这年九月,赵普却做了一件与自己言行极不相符的事:让儿子赵承宗迎娶枢密使李崇矩之女为妻。

难道赵普打算发展家族势力了?并非如此。楚昭辅投奔赵光义,赵普深为警觉。三司已失,不能再让枢密院落入开封府之手。最近赵匡胤紧密的联姻活动,倒是为他提了醒,可以用政治婚姻,将枢密院与中书门下牢牢捆绑在一起。

只是,备受嫌弃的赵普难以左右逢源。他防了赵光义,就防不了赵匡胤;一旦赵匡胤发难,赵光义又会紧随其后推波助澜。最后他被左右夹击,里外不是人。

赵普与李崇矩联姻,犯了赵匡胤的忌讳——或者说是所有皇帝的忌讳。中书门下与枢密院分别掌管政务和军政,本来就是帝王防范宰相权力过重的制衡措施。赵普独相近十年,恩宠有加,军事决策权本来就在他手里,枢密使对他马首是瞻,倒也无妨。然而,当皇帝忌惮赵普的权力时,枢密院与中书门下就必须泾渭分明。一切试图二府合一的努力,都是对皇权的严重挑衅。

赵匡胤很快对两府的联姻做出反应:从今以后,宰相与枢密使在长春殿外等候答对时,不许在同一间屋子里休息。这是防止在答对前,赵普与李崇矩"串词"。

赵普与李崇矩既为儿女亲家,赵匡胤这种举动在多大程度上能够防止他们"串通一气",还有待商榷。但无疑,这一举动传达了一种信息:皇帝很生气,后果很严重。

于是,那些唯恐天下不乱的人,适时地蹦出来为皇帝创造了后果。李崇矩的门客郑伸击登闻鼓,告李崇矩收受贿赂,操纵贡举,还找了军器库使刘审琼做证人。

赵普马上找到对策,无论这个郑伸是否受人指使,必须要做刘审琼的工作,不能任由他诬告。思想工作很奏效，刘审琼当庭反水，一口咬定郑伸诬陷李崇矩。

但真相有什么用呢？赵匡胤需要的不是真相，而是理由。诬告高官的郑伸被赐同进士出身，前往酸枣县担任主簿；而被人诬告的李崇矩却罢为镇国军节度使，次年再贬左卫大将军。

赵普又输了，枢密院一失，他成了坐守政事堂的光杆宰相。而他要面对的，是空前强大的赵匡胤、赵光义两兄弟的联盟。

然而，意想不到的事情发生了——赵光义病了，病到连人都认不清了。倘若赵光义就此病死，是不是一切都会出现转机？

但这只是赵普的侥幸梦呓。赵匡胤在听闻赵光义的病情后，连衣服都来不及换，穿着粗绸袍子和麻鞋，六神无主地奔向了开封府尹的后堂。病榻侧，赵匡胤紧紧握住赵光义的手，凝重地问道：有什么办法？

有人建议：或许可以试试灼艾之法。灼艾之法，就是用点燃的艾绒直接放到相应的穴位进行灼烧。这种治疗效果不错，但是治疗过程中，病人相当痛苦。光义不是习武之人，皮娇肉嫩，哪受得了这种苦？

医官点燃艾绒，缓缓朝赵光义的手臂点去。赵匡胤目不转睛地盯着绒柱，那呲呲的青烟仿佛一根钢线，在他的心上来回刺扎。

"啊！"赵光义吃不住剧痛，发出困兽般的嘶吼，身体剧烈地抖动，本能地躲避着艾绒，按都按不住。赵匡胤一手按着挣扎中的赵光义，一手也举起一根点燃的艾绒，急切地说：光义，光义，忍一忍！哥在你身边呢，别怕！

说着，他将艾绒朝自己手臂上狠狠戳去。

"嗯——"赵匡胤咬紧牙，憋着不让任何声音发出来。对久经沙场的他而言，疼痛确实不算什么；但肌肤被灼烧的滋味，好似有人拿了一把剪子，在活鲜鲜的肌肉里，挑拨着他的神经。

虽然不能从肉体上分担弟弟的疼痛，但赵匡胤希望昏迷中的弟弟能够知道，他没有被抛弃，他的二哥还在身边，就像当年契丹人洗劫开封时一样，义无反顾地保护着他。

光义，你是我弟弟，我亲弟弟！

也许是兄弟间心有灵犀，也许是赵光义在昏睡中听到了赵匡胤的呼声。他渐渐不再挣扎，咬紧牙关，承受灼艾之痛。赵匡胤也始终伴着医官的节奏，每当艾绒灼在赵光义的皮肤，他便随即灼在自己的皮肤。

就这样，从辰时到酉时（约为今日早七点到晚七点），眼见得赵光义大汗淋漓，缓缓苏醒，赵匡胤才不舍地离去。此后数日，他每天都要亲自探望光义，直到光义康复为止。

他是我二哥，我亲二哥！赵光义的眼眶湿润了。如果一切能够回到从前，我跟在二哥身后，去城外的树林里打鸟，那该多好啊！

赵普默默叹着气。血浓于水，兄弟永远是兄弟。倘若病得不省人事的是自己，赵匡胤会不会顺势让自己致仕养老呢？金匮之盟，那不过是人家兄弟的家事，不是我这个外人该操心的。

反贪案架空中书

开宝六年（973）三月初一，赵匡胤素服发哀，辍朝十日。去世的是一位重要人物——刚刚二十一岁的郑王郭宗训。

四年前，赵匡胤的老师辛文悦受命出知房州，负责监视日渐长大的周郑王。有人说，郭宗训在监视下，整日提心吊胆，郁郁寡欢，因此年纪轻轻就上了奈何桥；有人说，辛文悦收到皇帝密令，暗中加害了前朝逊帝；也有人说，辛文悦为了讨好天子学生，自作主张，将郭宗训杀害。

赵匡胤可能真的没有杀郭宗训之意，因为杀他毫无意义。大宋立国十三年，芟夷群雄，威加海内，连与周室关系最为密切的实力派符彦卿也已经告老还乡。郑王虽然日渐年长，但孤居房州，难道还有匡复大周的能力？这样一位没有威胁的前朝逊主，杀他除了往自己脸上抹黑，难道还有其他实际意义？

所以，郭宗训真的可能是寿终正寝；即便殂于非命，也是好事者揣错了圣意。

周世宗的三个儿子早夭，郭宗训、郭熙谨早逝无后；郭熙让、郭熙诲已经改名更姓。至此，世间再无郭荣的直系子孙。大周郭氏再无后裔矣！

作为郭荣，他断子绝孙了；但作为柴荣，他的生父柴守礼还有许多后人。赵匡胤不能让郭荣重新变回柴荣，但可以让柴氏子孙共享大宋太平。这多多少少，算是他对郭荣的一点儿补偿，也算是对自己的一点儿救赎。

"柴氏子孙有罪，不得加刑，纵犯谋逆，止于狱中赐尽，不得市曹刑戮，亦不得连坐支属。"赵匡胤提起毛笔，庄重写道。

然而，在岌岌可危的宰相赵普眼里，郭宗训的死，赵匡胤难脱干系。他只觉得赵匡胤越发铁腕儿，自己身后阴风迭起。

乌云压顶，看来要下雨。赵普回到政事堂，抬头愣住了。诶？我走错门了吗？怎么具体处理事务的十五名堂后官，除了四人外，其余十一人一个都不认识？

堂后官，全称制敕院五房堂后官，虽然名为"官"，实际属于"吏"。他们隶属中书门下，主要职责是起草熟状等文书，是宰相的秘书班子。

一名小吏来报：陛下有诏，说先前的十五位堂后官从来没更换过，特命吏部流内铨（中央人事部门之一）重新选任十五人到任，不再用吏人，改用士人。以后每隔三年，堂后官就要换一次人。只是流内铨选不出这么多合适的人，只派来十一位堂后官，另有四位旧吏暂时留任。

赵普咬着嘴唇，闭上眼睛。终于，外围的党羽歼灭殆尽，就要对中书门下内部下手了。"咔——嚓——"闪电将天空撕裂，惊雷从裂缝中滚落，震得中书门下的门窗柱瓦为之发抖。

好大的雷！

劈在赵普头顶的雷，名叫雷有邻。此刻，他把登闻鼓敲得洪如雷声，响彻京城。

雷有邻是雷德骧的儿子。当年，雷德骧因为举报赵普，被贬黜商州，做了小小的司户参军。但他毕竟曾为朝官，当地刺史对他还是颇为礼遇的。几年后，刺史调任，改由奚屿来知州。奚屿曾任大理正，知馆陶县，他连符彦卿都不放在眼里，何况是雷德骧？而且，那时的赵普还权倾朝野，为了向宰相表忠心，奚屿决定，好好整一整这个没事乱说话的雷德骧。

傲慢的奚屿到达商州后，马上让雷德骧行参拜礼。一直做监察和法律工作的雷德骧，本来就不把行政官员放在眼里；更何况这个奚屿，当年曾与自己共事大理寺，哪有给同事下跪的道理？

雷德骧不满，口出怨言。奚屿怒而不发，直到他发现雷德骧把对朝廷的不满都写了下来。一日，奚屿把雷德骧叫到州厅谈话，暗中却叫人到他家里搜查，结果诽谤朝廷的文章一搜一个准。奚屿当即把雷德骧绑了，上奏朝廷。大概赵匡胤也觉得当年理屈，这次对雷德骧倒相对宽容，只是将他削除官籍，发配到灵武去了。

奚屿没想到，他讨好赵普的举动，后来却促成了赵普的倒台。因为雷有邻认定，父亲的一贬再贬，完全是赵普授意为之。

雷有邻恨赵普，他要彻底毁掉赵普，为父亲报仇。

雷德骧有个同年考中进士的同窗，名叫王洞，时任秘书丞，雷有邻曾多次拜谒他。大概是同情雷德骧的遭遇，又见雷有邻如此乖巧，王洞渐渐地对雷有邻信赖有加，把家中之事都托付给他打理。

一日，王洞委托雷有邻去买半铤白金，并告诉他："这些白金，准备送给胡将军。"胡将军，并不是哪位带兵打仗的将军，而是中书门下的堂后官，名叫胡赞。

事涉中书门下，雷有邻来了精神。胡赞乃是赵普亲信，与另一位堂后官李可度一起，仗着自己长年任职政事堂，多次对官员索求贿赂。当然，这些钱恐怕有不少得孝敬给他们的上司赵普。

为了拿到胡赞贪污索贿的证据，从而进一步扳倒赵普，雷有邻曾主动与胡赞打交道，并多次拜谒胡府。只是这位"胡将军"做事滴水不漏，根本查不出问题。如今王洞托自己去贿赂他，这真是踏破铁鞋无觅处，得来全不费工夫。自己就是证据，还找什么证据？

但这恐怕还不足以让赵普倒霉。雷有邻又将目光转向人事问题，这在哪个朝代都是极敏感的问题。这次提供帮助的是他的一位朋友，名叫刘伟。

按照当时规定，担任摄官（临时代理的官职）满三任，同时解由（官吏调任时的证明文书）齐全者，可以向有关部门申请参加考试，通过后即可转正录用。

刘伟曾经担任摄上蔡主簿（上蔡县的代理主簿，负责县内官物出纳、注销簿书），虽然已满三任，却把其中一任的解由弄丢了。刘伟的哥哥刘佽中过进士，他给刘伟铸了一方伪印，并做了一份假解由。由此，刘伟得以顺利转正。

作为朋友，雷有邻很快就套出了刘伟造假的证据。人事考核任免的相关部门，本来就隶属中书门下，因而此事与赵普是有关系的。何况刘伟兄弟上下请托，中书门下更难逃其咎。

除此之外，雷有邻还探得一个消息。乾德年间，朝廷曾命宗正寺丞赵孚到西蜀地区任职。当时西蜀的治安乱得一塌糊涂，赵孚害怕有去无回，于是贿求宰相赵普，以生病为由，躲过了这次任命。

直到此时，雷有邻才觉得证据充分，他敲响登闻鼓，在赵匡胤面前细数赵普罪状。比起郑申诬告李崇矩，雷有邻掌握的都是第一手证据，甚至有些事情就是他亲身经历，言之凿凿，不容辩驳；比起赵玭和父亲雷德骧所告发的经济问题，赵普在人事任免方面一手遮天，更令帝王忍无可忍。

其实赵普既然早就在赵匡胤心里挂了号，就算他清正廉洁，不党不群，赵匡胤也一样会以"沽名钓誉"的眼光来看他。何况赵普确实不干净，雷有邻又证据确凿，公然发难，就算赵匡胤有心再来一次姚恕葫芦案，也堵不住天下人的嘴了。

宰相弄权，威胁皇威；贪污腐败，人神共愤。事情闹到这个地步，赵匡胤保不住赵普，更不想保赵普。十年，整整十年，从最初的言听计从，到隐忍不发，再到忍无可忍，赵匡胤终于发怒了。

六月二十日，赵匡胤下诏，参知政事吕余庆、薛居正到政事堂办公，与宰相同议政事。这是剥夺赵普独相权力的开始。

赵普异常冷静。雷有邻能量之大，出乎他的意料。不过，如果他是得到赵光义的支持，那这件事也就没什么好吃惊的了。赵普望天兴叹：多行不义必自毙，我也无须怨天尤人。

封晋王相星陨落

赵普已经放弃挣扎，等待赵匡胤的审判。

可是赵匡胤却在煎熬。事到如今，把赵普赶出朝廷，似乎已经没有回头路。但真的让他做决定，却又下不去手。

自显德三年（956）滁州城风云际会，两人相交十七年。他们一同抵抗周世宗的疑心，开辟大宋基业；一同讨乱平叛，稳住大宋江山；一同推动改革，成就大宋文治。如今，天下即将大定，君臣却要分道扬镳，必须如此吗？

未必。满朝文武，"倒普"的呼声此起彼伏，然而参知政事吕余庆对此不以为然，公然为赵普说话。

可吕余庆也无法左右朝局，最终左右赵匡胤想法的，是翰林学士卢多逊。

卢多逊最近很受宠。但翰林学士的位子满足不了他，他和陶穀一样，眼睛早就盯住了中书门下。不同的是，陶穀选择依附赵普，等待时机，结果等到他死，赵普也依旧独掌中书；卢多逊则选择推翻赵普，他明白，只有把赵普彻底赶下台，自己才有拜相的机遇。所以，每当赵匡胤问起赵普的事来，卢多逊都极尽诋毁之能事。

然而，卢多逊的父亲卢亿却日夜担忧，他曾对卢多逊说："赵普，是开国元勋！你今天诋毁他，早晚有遭报应的时候，到时候肯定会把我也牵连上！但愿我早点儿死，死在你身败名裂之前，那就是不幸中的万幸！"

赵普有功劳，有威望，有朋友。你看看那些开国大将与他的关系，你看看王溥、吕余庆这些从龙之臣，为了保他不惜顶撞皇命。卢多逊，你有几个脑袋？

卢多逊却心中傲然：要为非常之人，必做非常之事！像您这样规规矩矩，难怪一辈子当不上宰相！怕什么，我身后有人！

没人知道从何时起，貌似"无党派"的卢多逊，身后屹立起堂皇的开封府。仗着"身后有人"，卢多逊的胆子更大了。到后来，即便赵匡胤不再刻意询问赵普的事，他也会在答对时顺便说两句赵普的坏话，甚至举报赵普曾用空地调换皇家的菜园，以便扩建自己的宅子；赵普还私开货栈、店铺，与民争利……

够了！赵匡胤只觉血气上涌，心中一阵恼怒。赵普啊，赵普！你太令朕失望了！赵匡胤气急败坏，找来另一位翰林学士李昉，要把卢多逊举报的这些罪名坐实。

李昉，就是大宋开国时不肯朝见天子的那位李昉。如今，他也变得圆滑了。赵普危在旦夕，既然吕余庆说话都不管用，我又何必多此一举，得罪卢多逊，甚至得罪赵光义？然而，让李昉依附权势，他又实在办不到，只好模棱两可地回答："臣的职责是草拟诏书，至于赵普做过什么，臣不得而知。"

赵匡胤陷入了沉默。李昉的言外之意，他当然明白。王溥、吕余庆、李昉，这些文臣或进谏，或沉默，只为了一个目的：留下赵普，朝廷需要赵普！

然而赵普还能留吗？从古至今，除了亡国之君，哪个皇帝能够容忍宰相的权力有凌压皇权之势？没有！更何况，赵普，你干的坏事还少吗？你不要说这一切是自污韬晦之策！难道朕就真的是一个为了巩固权位，逼着宰相去藏污纳垢，不惜以吏治为代价、以百姓为代价、以天下为代价的昏君？岂有此理！

赵普坐在宰相的椅子上，度日如年。他有点舍不得政事堂的小屋。十年了，他在这里劈风斩浪，也在这里避风躲雨。他在这间小屋里的时间，甚至比待在自己家中的时间都长。只是天下没有无终的曲，曲终人散，那又何必空愁暮。

六月二十八日，皇城终于有了音讯。参知政事薛居正、吕余庆与宰相赵普轮流知印，押班奏事。从这一天起，参知政事正式从宰相助理提升为副宰相。赵普一人执政的局面，彻底结束了。

又过了两个月，八月二十三日，尚书左仆射、兼门下侍郎、同中书门下平章事、昭文馆大学士赵普，接到了罢免的制书：特授检校太傅，同中书门下平章事，使持节孟州诸军事、孟州刺史、充河阳三城节度、孟怀等州观察处置管内河堤等使，仍改赐推忠佐运同德翊戴功臣。简单地说，赵普和当年那些禁军大将一样，挂着同平章事的虚衔，外放地方去做节度使了。

诏书写得很温婉，说赵普一直操劳国事，身心俱疲，朝廷不忍。所以，给宰相放个长假，到地方上去休息休息。

赵普苦笑，虽然诏书说得假大空，但皇帝还是给自己留了面子，至少没有在诏书里痛斥自己的所作所为。来而不往非礼也，赵普也写了一封叩谢皇恩的信——就算是对你我君臣一场，有个交代吧。在这封信里，赵普特意写道："外人都说臣对皇弟开封尹轻视非议，皇弟忠孝全德，哪有什么可挑剔的呢？"

赵匡胤读信至此，心中五味杂陈。

赵普走了，他最后一次回望东京，是那样的不舍与不安。二哥，我只能送你到这里了，我们都低估了光义，以后，你多加小心吧。

没有赵普，以赵光义的威望和身份，再没有不封王的理由。

九月，赵光义加封晋王，位居宰相上，成为大宋开国以来第一个、也是当时唯一一个亲王。晋王，这是当年周世宗身居潜邸时的王号。亲王尹京，王号为晋，内涵所指，不言自明。

赵光义终于走出阴霾的开封府，在温暖的阳光下伸了个大大的懒腰。无论皇帝是真心有传位之念，还是仅仅为了弥合兄弟间的裂痕，从今以后，他赵光义都不用再躲在背后了。

只是，兴奋过度的赵光义没注意，赵匡胤一面在东京开封封他为王，一面却暗中抬高了西京洛阳的规格，诏命西京诸殿门列戟的仪制与东京相同；他更没注意，与自己同时晋封的三弟赵光美，检校官的官阶竟然低于赵匡胤的次子赵德昭。

二　卧榻侧，岂容他人

李煜自毁长城

赵普走后，赵匡胤大赏群臣，重收被赵普夺走的人心。除了皇弟赵光义、赵光美与皇子赵德昭加官晋爵外，其他官员也跟着赵氏家族荣升了：

吏部侍郎、参知政事薛居正为门下侍郎，枢密副使、户部侍郎沈义伦为中书侍郎，两人并平章事，担任宰相（时吕余庆已因病解职）。天平军节度使、同平章事石守信加兼侍中，使相的官阶再升一级。归德军节度使高怀德、忠武军节度使王审琦，并加同平章事，成为尊贵的使相。翰林学士、兵部郎中卢多逊为中书舍人、参知政事，晋位副相，距离他的宰相梦仅有一步之遥。左骁卫大将军判三司楚昭辅为枢密副使，跟着赵光义的他，终于转危为安。静江军节度使、殿前都虞候杨义为建武军节度使、殿前都指挥使。自韩重赟罢军职后，六年来，这是首次除授殿前都指挥使的职位。

这是大宋开国以来，对朝廷文武官员做出的最大一次集中性调整。

然而，离开开封的赵普是洒脱的，守在金陵的李煜是恐惧的。

这种恐惧自两年前越发不可收拾。

开宝五年（972）二月，江南入春已半。别致雅静的金陵宫城里，绿草繁盛，落梅如雪，水暖凝香，蜂蝶正忙。花香深处，打扮得花枝招展的宫人们也在忙碌着。只见一双双纤纤细手扶花而起，正将各色的花枝，插遍了金陵玉府。

在南唐的皇宫里，梁栋窗壁，柱拱阶砌，都有插花的隔筒。每年春季，李煜都会命宫人折下新艳的花枝，插满宫中的隔筒。远远望去，凌空绽香，万芳斗艳，仿若仙园，真不知是人在花中，还是花在人畔。这幅诗画，李煜名之曰"锦洞天"。

洞天深处，笙箫曲悦，木笛悠扬，一朵金黄色的莲花迎歌绽放。金莲高六尺，坠以璎珞，饰以琉璃；又有轻带当风，细绸萦绕，看那金莲好似浮于薄纱之上。

在金莲的中心，品色瑞莲香蕊吐露，娇艳而出。一支纤细娇嫩的玉足，缠着薄如蝉翼的纱帛，一弓一挑，一颦一蹙，宛若朦胧月色下轻盈灵动的少女。

这少女名叫窅娘，是李煜最为宠爱的宫人之一。此刻，莲花上的她婀娜多姿，真真是"凌波微步，罗袜生尘"，仿佛仙霞初露云端，又似花容掩蔽明月。难怪南唐名臣唐镐有诗赞曰："莲中花更好，云里月长新。"

李煜看醉了。这座南唐国主的寝宫名叫武德殿，平定祸乱，乃曰"武德"，这曾是大唐皇帝李渊开国的年号。如今，"武德"的殿名与窅娘的舞姿是如此格格不入；甚至连唐的国号，也唐突了江南的秀色可餐。

眼见大宋蒸蒸日上，江南国势日颓，李煜却整日躲在温柔乡里醉生梦死。他拒绝了林仁肇、卢绛的自强之策，坐观赵匡胤平灭岭南、屯重兵于江南上游的汉阳。

当时有商人来告，说宋军正在荆南营造数千艘战舰，并自告奋勇，密往荆南火烧战舰，以效国恩。可惜，李煜没有勇气，尤其是当他听说辽国连续为宋军所败时。李煜害怕任何招惹宋军南征的举动，他放弃了军事对抗，代之以派遣九弟吉王李从谦、七弟郑王（一作韩王）李从善朝贡大宋，珍宝器币比过去增加了一倍。他还去掉了"唐"的国号，改称"江南"，并乞求大宋皇帝不要再称呼自己为国主，改为直呼自己的名字。

从"唐"到"江南"，李煜正式取消了名义上独立的国格。他相信，只要坚持侍奉大宋，看在自己勤劳恭谨的份儿上，大宋会给江南留条后路。

李煜在歌舞升平中，却等来一个坏消息：郑王被大宋扣留了！

李煜吓得瘫在了御座上。从善为什么被扣留？哪里惹大宋皇帝生气了吗？大宋会不会来灭江南？是了是了，既然去了国号，我怎么还留着大朝的制度？

当月，李煜下令，减损江南一切制度。他所下的诏令改称教，中书省、门下省改为左、右内史府，尚书省改为司会府，御史台改为司宪府，翰林院改为修文馆，枢密院改为光政院。又贬七弟郑王李从善为南楚国公，八弟邓王李从镒为江国公，九帝吉王李从谦为鄂国公。

还有皇帝御用的建筑装饰鸱吻，过去李煜总是偷偷使用。若有宋使到来，他就命人拆掉；等宋使走了，他再把鸱吻装上。这次，他彻底除去鸱吻。

窅娘已经退下，莲花也已不在。金陵城，锦洞天，一下子昏暗起来。

赵匡胤正在盘算，何时对江南下手。

江南对于大宋的战略意义太大了。首先从安全上，日后能否从容对阵契丹北汉，江南的地位举足轻重。倘若宋辽开战，李煜真的在大宋背后来一手偷袭寿州，宋军被逼得两线作战，北伐就可能功败垂成。

其次，从经济上，江南虽然严重衰退，但尚未崩溃。自唐朝以来，江南地区就是一座大粮仓，且不要说供应北伐的粮饷，就是顺着运河运到开封的粮食，能解决多少人的吃饭问题？这样一片大好疆土，留在治国无能的李煜手里，根本作践了天下粮仓的美名；何况为了削弱江南国力，大宋又不得不对其采取经济制裁。时间拖得越久，江南的经济衰退越严重。对于大宋而言，不如早早收回为妙。

再次，从文化上，江南是文化圣地。李煜的朝廷里，从已经离世的冯延巳、韩熙载，到还活着的徐铉、徐锴、顾闳中，尤其是李煜本人，个个精通经史子集、琴棋书画。这样的人留在江南做官，不一定能把当地治好；但如果让他们做顾问，修史校书，可谓得其所用。

最重要的是政治上。自战国以来，大一统的理念早已深入人心。一个太平盛世，一个文明国度，怎能允许国土支离破碎，怎能允许山河分崩离析？而且，两百年的战火纷飞，最遭殃的还是老百姓。百姓都渴求着全国统一，渴求过上太平安稳的日子。江南，注定没有存身的理由。

所以，收复江南不是问题，如何收复才是问题。冯延鲁的话，赵匡胤记忆犹新。与李煜动武，血染长江，江南焦土，这不是最好的选择。毕竟，江南的官民也是我大宋子民。无论是大宋还是江南，哪边有伤亡，赵匡胤都心有不忍。何况，他希望获得一个能够迅速恢复活力的"活江南"，一个能助大宋迅速崛起的"活江南"；而不是像周世宗那样，得到一片破坏殆尽的"死淮南"。

赵匡胤与李煜一样，都有好生之德，不愿江南毁于战火，人民惨遭涂炭。但与李煜不同，赵匡胤明白，无论是和平收复，还是武力统一，他都必须有强大的军事实力做后盾。

金陵东郊，开善道场的钟声沉闷深远。在后世，这里以灵谷寺之名，陪伴着国民革命军将士的英灵，遥与中山陵相望，任人凭吊那浴血奋战的气概；而在江南国时代，这里少了几分血性，却仍不失肃穆与虔诚。它承载着一位文人国主的太平希望。

李煜与小周后一身袈裟僧帽，口诵佛经，跪拜叩首，直叩到脑门肿赘。

李煜终于收到李从善的来信，内容却让他大为惊骇：从善以大宋泰宁军节度使的身份，劝李煜入朝。

入朝……这是李煜最害怕的字眼儿。以堂堂国主之躯，入大朝之都，岂有放还之理？我江南的社稷岂不毁于一旦？我李煜的生命岂不就此终结？还有小周后，还有窅娘，还有那么多花容月貌、才华横溢的宫人，又有谁会再对她们怜香惜玉？

李煜是纯粹的文人，文人有文人的懦弱，文人也有文人的倔强。李煜懦弱，他死活不敢与大宋为敌；李煜倔强，他坚决不肯将自己、将宫人、将江南的命运交给别人掌握。

李煜又深深地磕了一个响头：愿佛祖明我李煜虔诚之心，救我江南于水火。

不远处，小长老望着李煜虔诚的身影，满脸肃穆。如今江南境内，到处是释寺佛院。仅金陵城里就有僧人数千；即便是近年饥荒不断，李煜对他们的粮米绢帛供应仍然不绝。江南的钱荒越发严重，而李煜不惜以宝贵的铜材铸造大量佛像。江南自李昪主政便崇佛，但李煜如此变本加厉，恐怕多是拜小长老所赐。

如今的小长老也是一派法师气象，在牛头山大起千余兰若，广聚门徒，其受李煜宠信，可见一斑。然而，谁也不知道，小长老还有另一个身份——大宋谍者。他是赵匡胤派来江南的卧底，也是从内部削弱瓦解江南的利器。

于佛而言，赵匡胤虽对佛教礼敬有加，终不敢李煜的举国事佛。李煜确实虔诚，然佛有好生之德，若为天下苍生故，安能舍匡胤而救李煜哉？

小长老扬了扬眉，国势困窘，朝廷是时候来拯救江南百姓了。

赵匡胤收到消息，李煜不但拒不入朝，而且虽然外示畏服、修藩臣之礼，内实缮甲募兵、阴为战守之计。看来和当年的冯延鲁一样，赵匡胤低估了文人的骨气。不动用一些非常手段，李煜不会拱手让国。

这个非常手段，就是要李煜自毁长城。

江南第一大将，莫过于南都留守、兼侍中林仁肇。若要李煜入朝，林仁肇一定会从中作梗；若要对李煜动武，林仁肇更是个大麻烦。而且林仁肇出身行伍，虽为将帅，却仍然与士兵同甘共苦，真乃一当世项燕也。

当年，江南的枢密使陈乔推荐林仁肇时曾说："若让仁肇外将军士，让乔内掌机务，我国土虽然翦蹙，别人想打我们的主意也没那么容易。"陈乔内掌机务，固不足虑；但林仁肇外将军士，赵匡胤就得要深思了。

自从林仁肇谋袭寿州，赵匡胤日夜难安，对他越发忌惮。不过，他打听到一个消息，江南的"军二代"皇甫继勋、朱令赟等人与林仁肇不和，时常跑到李煜面前说他坏话——林仁肇勾结大宋，要在江西自立为王。

这种小把戏，不禁让赵匡胤想起了当年张永德、李重进互相拆台，李景暗使离间的事。不过，周世宗英明神武，现在的李煜却昏聩无能。李景的离间计能被周世宗看破，赵匡胤的离间计李煜就未必识得。

这年闰二月，赵匡胤突然带李从善来到一间屋子。只见屋子里悬挂着一幅人物画，那人身材魁梧，气宇轩昂。骤然见之，李从善大为惊讶。

赵匡胤故意问道："你看这画如何？"

李从善似乎答非所问："这画……好像是臣国的林仁肇。"

赵匡胤笑了，眼力不错，这图画的正是林仁肇。为得他一张肖像画，朕可没少花工夫。赵匡胤漫不经心地说："仁肇就要归降大宋了，特以此画作为信物。"紧接着又指了指这间空荡荡的屋子，"朕准备将这间屋子赐予仁肇居住。"

李从善不知该回应什么，只好堆笑一番，掩饰心中的尴尬、恐惧与忧愁。现在看来，李从善也是个呆子。如此机密之事，赵匡胤为何毫不遮掩地对他说？

没过多久，赵匡胤就得到反馈。林仁肇被毒死了，李煜对他没有半点惋惜。

"形势紧迫如此，却杀忠臣！我要死无葬身之地了！"陈乔望江哀叹。

卢多逊的城府

开宝六年（973）四月，卢多逊即将北归的小船停靠在宣化口。此行，他以翰林学士（其时赵普尚未倒台，卢多逊也尚未晋升参知政事）身份，代表大宋天子出使江南，李煜对他极尽款待，盼望他能在赵匡胤面前代为美言。

然而，好揣度圣意的卢多逊却在打江南的主意。赵匡胤吞并江南的雄心已经昭然若揭，绝不想听什么有关江南的美言，他想听的定是平灭江南的策略。

卢多逊又猜对了。虽然翰林学士出使属国是朝廷惯例，但赵匡胤命卢多逊出使江南，确有特别考虑。一来江南向以文化繁荣著称，那些文学之士不免要刁难宋使，以争国格。所以，大宋一定要派出博学多才、能言善辩者，不能丢了大宋的颜面。

但这些还都是面子工程。过去陶毂、窦仪都出使过江南，陶毂人品欠佳，被韩熙载抓住把柄玩弄于股掌，不值一提；窦仪却是堂堂学士，大朝风范。然而，即便是窦仪，他的使命也仅止于此。如今大宋吞灭江南在即，亟须刺探江南虚实。卢多逊机敏聪慧，心有城府，又一心求上进，保不齐会有出其不意的惊喜。

赵匡胤选对了人，急于证明自己才干的卢多逊想到了图经。两年前皇帝让他组织人手编撰新图经，江南资料欠缺。没有图经，日后对江南用兵如何行军布阵？当年张晖画了后蜀的形势图，曹翰画了幽蓟的形势图。我卢多逊要是搞到一份完整的江南形势图，则平灭之功，不仅不在张晖、曹翰之下，更会令天子对我刮目相看！

主意既定，卢多逊命人返回金陵告诉李煜："朝廷重修天下图经，史馆独阙江东诸州，愿各求一本以归。"

李煜正愁没有表忠的渠道，听闻卢多逊有求，他竟然兴高采烈地派人去抄写全国十九州的资料，还令中书舍人徐锴等通宵校对，保证万无一失后，才将这抄写本恭恭敬敬地送给了卢多逊。

天底下可能再也找不到第二个比李煜更天真的人了！

卢多逊还朝，赵匡胤开怀大笑。卢多逊啊卢多逊，可真有你的！对江南用兵，朕最愁的就是没有图经，现在好了，江南十九州地势，屯戍远近，户口多寡，这些涉及国家安全的机密，一夕之间全部为我掌握。朕果然没用错人！

卢多逊见龙颜大悦，赶紧趁热打铁，进言江南倾颓，应发兵取之。赵匡胤点点头，吾不喜得江南图经，吾喜见多逊之识也！

五个月后，参知政事吕余庆因病请求解职，得到批准。卢多逊入职政事堂，正式成为大宋的副相。

就在赵匡胤重用机巧的卢多逊时，李煜却在金陵城里大开杀戒。被杀者，正是当年主持土地改革的内史舍人潘佑与户部侍郎李平。

当初李煜娶小周后，命徐铉与潘佑制定婚礼仪制。徐铉援引古制，提倡节俭；潘佑则主张铺张。两人相持不下，最后请出徐温之孙、元老徐游裁定。那时潘佑受宠，徐游以为铺张之意必出自李煜，于是力挺潘佑。最终，李煜的婚礼极尽奢华，徐铉与韩熙载作诗讥讽，徐铉从此与潘佑划清了界限。

徐铉不搭理潘佑也是有道理的，因为这个人过于孤芳自赏。只要是他认为对的，那就一定是对的；万一"不对"了，那是因为别人错了。比如那根本推行不下去的土地改革，规划本身就有缺陷，李平在执行时又操之过急。结果，这个以改善民生为目标的改革，反而闹得老百姓鸡犬不宁。李煜得知此事后急忙将土改叫停，可是潘佑却认为改革没问题，真正有问题的是说他改革有问题的人。

土改失败后，潘佑没有反思，反而越发自命清高，说要想免于亡国，非令自己为宰相不可，还推荐了一批人给李煜，李煜未曾任用。这一下潘佑可恼了，上书请诛宰相汤悦等数十人。李煜亲自写信劝诫他，他竟然就此不再上朝，还说什么"陛下既不能强，又不能弱，不如以兵十万助大朝收复河东，然后率领百官入朝，这也是保国之良策"，气得李煜牙根直疼。

后来潘佑请求致仕，入山避难。李煜觉得他一定是疯了，也没有追究他。然而，开宝六年（973）十月，面对江南的摇摇欲坠，面对李煜的昏着儿尽出，潘佑再度上书。这次言辞异常激烈，甚至说李煜比夏桀、商纣和吴国孙皓这些残暴的亡国之君还不如。李煜终于忍无可忍，先把潘佑的"同党"李平下狱。潘佑听说后，随即自杀；其家属被李煜流放；李平也被缢死狱中。

不作死就不会死。潘佑之死，有作死的成分；但他上书言事，罪不当死。特别是说李煜"既不能强，又不能弱"，可谓一语中的。李煜号称仁慈，自言思考了十多天也没下决心杀死潘佑，谁料那时潘佑已死；次年，他又赦免了潘佑的家属。然而，观潘佑家属流徙之刑，就算当时潘佑不自杀，势必也难逃厄运。

因为说话而随意杀人，甚至不说话也会被以所谓"腹诽"的罪名杀掉，这是帝制时代最野蛮的传统之一。仁慈如李煜，嗜佛如李煜，一旦掌握了生杀大权，也没能摆脱这传统的强大惯性。

江南笼罩在一片血雨腥风中，这为岌岌可危的国家更增添了一份阴霾。李煜心神不宁，他开始无心享受那梦里贪欢的锦绣世界了。

赵匡胤的心情倒是不错，他刚刚在讲武殿中操墨，写下"不得杀士大夫及上书言事人"几个大字。赵匡胤自视，他的字算不得好字，但气势上绝不输李煜的"金错刀"。给大臣们一个相对宽松的政治环境，鼓励他们知无不言，言无不尽，自己则开张圣听，察纳雅言，这是历代政治文明的重要标志，而大宋将它推向了极致。

说起李煜，他最近又接连两次派来使者。一次是前来谢救济之恩。当年江南饥荒，赵匡胤听闻后立即下诏，让李煜借船到湖南去运粮食赈济灾民。为江南地区的老百姓赈灾，赵匡胤这已经不是第一次了。

这其实是在效仿郭威，不过当时考虑到周唐对峙，郭威曾对赈灾大米的运输工具、运输数量做过限制，防止粮食落入南唐军队的手里。

赵匡胤却不同，他不但不对这些做限制，反而直接让李煜自己到大宋来运米。毕竟，如今的江南已不是当年的南唐，赵匡胤有足够的信心，不怕这些粮食喂了江南的兵。人命至重，这在赵匡胤心里是一道永远的道德底线。

更何况，江南名义上是大宋的属国，江南的臣民其实也是大宋的臣民，哪有一国之君眼睁睁看着自己的百姓饿死却不救济的道理？

老百姓拿到这批粮食后的情绪，史书中并未记载。但后来大宋进击江南，终于不见了当年的民兵组织"白甲兵"。

至于另一次派使者入朝，则是李煜来要弟弟李从善的。李从善当年也不是省油的灯，李景病逝时，他跑到宰相徐游那里去要遗诏，颇有抢班夺权之意。幸好徐游有操守，正色相对，才没让李从善得逞。李煜对于弟弟的所作所为一概不问，而且待他越来越好。这次李从善被扣在开封，李煜整日悲伤不已，生怕李从善有个闪失。由于悲伤与思念，他甚至罢废了各种宴会，留下千古名作《却登高文》，更留下那首至今尤为传唱的《清平乐》：

"别来春半，触目柔肠断。砌下落梅如雪乱，拂了一身还满。雁来音信无凭，路遥归梦难成。离恨恰如春草，更行更远还生。"

李煜护从善，犹如赵匡胤护光义。权力场里，没有明主昏君之别，秦二世杀过亲兄弟，唐太宗也照杀不误。难得皇家深院，还能留住那丝宝贵的人伦之情。

大宋"水虎捷"

开宝七年（974）七月初六，大宋东京开封府城东南，陈州门外西侧，赵匡胤坐镇讲武池，检阅水军。这支中原水军成军十七年，屡立奇功，让南方凭借水势的割据政权闻风丧胆。谁说北人不能水战！如今江南李煜，所恃者不过长江天堑。我大宋有"水虎捷"，所谓长江天堑，何足道哉！

但是，赵匡胤仍然不想放弃让李煜入朝，不想放弃和平收复江南的希望。检阅水军不久，再度派出阁门使梁迥出使江南。

之前，李煜曾遣使表示，愿意接受大宋的册封。他没想到，自己这样卑躬屈膝，等到的却是梁迥的问话："朝廷今年冬天要举行祭天大典，国主何不来助祭？"助祭？那不过是入朝的另一种说法。

李煜唯唯诺诺，他既不肯答应，又不敢撕破脸当面说自己不去。但是梁迥已经知道了答案，没有多话，回朝去了。

李煜，你真的逼朕发重兵讨伐不臣吗？你我对天下大势心知肚明，你又何必抗拒王师，不识天命，徒让百姓受苦？看来必须做最坏的打算，赵匡胤拿起卢多逊带回的图经，沉默不语。

打破赵匡胤沉默的，是两个来自长江畔的南方人。

第一位南方人是江南国的樊若水，曾参加贡举考试不中。在那个仕途才是正途的时代，如果翻看黄巢、洪秀全的早年履历，就知道对于一个王朝，这种考试不中的人有多可怕。更可怕的是，对于萎靡不振的江南，樊若水给朝廷上书针砭时弊，朝廷却对他不理不睬。在小长老的暗中操作下，满腹怨气的樊若水最终投靠了大宋。

听闻樊若水所献取江南之策，赵匡胤当即命学士院对樊若水进行考试，然后赐予进士及第，全了他考中进士的夙愿；随后授以舒州团练推官；又命李煜将樊若水的母亲和亲属送至江北。李煜虽然极不情愿，但为了不惹赵匡胤生气，还是恭恭敬敬地将叛臣亲属送过了长江。他哪里知道，这一送，送掉了李氏江山最后的气数。

第二位南方人是吴越国的孙承祐，他奉吴越王钱俶之命前来入贡。名义上，孙承祐官职不过节度行军司马（吴越王钱俶兼任镇海、镇东等军节度使），相当于钱俶的参谋长；实际上却是钱俶宠妃的哥哥，在江浙把持国政，人称"孙总监"。钱俶派他入贡，看来也嗅到了长江的火药味儿。

最近两三年间，赵匡胤一直有南征打算。他在频频召李煜入朝之际，也没有忘记钱俶。由于钱俶当时受大宋封为天下兵马大元帅之职，故而赵匡胤敬称他为"元帅"。就在李从善被扣留开封那年，钱俶派元帅府判官黄夷简入贡。赵匡胤对黄夷简说："你回国后告诉元帅，要勤于练兵。江南李煜倔强不朝，我准备发兵讨伐他。元帅一定要助我一臂之力，千万不要听信他人说什么'皮之不存，毛将安傅'的话。"

吴越与江南一衣带水，虽因同据江东而为世仇，但相对于北方王朝而言，确实是"唇亡齿寒"的关系。赵匡胤估计，就算李煜不急着找钱俶尽释前嫌、同仇敌忾，吴越国也必有有识之士劝他联李抗赵，那样局势可就太不妙了。因此，赵匡胤早早就放出南征的风，尽快将钱俶绑上自己这条船。

后来，吴越进奉使钱文赟又来入贡，当他即将进入开封内城的南城门——薰风门时，看到新盖了许多大宅子，连亘数坊，栋宇宏丽。赵匡胤告诉钱文赟："朕在几年前，曾令翰林学士承旨陶榖草诏，挨着城南修建离宫。如今，朕赐其名礼贤宅，就等着江南的李煜和你家元帅入住了。谁先来入朝，礼贤宅就赐予谁。"

赵匡胤胸怀坦荡荡，钱俶也深知自己所处的局势，因而派孙承祐前来，实是表示吴越有归附之心。

趁着这次朝贡，赵匡胤秘密告诉了孙承祐发兵的日期。

吴越国据金陵东面，像一把插入江南后背的钢刀，使其无法集中精力于长江北岸。但吴越战场只是第二战场，第一战场则在溯江而上的荆南。

荆南重地以江陵府为中心，东蔽夏口，西锁三峡，南通湘潭，北连襄阳，自古就是兵家必争之地。尤其对于定都金陵的江南王朝而言，荆南雄踞上游，可顺水而下，迎风破浪，直捣江宁。正因如此，曹操、刘备、孙权为得此地大打出手；王敦、桓玄也唯有据此才敢拥兵造反；杨行密、徐温、李景更是觊觎荆楚，以争上游。可惜，李景连湖南都得而复失，更不要提荆南。江南永远失去了上游，这也是李景、李煜惶惶不可终日的原因之一。

从九月十八日至二十九日，曹翰、曹彬、潘美等人先后入驻荆南，南征主力的将官任免与部队调动完毕，战争一触即发。

赵匡胤却喘了一口长气：事不过三，再给他最后一次机会吧，也给朕一次机会!

不杀人之剑

赵匡胤仍想让李煜入朝。

林仁肇蒙冤被杀，李煜无御敌之将；钱俶整顿兵马，江南有肘腋之患；水虎捷士气正盛，荆南军杀气腾腾；舒州、和州、滁州、扬州、潭州，大宋与江南的交界处，到处是正在集结的宋军。

李煜难道还不怕？赵匡胤不太相信，这个文弱书生仍会誓死不朝。攻心为上，攻城为下；心战为上，兵战为下。攻破李煜的心，也就攻破了整个江南。

当然，李煜对大宋臣礼周全，贡奉也丝毫不敢含糊。赵匡胤真要讨伐江南，也实在没有借口。没有借口没关系，那就生生造出来一个借口。赵匡胤三番五次召李煜入朝，李煜五次三番不肯。作为发兵的理由，没有什么比抗旨不遵更合适。

理由很合适，但谁去传旨呢？还是卢多逊？不行，以卢多逊现在的高位，已经不适合做前往江南的使臣了。

参知政事卢多逊推荐了自己的同窗，左拾遗、知制诰李穆。

李穆？不行不行，赵匡胤急忙摆手说："这个李穆，性格仁善，除了文采好，别的都不行。"

卢多逊道："李穆品行端正，遇到大事，宁死也不会失节，是一个大仁大勇之人。"

赵匡胤想了想，此去江南召李煜入朝，既要让李煜知道害怕，又不能失了大朝的风度。而且如果李煜不入朝，要以此作为出兵的借口，又不能显得我大宋强词夺理、牵强附会，以免有损大宋在江南的形象，确实需要一个有勇略的儒者。想到这里，他说道："李穆若诚如卿所言，我一定要试试他的本事。"

九月二十二日，就在潘美等人赶赴荆南时，李穆作为江南和平统一的唯一希望，踏上了南去的路。

李煜怕了，他见不得舞刀弄枪，他仍活在他那销金红罗的梦里，他不想就这样醒来。但固执的李煜终于服软了，同意入朝。李穆欣喜，作为仁者，他与赵匡胤一样，都希望江南能够和平归宋。

可惜，李煜却做不了江南国的主，甚至做不了自己的主。替他做主的，是澄心堂的两位权臣——清辉殿学士、右内史舍人张洎，光政使、门下侍郎陈乔。

张洎，字师黯，后改字皆仁，南唐进士，才华与机敏不下于卢多逊。与卢多逊在史书上下功夫以讨好赵匡胤一样，张洎也通过谈佛论道投李煜所好。所以，张洎成为李煜的第一宠臣。当时，张洎与徐温的孙子徐辽、徐游在澄心堂办公，执掌全国大政，而江南原有的中枢决策机构名存实亡。

张洎好投机，人品不怎么样。最初，他与潘佑交情颇深，形影不离。后来两人都升任中书舍人，却从此势不两立。潘佑看不起张洎的假"皆仁"，曾在给他的信中写道："堂堂乎张也，难与并为仁矣。"没想到，张洎背后捅了潘佑一刀，潘佑之死，张洎实是出了大力。

与张洎不同，陈乔颇为厚道。陈乔，字子乔，也是个文采飞扬的笔杆子，还是个远近闻名的大孝子。早在李昪时，陈乔就颇受重视。而李景更曾对诸位皇子说："这是个忠臣。以后国家有急难，你们母子可托付陈乔，那么我死也无憾了。"

如今李景已死，陈乔这个忠臣依旧秉政，李景似乎可以无憾了。然而，眼下国家有急难，陈乔却开不出良方。他只能尽己所忠，让李氏的社稷延得一日是一日。

所以陈乔极力反对李煜入朝，他对李煜说："臣与陛下皆受元宗（指李景）顾命，现在陛下入朝，肯定会被扣留，那江山社稷怎么办！臣就是死了，也无颜见元宗于九泉啊！"陈乔说得痛心疾首，他对江南这片土地爱得深沉。张洎也随声附和，劝李煜不要入朝。至于他是忠于李煜，还是恐居陈乔之后，就不得而知了。

李煜改了主意，就像当年江对面的李重进一样，被劝止入朝。他自称生病不能北行，还异常坚决地说："我恭敬地侍奉大国，只是为了感谢大国保全我江南社稷的恩德。如果非要让我入朝，唯死而已！"

摊牌的时刻要到了。李穆自知没有必要再搞外交辞令，坦然地对李煜道："是否入朝，国主自己做决定。然而朝廷的部队精锐，财力雄厚，江南恐怕不是对手。还是早点儿做打算吧，千万不要日后后悔。"

大宋的军队要打来了，国主您还是赶紧想想怎么防御吧，要不就来不及了。李穆说了大实话，李煜知道他没有骗自己，赵匡胤也觉得他说到了点子上。

子曰：仁者不忧，勇者不惧。

李穆做到了不忧不惧，赵匡胤做到了不忧不惧。李煜，能做到吗？

李煜做不到，他打肿脸充胖子，说了几句豪言壮语，但内心的恐惧与日俱增。他又派了八弟江国公李从镒等人带着重礼入贡，结果又一个弟弟被扣在了开封。

有这个钱，干吗不打造一支雄师一决雌雄呢？

开封城东水门的汴河之北，赵匡胤正意气风发地站在迎春苑的汴堤上，在大战开始前最后一次检阅水军。只见旌旗蔽空，气吞万里如虎。赵匡胤拔出宝剑，朝着东南水天相接的地方猛然挥去，数不清的巨舰扬起红旗，踏破河浪，朝着万里长江奋然开进！

赵匡胤的宝剑并没有收回剑鞘，他在等一个人，他要将宝剑亲自赐予那个人。

和平"谈判"破裂了，赵匡胤迫不得已选择了下下策，用武江南。但是他的初衷没有变，他要将对江南土地的破坏、对江南子民的袭扰降到最低。不能再让王全斌、王仁赡的悲剧重新上演。

曹彬、潘美、曹翰、李汉琼、刘遇、田钦祚、梁迥……赵匡胤的目光从诸位南征大将面前一个一个扫过，心中想着大事。军纪能否严明，能否尽量让无辜之人免于杀戮，大宋能否在江南获得民心，关键是全军统帅和都监。

李处耘和慕容延钊，一个有约束军队的意识，一个没有，结果因为军纪的事闹得水火不容；王全斌和王仁赡就不用说了。只有统帅与都监都有这样的意识，统帅自己才能对军队有所约束；约束不住时，都监才能起到牵制的作用。

曹彬，为人宽厚，当年西蜀那么混乱，他仍然能够鹤立鸡群，约束将士；潘美，救过周世宗的儿子，有仁爱心，征南汉时的军民关系也搞得不错。我大宋能否打一场相对和平的战争，希望就全在二人身上了。

想到此，赵匡胤仔细打量起曹彬与潘美。论独立统军的作战经验，潘美显然更胜一筹；但在约束纪律方面，曹彬更让人放心。这次就让他去吧。

做出决定后的赵匡胤，心情异常轻松。不过这次随军出征的都是悍将，潘美独当一面自不必说，杀人不眨眼的曹翰也不是省油的灯。要让曹彬拥有绝对的权威，朕得助他一臂之力。

想到此，赵匡胤来到曹彬面前，以坚定的口吻道："南方之事，一以委卿！"

听闻此言，连曹彬自己都感到惊叹：这可能是开国以来规模最大的一战，何以让我这个没有统领过全军的人来带兵？

赵匡胤知道大家都很意外，于是语重心长地接着说："切勿暴略生民，一定要广泛树立朝廷的威信，让江南自己来归顺。不用急着进攻。"说罢，解下腰间佩剑，郑重其事地交给曹彬，又扫视了诸将，一个字一个字、铿锵有力地说道："副将以下，不用命者，斩！"潘美等闻言，大惊失色，纷纷低下头，再也不敢仰视。

曹彬下拜，双手过顶，虔诚地接过宝剑。这柄剑太重了，他的剑锋系了江南无数军民的性命。

安民重于攻城。在赐剑的一刹那，五代时期的作战规则逆转了。

取天下之"大势"

孙子曰："胜兵，先胜而后求战；败兵，先战而后求胜。"如今大宋有备而去，江南却是无备而来。

开宝七年（974）十月十八日，曹彬率领南征主力正式从荆南出发，一路沿江北顺水急行，至蕲阳渡到长江南岸，在峡口寨大败江南兵，杀守卒八百人，生擒二百七十人，打响了江南战役的第一枪。曹彬被正式任命为昇州西南面行营马步军战棹都部署，潘美为都监，曹翰为先锋都指挥使。

吴越王钱俶也应约举兵。赵匡胤封他为昇州东南面行营招抚制置使，赐战马二百匹，又以客省使丁德裕为监军，率禁兵步骑千人作为东路军的前锋。

昇州，就是金陵，就是江宁府。大宋以旧称称呼，其实已经取消了江南存在的合法性。东西两大战场同时开仗，江南又走上当年被四面包抄的老路。

曹彬数舰并行，好似铁锁横江。旌旗有如夜幕，高大的船楼遮住云层后的阳光，长江南岸笼罩在一片黑暗之中。江南的士兵见宋船游弋，纷纷躲进水寨。十多年了，北方大朝的水军天天都在长江上巡逻，他们早就习以为常，还以为又是日常巡视的大宋水师，甚至还有部队遣使带了酒肉去犒师。数百里间，大宋舰队如入无人之境。

然而，当江南人看到曹彬身后那数不清的黄黑大龙船时，心里打鼓了。他们从来没有见过这么大的船，而且放眼望去，根本看不到舰队的尾巴，整条长江似乎都淹没在舰队之中。

不好！这是宋军攻进来了！

池州守将戈彦遂终于反应过来，他应对这支巨大舰队的方法就是——逃跑。

不费吹灰之力，闰十月初五，距离出征才半个多月，曹彬已经占领池州，随即在池州东北部的铜陵轻松击破江南兵，俘获战舰二百余艘，生擒八百余人。浩瀚的船队卷着滚滚江浪，直逼金陵的战略重地——采石矶。

采石矶是金陵附近最重要的渡口。采石附近，江面较窄，南岸突向江心，最易渡江。因此，无论是和平年代秦始皇巡视东南，还是战乱时期的孙策取江东、西晋灭东吴、隋朝灭南陈，莫不是自此渡江。曹彬若在此站稳脚跟，北方的宋军将源源不断进入江南，围攻金陵。

李煜虽然不懂军事，但也知采石矶重要。趁着曹彬东下的功夫，他已在此布置了两万余守军，尤其是将江南最为精锐的骑兵派来做前锋。然而，当曹彬登陆采石时，两万江南兵瞬间被击溃，一千余人做了宋军的俘虏，三百余匹战马全部被俘获。

开封城里的赵匡胤已经收到战报，特别让他感兴趣的是这三百多匹战马，说起来也算物归原主了。江南不产战马，宋廷每年会赐予一百匹，不过大概也不是好马。曹彬这次俘获的战马，匹匹烫有朝廷当年所做印记，显然全部是大宋所赐。

用大宋赐马来镇守采石重镇，看来李煜这些年确实很本分，没有从别的渠道购入马匹。要知道，当初李景志在四方时，曾设法从契丹购入战马。

只是李煜这样卑躬屈膝，换来的却是大宋的金戈铁马。

江南之不堪一击，赵匡胤心里更有数了。

李煜却始终对他的敌人心中没数。

澄心堂里，他与张洎犹自谈笑风生。起因是有人传闻，说宋军正在采石矶搭建浮桥。这真是前所未闻！以长江水面之宽，水流之急，乘船渡江尚且危险，现在居然还想搭建浮桥？曹彬一定是被胜利冲昏了头脑。

清辉殿学士张洎不屑地说："有史以来，从来没人这么干过。搭建浮桥，必不能成！"李煜也轻蔑地说："我也觉得，这简直如同儿戏。"

但事实证明，真正儿戏的是李煜。

采石矶外，成百上千的黄色、黑色巨舰横亘长江，仅仅用了三天，就被绳缆捆绑结实，而且浮桥与长江两岸的契合分毫不差，士兵走在上面，如履平地。大宋真的在长江上架起了一座浮桥！这是开天辟地头一次！

这就是樊若水献给赵匡胤的见面礼，这就是樊若水的平灭江南之策。自从樊若水有了投宋之心，就每天假装到采石外的江面上钓鱼，暗中划着小船，牵引丝线，穿梭于长江南北两岸之间，测量江面的宽度。就这样来来去去几十次，终于测量到精确的数据。

樊若水以数据为基础，建议赵匡胤在采石矶搭建浮桥。对于这个闻所未闻的大胆假设，赵匡胤并没有做出李煜那种"如同儿戏"的判断，而是以樊若水为太子右赞善大夫，赐更其名为"知古"，并遣使赴荆南、湖南，命人按照樊若水的要求，建造黄黑色的龙船巨舰数千艘。随后，这些巨舰载着巨大竹索，随曹彬一路东下。

按照计划，本来巨舰要到达采石矶后再搭建浮桥。但和李煜一样，大宋的文武官员们也对这项空前的计划充满狐疑。有人甚至提出，江阔水深，波涛汹涌，自古就没有浮梁渡江的先例。

面对质疑，最高决策者赵匡胤并没有保守，他力排众议，坚决支持樊若水的计划。不过考虑到风险性，在曹彬占领池州后，改在石牌口试架浮梁，并派兵把守。待到曹彬入驻采石矶，才将浮桥迁移过来。

另一方面，采石附近，居然早就为捆绑浮桥而准备好了石塔。原来，除小长老外，还有一位由北方入江南的僧人。与小长老不同，这位北方僧人操守很好，对李煜的斋供一概不受。他只是建议李煜，在江边建座石塔，李煜就照办了。不曾想，这又是一位大宋派来的间谍。

就这样，在赵匡胤的支持下，江南的落第文人樊若水与大宋的间谍里应外合，一举建造了中国历史上第一座长江大桥。

不可思议！李煜有点慌神，这意味着金陵之外的长江天堑如今成为万里平原，任由大宋步骑自由来去。关键时刻，李煜终于拿出点儿气魄，钦点镇海军节度使、同平章事郑彦华率领水军万人，天德都虞候杜真率领步军万人，一同袭击采石矶的大宋水陆军。如果能够摧毁浮桥，那么曹彬就是空悬江南的孤军，宋人岂不是作茧自缚？

郑彦华与杜真临行前，李煜特别嘱咐："两军水陆相济，无不捷矣。"然而杜真率军先战，似有争功之嫌；郑彦华拥兵不救，坐观成败。结果李煜亲自指挥的战斗以大败告终，金陵危矣。

这年十二月，金陵正式戒严。李煜下令，不再使用开宝年号，但称"甲戌岁"；同时招募民众当兵，有为朝廷捐献财物和粮草的，授以官爵。

李煜终于下定决心，与赵匡胤撕破了脸。

江南国主李煜不仅在军事上寻求战机，还在外交上寻找突破口。金陵戒严前，他曾给钱俶写了封亲笔信，大致是说："别打了。今日没有我，明天哪有您？他日英明的天子一旦以酬劳您功勋的名义来迁徙您的封地，大王您也不过是开封城里的一介布衣罢了。"

国家倾覆之际，李煜竭力对钱俶晓以利害，以分化瓦解大宋与吴越的联盟，也算得上尽心尽力。然而，他的动作太晚了，钱俶早被赵匡胤打了预防针，也早就明晰了天下大势。他不但没有听信劝言，反而把李煜的书信递交到大宋朝廷里去了。

但赵匡胤对李煜的书信并不感冒，因为他有一封更重量级的书信要回。写信者是大辽涿州刺史耶律琮！

如果古代有标点符号，此刻大宋朝廷内，人人心里都是个巨大的叹号。因为在中华大地上，宋辽这两个东方巨人，第一次握手言和，即将建立正式的外交关系。

早在宋开宝七年、辽保宁六年（974）三月，赵匡胤就派出使臣赴辽国议和，那时他已经全面筹备南征事宜。周宋之际，中原王朝数度南下用兵，辽国和北汉几乎次次在边疆挑事。如今，北汉元气大伤，固不足虑；但是对契丹人，赵匡胤还是颇为忌惮，毕竟他们曾经与江南是盟友（虽然双方从来也没有过哪怕一次实质性的军事合作）。在赵匡胤眼里，江南地广，水网交错，攻伐不易。大宋北部国防线，最好相安无事。如果能够与契丹议和，不仅牵制了辽国，而且也削弱了北汉。

赵匡胤敢于跟耶律贤谈和平，也是有资本的。虽然当初太原没打下来，但宋军的英勇，辽人有目共睹。更何况在阳曲、定州宋军截击辽军三战三胜，最后一次更是号称"三千打六万"。对于这个在大江南北纵横驰骋的王朝，契丹人再也不敢小觑。

不过做出议和的决定，赵匡胤的压力也很大。中原官民对契丹又惧又恨。何况契丹不过化外之地，以堂堂中原文明上国，主动去与"野蛮人"谈判建交，这实在是有失颜面，甚至会给大宋朝廷扣上"宋奸"的帽子。这种复杂的民族情绪和华夷偏见，在后来三百年的大宋外交中占据了上风，而且最终导致宋廷做出联金灭辽的冲动决策，造成北宋的亡国。

但赵匡胤走的是务实外交路线。大宋暂时不能和辽人决战，需要北部的和平来处理其他事情；辽人内部统治不稳，我们又数次大败他们。我们对宋辽和平有需求，又有能达成宋辽和平的条件，哪有理由去为了面子而承受不必要的损失？

因此，赵匡胤主动派出和平使者，而且是数次派遣，打破了开运之祸以来，中原王朝与辽国关系的桎梏，这是一次"破冰之旅"。

事实证明，赵匡胤的判断是正确的。辽人虽然没有马上回复，但在大宋南征期间，确实没有再发兵南下。直到开宝七年（974）十一月，大辽涿州刺史耶律琮以侍中身份，正式向大宋权知雄州、内园使孙全兴递交国书，其中写道："我们两国并无嫌隙，如果能彼此交通使节，向天下表明两国君主的心意，从而使两国疲于战乱的人民得到休养生息，使两国成为长期友好的邻邦，岂不是大善大福！"

看到辽国的回应，赵匡胤十分高兴，这一天让他等了太久。二十七日，赵匡胤命孙全兴给耶律琮回信，正式恢复两国的友好关系。

曾经不可一世的契丹，终于承认与大宋暂时平分天下。后晋以来，中原王朝第一次与辽国势均力敌，和平对峙。大宋，赢得了取天下的"大势"。

距离天下一统不远了。

卧榻之侧，岂容他人鼾睡！

报！宋军破我水军三千余人于鄂州！

报！吴越军破我三千余人于常州利城寨！

报！曹彬等破我军于新林港口，我军战死两千余人，六百余艘战舰被焚毁！

报！我军败于常州、池州、鄂州、宣州、溧水，都统使李雄战死沙场！

报！报！报！曹彬杀到秦淮河了！

再报！曹彬在白鹭洲大破我军万余，我军战死五千余人，战舰五十艘被俘获！

报！大事不好！宋军攻破江宁府关城！天德军都知兵马使张进等九人投降北国去了！

报！……报！……

江南国的败报如雪片般地飞入澄心堂。陈乔、张洎愁眉苦脸，不知所措。眼瞅着宋军就要破城而入了，这仗还怎么打！最后，枢机重臣决定，将败报暂时压下，将守卫金陵的希望，全部寄托在神卫统军都指挥使皇甫继勋身上。

皇甫继勋是皇甫晖的儿子，年纪不大，却被委任掌兵。当时江南宿将皆死，国人将对皇甫晖的敬仰之情转移到皇甫继勋身上。但皇甫继勋从小娇贵，不会打仗，甚至连死战的意图都没有，整日想着怎么向大宋投诚。听说江南兵败，他不愁反喜；其子巡检使皇甫绍杰则受乃父之命去劝说李煜投降，然而李煜就是不肯。

更糟糕的是，有裨将招募死士去偷袭宋营，皇甫继勋知道后居然用鞭子把这些裨将乱抽一顿，然后关押起来，弄得众情愤怒。大概害怕李煜问起军中的情况，皇甫继勋索性以军务繁忙为由，几乎从不入朝；即便李煜召见，他也推脱不去。就是这样，李煜对他的心思居然也丝毫没有察觉，仍然将金陵的最高军事指挥权交给了他。

李煜以为，有陈乔、张洎和皇甫继勋，他就可以高枕无忧了。于是，关注军务没几天，李煜又撒手不管了。他的注意力，仍在文化教育方面。开宝八年（975）二月，宋军包围下的金陵城仍然开科取士，录取进士三十八人。

《续资治通鉴长编》的作者李焘在自注中这样嘲笑李煜："王师已至城下，而贡举犹不废，李煜诚不知务者，故特书之。"

作为一国之君的李煜，纵然多有"不知务"之举，但就坚持贡举这件事来说，恰恰反映出李煜对人才的重视。五代十国时期，南唐—江南是在中原之外，唯一常年坚持贡举考试的国家。虽然李煜与其父李景一样，有用人不明的问题，但他主观上还是重视人才的。举行贡举就是选拔人才，李煜还是希望通过贡举制度，为江南选拔出一批称职的官员来。

问题在于，被李煜视为人才的，多是文学之士。

就在李煜开科取士的同时，赵匡胤也点了新科状元。

同样是在这年二月，大宋的贡举考试也刚刚结束。赵匡胤御讲武殿，亲自对合格的举人进行复试。两年前，由于负责主持考试的李昉徇私舞弊，数名考生集体敲登闻鼓申冤。从那时起，赵匡胤在贡举后都会亲自复试合格考生，亲自在讲武殿批阅考卷，钦点进士。这就是后世所称的"殿试"。殿试虽始创于武则天，但其后没有形成制度。赵匡胤重建殿试，并使之固定下来，成为贡举考试最后一道程序；皇帝本人，则成为维护贡举公平的最后一道关卡。

开宝八年这次殿试，赵匡胤依照传统，仍以诗赋为考题，最后亲自录取了三十名进士，其他科目录取三十四人。进士科的状元名叫王嗣宗，文章深得天子器重。但仅擅诗词歌赋的文学之士，是难以被赵匡胤认可的。

据说王嗣宗曾与赵昌言在殿前争状元，赵匡胤的解决办法是：让俩人打架，谁打赢了谁当状元。结果王嗣宗一拳打掉了赵昌言的幞头，凭武力拿到了文人看来尊贵无比的状元称号，赵昌言则只好屈居榜眼。

在看似无厘头的背后，赵匡胤有自己的逻辑。他需要文治，但需要的不是文弱书生；他需要制武，但需要的不是废止武功。看看江南李氏三代的一边倒政策，导致文治畸重而武功畸轻，结果连文治也难以搞好，最后只好国将不国。

赵匡胤曾让时任宰相的赵普推荐"儒臣有武干者"，正在西蜀平定叛党、做善后重建工作的右补阙、权知彭州辛仲甫受到推荐后，立刻得到重用。

文武双全，这才是赵匡胤心目中的人才。后来王嗣宗官拜御史中丞、枢密副使，辛仲甫更成为参知政事，他们都没有辜负赵匡胤的一片苦心。

以文武双全战扬文废武，大宋平定江南指日可待。

金陵，曹彬兵临城下，六军不发。小长老蛊惑李煜修建的寺庙，今日全部成为宋军的遮风避雨之所。曹彬深刻领悟了赵匡胤的精神，为使战争造成的伤亡和破坏降至最低，他对金陵围而不攻。

而江南其他地区，江南军队的败报仍然持续不断。这年五月，李煜突然亲自巡城，一见之下，旌旗蔽野，终于知道自己危在旦夕。惊惧的李煜立刻杀掉了皇甫继勋父子，江南军士抢着分割其肉，瞬间就把两具尸体切成了骨架。

李煜被迫打起精神，再度亲自指挥防守。他一面急召屯驻湖口的神卫军都虞候朱令赟率十余万大军入援，一面继续拒绝赵匡胤的招降，一面又派人去找赵匡胤评理。

这是李煜的天真处，也是李煜的可爱处。但李煜也并非孤家寡人，江南败兵连连，却始终保持抵抗势头；朱令赟的生力军也严重分散了宋军的攻势；更重要的是，赵匡胤要打一场少死人的战争，不肯再像攻打太原一样不顾死活地打金陵。

于是，赵匡胤被倔强的李煜搞烦了，恰值八月暑热，南方潮湿，军中开始流行疫病，他甚至一度做出撤军的决策。天子眼前的第一红人卢多逊磨破嘴皮子，也没有让赵匡胤回心转意。恰巧，左司员外郎、权知扬州侯陟因为出了经济问题，被征召回京。侯陟跟卢多逊关系不错，派人哀求卢多逊救命。鬼机灵的卢多逊再度展现了无人能及的急智，他抓住时机，让侯陟极言金陵危在旦夕，不可仓促撤兵，并做出"臣若误陛下，请夷三族"的保证。

赵匡胤得知前线情况，又来了精神，遂停止撤军之议。侯陟不但没有因受贿罪被惩罚，反而被擢升为判吏部流内铨。

赵匡胤的刀枪剑戟略有小怯，李煜趁机发出了针尖麦芒。

十月初一，江南修文馆学士承旨徐铉与给事中、道士周惟简北上中原，欲凭三寸不烂之舌拦住赵匡胤的宝剑。

徐铉已经破釜沉舟。在徐铉入朝前，李煜本来打算让朱令赟停止入援，以防止赵匡胤因此事难为徐铉。然而徐铉却极力反对，他对李煜说："臣此行，未必能排难解纷，金陵所能依靠的只有朱令赟的援兵，怎么能阻止他入援！要以社稷为计，置臣度外耳！"

李煜听了徐铉之言，泪如泉涌。

徐铉是江南名流，听说他来了，大宋的文臣们你一言我一语，都劝赵匡胤要有所准备。赵匡胤却笑道："都下去吧，如何对付徐铉，可不是你们能想出来的。"

不几日，徐铉到了东京，直入大殿。那一副大义凛然，根本不像是乞求议和，倒像是来兴师问罪。

"李煜无罪，陛下师出无名！"徐铉单刀直入，舌锋直逼高高在上的赵匡胤。

赵匡胤并不着急，这种气势，他早在冯延鲁那里见识过了。何况给李煜强加一个"倔不入朝"的罪名，确实难以服人。他让徐铉上殿，具体讲讲道理；同时，寻找机会，把讨伐李煜的合理性坐实。

徐铉继续义正词严地说："李煜以小事大，如子事父，没有过失，为什么要遭到讨伐！"随后，徐铉逐条逐项论证李煜无罪，你大宋发兵无理。

赵匡胤耐着性子听徐铉讲道理，不禁暗笑：徐铉，你从一开始立论就错了。

于是回应道:"你说说看,父子有能分为两家的吗?"

徐铉被噎得不说话了,确实,真要是分家了,那还是一家吗?天下本就该是一家,李煜的请求,遭到无情拒绝。

但对于李煜,这还不是最坏的消息。更坏的消息是,在赵匡胤的亲自授计下,朱令赟入援金陵的大军全军覆灭。金陵彻底成为一座孤城。

十一月,徐铉与周惟简再度来到开封。

见到赵匡胤,徐铉仍是老生常谈,说李煜事大之礼甚恭,只是因病不能入朝,并非是抗旨不遵,求大宋留江南一条活路。言辞凄切,几乎就是在跪地乞求,赵匡胤死活不同意缓兵。徐铉恼羞成怒,豁出一条老命,朝着赵匡胤大吼大叫。如果是在一个月前,背靠着十余万援军,徐铉尚勉强有资格与赵匡胤据理力争;如今李煜手里没兵了,徐铉拿什么来谈条件?弱国无外交啊!

徐铉忘了,赵匡胤是军人出身。赵匡胤火冒三丈,一手按住宝剑,怒气冲冲地厉声喝道:"不须多言!江南亦有何罪!但天下一家,卧榻之侧,岂容他人鼾睡乎!"

徐铉被宝剑吓住,他已经知道,自己与江南君臣无可挽回地要做宋臣了。这是天下大势,他以螳臂如何当车?至于那个周惟简,吓得连句正经话都没说,直接乞求赵匡胤饶过自己,然后跑到终南山继续隐居去了。

折戟沉沙,李煜再无更多的武器。

十一月二十七日,金陵城破,陈乔殉国,张洎、徐铉等人随李煜降。大宋再得十九州、三军、一百一十一县,六十五万五千〇六十五户。

江南,平。

应天广运,一统太平

曹彬、潘美曾因久围金陵无功,动过杀念,向赵匡胤奏道:"兵久无功,不杀,无以立威!"

赵匡胤的批复是:"朕宁不得江南,不可辄杀人也!"更特别嘱咐,"城陷之日,慎无杀戮。设若困斗,则李煜一门,不可加害。"

曹彬也在下达总攻令前发誓:"破城日,不妄杀一人!"

金陵城民躲过一场浩劫。当平定江南的捷报传入宋廷时,百官弹冠相庆,纷纷上表祝贺。江南灭亡，统一南方的军事战略就基本完成了。如今所余，不过江浙的吴越、闽南的平海、云贵的大理、交趾的静海。大理、静海地处边陲，属于不发达地区，暂时不在统一目标之内；吴越、平海则早就称臣纳贡，实则已在大宋掌握之中。李煜降服，秦淮之南无大战矣。

在一片道贺声中，赵匡胤脸上竟无喜色，他反而满面凄色。百官们一时慌了，天下即将一统，赵官家这是怎么了？难道是过于激动吗？

赵匡胤确实激动，自建隆四年发兵荆湖，至今已有十一二年，平定天下的夙愿，终于就要实现，他怎能不激动？可是，在他的脸上，写着的分明不是胜利者的喜悦，反而是无限的惆怅与戚容。

赵匡胤用手擦了擦眼泪，颤动着嘴唇，沉声说道："寰宇之内，州县分割，民众因此而受祸，他们日夜盼望着得到朝廷的声威教化，盼望能够得到朝廷的抚养。可是朝廷用兵攻城之际，肯定有许多人死于屠刀之下，这真是可哀啊……"

赵匡胤哽咽了。他想起北伐太原时夸下海口"誓不杀一人"，结果尸骨如山。这次他终于直面现实，想尽各种办法把杀戮减至最低；可想到还是有不少人死于非命，心中不免难过。好在，天下就快统一了，战争就要结束了。

杀人的五代渐行渐远，不杀人的宋朝方兴未艾。

受困金陵的饥民得到了朝廷发放的十万石大米，他们与江南其他地区的民众一起，开始享受一至两年的免租补偿，以及废除苛捐杂税后的实惠。

李煜则带着江南百官平安入朝。鉴于此前李煜对宋朝一直恭恭敬敬，赵匡胤特意免去极具屈辱性的献俘之礼。李煜赐官右千牛卫上将军，封违命侯，因其文采飞扬被赵匡胤称为"翰林学士"。其子弟、宗属，及江南重臣汤悦、徐游、徐铉、张洎皆成为大宋官员。

操着不同口音、有着不同文化的文臣武将汇聚一堂，南北一家人，终于团聚。

曹彬以功进位枢密使，潘美出任宣徽北院使，二人皆兼领节度使以示尊贵，这是从来没有的惯例。自后周王朴起，这是第一次以统兵的武人执掌枢密院。只是这位武人已经不是昔日的赳赳武夫，他心中有仁，心中有民，与那些知州、知县的文官没什么两样。

这是赵匡胤给天下武人的榜样：只要你们有一颗爱民之心，照样可以出任文人担任的高官。

不过，赵匡胤对曹彬也有所保留。出征前，他曾许诺，若凯旋，当以使相为赏。可是当曹彬还朝后，赵匡胤却说："如今寰宇之内还有据土割据的势力，你要是当了使相，尊贵至极，还能再奋力率兵征战吗？再等等吧，等为我取了太原，朕一定为你加官使相。"

曹彬心里委屈。这皇上重信义、讲承诺是出了名的，怎么到我这里就出尔反尔了？曹彬正一肚子气无处发泄，可到家一看，满屋子的赏钱。原来赵匡胤怕曹彬难过，又秘密赐予他五十万钱。曹彬做人向来低调，平定江南如此大功，他还朝时却自称"奉敕差往江南勾当公事回"，说自己不过是奉了皇帝旨意去江南办公事了。因此，见赵匡胤也并未亏待自己，曹彬叹道："再大的官也不过多得些钱罢了，又何必做使相？"

其实若真封给曹彬使相，曹彬恐怕会愧不敢当。因为他并没有彻底完成赵匡胤的命令——他也有滥杀的案子。

在吴越的东路军攻克润州后，曾将数千江南的降兵送往金陵城下的宋军大营。这些俘虏有好多在路上逃跑，只因曹彬发布檄文招诱，又想到曹彬一向口碑不错，才又重新回到宋营。然而，这时的曹彬与当年的王全斌一样，面对这么多降卒，生怕他们兵变造反，于是，他选择了与王全斌同样的办法——杀降！事后，他谎称击败润州溃卒数千人，斩首七百级。

曹彬自己尚且如此，他所节制和不归他节制的部队，就更不可能避免滥杀。曹彬帐下的曹翰在攻克江州后残忍屠城，满载金帛而归；东路的吴越军更是在金陵攻克后杀人放火，有许多躲避兵乱的老百姓竟被活活烧死。

然而赵匡胤对此置若罔闻，不闻不问，与他的眼泪形成鲜明对比。也许，北方开战在即，在用人之际，他与当年的郭威一样，在军民之间选择了前者。

就在赵匡胤用兵江南之时，垂死挣扎的北汉没有放过最后的希望，屡次兴兵南下，次次大败而归。北汉皇帝刘继元甚至收到干爹耶律贤的警告："强弱势异，无妄侵伐！"刘继元闻命，大哭。

辽国不再与大宋作对，北汉被彻底抛弃了。

自从宋辽两国议和建交，双方的外交活动便接连不断，互相庆贺新年佳节，祝福彼此皇帝生日。赵匡胤甚至带辽国使臣检阅大宋部队，组织辽国卫士与大宋将士比试骑射。一次，赵匡胤带着大辽使者到郊外打猎，他亲射走兽，箭无虚发，弓弦响处，一箭致命。向来崇尚武功的辽使不由得叹服，高呼万岁！他们私下里还对宋朝的翻译说："皇帝神武无敌，射必命中，我们从没见过这样的神射手！"

自五代以来，契丹强凌中原，是因为中原分崩离析，衰落不堪。如今天下大势，尽在皇宋，辽人无能为矣！

开宝九年（976）二月初二，赵匡胤拒绝了群臣为他所拟的尊号"应天广运一统太平圣文神武明道至德仁孝皇帝"。皇帝以决绝的口气告诫天下臣民："幽燕未定，何谓一统！"

天下这盘大棋，就要收官了。

只是，赵匡胤在外如日中天，对内却越来越力不从心。因为赵普走后，大宋已经无人能阻止晋王的崛起。

三　雪夜中，烛影斧声

晋王崛起

开封城如往日一样祥和。一些老百姓玩儿着鹰，遛着鸟，正在街上闲逛。突然，这些人抱起自己的飞禽走兽撒开腿就跑，跑不掉的，就躲进别人的坊门里。

因为百姓们都在喊：党进来了！

侍卫马军都指挥使党进，正在奉命巡逻都城。养宠的老百姓之所以怕他，是因为一旦被党进遇到，这些宠物肯定会被他放生，他们还免不了要挨顿骂："不买肉去孝顺父母，却来喂鸟！"

久而久之，只要党进一出现，养宠物的人就自动回避，党进也习惯了。可是今天的开封城比较奇怪，不远处，居然有一个人，从容镇定地逗着自己的鹰，旁若无人，根本就无视党进的存在。

新来的？党进有些好奇，大步走上前去，伸手就要将雄鹰放生。

养鹰人依旧不慌不忙，慢条斯理地说："晋王的。"说完，转身，就要回晋王府打报告。

党进闻言，慌得忙把手缩了回来："哎呀，我说老兄，你怎么不早说？"随即掏出一大把钱，塞给养鹰人，笑嘻嘻地说："你看，这点儿钱不多，给这小家伙儿买点肉吃吧。"

养鹰人颠了颠党进塞过来的钱，也不与他多言，仰着脖子慢悠悠地朝晋王府走去。

晋王府内，赵光义拿过用党进的钱买来的肉，亲自喂起了那只鹰。没有赵普的日子真是太逍遥了，现在，他不仅可以肆无忌惮地在开封府里扩张势力，不必再像过去那样，小心翼翼地试探拉拢；而且可以把手伸向城外。老岳父符彦卿虽然已经不在了，但其他藩镇都在纷纷向自己示好。

"晋王"两个字确实妙不可言，所有的人都在向未来的皇帝讨好卖乖。

但也有人例外——侍卫步军都指挥使田重进。

"这个田重进真是不识好歹！"一名属吏正在赵光义面前痛斥着。

"怎么，我送的酒肉，他也敢不收？"

"小的也是这么问的。"那属吏回答着，"可他说什么，只知道有圣上，不知道……"属吏突然停下，看来是有大不敬之词，他实在说不出口。

"没事，你继续说下去。"

"他说，不知道晋王何许人也……"

"放肆！"赵光义大怒。

让他大怒的事，还远远不止一件。吴越王钱俶即将入朝，经验丰富的赵光义正在准备接待工作——这种事情，向来都由他这位昔日名不正却言顺、今日堂堂正正的皇位继承人来担任。

但没想到，此次奉命迎接钱俶的人，竟然是皇子赵德昭。

赵光义大为恐慌，因为赵德昭是赵匡胤的儿子！立国十余年，大宋皇室逐渐形成一套自成体系的职位系统。皇室成员出阁后，先为防御使，再以府尹领节度使，再加同平章事为使相，再晋位侍中、中书令。不过，赵光义比较特殊，从一开始，他就基本游离在这个体系之外，身居高位。

而且，这两年，党羽众多的赵光义对金匮之盟也略有耳闻。虽然话题敏感，他不好意思去问兄长，但看看宋朝三位皇室的职位，自己以亲王尹京，俨然就是正统的皇位继承人；赵光美、赵德昭的官位依次递降，也符合传说中金匮之盟的内容，即皇位兄终弟及，三传而回到赵匡胤的儿子赵德昭手里。

然而，一切似乎都在改变。

开宝六年（973），四弟赵光美再度晋升，侄子赵德昭继承了四叔的旧职，与此同时，二人都加了检校官。这个荣誉性官职本来没有特别含义，但赵德昭的检校太傅要高于赵光美的检校太保。这就意味着，赵匡胤打破了之前的顺位体系，暗中抬高了赵德昭的地位。

现在，二十六岁的赵德昭更是爬到三十八岁的赵光义头上，去迎接钱俶！二哥啊二哥，你给了我看得见却摸不到的希望，现在你想告诉我，这一切希望，都不过是在玩我呢？

也许赵匡胤从来没有真心想让赵光义继承皇位，尤其是在赵光义野心膨胀、屡屡发难之时。

有一个小细节暴露了赵匡胤的心机，那就是赵德昭的出阁。出阁，就是皇子在成年后出就封国，相当于皇室的"成人礼"。按理说，皇子出阁要等到二十岁成年之后，随即封王。可对礼仪制度颇为尊重的赵匡胤，在出阁的问题上却一再"出格"。

一是对皇子出阁的年龄动了手脚。乾德二年（964）赵德昭出阁，开宝八年（975）赵德芳出阁，都是十七岁，这已经不合制度了。更不合理的是，出阁时官方公布的赵德昭"十七岁"居然是假的，他当时的真实年龄是十四岁！赵匡胤提前六年让德昭出阁，似乎急着让他成年，为日后分担政务做准备。

这件事在后来的史书里留下了破绽。

据《续资治通鉴长编》记载，赵德昭出阁时年十七。但《东都事略·吴王德昭世家》却说，德昭薨于太平兴国四年（979），年仅二十九岁；则乾德二年（964年）德昭的实际年龄为十四岁。《宋史》的编撰者可能发现了这个矛盾，所以《燕王德昭传》干脆就不写德昭的年龄。

二则是对皇子出阁的待遇动了手脚。按说皇子出阁理应封王，赵匡胤却说现在皇子还没有成年，因而故意贬损其礼仪，在出阁时只加封为防御使。但仔细想想，赵匡胤似乎又是故意为了不封王，而让皇子们提前出阁。因为一旦赵德昭、赵德芳封王，那么担任开封府尹的赵光义也要封王。赵匡胤实在不想让这位准皇位继承人的地位更高了。他明着贬损的是自己儿子，实际上贬损的却是赵光义。

在赵匡胤看来，赵光义是个危险人物。一方面，赵普罢黜后，权力平衡被打破，朝中几乎无人能再对赵光义构成威胁，他必须直面赵光义。赵光义封王后，野心急剧膨胀，在京城内外广收人心也就算了，开封府更成为招纳亡命之所。堂堂晋王养这么多死士，所为何故？难道是想篡权夺位？如果说刚刚接到金匮之盟的赵匡胤尚在弟弟与儿子间有过犹豫，那么此刻国泰民安，这让他更有理由把皇位继承人转到德昭身上。

另一方面，皇位继承人要早早培养。既然赵光义可能威胁到赵匡胤的皇位，而且赵匡胤也犹豫着不想让赵光义继位，那么不如暗中扶持德昭。赵匡胤相信，自己堂堂九五之尊，连辽人都不敢惹他，赵光义就真敢公开和他叫板？自己亲自为德昭增添羽翼，难道最后还压不住蠢蠢欲动的赵光义？

也许必要的时候，赵匡胤可以召回赵普，因为赵普是朝中拥立德昭的最坚决者，也是唯一可以与光义公开抗衡者。但这样真的好吗？党争败国，那并不遥远的大唐就是铁证；血浓于水，赵匡胤不愿皇室为了权力而打得头破血流。

所以，赵匡胤明修栈道，暗度陈仓。然而，就是从赵德昭迎接钱俶开始，神经严重敏感的赵光义被惊扰了。

高不胜寒

因为吴越王钱俶的到来，晋王赵光义气急败坏。然而这又与钱俶无关。此刻，钱俶已坐上马车，踏上生死未卜的朝圣之路。

江南国灭亡后，南方还有两个割据政权，一个是吴越国，一个是平海军。

唐朝末年，镇海军节度使钱镠割据两浙，并于后梁开平元年（907）受封吴越王。经过多年的扩张，吴越控有十三州一军，世代实行向中原称臣的政策，国君受中原王朝加封吴越王、天下兵马大元帅。境内经济繁荣，文化昌盛。在平定江南的战争中，吴越更是立下了汗马功劳。

至于平海军，建立在被南唐灭掉的闽国的废墟之上，只有两州领土，几乎可以忽略不计。

开宝八年（975），就在江南平定前夕，赵匡胤曾经命人给吴越王钱俶带话："元帅攻克毗陵（指常州，原江南国重镇）有大功，等到平定江南，可暂来与朕相见，以抚慰朕的思念之情。你放心，朕向上天发誓，咱们见过面之后，你即刻就可回国，朕不会久留你的。"

眼看着李煜因为拒绝入朝被大宋灭掉，钱俶哪敢说半个"不"字。开宝九年二月，钱俶带着自己的儿子钱惟浚奉诏来到东京。这是赵匡胤称帝以来，第一次以绝对和平的方式，"邀请"一"国"的领导人，"访问"开封。

在皇子赵德昭的带领下，钱大元帅终于见到对他朝思暮想的赵匡胤。和他想象的并不太相同，这位太平天子精神抖擞，爽朗大方，丝毫没端皇帝的架子。自从进了开封，赵匡胤整天拉着钱俶东游西逛，日日宴饮，夜夜高歌，好不快活。

让钱俶更意想不到的是，赵匡胤频繁下诏，给予自己无与伦比的地位。此前他就曾得到大宋册封的尚书令——这个冯道至死才得到的朝廷最高职位。钱俶入朝，赵匡胤又宣布，吴越王可以剑履上殿，诏书不名；既而又要册封钱俶的夫人孙氏为吴越国王妃。宰相薛居正、沈义伦表示，异姓诸侯王的妻子没有册封为妃的典礼。赵匡胤却说："以前没有，那就从本朝开始，这是我大宋对元帅的殊礼。"

一日，众人喝酒正酣，赵匡胤突然说："元帅啊，你看你也是王，晋王也是王。以后，你就跟我这两个弟弟叙兄弟之礼吧。"

钱俶听了，吓得立刻叩头，哆哆嗦嗦地说："臣是燕雀微物，让臣与鸾凤同列，是驱臣于速死之地啊。"和赵光义、赵光美称兄道弟，那岂不是与皇帝称兄道弟？钱俶一个准亡国君，哪有这个胆量？

赵匡胤见钱俶执意不肯，略有失望，但也不想强人所难。

赵光义喝着酒，眼睛却暗中瞥向赵匡胤。二哥这是怎么了？见了这个钱俶，好像一见如故似的。难道又想义结金兰？

赵光义正寻思着，耳畔已传来了琵琶声。钱俶今天也多喝了几杯，听得曲声，不由得忧从中来，随口应和道："金凤欲飞遭掣搦，情脉脉，行即玉楼云雨隔。"才和罢，钱俶自觉失语，赶忙闭了嘴，低头不语。

听到这词，赵匡胤也有点悲伤起来。他缓缓起身，来到钱俶身旁，抚了抚他的后背，语重心长地说："誓不杀钱王。"

钱俶闻言，热泪盈眶。

转眼到了烟花三月，正是下江南的好时节。钱俶却不想走了，他突然有一种错觉，觉得眼前这位皇帝似乎不是高高在上的九五之尊，而是一个行走江湖的侠客,一个豪气冲天的兄长。这位天子雄才大略,可是总有一种说不出的感觉,那是一种什么感觉呢?

钱俶自告奋勇:"听说皇上要西幸西京,臣恳请扈从。"

赵匡胤摇摇头:"南北风土不同,眼看天要热了,你早点儿回去吧。"

钱俶说:"那让惟浚留下,陪同皇上祭祀。"

这次赵匡胤没有拒绝,点点头,同意了。

钱俶本以为自己有去无回,甚至做好了喝毒酒的准备,没想到大宋的皇帝说到做到,竟然真的肯放他回去。不仅他没想到,大宋的臣子们也没想到。数十人纷纷上书,恳请赵匡胤将钱俶扣留,逼着他献出土地。

然而赵匡胤一概不纳:"你们不必忧虑,钱俶若不肯归附于我,此次也不会入朝了。放他回去,还可以与钱俶结心。"

赵匡胤要结的不仅是钱俶的心,还有吴越十三州官民的心。钱氏经营江浙七十年,广施善政,民心归向。只有善待他们的国王,他们才会真心归附,才能使两国不会因为统一而发生战火。眼看天下就要太平了,不能再让后蜀的悲剧重演。

三月的清晨,微风拂面。面对赵匡胤,钱俶再度叩拜,哭着说:"臣愿三岁一朝。"

赵匡胤弯下身,将钱俶扶起,拍着他的手和蔼道:"道路遥远,等有诏命再来吧。"说完,他转过身,从侍者手里拿过一个封好的匣子,交给钱俶,又言:"回到吴越以后你再看,路上别打开。还有,你自己看看就行了。"赵匡胤紧紧握住钱俶的手,郑重承诺道:"尽我一世,尽你一世。"

钱俶带着这个匣子上路了。一路上,他每天都会把匣子供奉起来,焚香叩拜。直到他回到西府杭州,才按照赵匡胤所说,打开了匣子。里面满满的,全是宋臣请求扣留自己的上书。

钱俶的眼泪哗地就下来了。他后怕,自己能够回到杭州,这真是侥幸中的侥幸;他又感激,感激赵匡胤放自己回来。"官家独许我归,我何可负恩!"热泪纵横的钱俶在府中跪倒,朝着西北方深深拜去。

吴越虽土飞邦外,却已心归大宋。

钱俶走了,前几日还热热闹闹的大内,瞬间又变得冷冷清清。

最近两三年，赵匡胤不仅对外开疆扩土，而且政绩依旧斐然。

比如继续鼓励开荒，废除苛捐杂税。

比如遵从《尧典》中的上古司法精神，进一步完善立法，改革司法，放宽刑罚。他废除了地方的军事法庭马步院，改而设立民事法庭司寇院，其官职司寇参军则全部由文人担任，彻底剥夺了几十年中军人对百姓的滥杀大权。

比如宰相、监修国史薛居正率领史馆的官员，编修完成《五代史》一百五十卷。这部史书日后将以《旧五代史》之名，列入二十四史，成为乱世最真实的见证。

比如废除朝臣以个人名义推荐举人的"公荐"制度，又开创天子主持考试的殿试制度；在临时主考官权知贡举外，增设多名知贡举，使其互相牵制，防止舞弊；并继续实行国初颁布的禁止考官与考生结成师门、门生关系的禁令。这使贡举考试更加公正，也抑制了贡举滋生的党同伐异，更将考试权收归帝王，日后的举人进士，一概都是天子门生。

然而，改革已经出现瓶颈。赵匡胤为了和平解决武夫乱国之弊，大肆采用赎买权力的方式，虽然效果显著，却使朝廷财政负担加重；这些武夫也获得了"腐败许可"，在地方上大肆敛财，导致民怨沸腾。

赵匡胤犹豫了。如果他将这些武夫的特权收回，无异于过河拆桥，他将失信于天下。然而，如果继续任由武夫胡来，那么他的改革就是将刚刚敉平的乱世之乱，又带入治世之乱。乱世之乱，祸害有时；治世之乱，国无宁日。最后，他的改革还会步上老路，改革成本全部沉积到下层百姓那里，然后百姓不堪重负，于是社稷土崩瓦解。

水可载舟，亦可覆舟。要让舟船稳稳当当，赵匡胤需要一个与自己一起掌舵的助手。可惜，那位助手因成为"治世之乱"的制造者，被轰出了朝廷。

想到赵普，就会让赵匡胤想起很多人。政绩与功绩，都阻止不了太平天子的情绪向低谷滑落。当年一起开创大宋基业的兄弟们，赵普被赶出开封，张永德、高怀德与义社十兄弟大多分落各地，王审琦、李处耘、张令铎、韩重赟、罗彦瓌、慕容延钊、韩令坤都走了，张琼也走了，甚至陪他由点检而天子的王氏也走了。眼下，身边就只剩下一个宝贝弟弟赵光义，可今天的赵光义再也不是昨天的赵匡义了。

赵匡胤很孤独，空前的孤独。

赵光义最近也很痛苦，不过与赵匡胤的痛苦不同。这两天，赵匡胤宣布要西巡洛阳，他在琢磨二哥的用意。官方的理由看似很靠谱儿：祭祖。也许是二哥想"家"了？二哥生于夹马营，长于夹马营，对洛阳的感情犹如自己对开封一样。可是为什么登基十六年，哪怕是西征李筠时，也未曾顺路去洛阳看看？

又或许，他要暗中就近去看看赵普？可是我这位哥哥现在如日中天，即便他真的要见赵普，直接召赵普进京就行了。赵普要是回来，他在开封府可寸步难行，如今的开封府，已经彻底是本王的地盘……

赵光义突然惊醒，本王的地盘……难道二哥要另起炉灶，离开开封！

石马落沉

于是，在赵匡胤的御案上，多了一份起居郎李符写的奏章。赵匡胤冷笑一声。四年前，李符受命知京西南面转运事时，赵匡胤亲自写了"李符到处，似朕亲行"八个字赐予他，全力支持他。怎么，这才几年，你也投靠晋王了？

当年的赵匡胤赐予李符八个字，这次李符还给赵匡胤八个难。

李符提出，西幸洛阳有八难："京邑凋敝，一难也。宫阙不完，二难也。郊庙未修，三难也。"这是说洛阳的基础设施不完备。

赵匡胤摇摇头，洛阳宫室刚刚修整完毕，李符难道不知道？

李符又写道："百官不备，四难也。畿内民困，五难也。军食不充，六难也。壁垒未设，七难也。千乘万骑，盛暑从行，八难也。"

百官不备？朕一纸皇命，你们谁敢不去？畿内民困？下诏免除一两年的税赋，这也不难解决啊。壁垒未设？洛阳四周山河拱戴，开封城外一马平川，洛阳要是壁垒未设，开封岂不等于敞开大门迎敌？至于千乘万骑，盛暑从行，这更莫名其妙。现在天气热到不能去洛阳了？笑话！

让赵匡胤真正动心的是第六条，军食不充。唐朝以后，江淮成为重要的粮食产地，全靠漕运运往北方。开封地处水道枢纽，有汴河、黄河、五丈河和惠民河相系，交通十分发达。相反，自开封到洛阳，漕运只能走黄河，不仅逆水而上，而且水道险峻，加之黄河连年决口，有时甚至无法通航。这也是唐朝以后，洛阳急剧衰落、开封迅速崛起的根本原因。

然而，这一切都无法阻止赵匡胤西幸的决心。

朝日照开携酒看，暮风吹落绕栏收。洛阳牡丹年年竞放，瀍渠的清水依旧静静地流淌。上一次来到洛阳，赵匡胤还是个闯荡江湖的青年。那年，他在长寿寺听到人们谈论郭威的传奇，听到人们谈论自己父亲的升迁，也第一次听到王审琦这个名字……二十余年过去了，当年人们口中的传奇人物，如今已埋入尘土。

天子的仪仗缓缓朝夹马营走去，道路两侧围了许许多多的人。有年老者，激动得放声大哭："我辈小时候经历战乱，不想到今日还能再见到太平天子的仪卫啊！"

太平天子，这个称号赵匡胤非常喜欢。他当年离开洛阳时，天下还战火纷飞，如今大家终于能够坐享太平了！

御辇缓缓停住。赵匡胤迈步走下，近臣们发现，天子今天难得高兴。只见赵天子用鞭子指了指眼前的巷子说："这里就是夹马营了。朕记得，小时候朕有一个小石马，那帮小伙伴们总是偷去玩儿，后来朕就将它埋在这里，免得又被偷去。二十多年了，小石马，你还在这里吗？"说罢，他亲自挖开了那块土地，那匹小马仍旧静静地站在那里。

赵光义站在一旁，双手抱在胸前。赵匡胤历次出京，他都留镇京师；尤其是几年前讨伐北汉，赵光义更是坐上东京留守之位。然而这一次，赵光义没有再得到独自留守京城的机会。对此，他早有预料。只是看见赵匡胤在夹马营磨磨唧唧，不入正题，赵光义有几分不耐烦。二哥，你兴师动众来洛阳，就为了看看这匹小石马？

赵匡胤当然不是来看小石马的，在举行完合祭天地的南郊大典后，此次出行的目的终于公诸天下：迁都！

二哥，你终于出手了。赵光义冷冷地望着洛阳的宫城，缄默不语。

是的，朕出手了。赵匡胤想起了死不瞑目的张琼，想起了不舍而去的赵普，他们曾一再警告自己，赵光义是危险人物，赵光义的幕府里充斥着奸诡之士、亡命之徒。早晚有一天，赵光义会一手遮天，那时，开封城就成了一座困死皇帝的囚笼！

然而，行事果断的赵匡胤，在赵光义的问题上始终难下决断。张琼发出警告，结果血溅皇城；赵普左支右绌，结果罢出京都。剩下的人呢？能像刘温叟、吕余庆、田重进那样政治忠贞的人太少了，大多数人即便不去依附这个弟弟，也是首鼠两端，徘徊观望。

赵匡胤本以为，只要不让赵光义染指禁军，就可以任由他自我发展。可如今赵光义在开封的势力太大，自从赵普走后，那些暗中向赵光义送款的人，就像入夜后的跳蚤一样，一时间全蹦出来了。现在，别说是年轻的德昭，就算是召赵普回来，短时间内也难以与他抗衡。即便日后光义可能会继承皇位，但朕还活着呢。有朕一天，就容不得他猖狂！

所以，赵匡胤出了狠招，迁都洛阳，这等于将赵光义在开封的势力连根拔起。那样，过不了多久，枝繁叶茂的晋王府就会枯萎。

赵匡胤出牌了，赵光义必须接招。

这次，赵光义派出了铁骑左右厢都指挥使李怀忠，李怀忠的话依旧老生常谈：粮食运不过来。

赵匡胤依旧不听。你们说的都有理，但我更想听听，那个人他会找出什么理由？赵光义缓缓走入大殿，从容不迫地对赵匡胤说了四个字："迁都未便。"

赵匡胤冷冷答道："迁到河南还不够，以后还要迁到长安去。"总之，离开封府越远越好。

赵光义叩头切谏。

赵匡胤解释说："我要西迁，并无他意。你看，洛阳有山川拱卫，借助地形之便，我们能省去多少冗兵？我想学周朝、汉朝，以洛阳为都，以安天下也。"

好个"并无他意"。在赵光义看来，赵匡胤这是此地无银三百两。借助地利，裁撤冗兵？是个好理由。

赵光义抬起头来，双目紧紧盯着赵匡胤，掷地有声地说道："在德不在险。"

赵匡胤沉默了。

这是战国时代吴起的名言。"德"，什么是德？说白了，就是人心。赵光义在威胁赵匡胤，满朝文武到处都是我的人，你不怕搞得天翻地覆，你就迁都吧！

赵匡胤面色苍白，没有再与赵光义辩论，只是对左右淡淡地说："晋王的话是对的，暂且就听他的吧。可是不出百年，天下民力就要被冗兵耗尽了！"看着渐渐远去的赵光义，赵匡胤心中默默道：光义，我若真的做了李世民，你的"德"，又能起多大作用呢？好自为之吧。

四月，赵匡胤起驾回京，路过安陵。那里，他与弟弟光义的父母早已长眠于地下。赵匡胤下辇拜谒，悲号恸楚，连左右的人都被气氛感染，泪流不止。

起身时，赵匡胤若有所悟地说："此生不得再朝见于此了。"

他登上阙台，遥望洛阳。山还是那么青，水还是那么蓝，可惜我生不得居河南，只好死后葬洛京。叹罢，赵匡胤朝西北方向拉弓发矢，然后下得阙台，来到箭落处，从怀里掏出了那个小石马，默默地埋了起来，"我死后，当葬于此。"

烛影斧声

又下雪了。

十月的开封，用清玉砌成宫墙，用雪松搭起房梁，以霜絮勾画成瓦，以冰花点缀成华，天为穹庐，地为藤榻……忽然一阵西风紧，漫天的雪片在风中乱舞，像扯破的棉絮，毫无目的地四处飘落。

赵匡胤头戴紫貂帽，身披紫貂裘，手中握着玉斧，在渐渐灰暗的天色中，迎着飞雪漫步。一串深深的脚印，烙在绒绒的白毯深处。那一年，三个热血青年围坐炉旁，吃着烤肉，喝着温酒，挥斥方遒，定下天下大计。如今，吴越王钱俶心悦诚服，平海军节度使陈洪进也已经在入朝的路上，北汉刘继元正被党进的兵马围得寸步难行，契丹耶律贤也不断通使示好。最多两三年，支离破碎的山河，便可混元一统，再也没有什么人，能把好好的赤县神州撕扯得凌乱不堪！

赵匡胤看了看不远处的民居，灯火阑珊处，传来一家老少的欢声笑语。男人再也不用担心被催役逼税，女人再也不用害怕被掠为娼奴，小孩子可以安心玩耍，老人家也能安度晚年。爹，娘，匡胤许给你们的太平天下，就要实现了；辛先生，早晚有一天，学生会让你目睹书本中的大唐盛世！

"咳！咳！"正想着，赵匡胤突然猛烈咳嗽起来。天气乍冷，日夜操心劳苦的他有点小感冒，不过对身体倒无大碍。

与此同时，里面内班小底都知王继恩正踩着轻碎的脚步急匆匆赶来。这位内朝侍奉宦官的首领人物，最近有点红得发紫，也可能是现在官家最信任的人。去年征伐江南，他奉旨领兵数千人奔赴前线，在严格防范宦官干预朝政的赵匡胤时代，这几乎令人难以置信。

更令人难以置信的是，本月，王继恩兼任武德使，执掌武德司这个宫廷禁卫与特务机构，脱离于宪台监察之外，唯尊皇命，简直是后世东厂提督的祖宗。在皇权面临前所未有的威胁时，赵匡胤似乎真切体会到汉唐皇帝信赖宦官的深意。

但对于一个王朝来说，这不是个好兆头。

不过，王继恩很明白自己的身份，倒也一直守规矩，至少目前尚无兴风作浪之心。此刻，他只是赶来向赵匡胤通报：官家，张真人到了。

哦？我们回去吧。赵匡胤带着身边的内侍，转身朝大内走去。

王继恩所说的这位张真人，名叫张守真。相传，他能够与上天通灵，招来玉皇大帝身边的黑杀将军，降临在自己身上，称为"降神"。赵匡胤最近身体不适，特让他请天神下凡，为自己占卜吉凶。

于是，张真人奉了皇命，沐浴更衣，随王继恩来到建隆观的道场，焚香祈请。观外风声渐紧，若婴儿啼泣。张守真恭然肃静地朝来风处拜了三拜，然后起身，对王继恩道："神明言'天上宫阙已成，玉锁开'。"

雪下得更大了。

晋王府里，赵光义可没有观雪景的好兴致。他躲在屋中，烤着炭火，想让自己更暖和些。自打从洛阳回来，赵光义天天做噩梦。他不明白，二哥到底在想什么？以这位兄长的倔强，既然决定迁都，怎么会在未与自己争执的情况下，就毅然放弃了迁都的打算？是真被自己胁迫了，还是另有所图？

胜利来得太快，快得让人心里不踏实。尤其是今晚，赵光义接到赵匡胤的邀请，让他夜里到宫中饮酒聊天。赵匡胤还特意告诉他，今晚打算屏退左右，你我兄弟二人，就像小时候一样，快快乐乐地吃顿家常饭。

赵光义害怕了。经历了迁都风波后，自己与二哥之间的窗户纸几乎捅破了。兄弟二人真的还能回到从前吗？屏退左右，官家是有话要对我说，还是设下了十面埋伏？又或者是要对我的忠心做试探，甚至是逼迫我造反，好将我这个皇位继承人，名正言顺地罢免甚至处死？短短一个月，他连着三次去了四弟光美的家里，这又是为什么？他要把四弟也扶起来，就像当年的赵普那样对付我？何况，最近他还大力扶持赵德昭，难道他要纠集整个皇室，来对付我这个亲弟弟？

在充满阴谋诡计的世界里，赵光义并不相信自己的哥哥。看看李筠、李重进、李煜，哪一个不是跟着当今天子的节奏，按照天子的时间表，一个一个地"被谋反"？现在，你又要来推你亲弟弟下火坑了！

赵光义正胡思乱想着，衙役来报：左押衙程德玄求见。

这个程德玄，还有没有规矩，大晚上跑来干吗？心烦意乱的赵光义本想不见，但又怕有什么急事，皱着眉头让程德玄进府。

程德玄慌慌张张进了晋王府，见到赵光义，瞧了瞧左右，似语非语。

赵光义连忙叫身边的人都退下。

程德玄这才神神秘秘地说："大王，属下有一位叫马韶的朋友，通晓天文地理……"说到这里，他顿了顿，看了看赵光义的脸色。

赵光义脸色不太好看。开宝五年，朝廷明令禁止个人私自研习天文、地理、术数，连和尚、道士也不例外。你程德玄还跟这种人搅和在一起，这不是给我添乱吗！

可是程德玄确实有不得不说的话，他压低声音道："马韶今晚突然跑来，跟属下说，明天是大王利见之辰……"

胡说八道！异常敏感的赵光义轻声怒道。他连忙打开屋门，朝四处望了望，确保无人，才又迅速关上门，压低声音说：马韶在哪儿？

程德玄道：被属下关在家中……

赵光义眯起眼睛，点了点头。他与程德玄的低声细语，渐渐埋没在风雪之中。

雪夜中的开封，冷冷清清。

禁军精锐都追随党进，前往太原征讨刘继元了；满朝文武都窝在家里，准备欢度十日一次的旬假；宫中内侍都回了住处，以免打扰天子叙旧。

这是一个安静的夜晚，一个神不知鬼不觉的夜晚。

万岁殿里，天子与晋王的笑声，打破了今夜的宁静。那开怀的爽朗，就像久违的雪花，荡涤着空气，让人说不出的畅快。

夜入三鼓，殿前雪已数寸。宫中的光华渐渐黯淡下来；唯有天子的寝宫，依旧烛火通明。两个雄武的身影，觥筹交错，时而纵声大笑，时而号啕大哭，时而指天昂扬，时而杵地沉伏，眼见得一壶壶酒，从飞流落饮到垂滴而尽。

天子盯住晋王，似笑非笑。他究竟是晋王，还是光义？在他眼里，是兄弟情义重要，天下太平重要，还是权力重要，当皇帝重要？此时此刻，寝宫中只有兄弟二人，把盏言欢。天子并不愿去想，却又不得不想。赵普虽然擅权，却始终为推动大宋的新政，为维护天下的安定，鞠躬尽瘁。你晋王呢？自从大宋开国，你一门心思全在谋取皇位上了！你有没有为天下苍生考虑过！

　　晋王被看得有些不安。二哥，官家，陛下！你待我很好，真的很好。可是，天下大事，朝野要事，你何时问过我这所谓的"重臣"？你是真拿我当小孩儿，还是故意防着我？你想打造太平天下，难道我就不想？更何况，在你身上，永远洗不掉五代武夫的痞气。只有我这个真正的文士，才能开创真正的文治盛世！

　　酒快喝完了，这是最后一杯。天子亲自斟得满满的，站起身来，举杯敬向晋王。晋王摇摇晃晃，起身避席，双手似推似让，不断摆动，好像已经喝到极限，再也喝不下了。

　　天子没有再强迫晋王，垂首沉沉地坐了下来，将杯中之酒一饮而尽。他随手从桌上拿起玉斧，用玉斧的斧柄不断地戳着殿中的地板，发出"咚咚"的闷响，好似敲在胸口一般。

　　"好做！好做！"赵匡胤大声重复着，那声音沧桑低沉，仿佛一颗即将燃尽的火烛，在风中摇曳不停。

　　赵光义离开了，在他身后，赵匡胤已经沉沉睡去，鼾声如雷。万岁殿前的脚印，在风雪的打磨下，了无痕迹。

　　出、出事了！出大事了！四鼓天，皇后宋氏被王继恩急促的声音惊醒。

　　官家怎么了！宋氏有一种不好的预感。

　　官家……官家千秋万岁了……王继恩跪扑在皇后面前，如丧考妣。

　　官家……宋氏的眼泪犹如决堤的洪水，刹那间溃涌而出。尽管赵匡胤对她的感情有所保留，但毕竟一日夫妻百日恩。丧夫之痛，怎不叫人摧心断肠！可宋氏毕竟是节度使的女儿，她知道，除了哭，还有更重要的事情。

　　宋氏顾不得擦去眼泪，连忙扶起王继恩，异常坚定地说："快，召德芳进宫。"

　　王继恩愣了一下，然后应了一声，转头跑出了皇宫。

这个时候，谁先进宫，谁就是大宋的第二任皇帝。

赵德芳，就是日后小说家言中那赫赫有名的"八贤王"的原型之一。他是赵匡胤的第四子，刚刚年满十八，于去年正式出阁，今年三月领贵州防御使。

赵德芳与他的二哥赵德昭均非宋氏亲生，而当时具备储君资格的是赵光义，具备嫡长子身份的是赵德昭，再退一步按照金匮之盟还有个赵光美。这皇位怎样也轮不到赵德芳来做。不知是因为德芳年龄较小，惹人疼爱，还是因此而容易被控制。宋氏的第一反应，是让赵德芳速速入宫，接过他父亲的皇位。

然而，王继恩没有去找赵德芳，而是拐去了晋王府。

晋王府门前，程德玄坐在冰冷的石阶上，望着鹅毛大雪，一动不动，几乎被飞雪埋成了雪人。

程德玄忐忑，他知道，如果一会儿有一队灯火朝这里走来，那就是决定他——还有晋王，还有许多人——命运的时刻。

远远的，一排灯火朝晋王府匆匆而来。

程德玄凝视着灯火，心已经提到嗓子眼儿。王继恩！是王继恩！程德玄突然站起身来，面带激动地看着对方，心中呐喊着：王继恩！我可盼到你来了！

王继恩还没闹明白怎么回事，他问程德玄道："你怎么会在这里？"

程德玄像早准备好的一样，流畅地回答说："我住在信陵坊，二更天的时候，有人敲门说晋王召见。可等我穿好衣服出了门，却发现一个人都没有。如此反复三次，我怕晋王真的病了，就跑到晋王府来了。"

"嗯？怪了……"王继恩听了这话觉得奇怪，但现在不是费神思考的时候。他忙悄声对程德玄说："主上晏驾，速请晋王入宫。"

大事成矣！程德玄当即拉过王继恩，一起敲开了晋王府的门，匆忙冲了进去。

赵匡胤死了，赵光义却犹豫了。他……真的死了？确信不是装死？不是试探我？赵光义对王继恩说："事情太大，容我跟家里人商量商量。"言毕，转身进了后堂，半天不再出屋。

王继恩等得急了，也顾不得身份，闯入后院，跟着低声道："事情拖得太久，就要被别人抢先了！"一语点醒梦中人，赵光义当即披好裘衣，带着程德玄，随王继恩入宫。

三道脚印，再度打破大内的宁静。

大内之外，王继恩请赵光义先到直庐（值班室）等候，说："晋王先在这里等等，我进去跟皇后通报一声。"

赵光义正要走进直庐，却被程德玄一把拉了回来："直接进去，还等什么！"

夜长梦多，如果宫里拖延时间，不让晋王你进去，等赵德芳来了，咱们就都得去见你哥哥了！

"走！"赵光义脸色一沉，迈着大步，朝万岁殿走去。事到如今，已经不必遮遮掩掩。今日我不荣登九五，便只有身败名裂！

万岁殿中的宋皇后尚自焦急地等待，来者可能是王继恩和德芳，也可能是晋王抑或德昭。他们直接关系着宋氏的命运，更关系到全天下的命运。

听到王继恩的声音，宋氏不由得舒了口气，问道："德芳来了？"

没想到王继恩冷冰冰地说："晋王来了。"

"晋王！"宋氏倒吸了一口凉气，结束了，一切都结束了。原本一切就在他的掌握之中！绝望的宋氏并没有放弃最后的希望，她见了赵光义，泪眼阑珊地泣道："吾母子之命，皆托付给官家了。"

赵光义也含着泪，咬着嘴唇说："共保富贵，别担心。"

第八章涉及区域示意图

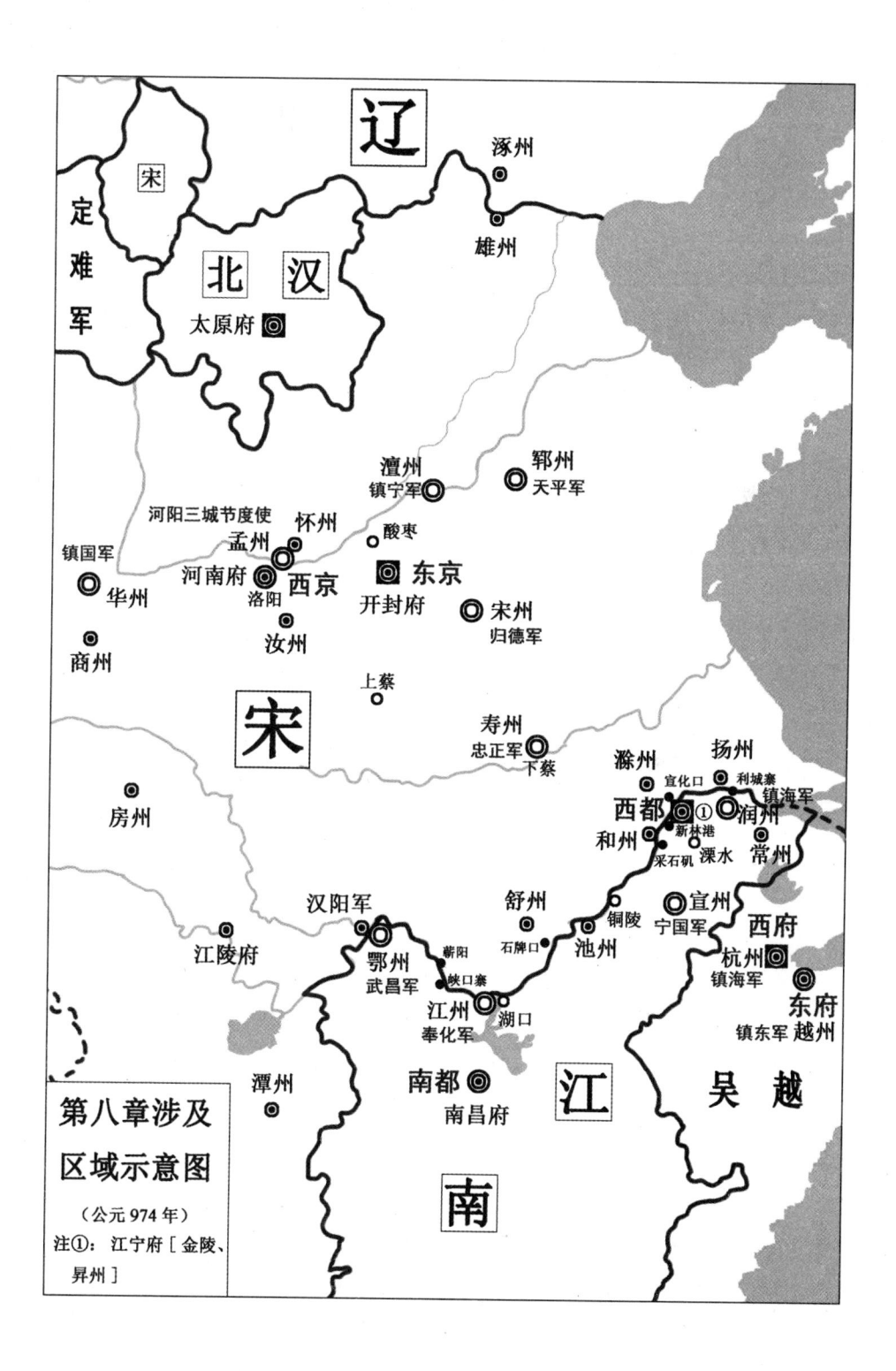

（公元974年）

注①：江宁府［金陵、昇州］

尾声

大宋开宝九年十月二十日（976年11月14日），太平天子赵匡胤，永远离开了他最深爱的土地，他最深爱的子民，以及，他最深爱的弟弟，享年五十岁。谥号英武圣文神德皇帝，庙号太祖。

他没有看到天下一统的那天，也没有看到太平盛世的那天。

赵光义把皇宫翻了个底朝天，希望找到关于他合法继位的蛛丝马迹。

第二天，在没有正式传位遗诏的情况下，赵光义登基，改名赵炅。当时，距离新年只有八天，赵炅却迫不及待地改元太平兴国。从这一刻起，"烛影斧声"成为千古之谜，再没有人能够揭露真相。

有人说，这不过是按照金匮之盟的约定，兄终弟及；有人说，赵光义下毒弑兄而立，制作毒药的人就是程德玄；有人说，赵匡胤死于疾病，赵光义乘机抢了皇位。也许，辽国人的记载更接近于真相："宋主匡胤殂，其弟炅自立。"

赵炅没找到遗诏，却在太庙里发现了一块石碑，碑高七八尺，阔四尺余，上面工工整整刻着几行大字："柴氏子孙有罪，不得加刑，纵犯谋逆，止于狱中赐尽，不得市曹刑戮，亦不得连坐支属；不得杀士大夫及上书言事人；子孙有渝此誓者，天必殛之。"

对文人与逊帝的包容，从此成为大宋的祖宗家法。建隆之治宽容的政治环境，得以滋养华夏三百余年。

这是赵匡胤最后的声音。

但是在相当长的一段时间里，看到这块石碑的人只有赵炅，文人们并不知道自己早就得到了太祖的庇护。

新皇登基，赵光美再度因避帝名讳，改名廷美，拜开封府尹、兼中书令，封齐王，成为下一任皇位继承人；赵德昭、赵德芳依次升迁，并仍享有皇子的称号；卢多逊如愿以偿当上宰相，权倾朝野，与赵廷美同仇敌忾，一改当年宰相与皇储内斗之弊；吴越王钱俶、平海军节度使陈洪进被迫纳土，北汉主刘继元开城出降，与刘铱、李煜一样，住进了降王的豪宅。

天下一统，太平兴国，大宋最文明的圣主，不是他赵匡胤，而是我赵炅！

也许吧，刀枪入库，马放南山，文人终于迎来了春天。文学之士重新登拜宰相，贡举之制空前繁荣，四大部书垂青史馆，而武人更被压得抬不起头来。

唐末五代的乱世，终于终结在赵炅手中。太平兴国，兴的是文治之国。一个华夏文明登峰造极的文治时代，终于正式登上历史舞台。

书是文人写的，他们歌颂他们的文人皇帝，于是当国家出现问题时，就将问题的根源，一概上溯到他们那军人出身的太祖皇帝头上去。

然而，太平兴国，真的太平吗？

数年后，二十九岁的赵德昭被赵炅逼迫自杀，二十三岁的赵德芳也神秘死亡。

开宝皇后宋氏去世，却没有享受到她应当享有的葬礼荣耀。

赵匡胤的小舅子王继勋失去了保护，终因恃势骄横，恶贯满盈，被斩于洛阳。

赵普历经磨难，东山再起，但已不再是那个治平宰相。他的出现只有一个目的——巩固赵炅的权力。金匮之盟被篡改，由匡胤而光义（赵炅）、而光美（赵廷美）、而德昭、而德芳的相传约定变为只传位于赵炅。

得意忘形的皇储赵廷美被诬陷致死，连杜太后亲子的身份都被剥夺，被赵炅诬蔑为庶出之子。赵炅的儿子赵元佐因廷美被迫害致死而发疯。多行不义又自作聪明的卢多逊则应了父亲的预言，遭到赵普的打击报复，最终流放崖州，至死未归，被后人称为"卢朱崖"（朱崖，崖州的古称）。

留恋故国的才子后主李煜终被天子赐了毒药；那位颇受太祖皇帝礼遇的钱俶，小心翼翼地度过余生，却在六十大寿后，死得不明不白。

赵炅的老师陈学究咸鱼翻身，朝野官员聚集其门。他却乐极生悲，在一次宴会上，活活撑死。

然而，比起这些个人命运的多舛，大宋的国运更令人惋惜。

曾经让辽人不敢小觑的大宋铁军，在赵炅的亲自指挥下一溃千里，宋压辽一头的形势再度逆转，自此契丹成为宋人的噩梦，幽蓟成为宋人心中永远的伤疤。皇帝以自己制定的阵图指挥前线部队的"祖宗家法"，却被永远地继承下来。泱泱大宋，百万禁军，后来连蕞尔西夏都灭不掉。

中央、地方、军事、政治、经济、文化，越来越多的权力，朝着皇帝集中而来；而"赎买权力"的节奏却始终停不下来。时过境迁后，昔日拨乱反正的举措没有得到及时地调整，终于演变为空前的中央集权和官场腐败；改革的成本，终于沉积到大宋子民身上。

待到不得不变法时，既得利益集团的势力已过于庞大，需要改革的问题越来越复杂，而改革派又总希望毕其功于一役，终于酿成了庆历、熙宁以后朝局的动荡。

大宋成为最富庶的王朝，大宋成为最尊重文人的王朝，大宋成为党争剧烈的王朝，大宋成为积贫积弱的王朝，大宋终于还是走上了南唐的老路……

永昌陵的围墙外，白发苍苍的赵普颤抖着举起酒杯，朝着帝陵的方向缓缓洒下浓郁的酒水。

三入中书，三罢宰相，官拜太师，位极人臣。

然而，这个世界上，只有一个人，真正知道赵普的价值。他们曾经亲如兄弟，他们曾经历经苦难，他们曾经开创大业。只可惜，他们的大业半途而废，唯留下一个即将功成却终究未竟的事业，在后人的描绘中，越发走样。

尽你一世，尽我一世。

淳化三年（992）七月十四日，太师、魏国公赵普卒于洛阳，享年七十一岁。

后记

说来也巧，大学正儿八经写的第一篇论文就与宋朝有关，如今正儿八经写的第一部书又与宋朝有关。

对于我自己而言，如果说大宋是一个被重新发现的朝代，那么赵匡胤就是一个被重新发现的开国帝王。

说大宋被重新发现，实在是因为儿时的记忆里，宋朝的印象太过欠佳。政治上保守困殆，军事上屈辱软弱，经济上放任兼并，似乎只有文化上靠宋词大放异彩。直到上大学时，才发现大宋是一个神奇的王朝，它的繁荣与开放超乎我对整个中国古代历史的想象，正所谓"华夏民族之文化，历数千载之演进，造极于赵宋之世"（陈寅恪先生语）。在它"造极"的背后，似乎孕育着传统中国走向近代文明的某种自发力量。

同样，大宋王朝的开国君主赵匡胤，也被重新发现。赵匡胤算得上是一个家喻户晓的人物，"陈桥兵变"与"杯酒释兵权"几乎妇孺皆知，"金匮之盟"与"烛影斧声"也满足着人们对宫闱秘事的八卦之心，至于花蕊夫人的花边新闻更是不胫而走。当然，与赵匡胤的名字紧紧绑在一起的，还有大宋空前的中央集权。

他出生在军人横行、国家颠覆、洗城屠城皆习以为常的时代，却造就了"一着黄袍遂罢兵"的传奇；他生于禁军军官之家，却走上了一条自己闯荡天下的自强不息之路；他以职业军人而坐上皇位，却号召全天下文武百官读书；他以拨乱反正之心而君临九州，却以不紧不慢之策行渐进改革；他以一武夫而夺得天下，却开创了一个令后世文人羡慕不已的文明江山。

在那个看不到希望的时代，他以敏锐的洞察力顺应潮流，以莫大的胸襟与勇气，拯救了自己，也拯救了天下。他通过创建一个后门阀时代的新秩序，开创了两宋三百年的璀璨辉煌。故虽天不假年，大业未竟，终与秦皇汉武唐宗齐名中华。

他是一个可爱的皇帝，讲义气，有气度，江湖气重，以至于在民间艺术里，他不像一个九五之尊，而更像一位行走江湖的大侠。在中国帝制时代，这极为罕见。

他所推行的政策将权力不断向中央集中，但在他的时代，这种集中仅以防范华夏分崩为宜，而从未像他的继任者那样，因噎废食，矫枉过正。

当然，赵匡胤也有遭人诟病甚至令人发指的一面。辜负周世宗、逼死张琼，他于私德有亏；而对宗室、高官滥用职权（不仅限于贪污腐败）的无原则纵容，对"赎买权力"政策的无限制推行，以及开宦官执掌特务机构的先河，都成为他皇帝生涯中无法抹去的污点。

自北宋以来，有关赵匡胤的史料可谓汗牛充栋，后世相关的专著与论文更是不可胜数。我以两《五代史》《宋史》《东都事略》《资治通鉴》《续资治通鉴长编》六部史书为根本，参以其他别史、笔记、政书、文集等史料百余部，力图接近历史上最真实的赵匡胤。

此外，笔者借鉴了邓广铭、王曾瑜、张家驹、漆侠、张其凡、龚延明、谭其骧、何冠环、杜文玉、王育济、范学辉、李晓杰、李昌宪、王立群等先贤的学术成果，包括专著近五十种，论文两百余篇。因体裁与篇幅所限，不能一一标明。我不敢掠人之美，在此一并致谢；而参考的书目和文章，亦将在个人博客中列明。

至于本书的写法，是受了纪录片的影响。在实体图书受到严重冲击的今天，笔者试图写一部看得见的历史读物，去接近历史现场，讲一个完整的故事。

因此，在叙述与分析之外，笔者加入了一些描写，包括人物的肖像、表情和穿戴，希望能与读者一起身临历史之境。个别地方还模拟了人物对话，为了与史书记载的对话相区分，大多数模拟的对话都没有加引号。

此外，书中还描写了一些客观环境。比如郊祀天地，是赵匡胤重建秩序的重要一环，突出表达了赵匡胤通过礼制儒化人心、巩固统治的心思。为了描写这个场景，仅仅查阅资料就费去多个晚上（可惜这部分因篇幅而删掉了）。

又比如写到建隆元年八月张永德入朝，赵匡胤与他游玉津园。笔者想重现玉津园场景，烘托二人相见时的心情。初查资料，发现宋朝皇帝有到玉津园看割麦的习俗，遂暂定写一个金灿灿的麦浪景象。这时遇到一个技术性问题——麦子在宋朝的中原八月到底熟没熟（古今气候往往不同）？一查不要紧，发现不但熟了，而且早割完了。据《文献通考》记载的后唐（929）一个征收赋税的命令，规定开封地区要在五月十五到八月初一之间，将夏税交齐，其中就包括大麦。后唐距北宋不远，气候相差不太大，具体时间也应该相差不大。后来详查《长编》，发现开宝六年（973）五月亦有赵匡胤在玉津园观看割麦的记载。于是放弃了麦浪。

接近历史就是如此之难，且不要说那些被阴谋家们文过饰非的人事史料，就是这种客观存在的自然景观，离我们也是如此遥远。接近尚且如此，遑论还原。但只要我们秉承正确的史观，便有机会一步步接近历史的真相。

另外，我部分采用了"传主视角"，也就是部分人物和事件，是从赵匡胤的视角来看的。比如叙述周世宗郭荣。郭荣的政治才能，在中国历史上名列前茅，与赵匡胤不相伯仲，但书中并没有详写郭荣的政绩。一来因为篇幅所限，郭荣并非传主；二来因为赵匡胤身居殿前司，与郭荣的交集均在军务方面，那么赵匡胤时常看到的郭荣，当然就是南征北战、驾驭两司的周世宗。

又如叙述战争。写高平、淮南之役，侧重战术，因为当时赵匡胤是行军作战的军人；而宋朝建立后的统一战争，则侧重战略，许多战争的过程被略写，因为此时的赵匡胤已经转型为运筹帷幄的指挥者；写北伐北汉，赵匡胤虽然亲征，但笔者突出的却是他的反间之策，战场着墨不多；至于南汉之役，地处边陲，其人物与中原交集既少，影响亦不大，故一笔带过，着重于赵匡胤对岭南的善后工作；而笔及南唐，又换了另一种写法，在赵匡胤与李煜间不断切换，以二人的鲜明对比，突出表现二人志趣不同，导致国家命运的不同。

由于篇幅与体裁有限，笔者和编辑对书稿做了大量删节。在初稿时，曾详细注明了各个故事的史料出处，甚至参考的文章著作，现均已删除。又如一些大场面（如郊祀天地、检阅水军），或一些简单考证（如罢废宰相坐而论道之礼、曹彬征南唐前御赐密信、宋挥玉斧），笔者也不得不忍痛割爱。

此外，本书既是通俗讲史，许多历史公案，如陈桥兵变、金匮之盟，便都采取直叙方式，并未详录烦琐地考证。凡推论之言，往往会注明"史未明载"。

但是，不详录考证过程，并不代表没有考证，更不代表不需要考证。一切历史事实，均建立在对史料的考证基础上。这是对历史的尊重，更是对事实的尊重。

当然，这样写也必然存在许多问题，姑且算是一个试验吧。至于它的优劣，还要等待读者们的考验。笔者不是历史科班出身，对史料的鉴别选择、对历史的分析理解，也必有不妥之处，亦诚恳盼望读者不吝赐教。欢迎大家通过我的个人微信号（jsry324），随时向我提出宝贵的意见与建议。

最后，感谢重庆出版社所有为此书付出努力的工作人员。也借此机会，感谢将我抚养成人的爸爸妈妈，感谢近三十年来一直支持我、帮助我的亲人和朋友们。

我爱你们！

刘路
2015年11月17日于京

附录

赵匡胤与中外的帝王

曩者梁任公为李文忠作传，曾比之于中外英杰。笔者虽才思驽钝，但愿仿效先贤，比赵太祖于中外帝王，亦足见此传奇人物之历史功过。

其一，赵匡胤与刘邦。刘邦为汉太祖，匡胤为宋太祖；史迁称汉祖常有大度，宋祖亦自言心无拥蔽；汉祖有雍齿之恕，宋祖亦有遵诲之容；汉祖尝歌大风，宋祖亦咏红日。豁达雅量，仿佛相类。唯汉祖溺冠，终以叔孙制礼；宋祖岸帻，乃命韩王读书。是其轻礼重士，殊途同归。至若汉祖诛淮阴、屠彭黥，勋王殄灭；宋祖释兵权、许荣华，元将处优。似宋祖气度，略弘于汉。然则汉初诸王，分茅列土，有土崩之患；宋始众将，班列朝堂，无瓦解之忧。此所以汉祖有杀士之由，而宋祖无夷帅之故也。

其二，赵匡胤与刘秀。文叔略通《尚书》，匡胤粗习"五经"；文叔遣臣祭孔，匡胤亲谒文庙；文叔雏授平成之策，匡胤汴画入蜀之机。知文善武，所观略同。然文叔被忌淮阳，张旗河内，逐鹿于群雄；匡胤见疑柴宗，匿身殿司，问鼎于寡孤。文叔比之匡胤，开基既光且武。至若世祖临朝，寝废度田；艺祖称制，不立田制。非不为也，实不能也。所谓"苟非其时，不如息人"矣（刘秀语）。

其三，赵匡胤与王莽。新莽罢私制而崇王田，匡胤匿均授而尊民土，此两千年间田制变迁之大事也，皆非常之人行非常之事。然莽知私田之弊，不知私田之盛；匡胤查官田之疲，亦查民田之势。此所以莽不知王田不可为，而匡胤知私田不可逆也。且夫莽为人也专，改制也躁；匡胤为人也宽，变法也缓。是故宏略微谋不同，而盛衰之理异也。

其四，赵匡胤与司马懿。赵艺祖先获世宗之恩，次见世宗之疑，再受世宗之托，终欺世宗之孺孤以篡，颇类司马宣王。唯宣王父子果于杀戮，艺祖兄弟敢于止戈，是宣王气度不如艺祖。又宣王有夺权之谋，无救世之略；艺祖有践祚之智，亦有更化之图。典午不振，天水造极，虽曰天命，岂非人事哉？

其五，赵匡胤与刘裕。寄奴与匡胤，皆以宋开国；寄奴起于北府，匡胤兴于殿司；寄奴布却月阵，匡胤挥太祖拳；寄奴扫燕秦、退后魏，匡胤残北汉、逼契丹；寄奴千秋有元嘉治世，匡胤万岁有太平兴国。以军人临国，逞武功，遗文治，两千年未有出其右者。惜哉天不假年，霸业未竟，元嘉草草，雍熙仓皇。

其六，赵匡胤与李世民。李世民畏史，赵匡胤亦畏史。唯世民有恩准《起居》之命，匡胤无干涉史官之令，是世民爽性诚挚不若匡胤。世民欲登龙榻而弑杀兄弟，匡胤宁遭烛斧而不谋叔季，是世民友恭仁悌亦不若匡胤。然世民容天策旧将于朝，其业也弘；匡胤寝霸府故校于野，其业也促。以私情论，世民惭于匡胤甚矣；以国事言，匡胤逊于世民远矣。

其七，赵匡胤与朱元璋。二祖皆以集权专制诟病后世。夫宋祖集权，权在凭内制外，拨乱反正；明祖专制，制在以上驭下，唯我独尊。况宋祖集权，喝酒也，送钱也，买地也，联姻也；明祖专制，杀人也，杀人也，杀人也，杀人也。其何足与论？然明祖驱逐蒙古，诏复衣冠，大业非宋祖所能项背。

其八，赵匡胤与朱棣。永乐以靖难成虎，建隆以陈桥兴龙；永乐以宦官提督东厂，建隆以内侍兼使武德；永乐征蒙古而迫元生变，建隆伐北汉而逼辽交聘；永乐有交趾之困，建隆有西蜀之灾。而永乐内修《大典》之盛，外逞宝船之雄；建隆一"乾德"不知，遑论其他。虽然，永乐承平，建隆承乱，不可同日而语。使易地以处，吾不知夷十族而平复五代祸乱可也。

其九，赵匡胤与朱瞻基。明宣宗与宋太祖并有"太平天子"之名。宣宗好斗蟋蟀，致江南民妇自缢；太祖喜弹鸟雀，使良臣两齿见堕。然世有"促织天子"之讽，未见"弹雀官家"之讥。

其十，赵匡胤与胤禛。四阿哥以惩贪著称，赵二哥亦以治腐留名。然建隆之世，中书节度，无官不贪，赵二诚无与雍四相称者。赵二治腐，止于拍蝇；雍四惩贪，无论蝇虎。吾闻"雍正一朝，无官不清"，不闻"建隆一代，无官不廉"。

其十一，赵匡胤与郭威。陈桥兵变，黄袍加身，匡胤师于郭雀；入城之日，市不改肆，匡胤戒于郭雀。郭雀固不及匡胤，顾使匡胤知古鉴今者，郭雀也。

其十二，赵匡胤与郭荣。凡论五代，必及柴氏；宋祖之兴，亦承世宗。世宗危于高平，然后诏命天下；太祖定于上党，然后敕行九州。世宗平边识朴，太祖雪夜访普。世宗均田税，太祖亦均之；世宗兴水利，太祖亦兴之；世宗重工商，太祖亦重之；世宗崇文士，太祖亦崇之；世宗修《刑统》，太祖亦修之；世宗考礼乐，太祖亦考之；世宗肃贡举，太祖亦肃之；世宗选练精兵，太祖亦选练之；世宗平南扫北，太祖亦平扫之。是国之大政，每与世宗同，故太祖治隆。然世宗禀性太察，太祖缓之以容；世宗用刑太峻，太祖缓之以宽。是人之常情，每与世宗反，故太祖收心。虽然，无世宗则不能克五代之乱，无太祖亦不能启两宋之治。世有周世宗，然后有宋太祖。宋太祖不常有，周世宗亦不常有。然世宗不得亲莅幽蓟，太祖亦不得加号"一统"。后世无英雄，徒使竖子成名！哀哉！痛哉！惜哉！

其十三，赵匡胤与李昪。崇文制武，北有匡胤，南有李昪。李昪以儒臣掌州，匡胤遣朝官知郡，此皆还民政于文治。李昪以戢兵弱武夫军势，匡胤以杯酒释悍将军权，此皆克祸乱于无形。李昪执国，大邦不敢窥伺江南；匡胤视朝，北国惟使媾和中原，此皆逞兵甲于巨敌。惜李昪之后，李璟废武；匡胤之后，赵炅抑兵。唐族倾颓，宋室羸衰，皆后继者不知制武精髓，因噎废食耳。

其十四，赵匡胤与赵光义。光义，匡胤护养之人。虽构张琼、韩重赟于军，结刘温叟、楚昭辅于朝，匡胤亦未兴七步之困。乃至韩王逐孟，洛京不迁，晋邸独尊，匡胤遂起扶魏植燕之意，然亦未有玄武之心。烛火阑影，玉斧闷声，逼二侄命，削皇子号，是光义九泉之下，无颜面兄矣。至于功业，兴贡举，修类书，与士大夫共治天下，其文明盛治，亦非乃兄所及。虽然，毒杀降王，于义有愧；杀弟逼侄，于德有亏；将从中御，雍熙丧师；冗官冗兵，帑库耗尽，其过亦不得不书。于戏！盖若匡胤登帝，光义拜相；匡胤掌武，光义执文；匡胤划略，光义出谋，则皇宋未必逼于辽夏，亡于金元也！

其十五，赵匡胤与丰臣秀吉。或有比匡胤于太阁者。太阁功承魔王，一统扶桑，四海晏平之业，阴入家康之囊，或类匡胤。唯太阁生于畎亩之间，起于阶级之世，其赐姓丰臣之艰，远非匡胤所比。至于野望，似匡胤亦逊于太阁。然大朝辽阔，事繁务杂，其治国雄略，岂蕞尔岛邦所及哉？

其十六，赵匡胤与戴克里先。又有比赵匡胤于戴克里先者。戴氏为变兵所立，帝业罗马，变革军政，兵却日耳曼，其廓清寰宇之志，与赵氏无异。然四帝共治不能挽大秦于分陕，自号主神不能救拂菻于溃崩，视两宋太平，则戴氏之功，不及匡胤明矣。盖国情不同，亦皆非人力所为也。

其十七，赵匡胤与奥托一世。奥托一世，神圣罗马帝国之祖。匡胤与奥托，皆十世纪之伟大开国帝王。当匡胤称帝之日，正奥托加冕之时。匡胤平南扫北，节度使不敢鹰扬，契丹人不敢南向；奥托征东伐西，封建主畏于声张，马扎尔畏于西望。是以契丹人与赵氏王朝平分华夏，拜占庭与神圣帝国共享罗马。然奥托出征，意在洗劫，故刀枪过处，生灵涂炭；匡胤起兵，志存太平，故烽烟未熄，德音已及。且夫匡胤用武有时，奥托穷兵无晌；匡胤子孙能光耀华夏，奥托身后不能重建罗马。读史者曰：匡胤一军事家，一政治家；奥托，匹夫耳。

古今地名对照表

古地名	今地名	备注
开封府	治今河南省开封市	周、宋首都，号东京
酸枣县	治今河南省新乡市延津县西北	开封府属县
陈桥驿	今河南省新乡市封丘县东南	陈桥兵变发生处
河南府	治今河南省洛阳市东	周、宋陪都，号西京，赵匡胤出生地
汝州	治今河南省汝州市	西京留守属州
宋州	治今河南省商丘市	归德军会府；宋朝因此得名
滑州	治今河南省滑县	义成军会府
郓州	治今山东省泰安市东平县西北	天平军会府
齐州	治今山东省济南市	天平军支郡
棣州	治今山东省滨州市惠民县东南	天平军支郡
曹州	治今山东省菏泽市曹县	彰信军会府
单州	治今山东省菏泽市单县	彰信军支郡
兖州	治今山东省济宁市兖州区	泰宁军会府
密州	治今山东省诸城市	泰宁军支郡
青州	治今山东省青州市	平卢军会府
北海军	治今山东省潍坊市	平卢军支郡
莱州	治今山东省莱州市	平卢军支郡
淄州	治今山东省淄博市淄川区	平卢军支郡
徐州	治今江苏省徐州市	武宁军会府
许州	治今河南省许昌市	忠武军会府
上蔡县	治今河南省驻马店市上蔡县	忠武军蔡州属县
陕州	治今河南省三门峡市陕县	保义军会府
孟州	治今河南省孟州市	河阳三城节度使会府
怀州	治今河南省沁阳市	河阳三城节度使支郡
京兆府	治今陕西省西安市	永兴军会府
金州	治今陕西省安康市	永兴军支郡，后为昭化军会府

古地名	今地名	备注
商州	治今陕西省商洛市商州区	永兴军支郡
同州	治今陕西省渭南市大荔县	匡国军会府；宋改匡国军为定国军，赵匡胤初领节度使即此
华州	治今陕西省渭南市华县西南	镇国军会府
潼关	今陕西省渭南市潼关县北	华州属地
庆州	治今甘肃省庆阳市	静难军支郡
鄜州	治今陕西省延安市富县	保大军会府
延州	治今陕西省延安市	彰武军会府
灵州	治今宁夏回族自治区吴忠市东北	朔方节度使会府
通远军	治今甘肃省庆阳市环县	朔方节度使支郡
襄州	治今湖北省襄阳市襄城区	山南东道节度使会府
襄阳县	治今湖北省襄阳市襄城区	襄州州治
均州	治今湖北省丹江口市均县镇	山南东道支郡
房州	治今湖北省十堰市房县	山南东道支郡
复州	治今湖北省天门市	山南东道支郡
唐州	治今河南省南阳市唐河县	武胜军支郡
随州	治今湖北省随州市	武胜军支郡，后为崇义军会府
安州	治今湖北省安陆市	安远军会府
汉阳军	治今湖北省武汉市	南唐武昌军鄂州属县，周设军
府州	治今陕西省榆林市府谷县	永安军会府
麟州	治今陕西省榆林市神木县北	永安军支郡
潞州	治今山西省长治市	昭义军会府
太平驿	今山西省长治市襄垣县西	潞州属地
泽州	治今山西省晋城市	昭义军支郡
巴公原	今山西省晋城市泽州县北巴公镇	泽州高平县属地，高平之战爆发地
河中府	治今山西省永济市	护国军会府
绛州	治今山西省运城市新绛县	护国军支郡
晋州	治今山西省临汾市	建雄军会府
隰州	治今山西省临汾市隰县	建雄军支郡
大名府	治今河北省邯郸市大名县	天雄军会府
馆陶县	治今河北省邯郸市馆陶县	大名府属县
魏县	治今河北省邯郸市魏县南	大名府属县

古地名	今地名	备注
永济县	治今河北省邯郸市馆陶县北	大名府属县
临清县	治今河北省邢台市临西县	大名府属县
贝州	治今河北省邢台市清河县西北	永清军会府
相州	治今河南省安阳市	彰德军会府
澶州	治今河南省濮阳市	镇宁军会府
邢州	治今河北省邢台市	安国军会府
洺州	治今河北省邯郸市永年县东南	安国军支郡
磁州	治今河北省邯郸市磁县	安国军支郡
镇州	治今河北省石家庄市正定县	成德军会府
定州	治今河北省定州市	义武军会府
嘉山	今河北省定州市西北	定州属地
易州	治今河北省保定市易县	义武军支郡
沧州	治今河北省沧州市东南	横海军会府
乾宁军（宁州）	治今河北省沧州市青县	辽设宁州；周自辽收复，复为乾宁军，隶沧州
莫州	治今河北省任丘北	周自辽收复，幽蓟十六州之一
瀛州	治今河北省河间市	周自辽收复，幽蓟十六州之一
束城县	治今河北省河间市束城镇	瀛州属县，周自辽收复
益津关（霸州）	治今河北省霸州市	周自辽收复，设霸州，三关之一
淤口关	今河北省霸州市东	周自辽收复，隶霸州，三关之一
瓦桥关（雄州）	治今河北省保定市雄县西南	周自辽收复，设雄州，三关之一
凤翔府	治今陕西省宝鸡市凤翔县	凤翔节度使会府
原州	治今甘肃省庆阳市镇原县	彰义军支郡
渭州	治今甘肃省平凉市	彰义军支郡
潘原县	治今甘肃省平凉市东	渭州属县
秦州	治今甘肃省天水市秦安县	后蜀雄武军会府，周同
阶州	治今甘肃省陇南市武都区	后蜀雄武军支郡，周同
成州	治今甘肃省陇南市成县	后蜀雄武军支郡，周同
凤州	治今陕西省宝鸡市凤县	后蜀威武军会府，周属雄武军
江都府（扬州）	治今江苏省扬州市	南唐陪都，号东都；周复为扬州，为淮南节度使会府
六合县	今江苏省南京市六合区	南唐江都府属县，周属扬州

古地名	今地名	备注
宣化口	今江苏省南京市六合区南	南唐江都府属县，周属扬州
迎銮镇	今江苏省仪征市	南唐江都府属县，周属扬州
和州	治今安徽省马鞍山市和县	南唐直隶州，周属淮南
泰州	治今江苏省泰州市	南唐直隶州，周属淮南
海陵监	今江苏省东台市	南唐泰州属地，周占
海门	今江苏省启东市东北	南唐泰州属地，周占
濠州	治今安徽省滁州市凤阳县东北	南唐濠州观察使治所，周属淮南
定远县	治今安徽省滁州市定远县东南	南唐濠州属县，周同
涂山	今安徽省蚌埠市西	南唐濠州属地，周占
涡口	涡水入淮水处，今安徽省蚌埠市怀远县东北	南唐濠州属地，周占
楚州	治今江苏省淮安市淮安区	南唐属濠州观察使，周属淮南
泗州	治今江苏省淮安市盱眙县北	南唐属濠州观察使，周属淮南
寿州（南唐）	治今安徽省六安市寿县	南唐清淮军会府
寿春县	治今安徽省六安市寿县	南唐寿州治，周寿州属县
紫金山	今安徽省六安市寿县东北，淮河南岸	南唐寿州属地，周占
正阳	今安徽六安市寿县正阳关镇	南唐属地，周占
寿州（周、宋）	治今安徽省淮南市寿县	周、宋忠正军会府
下蔡县	治今安徽省淮南市凤台县	周取寿春后，迁寿州治于此
庐州	治今安徽省合肥市	南唐德胜军会府；周改保信军会府
滁州	治今安徽省滁州市	南唐德胜军支郡；周属保信军；赵匡胤与赵普相识处
清流关	今安徽省滁州市西北	南唐滁州属地，周占
舒州	治今安徽省安庆市潜山县	南唐永泰军会府；周属保信军
石牌口	今安徽省安庆市怀宁县石牌镇附近	南唐舒州属地，周占
成都府	治今四川省成都市	后蜀首都；宋直隶府
汉州	治今四川省广汉市	后蜀直隶州；宋同
彭州	治今四川省彭州市	后蜀直隶州；宋同
蜀王滩	今四川省乐山市犍为县境内	后蜀嘉州犍为县属地；宋占
梓州	治今四川省绵阳市三台县	后蜀武德军会府；宋直隶州
绵州	治今四川省绵阳市东	后蜀武德军支郡；宋直隶州
梓潼县	治今四川省绵阳市梓潼县	后蜀武德军剑州属县；宋占

古地名	今地名	备注
剑门县	治今四川省广元市剑阁县北	后蜀武德军剑州属县；宋占
来苏	今四川省广元市剑阁县东	后蜀属地；宋占
青疆店	今四川省广元市剑阁县南	后蜀属地；宋占
夔州	治今重庆市奉节县东	后蜀宁江军会府；宋直隶州
兴元府	治今陕西省汉中市	后蜀山南节度使会府；宋直隶府
西县	治今陕西省汉中市勉县西	后蜀兴元府属县；宋同
兴州	治今陕西省汉中市略阳县	后蜀山南支郡；宋直隶州
文州	治今甘肃省陇南市文县	后蜀山南支郡；宋直隶州
利州	治今四川省广元市	后蜀昭武军会府；宋直隶州
大小漫天寨	今四川省广元市北	后蜀属地；宋占
阆州	治今四川省阆中市	后蜀保宁军会府；宋直隶州
江陵府	治今湖北省荆州市	荆南首府，荆南节度使会府；宋直隶府
荆门县	今湖北省荆门市	荆南江陵府属县；宋同
归州	治今湖北省宜昌市秭归县	荆南支郡；宋直隶州
峡州	治今湖北省宜昌市	荆南支郡；宋直隶州
朗州	治今湖南省常德市	湖南首府，武平军会府；宋直隶州
澧州	治今湖南省常德市澧县	湖南武平军支郡；宋直隶州
岳州	治今湖南省岳阳市	湖南武平军支郡；宋直隶州
潭州	治今湖南省长沙市	湖南武安军会府；宋直隶州
衡州	治今湖南省衡阳市	湖南武安军支郡；宋直隶州
道州	治今湖南省永州市道县	湖南武安军支郡；宋直隶州
江宁府（昇州）	治今江苏省南京市	又称金陵，南唐首都，号西都；宋复为昇州
溧水县	治今江苏省南京市溧水区	南唐江宁府属县；宋属昇州
新林港	今江苏省南京市雨花区大胜关一带	南唐江宁府属地；宋占
采石矶	今安徽省马鞍山市西南	南唐江宁府属地；宋占
铜陵县	治今安徽省铜陵市铜陵县	南唐池州属县；宋属池州
润州	治今江苏省镇江市	南唐镇海军会府；宋直隶州
常州	治今江苏省常州市	南唐镇海军支郡；宋直隶州
利城寨	今江苏省常州市东北	南唐常州属地；宋占
宣州	治今安徽省宣城市	南唐宁国军会府；宋直隶州
歙州	治今黄山市徽州区	南唐宁国军支郡；宋直隶州

古地名	今地名	备注
池州	治今安徽省池州市	南唐宁国军支郡；宋直隶州
鄂州	治今湖北省武汉市武昌区	南唐武昌军会府；宋直隶州
峡口寨	今湖北省黄石市阳新县富池口	南唐鄂州属地；宋占
蕲阳	今湖北省黄冈市蕲春县西南	南唐武昌军蕲州属地，周占
南昌府（洪州）	治今江西省南昌市	南唐镇南军会府，后升南昌府，号南都；宋复为洪州
江州	治今江西省九江市	南唐奉化军会府；宋直隶州
湖口县	治今江西省九江市湖口县	南唐江州属县；宋同
彭泽县	治今江西省九江市彭泽县	南唐江州属县；宋同
杭州	治今浙江省杭州市	吴越首府西府，镇海军会府
越州	治今浙江省绍兴市	吴越陪都东府，镇东军会府
兴王府（广州）	治今广东省广州市	南汉首都；宋复为广州
郴州	治今湖南省郴州市	南汉直隶州；宋同
严州	治今广西壮族自治区来宾市东南	南汉静江军支郡，赵匡胤初领刺史之地
海门镇	今广西壮族自治区北海市合浦县廉州镇	南汉宁远军常乐州属地；宋占
太原府	治今山西省太原市西南	北汉首都
乐平县	治今山西省晋中市昔阳县	北汉太原府属县
阳曲县	治今山西省太原市	北汉太原府属县
石岭关	今山西省太原市阳曲县大盂镇上原村北	北汉太原府属地
土门	今河北省石家庄市鹿泉区西	北汉太原府属地
团柏谷	今山西省晋中市祁县东南	北汉太原府属地
辽州	治今山西省晋中市左权县	北汉直隶州，与周、宋屡争
岚州	治今山西省吕梁市岚县北	北汉直隶州
岢岚军	治今山西省忻州市岢岚县	北汉岚州属军
代州	治今山西省忻州市代县	北汉雁门节度使会府
雁门关	今山西省忻州市代县北	北汉代州属地
临潢府	治今内蒙古自治区赤峰市巴林左旗南波罗城	辽首都，号上京
幽都府（幽州）	治今北京市	辽陪都，号南京，卢龙军会府，幽蓟十六州之首
涿州（涿郡）	治今河北省涿州市	辽卢龙军支郡，唐时称涿郡，幽蓟十六州之一，赵匡胤祖籍
固安县	治今河北省廊坊市固安县	辽涿州属县

古地名	今地名	备注
云州	治今山西省大同市	辽大同军会府，幽蓟十六州之一
马邑县	治今山西省朔州市朔城区东北	辽大同军朔州属县

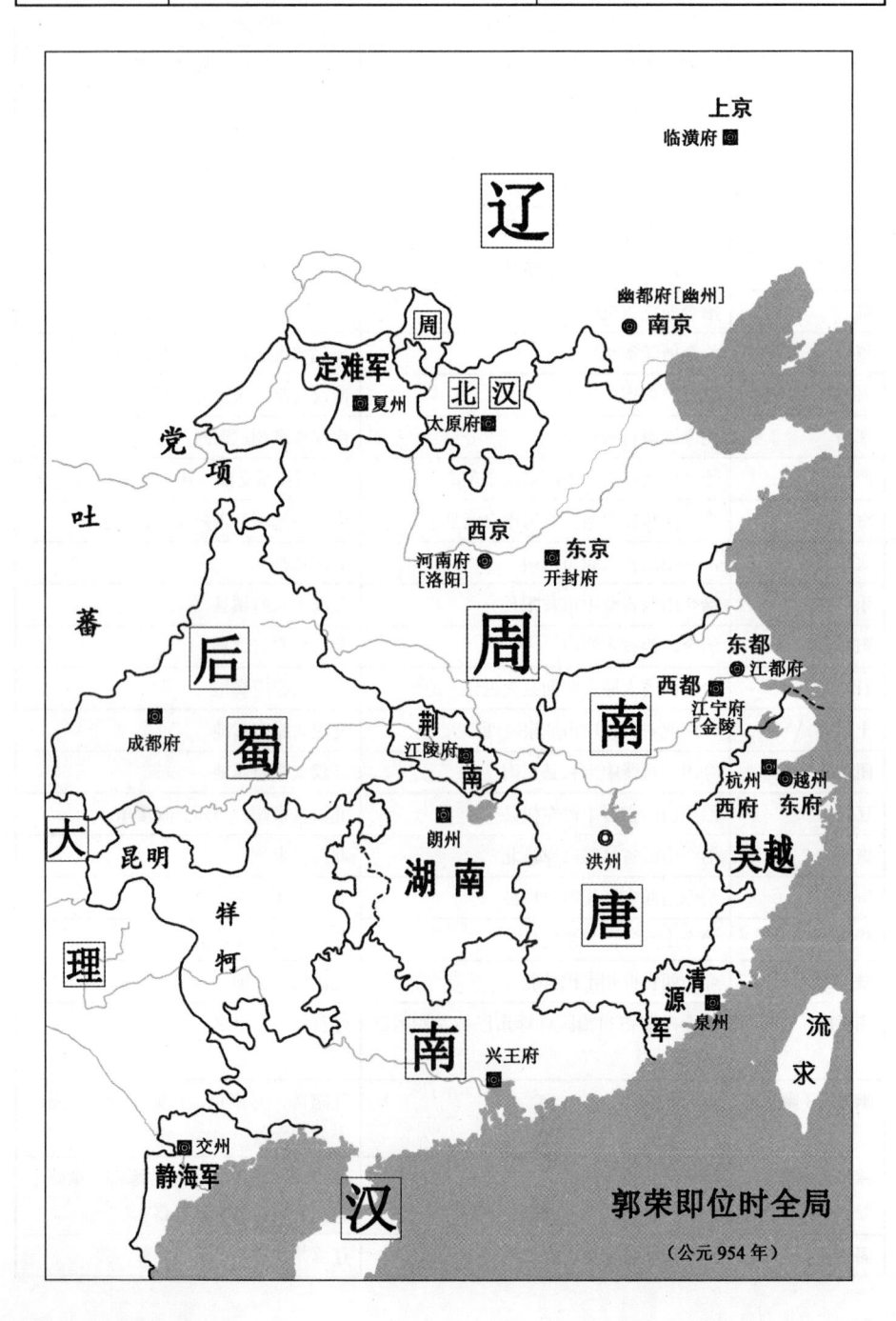

郭荣即位时全局

（公元 954 年）

赵匡胤即位时全局
（公元960年）

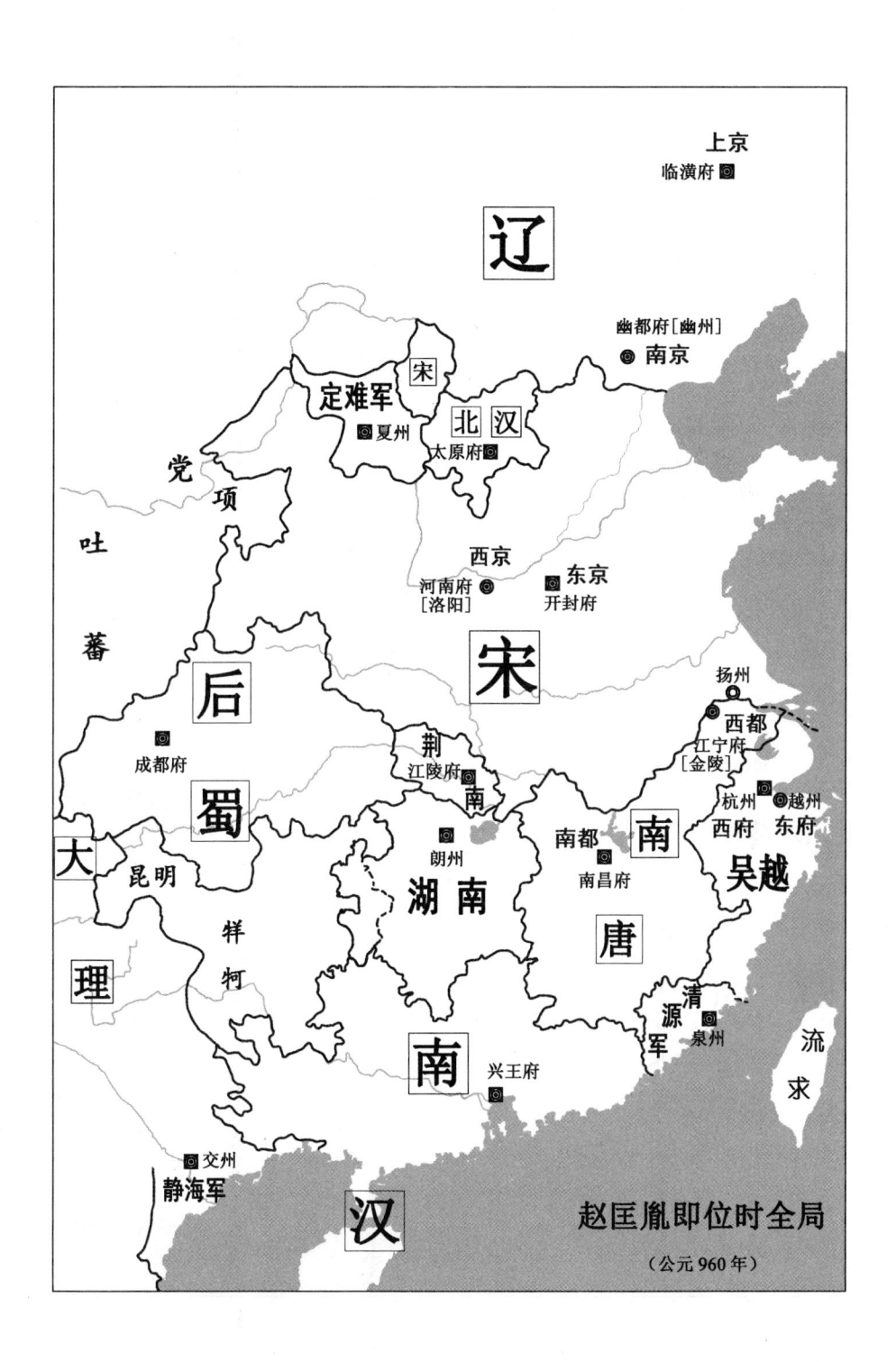

赵匡胤去世时全局（公元976年）

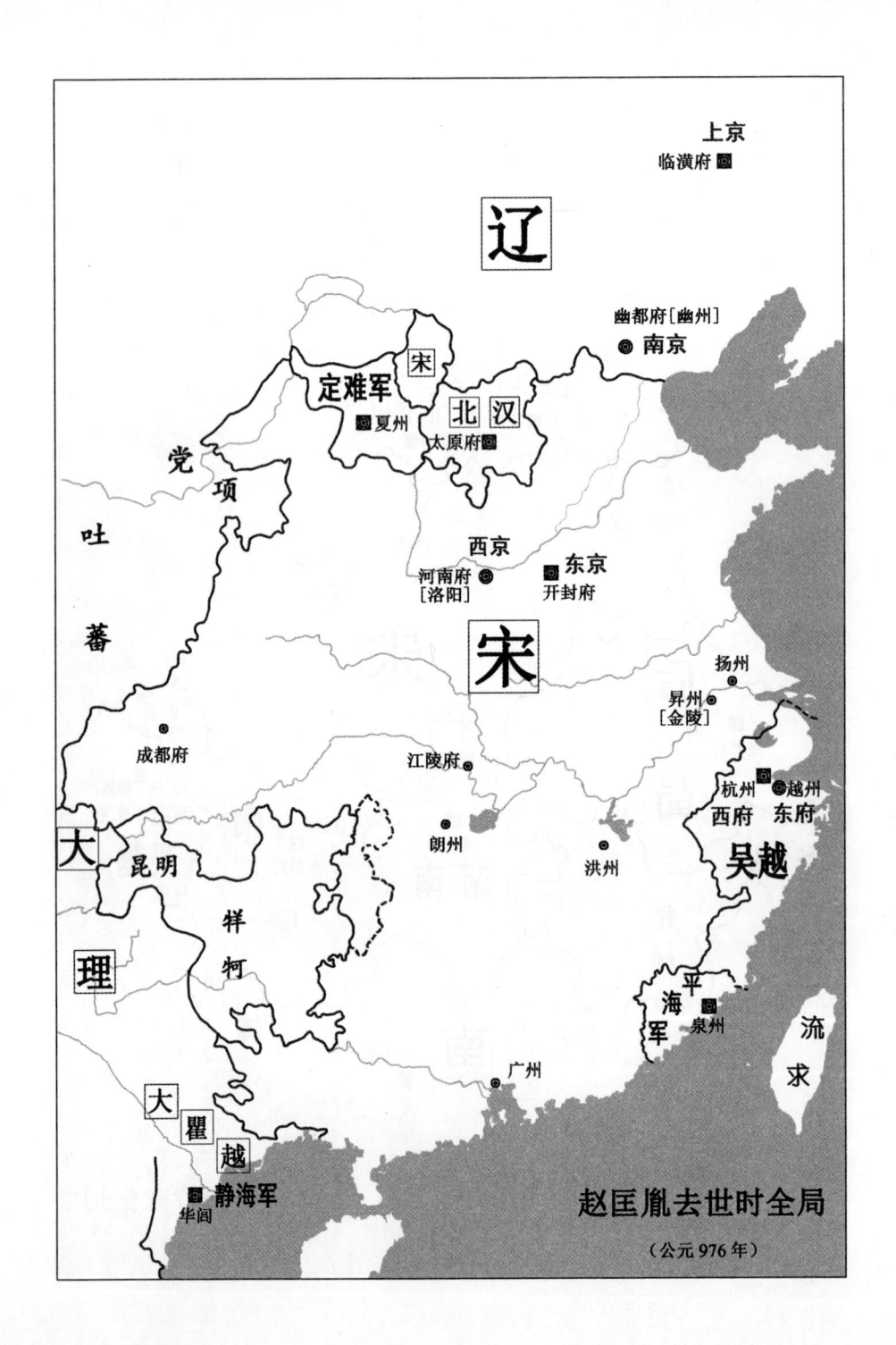

图书在版编目（CIP）数据

武夫仁心：太平天子赵匡胤 / 刘路著. -- 重庆：重庆出版社，2016.9

ISBN 978-7-229-10963-9

Ⅰ.①武… Ⅱ.①刘… Ⅲ.①赵匡胤（927~976）—传记 Ⅳ.①K827=441

中国版本图书馆CIP数据核字（2016）第006761号

武夫仁心：太平天子赵匡胤
WUFU RENXIN TAIPING TIANZI ZHAOKUANGYIN

刘　路　著

策　　划：华章同人
出版监制：陈建军
责任编辑：何彦彦
责任印制：杨　宁
封面设计：主语设计

重庆出版集团
重庆出版社　出版

（重庆市南岸区南滨路162号1幢）

投稿邮箱：bjhztr@vip.163.com

三河宏达印刷有限公司　印刷
重庆出版集团图书发行有限公司　发行
邮购电话：010-85869375/76/77转810

重庆出版社天猫旗舰店
cqcbs.tmall.com

全国新华书店经销

开本：787mm×1092mm　1/16　印张：25.75　字数：374千
2016年9月第1版　2016年9月第1次印刷
定价：45.00元

如有印装质量问题，请致电023-61520678

版权所有，侵权必究。